奥山直司・雲藤等・神田英昭◉編

高山寺蔵

南方熊楠書翰

土宜法龍宛 1893-1922

藤原書店

南方熊楠（1867-1941），25歳の頃
（南方熊楠顕彰館所蔵）

土宜法龍（1854-1923），40歳の頃
（J. H. Barrows ed., *The World's Parliament of Religions*, vol.I, Chicago, 1893. より）

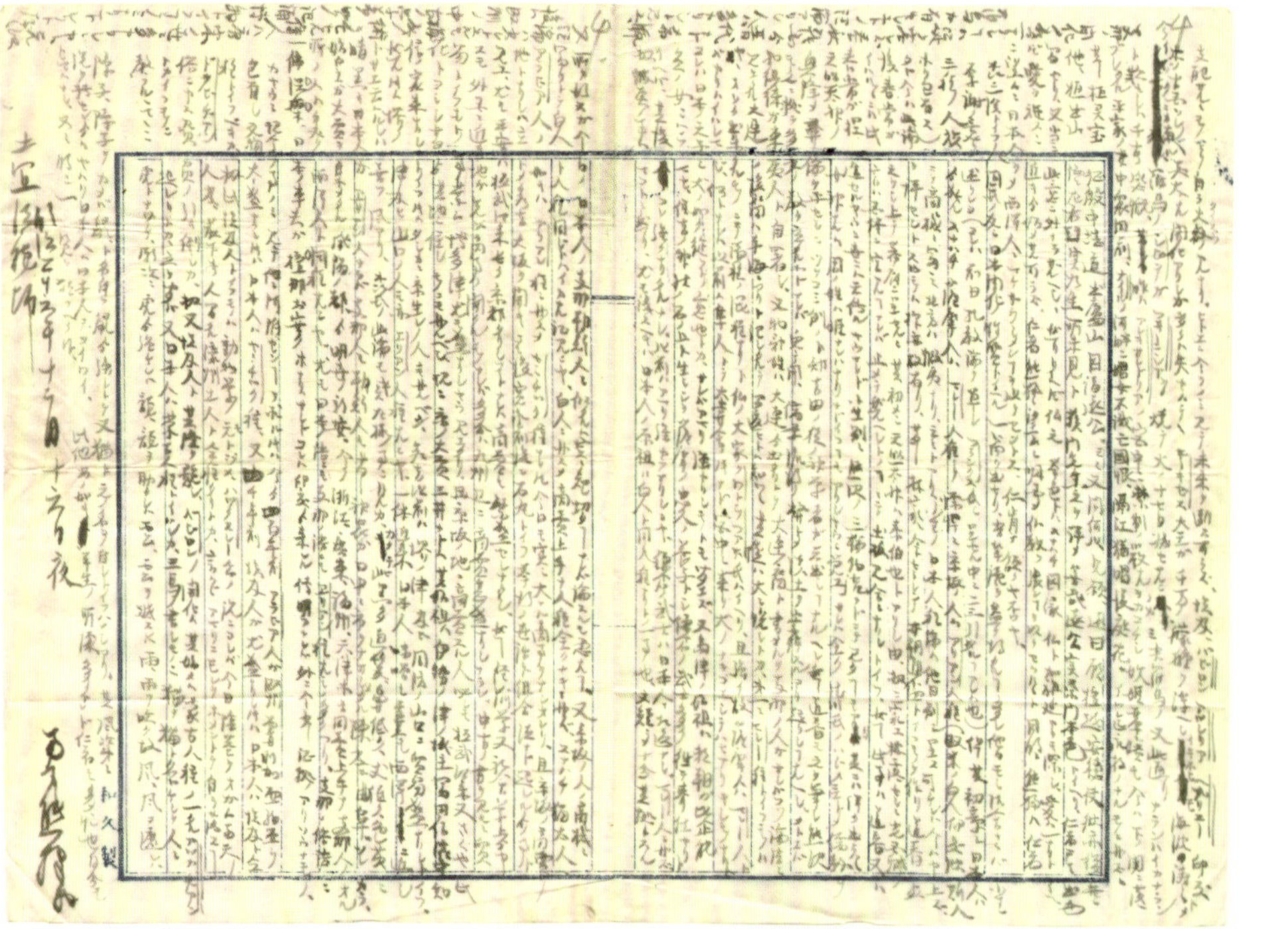

明治26年12月16日付書翰（本書84-87頁参照）

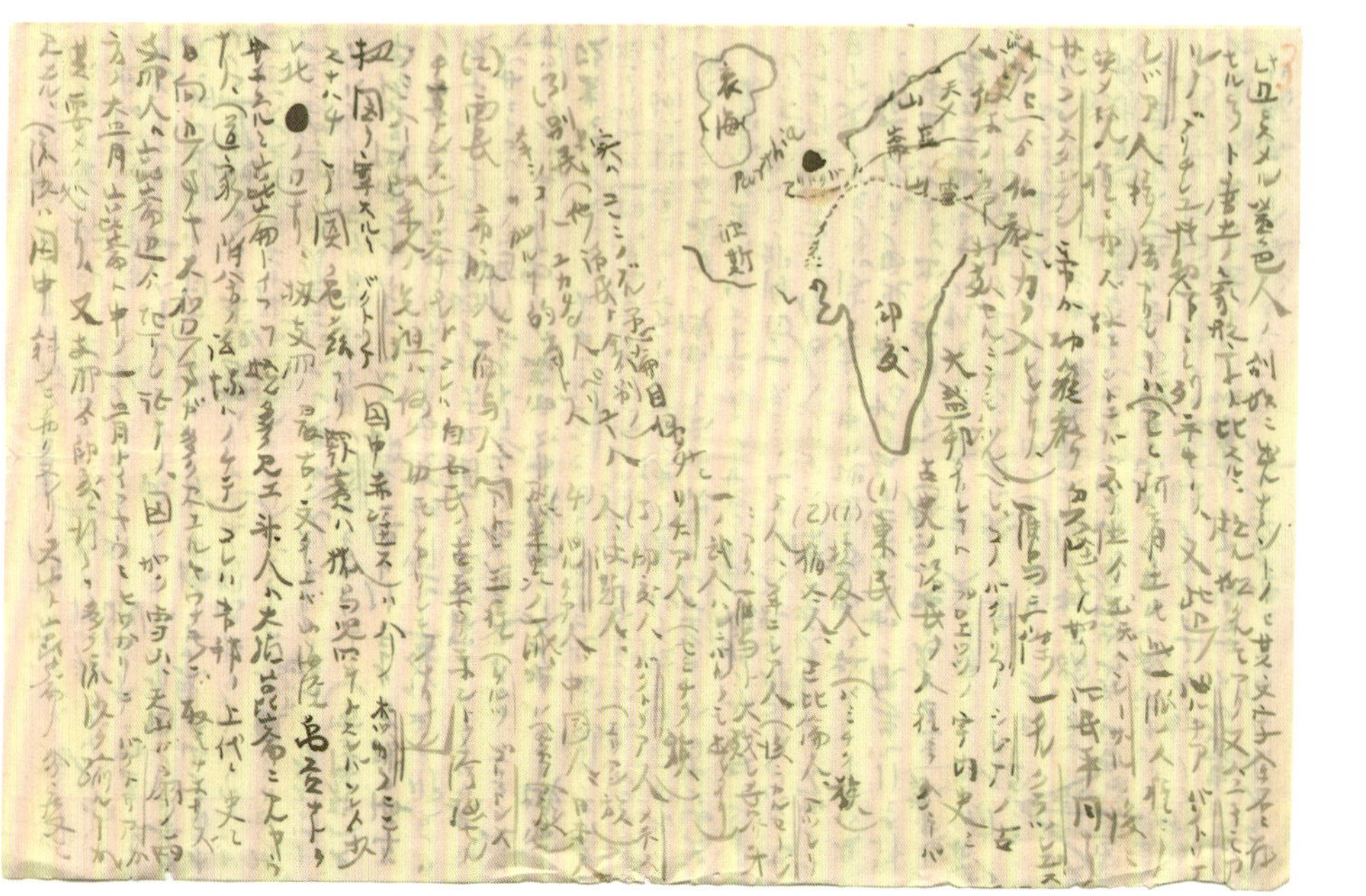

明治27年7月16日付書翰（本書191-192頁参照）

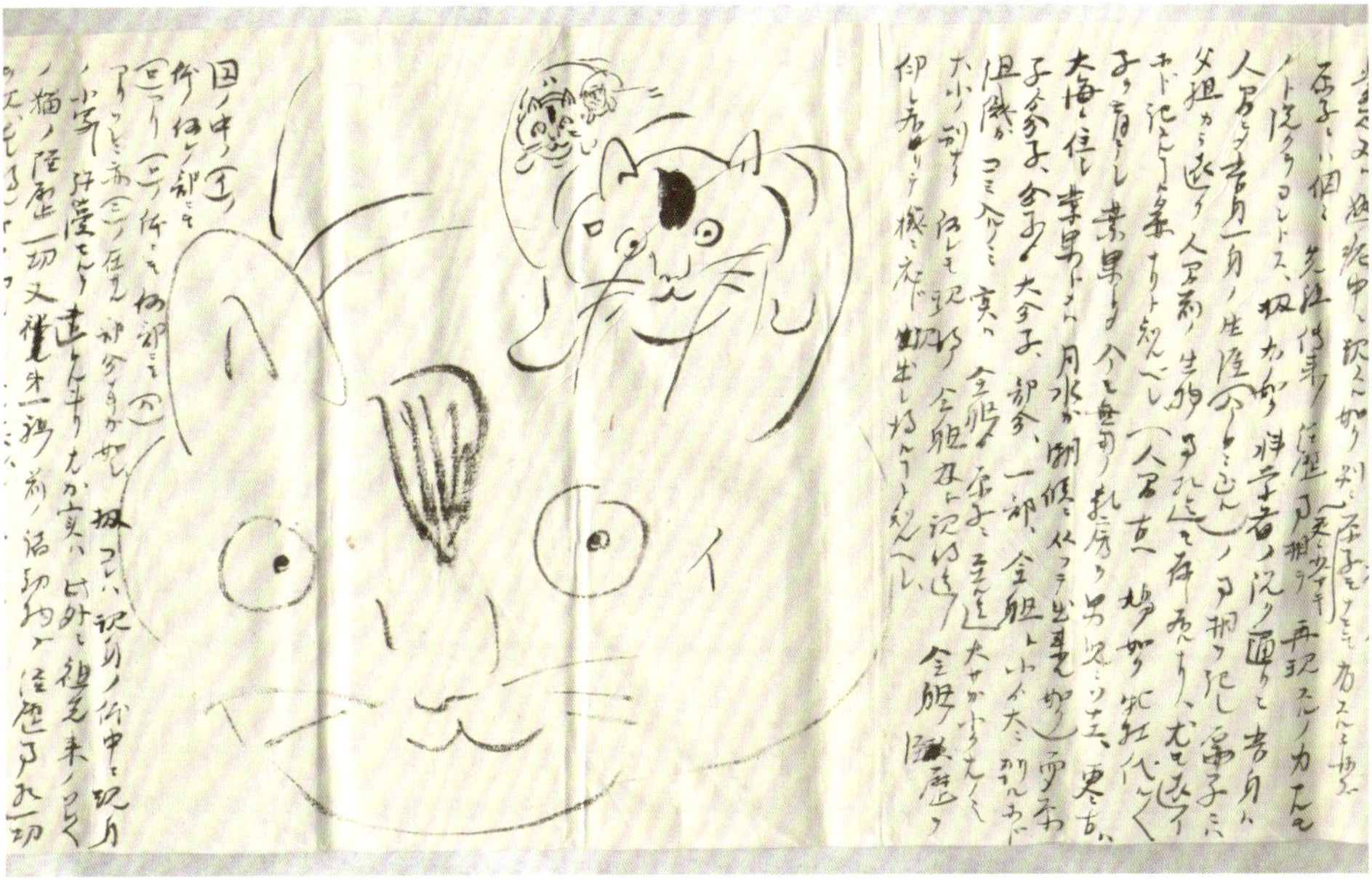

明治35年3月23日付書翰（本書254-255頁参照）

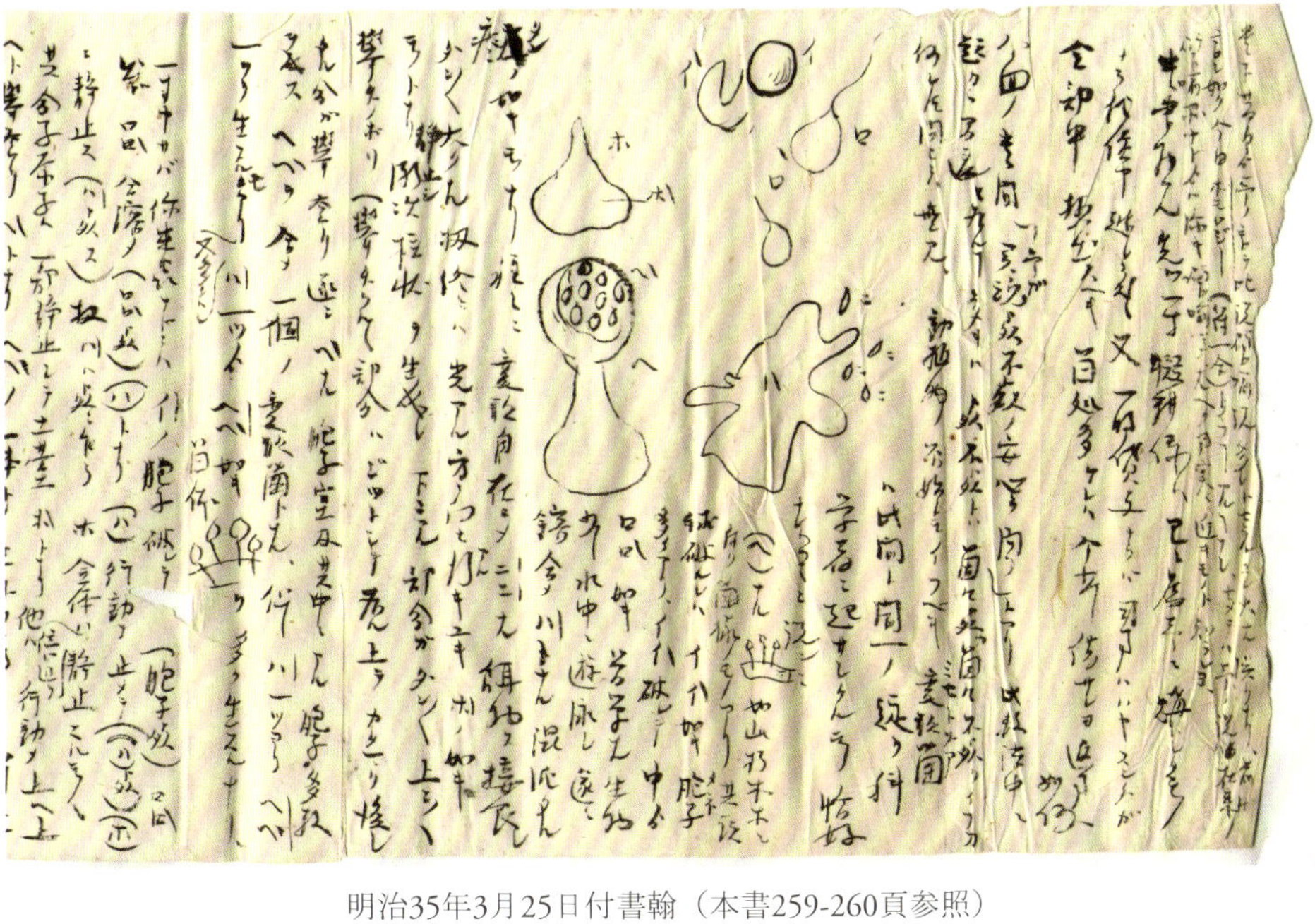

明治35年3月25日付書翰（本書259-260頁参照）

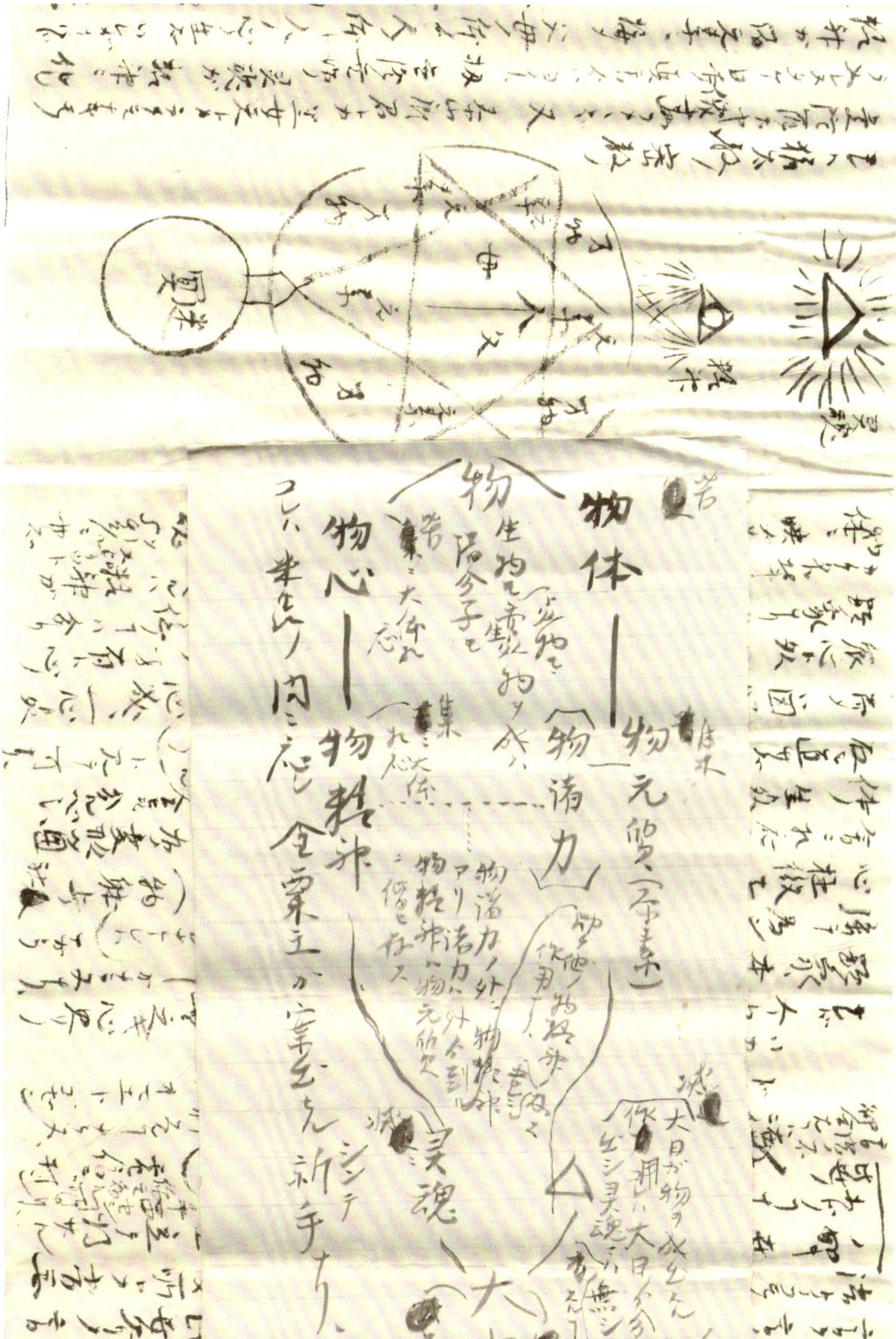

「猶太教の密教の曼陀羅」原図（明治35年3月25日付書翰。本書261頁参照）

高山寺蔵

南方熊楠書翰

土宜法龍宛 1893-1922

はしがき

本書は、京都の栂尾山高山寺に蔵される南方熊楠（一八六七―一九四一）の土宜法龍宛書翰四十五通（以下、一括して高山寺資料と呼ぶ）のうち、既に『南方熊楠 土宜法竜 往復書簡』（八坂書房、以下〔八坂本〕と呼ぶ）に54、55として収録されている二通を除いた四十三通を翻刻、校訂し、注を付して刊行するものである。巻末には解説と主要参考文献一覧、両者の略年譜、人名索引を付した。

洛西、梅ヶ畑栂尾の地にある高山寺は、鎌倉時代の華厳宗の名僧、明恵上人高弁（一一七三―一二三二）の中興開山になる名刹である。ここに熊楠の書翰が大量に残されたのは、かつてこの寺の住職を務めた真言僧土宜法龍（一八五四―一九二三）が、明治二十六年（一八九三）十月末にロンドンで出会って以来、その最晩年まで、熊楠と文通を続けた彼の心の友であったという縁による。

高山寺資料の出現は、二人の邂逅から一一一年を経た二〇〇四年十月、法龍の墓に詣でるために同寺を訪れた神田英昭が、大型の茶封筒に入れられた、熊楠のものと思しき封書と葉書の束を見せられたことをきっかけとしている。それからまもなく、神田の報告を受けた松居竜五氏（龍谷大学）と奥山直司が、神田と共に同寺を訪れ、それらが正しく熊楠によって書かれた、大部分が未公開の書翰であることを確認した。

本資料の研究は、高山寺の住職小川千恵師と副住職田村裕行師のご英断により、科学研究費補助金による研究グループ（代表・松居竜五）の手に委ねられ、デジタルデータ化と保存処置がなされた後、書翰の翻刻と研究が進められた。

当初、新出書翰は三十八通と発表されたが、その後の整理と新たに確認された書翰四通の追加によって、現在では、葉書六通を含む四十三通に落ち着いている。また同寺からは法龍の米欧旅行日記(以下、『法龍日記』と呼ぶ)、法龍が外遊中に使っていたと思われるトランクなども発見されている。

高山寺資料出版の仕事は、二〇〇七年九月から本書に編者として名を連ねる三人の作業グループに引き継がれ、翌年春から本格的に開始された。

このような過程を経て本書は生まれた。

目次

凡例

本書は、京都栂尾山高山寺所蔵の土宜法龍宛南方熊楠書翰を原本とした。

原本をできるだけ忠実に翻刻するように心がけたが、現代の読者の便に配慮することと既存の熊楠関連の史料集などを参考として、以下のような原則とした。

〔一〕字体について

（1）仮名について

①原本は漢字片仮名交じりの文であるが、本書では漢字平仮名交じりの文に直して翻刻した。その際、熊楠が片仮名であることを示す傍線を付している場合は、その傍線を外し片仮名で表記した。また、傍線を付していない場合でも、今日通常片仮名書きされる語はそのまま片仮名書きを残した。

さらに、「ドド一」「ドド一」、など、同じ単語でも傍線を付したり、付さない例が混在するような場合、前者を「ドド一」、後者を「どど一」と翻刻し統一しなかった。

②片仮名の「ヰ」は「ゐ」、「ヱ」は「ゑ」と変換した。

③合字の「ゟ」「𪜀」、「𪜈」、「𬼀」、「ヿ」はそれぞれ、「より」「とき」、「とも、ども」、「して」、「こと」とした。

（2）漢字について

①原則として、常用漢字表・人名漢字表に定められている字体（新字体）を使用する。それ以外の漢字に

ついては、準じて作られた新字体のある場合はそれを採用する。

例　豫→予　處→処　傳→伝　燈→灯　壓→圧　粹→粋　餘→余　賣→売　臺→台　價→価　縣→県

號→号　拜→拝　營→営　對→対　圍→囲　勞→労　瀧→滝　假→仮　條→条　畫→画　竊→窃

醉→酔　櫻→桜　齋→斎　辨・辯→弁

②異体字などは、使用しない。

例　㒵→異　畢→畢　弔→弔　恠→怪　躰→体　冨→富　仝→同　耻→恥　畧→略　ヿ→等　脉→脈

昼→書　嵜→崎　虽→雖　篭→籠　灵→霊　迯→逃　迠→迄　直→直　駈→駆　羣→群　逺→違

甞→嘗　夲→本　莚→葬　牂→奘　伜→倅　仭→仞　尅→剋　觧→解　粮→糧　皷→鼓　棊→棋

③「廿」・「卅」は、「二十」・「三十」とした。

〔二〕　用字・表記について

（1）固有名詞について

①　人名についても、常用漢字表・人名漢字表にある字体を使用する。

例　土宜法龍→土宜法龍　南方賢澤→南方賢沢　山東京傳→山東京伝　廣津友信→広津友信

鎌田榮吉→鎌田栄吉　広澤→広沢　湯浅権守宗廣→湯浅権守宗広

②地名も同様の原則であるが、「龍動」のように一部旧漢字を残した例もある。

③明らかな誤記の場合は正しい語を〔　〕を付して傍注した。

例　川〔河〕村瑞賢　尾奇〔崎〕行雄

（2）表記のゆれについて

「シカゴ／チカゴ」「大阪／大坂」「法華／法花」「必用／必要」「蜜柑／密柑」「ソクラテス／ソクラチス」「ア

リアン／エリアン／ヱリアン」など、同一の名詞で熊楠の表記にゆれがある場合は、原本通りとし、統一しなかった。

（3）誤記について

①一般の誤記の場合は原則として、人名の場合と同じように、正しい語を［　］を付して傍注した。

②誤記と思われるが、書翰の中で頻繁に出てくる場合、あるいは熊楠が使用した当て字と思われる場合は、原本通りとして修訂を加えなかった。

例「闕陥」（欠陥）「密柑」（蜜柑）「趣く」（赴く）「究迫」（窮迫）「究する」（窮する）「究困」（窮困）「験究」（研究）「少生」（小生）「少児」（小児）「捷利」（勝利）「信切」（親切）「注告」（忠告）「方付ける」（片付ける）「仮す」（貸す）

③現在の用例とは異なるが、当時の慣用として流布していると思われる例も原本通りとした。

「記臆」（記憶）　など

④その他、「少い」を「ちいさい」、「入る」を「いる」と読ませる読み方なども原本のままにし、特に読み方の注記はつけない。さらに本文中に散見される「三千〇十一種」（三千十一種）、百〇五巻（百五巻）など現在と異なる漢数字の表記も原本のまま翻刻し、［ママ］などの注記も付けない。

（4）仮名遣いについて

①仮名遣いは、原則として原本の表記にしたがう。衍字もそのままとする。

例「私し」「皆な」「你ぢ」「昔し」「人玉ま」「何にしろ」「何に事」「命ち」「古え」「所ろ」「半ん人分ん」

②「あった」、「三ヶ月」など現在通行の用例では、小字となるものも「あつた」、「三ケ月」などと原本のままとした。

(5) ルビ（振り仮名）について

ルビは原本にあるものには、片仮名を平仮名に変換して、そのまま記した。編者によるルビは新仮名遣いを原則とし、［　］を付して傍注した。

(6) 記号類について

①反復記号「〻」は使用せず「々」を使った。また、平仮名・片仮名の反復記号「ゝ」「ヽ」は、それぞれその文字を繰り返して表記した。さらに、二字以上の反復を示す「〱」も使用せず、その部分はそのまま繰り返し記述した。

②書名および雑誌名には『　』を、論文名は「　」を付した。

例『太平記』『学士会院雑誌』『伝灯』「漂泊猶太人考」

③外国語による書籍名・論文名・人名などには原本にない中黒点を使用した。

例『エンサイクロペヂア・ブリタンニカ』『ノーツ・エンド・キーリス』

インペリアル・インスチチユート　ジヨンス・ホプキンス大学

④鍵括弧や丸括弧の掛かりと受けの関係などに脱落や重複がある場合も、原本通りとし修訂を施さなかった。したがって、本文中には掛かりの「　だけあって受けの　」が無い場合やその逆の場合も散見される。

⑤熊楠が諸書から引用した文章・和歌などには鍵括弧を付した。漢文の引用文で返り点などがある場合は、原本の通りに残した。また、原本の引用文とその原典とが違う場合、［　］を付して編者が参照した原典の文字を傍注した。

⑥読みやすさを考えて熊楠が付した読点を一部句点に変換、あるいは必要と思われる箇所には句点を付加した。

また読点も同様に熊楠が付していない部分にも付加した。しかし、原則として熊楠の読点は削除しない方針とした。そのため「身体の構造は烏賊に及ばぬながら、蟻、蜂、の類こそ（以下略、傍線は編者）」（7番書翰、82頁上段）などのような現行の文章としては使われない読点の例（傍線部の箇所）もそのままとしている。

ただし、熊楠の付した読点でも誤記と思われる場合は、削除した例もある。例えば、「且彼ボーンス、文庫、即ち（以下略、傍線は編者）」（20番書翰227頁下段）は傍線部の読点を削除し、「且彼ボーンス文庫、即ち（以下略）」とした。また、「大英博物館より仁者宛の礼、状をとり（以下略）」（18番書翰、179頁上段）のような場合、編者は「礼状」という単語と判断し、読点を削除した。

⑦原本に無い濁点・半濁点は、今日の標準的な表記の習慣に従って補った。

（7）その他

①疑問の場合は「カ」、明らかな誤用と思われる場合は「ママ」を傍注した。また脱字があると思われる部分は「～脱カ」と傍注した。不明箇所は□であらわし、その際、文字数が分らない場合は、[　　]であらわした。破損や虫損などの場合は「破損」「虫損」と傍注した。

②原本は、改行がないまま数頁にわたる場合があるが、読みやすさを考えて編者の判断で適宜改行を施した。

③原本には行間や欄外に多数の書き込みがある。書き込みには「　」を付して、挿入部分が明確な場合は本文内に組み込み、その他のものは、編者が適宜判断して書翰末尾・冒頭などに一字下げで記した。

④編者による注記は、書翰ごとに注番号を付して、各書翰の末尾に置いた。また本文中に組みこんだ編者の注記は〈　〉を付している。

⑤封筒、葉書表の消印について、不鮮明なものは割愛した。

⑥掲載の書翰には人権・差別に関わる語句・表現の認められる箇所がある。この点については、本書は原本を尊重し書翰全てを翻刻・掲載することを基本的方針としているため、修訂を加えずそのままとした。

〔三〕略　号

編者の注と解説、及び主要参考文献における略号は、以下の通りである。

〔高山寺1〜43〕　本書に収録された高山寺所蔵の土宜法龍宛南方熊楠書翰四十三通。

〔東京翻字1〜3〕　〔東京・南方熊楠翻字の会 二〇〇五〕所収の法龍宛熊楠書翰三通。その原本は南方熊楠顕彰館に蔵されている。

〔補遺1〜7〕　〔長谷川 一九九三〕所収の法龍宛熊楠書翰一通〔補遺5〕と熊楠宛法龍書翰六通〔補遺1〜4、6、7〕。その原本は〔補遺1〜3〕が南方熊楠顕彰館に、〔補遺4〜7〕が和歌山市立博物館に蔵されている。

〔法龍来簡〕　南方熊楠顕彰館蔵の熊楠宛法龍書翰。『資料目録』〔来簡2932〕から〔来簡3014〕までのうち、毛利清雅宛の〔来簡3010〕を除いたもの。〔八坂本〕所収の熊楠宛法龍書翰、〔補遺1〜3〕、〔飯倉 二〇〇二〕所載の一通の原本はすべてこの中に含まれているが、本書では、特に必要がある場合を除いて、未出版の書翰を指す場合にのみ、例えば〔来簡2937〕は〔法龍来簡2937〕として、この番号を用いる。

〔八坂本〕　飯倉照平・長谷川興蔵編、中沢新一解説『南方熊楠 土宜法竜 往復書簡』八坂書房、一九九〇年。

〔八坂本1〜55〕　〔八坂本〕に収録された法龍宛熊楠書翰二十四通と熊楠宛法龍書翰三十一通の合計五十五通。

『英文論考［ネイチャー］誌篇』　南方熊楠著、飯倉照平監修、松居竜五・田村義也・中西須美訳『南方熊楠英文論考［ネイチャー］誌篇』集英社、二〇〇五年。

『熊楠・小畔往復1』　南方熊楠顕彰会学術部編『南方熊楠・小畔四郎往復書簡（一）［明治三十五年〜大正五年］』南方熊楠顕彰館、二〇〇八年。

『熊楠全集1〜10、別1・2』　『南方熊楠全集』全一〇巻、別巻二巻、平凡社、一九七一—七五年。

『熊楠珍事評論』　南方熊楠著、長谷川興蔵・武内善信校訂『南方熊楠　珍事評論』平凡社、一九九五年。

『熊楠日記1〜4』　長谷川興蔵校訂『南方熊楠日記』全四巻、八坂書房、一九八七年。

『熊楠の森』　松居竜五・岩崎仁編『南方熊楠の森』方丈堂出版、二〇〇五年。

『熊楠漫筆』　飯倉照平・鶴見和子・長谷川興蔵編『熊楠漫筆　南方熊楠未刊文集』八坂書房、一九九一年。

『資料目録』　『南方熊楠邸資料目録』田辺市・南方熊楠邸保存顕彰会、二〇〇五年。

『知る事典』　松居竜五・月川和雄・中瀬喜陽・桐本東太編『南方熊楠を知る事典』講談社現代新書、講談社、一九九三年。

『蔵書目録』　『南方熊楠邸蔵書目録』田辺市・南方熊楠邸保存顕彰会、二〇〇四年。

『哲学者列伝』　ディオゲネス・ラエルティオス『ギリシア哲学者列伝』加来彰俊訳、三巻、岩波文庫、岩波書店、一九八四—一九九四年。

『法龍日記』　高山寺に蔵される法龍の一八九三—四年の米欧旅行日記（稿本）。

『木母堂』　土宜法龍著、宮崎忍海編『木母堂全集』六大新報社、一九二四年、再版・大空社、一九九四年。

「ロンドン私記」　「ロンドン私記——在英日本公使館宛珍状」『熊楠珍事評論』一七一—二一一頁。

大正No.　大正新脩大蔵経目録番号。

1 ロンドン時代

明治二十六年（一八九三）―二十七年（一八九四）

南方熊楠が土宜法龍と出会ったのは、明治二十六年（一八九三）十月三十日、月曜日の晩、ロンドン郊外のストレータムヒル（Streatham Hill）にある横浜正金銀行ロンドン支店長、中井芳楠（〔高山寺1〕注（11）参照）の自宅で開かれたパーティーの席においてであった。

熊楠がこのパーティーに出たのは、前日、中井の部下の中村錠太郎（〔高山寺5〕注（55）参照）から、法龍が中井宅に来るという知らせを受けたからである。当時彼は、『ネイチャー』に投稿した論文「東洋の星座」によってロンドンの学術界にデビューしたばかりであった。他方、法龍は、この年の九月十一日からシカゴで開かれた万国宗教会議に日本仏教代表団の一員として出席した後、通訳に雇った野村洋三と共に、ナイアガラ、ボストン、ニューヨークを経て、十月十八日にロンドンに到着し、翌日からリージェンツ・パーク近くに居を定めて、ロンドン市内とその近郊の各所を精力的に訪ね歩いていた。

この時、熊楠は数え年二十七歳、法龍は十三歳年上の数え年四十歳であった。

熊楠は法龍から大英博物館の文庫（図書館）の案内を頼まれたらしく、翌三十一日、博物館に「前ぶれ」に行き、夜は法龍の宿を訪ねて泊まった。この晩から熊楠は法龍のところに三連泊することになる。翌十一月一日、二人は朝から大英博物館に出かけ、フランクス（〔高山寺2〕注（10）参照）の案内で仏像などの展示品と図書館閲覧室を見た。

熊楠が法龍の宿を辞したのは十一月三日朝のことである。下宿に戻った彼は法龍に手紙を書き送った。これが〔高山寺1〕である。熊楠はまた法龍に『宗教醇化論』二冊（〔高山寺1〕注（1）参照）を贈っている。これらはその日のうちに法龍のもとに届けられた。法龍は礼状〔法龍来簡2937〕を認め、七条袈裟を添えて熊楠に送った。

十一月四日、法龍は野村と共にロンドンからパリに移る。二人の間で書翰の遣り取りが本格化するのは、それから二十日余り後の十一月二十八日、法龍のもとに熊楠の礼状〔八坂本1〕が届けられてからのことである。

1　明治二十六年十一月三日午後四時(1)

［此後御帰国後、御状被下候節は、本文末の番地よりも正金銀行(2)宛の方たしかに御座候。］

拝呈仕候。御依頼のマクス・ミュレル氏(3)の文書中の字は、第一はブダチエトラ Buddha Kchetra(4) なりと思ふ。然るときは仏国又仏土位の事。仏土経とかなんとかいふものを指すなるべし。

第二は Sukhavati vyuha（スクハヴチ ヴヰウハ）(5) なり。たしかに『阿弥陀経』。これは先方より聞に来れるに非れば、南条氏(6)に本文見すれば分ることか。

扨さし当り返答すべきは、第三の Vadjra tchêdikâ(7) と書しあるは『金剛般若経』。先方の問は、『金剛般若経』は前の二つ（『無量寿経』二種(8)）と共に一向宗(9)で専らよむものと私は堅く思ふとのことなり。熊楠は、『金剛般若経』は一向宗では読まぬものと思ふ。此辺いかやうとも御返事の事。

第四のサマンタバードラはたしかに普賢也。其次の字別らぬが、多分先方の問ふは普賢に付ての経文(10)なるべし。それを日本にてよむかとの問ひ也。もし普賢に付てよむべきもの一つもなければ、なしといふ外なく、あればあるだけしらせやるべしと存候。

以上さし当り御返事。

中井氏(11)先刻の談話に、尊者明後日出立するとのこと。若し然らば一書を小生へ送られんことを。小生印度博物館(12)へ案内すべし。もし明日御出立のことならば、小生に時間少きこと故、甚残念ながらこれきりにて御別れ申べく候。なほ御住所名宛一寸御報知置被下度、然るときは、不断小生より疑条ある毎に伺ひ申上度候也。右申上る如く明後日御立のことならば、明日参上可致。印度博物館え御同伴仕度候間、なるべく早く出立の時日御申越被下度。然し明日御出達の御事ならば、別段御報知被下るるに不及。猶尊者安康にして其志を遂られんことを望む。野村氏(13)へも宜しく御伝声奉願上候也。

明治二十六年十一月三日午後四時　南方熊楠拝

土宜法龍師

K. Minakata,

15, Blithfeld Street, Kensington, W.

（1）本書翰は「和久製」と記された縦二三・五×横三一・五cmの罫紙一葉に墨書されている。この書翰は、これまでに発見された熊楠と法龍の間で取り交わされた書翰のうち最も古い日付を持つものである。だがその最初の書翰であるかどうかははっきりしない。というのも、法龍は、これに対する返書［法龍来簡2937］の中に「予は貴君より且つ御丁寧に翻訳被下候ひし第二の書信を得て、益々貴君の御厚意を謝す」と書いているからである。もしもこの「第二の書信」が本書翰を指しているのならば（そしてその可能性は高いのだが）、これとは別に熊楠から法龍への第一の書信があったことになろう。本書翰が書かれた経緯は、『法龍日記』によれば次のようである。十月二十七日、法龍はオックスフォードにマックス・ミュラー（本書翰注（3）参照）を訪ねたが、ミュラーはあいにく不在であった。そこで彼は翌日ロンドンからミュラーに手紙を出した。三十日、熊楠と出会ったその日に、法龍のもとにミュラーから返書が届いた。そこには、法龍が前もって訪問を知らせなかったことを残念に思う旨のことに加えて、日本で読まれている仏教経典に関する質問が梵語を交えて認めてあったと見られる。法龍はこの手紙の内容が十分には理解できなかったのであろう。熊楠にその解読を依頼した。その回答が本書翰である。本書翰には神田英昭による解説と翻刻文［二〇〇五a］がある。またこれを書く時点で熊楠が参照できた文献については［Tamura 2008: 410］参照。

なお『法龍日記』によれば、この日熊楠は法龍に『宗教醇化論』二冊を贈っているが、これに書名と巻数が一致するものに、Edward Caird, *The Evolution of Religion*, 2 Vols. Glasgow: James MacLehose and Sons, 1983がある。醇化、または化醇は、田村義也氏によれば、熊楠がevolution（進化）の訳語として好んだ語である。先にその存在を推定した第一の書信とは、あるいは『宗教醇化論』に添付されていた説明のようなもので、この方が先に届いたために第一とされたのかもしれない。

（2）横浜正金銀行ロンドン支店。当時の住所は84 Bishopsgateである。

（3）マックス・ミュラー（Friedrich Max Müller 一八二三―一九〇〇）。ドイツ生まれの宗教学者、言語学者、東洋学者。オックスフォード大学教授として比較宗教学、言語学などを講じたThe Sacred Books of the Eastシリーズの編集、刊行によっても知られる。門下生の南条文雄、高楠順次郎らを通して、わが国のインド学、近代仏教学の形成にも多大な影響を与えた。

（4）現在の一般的な表記法に従えばBuddhakṣetra。その意味は、熊楠の言う通り「仏国土」であるが、これがどの経典を指しているのか、あるいは本当に経典名の一部なのかどうかははっきりしない。本書翰注（8）参照。

（5）正確な綴りはSukhāvatīvyūha。「極楽の有様（荘厳）」の意。この名を持つ梵語経典には大本と小本があり、それぞれ漢訳の『無量寿経』と『阿弥陀経』に相当する。

（6）南条文雄（一八四九―一九二七）。浄土真宗大谷派の学僧、梵語学者。わが国近代仏教学の鼻祖。明治九年（一八七六）、同僚笠原研寿（一八五二―一八八三）と共にイギリスに留学し、やがてオックスフォードでマックス・ミュラーに師事し、明治十七年に帰国した。留学中から彼は、インド省（India Office）所蔵の黄檗版漢文大蔵経の英文目録『大明三蔵聖教目録』（*A Catalogue of the Chinese Translation of the Buddhist Tripitaka*. Oxford: Clarendon Press, 1883）の編集や、ミュラーとの共編になる、Sukhāvatīvyūha を含むいくつかの梵語仏典の校訂出版によって、欧州の東洋学界にその名を知られた。

（7）現在の一般的な表記法では Vajracchedikā。

（8）二種の Sukhāvatīvyūha の漢訳、すなわち『無量寿経』と『阿弥陀経』を指すものと思われる。しかし熊楠が「前の二つ」のうちの第一を『無量寿経』と見なしているわけではなさそうである。本書翰注（4）参照。

（9）浄土真宗。

（10）表題が Samantabhadra（普賢）で始まっているらしいことから、『普賢行願讃』である可能性が高い。梵語の表題は実際には Bhadracarīpraṇidhāna であるが、ミュラーは漢訳の表題に基づいてそれを Samantabhadrakāristotra（F. Max Müller ed., *Buddhist Text from Japan*. Anecdota Oxoniensia: Aryan Series vol. I, pt. I. Oxford: Clarendon Press, 1881, p.10）としている。

（11）中井芳楠（一八五三―一九〇三）。和歌山出身の銀行家。慶応義塾を卒業後、和歌山の第四十三国立銀行を経て、明治十三年に横浜正金銀行に入り、明治二十三年以来、同行のロンドン支店長を務める。熊楠はロンドンで中井の懇切な世話を受けた。中井の銀行家としての業績及び熊楠との関係については『知る事典』二四三―二四六頁、〔仁科 一九九四：二六―二九、一二二―一二六〕参照。

（12）これは熊楠が〔高山寺18〕〔高山寺19〕において「南ケンシングトンの印度館」、または「南ケンシントン博物館」と呼ぶもの、すなわち South Kensington Museum（一八九九年にヴィクトリア&アルバート博物館 Victoria & Albert Museum と改称）を指すと考えられる。熊楠は、法龍がこれを見なかったことを遺憾としていた（〔高山寺18〕一七九頁）。熊楠にとってこの博物館は、早くから繁々と通った、ブリスフィールドの下宿からも近い、勝手知ったる場所であった。後に大英博物館本館を追放された熊楠が、書籍の抜き書きに通うのも、隣接する大英博物館自然史分館（現・自然史博物館 Natural History Museum）の図書館と並んでここの図書館である。

（13）野村洋三（一八七〇―一九六五）。実業家。岐阜県揖斐郡鶯村（現・揖斐郡大野町）出身で、東京専門学校（現・早稲田大学）などで英語を学んだ後、製茶輸出業者の通訳として渡米。明治二十六年、シカゴ万国宗教会議に、臨済宗の釈宗演（一八五九―一九一九）の個人通訳として参加し、会議終了後、法龍に通訳として雇われて、パリまで同行した。帰国後横浜に外国人向け骨董商サムライ商会を設立。ホテル・ニューグランド会長、横浜商工会議所会頭、横浜日米協会会長などを歴任した。

2　明治二十六年十二月四日（推定）(1)

［長き状書て仁者（にんじゃ）に呈せんと思ひかかりし処へ今朝の状(2)着。先此一事片付て後、又議論を呈すべし。］

尊書二通(3)正に拝誦致し候。第一に驚入には、輪宝（りんぽう）及クック会社の切符紛失の一事(4)に候。拙生は早速ブラウン方(5)へ書き留にて返信用の印紙を封じ一書差出し、其公使館へ持行しか然らざるかを問ひ申候。並に中井氏(6)に一書を出し、公使館へ右様のもの持来しか否や問合せ、早速熊楠迄返事有んことを以てし候。（これは公使館の公使(7)を始め一同、罷官され、今月中旬迄に出立の儀にて、甚だ取りこみ居る由なれば、例の日本風にて打ちやりおきたるも知る可らず。故に聞合せ候。尤も私は公使館に知人もなければ、中井氏より特に聞合してもらひ候）

両方共返事は近日来るべし。実は小生此状を得ると直に、貴命の如く同家に趣かんとせしが、御状の趣き何分短文にて私には委細分らず。因て今一度大体小生が事情を人の前で述べ得るやうに、今少し細く御記載御送致被下度候。

第一、輪宝は何の金にて製し、径（わた）し何寸（ずん）ばかり有しや。又大和の黒綿［カ］の袋は紐（ひも）にてくくり候か、否や。

第二、右は前日拝趨のとき仁者御逗留の寝室にて失しか、どこえ入れおきしか、并に最後に見しときはどこの辺にありしか。（かかる大きなものは針などと違ひ大抵置く処もきまりおり、朝夕目にふれたる御事と存候）

第三、野村と申す人は中井氏話に仁者と別れし由。右は当国にて別れしか、又仏迄御同行の上別れしか。もし当地にて別れ被成候事とすれば、小生此上尽力して右品見出されぬ日には、野村を見出すが近道と存候。（もし巴里にて御別れ被成し事ならば、当人は何処へ往くやうなこと申し居りしか）又同人は右のブラウン方へ荷物預けおくなど申し居たり。果して預しことにや。（私は至て独孤の風にて、近日に至り断食裸体にて凡そ二十日計りくらし居り、漸く昨日一友来しのみ。これは博物館の人に候。日本人は一切見へず。野村といふ人仁者に別れしといふことも、七八日前に中井氏方へ借た本を返（かえ）し、つづきを借りに行し節一寸承り及しのみにて、たしかに仁者御同伴ならざることは今日初て御書にて知る）公使館へ送りこせとブラウンへ申しやりしのみにて、公使館へは別に御案内は無りしか。熊楠考には、領事と申すものはかかることを骨折る為のものに候。それ故私し尽力して事行かずんば、領事迄持ちこみ候ふべし。

扨右のブラウン方へは手紙何度御出し被成候や、是亦御一報を乞ふ。（小生［ママ］は野村氏当地に在し旨必ず関根氏[8]の知る所なるべしと存候て、中井氏に関根氏住処聞合せ申候。万一関根氏住処御承知ならば、一寸小生へ御急報被下度、小生同氏を証人として談判可仕に候。又クックの船切手失はれしとは甚心得ぬことなり。凡て旅するものは日々船車の切手などは検するものなるに、紛失さるるとは甚おかし。これは悉皆無効となるべき程失はれしか、又なにか残りてしるしとなるものもあるにや。一応細く御報知被下度候。然し私は輪宝だけは十の九は返るべきが、船切手は小き紙故、或は六［むつ］かしからんと被存候。何に入れ置れしや。（もし紙にも何にも包まず、ただフダのやうなもの一枚落したやうなことならば、甚事六かしかるべくと存候）

又「猶又外に弗［ドル］の切府有之候由右は反古［ほご］と御申聞け願上候」○○付けし二字読め申さず。又事情も一向通ぜず。かかることはそろえて一度に片付るに非れば、事甚だ面倒となる。願くはとくと詳報を賜へ。一度に片付くべし。切符はどこからどこ迄のものを失しか。詳報を乞ふ。『仏教講論』[9]は今月十五日頃迄に貴地に宛て直に仁者に寄すべし。」

［フランクス氏[10]は来週中に御地へ被参候。十日程滞留の筈。］

（1）本書翰は和久製の罫紙（縦二三・五×横三一・五cm）一葉に墨書されている。これは日付を欠くが、次の〔高山寺3〕の冒頭の一文から、十二月四日に書かれ、この日の夜に出状されたと推定される。これはこの日の朝に届いた、輪宝と切符の紛失に関わる法龍からの書翰（後出「今朝の状」）に対する返翰である。

（2）この状は未発見。

（3）〔八坂本2〕と「今朝の状」の二通を指すものと見られる。

（4）輪宝は輪状の密教法具。クック会社の切符とは、法龍がシカゴで買ったトーマス・クック社の世界周遊切符である（『木母堂』六三一―六三二頁）。法龍はこの切符を野村洋三に預けていた。『法龍日記』によると、法龍が輪宝の紛失に気づいたのは十一月十七日である。ちょうどこの日、彼は野村を解雇することにした。その理由を彼は、パリに滞留することになり、野村は英語のみのため用をなさないからと説明している（『木母堂』六三一頁）。加えてその雇い料が高額であった（〔八坂本12〕一〇九―一一〇頁）。法龍は、パリ到着後、ギメ博物館（現・国立ギメ東洋美術館）の翻訳者河村四郎（生没年不詳）と、知人の沢柳政太郎から紹介されたドイツ留学中の上田万年（一八六七―一九三七、国語学者、言語学者）から手厚い世話を受けていたから、通訳兼ガイドに不足はなかった。野村はイタリアからインドを回って、翌年八月に帰国したという〔白土 一九六三：一〇三〕。十一月二十九日、上田が法龍の切符を改めたところ、欧州・インドの鉄道切符は揃っていたものの、地中海（欧州―インド間）とインドから日本までの乗船切符は見当たらなかった。輪宝はブラウン方（次注参照）で見つかり、ロンドンとパリの日本公使館を経て、十二月二十七日に法龍の手に戻った。しかし切符の方はついに見つからなかったらしく、その後も法龍はP＆O汽船のブリンディジ（イタリア）支店に乗船者の照会をするなど、「事件」の真相解明に執念を見せている（『法龍日記』三月三日の条、〔八坂本24〕一七〇頁）。この問題についてはさらに、明治二十八年十一月十四日の熊楠の日記（『熊楠日記1』三八一頁）、〔八坂本51〕三九二―三九三頁を参照せよ。

（5）法龍と野村のロンドンでの宿泊先。二人は十月十八日にニューヨークからロンドンに到着し、この日はNorthumberland Avenueのホテル・ヴィクトリア（Hotel Victoria）に宿泊した。翌日、二人は、リージェンツ・パーク（Regent's Park）北側の19 Avenue Roadにあるブラヴァツキー・ロッジ（神智学協会欧州本部）を訪ねて、アニー・ベザント（Annie Besant 一八四七―一九三三）らに会い、その後、適当な「止宿所」を見つけて、この日のうちにホテルから移っている。そこはブラヴァツキー・ロッジの「隣町」で、リージェンツ・パークの「直東南」に位置し、「公園の景を眼下に見る」ことができた（『法龍日記』）。法龍はその名を記録していないが、これがブラウン方である。

（6）中井芳楠。〔高山寺1〕注（11）参照。

（7）河瀬真孝（一八四〇―一九一九）。明治十七年から駐英特命全権公使を務めていた。熊楠は、河瀬の帰国を何らかの問題があっての更迭と見なしている。〔高山寺5〕注（112）参照。

（8）関根永三郎（生没年不詳）。東京の銃商（『木母堂』七九八頁）。シカゴ万国宗教会議に出席する日本仏教代表団と同じ船で渡米し、法龍と野村にシカゴからロンドンまで同行した。

（9）Monier Monier-Williams, *Buddhism: In its Connexion with Brāhmanism and Hindūism, and in its Contrast with Christianity.* [Monier-Williams 1889] モニエル・モニエル＝ウィリアムス（一八一九―一八九九）はイギリスの梵語学者、オックスフォード大学教授。Sanskrit-English Dictionaryの編集などで知られる。熊楠は、『仏教講論』と呼んだり『仏教講義』と呼んだりする本書を「近来欧州での大著述」（〔八坂本1〕四頁）として推奨し、何度かの予告の後、その年末から年始の間に、法龍に贈っている（〔八坂本10〕〔八坂本11〕参照）。この書は、法龍の依頼を受けた長谷宝秀（〔高山寺3〕注（5）参照）によって部分訳され、明治三十五年から翌年にかけて発表された（『伝灯』第二六一―二六六、二六八―二七六、二七八、二八二、二八三号、『六大新報』第二六八―二七〇号）。もっとも熊楠は、本書の第十八講で展開されるキリスト教優位の仏教・キリスト教比較論には批判的であった。〔高山寺4〕〔八坂本10〕参照。

（10）オーガスタス・ウォラストン・フランクス（Augustus Wollaston Franks 一八二六—一八九七）。イギリスの考古学者。大英博物館の英国・中世古美術及び民族学部の初代部長を務めた。熊楠はこの年の九月二十二日、東洋骨董店を営む片岡政行（宇和島出身、生没年不詳）の紹介で大英博物館にフランクスを訪ねて、その知遇を得、これをきっかけに同館に出入りするようになっていた（『知る事典』二四九—二五一頁）。フランクスのパリ訪問については〔高山寺3〕注（3）、「プリンス」と自称した片岡政行については、［松居・小山・牧田 一九九六：一五五—一六三］参照。

3　明治二十六年十二月五日午前十一時(1)

仁者え昨夜一書(2)を奉ぜしが、其書にいへる如く、拙は宿主へ書きとめ状にて問合せ、且つ相応の謝礼すべしといひやれり。今朝早く回書あり。曰く、母死したるに付き甚だ多忙にて、右の一事を忘るとなしに怠り居たり、右の輪宝有りといふことは仁者迄いひおくれり云々。而して其状嚢及び書紙、悉く黒線を以て画せるものにて、全く喪にあることは実事と見ゆ。又彼者の言く、輪宝は今（十二月五日）火曜日に公使館迄送るべしと。小生は其他なきを信じ申候。因て一書を発し、公使館も亦遅々なく、之を仁者に致さんことを以てせり。

右の如く彼宿主、喪中にあることと申し、又謝礼は一切要せず、公使館に送る賃も入らぬとのことにて、随分至当の人情有る人とすれば、（尤も仁者さきに謝礼又賃金送りしかは知らず）もし船切符など家内にありとすれば、何の理ありてか之をかくし又は失ふべけんや。喪中に人をさはがすは小生の忍びざる所なり。故に今数日延し、且つは仁者より失ひしものの詳報を得て後、小生躬ら立向ひ、弔礼の上之を探すべし。仁者の文句短簡、又文字勢ありて一向分らぬ。輪宝は分つたが、弗（ドル）の云々これは反古と申し聞けよとあり。何の事にや。又コ〔ク〕ックの切符とのみ有て、何の切符、何処より何所迄、又どれほどの大さ、并に何枚、又何に入れおきたり、多分どの室で失へり等のこと一向知れず。之を知らぬ内は小生何とも宿主に話しやうなし。仁者御地より印度迄の切符失はれ、為に淹留さるることかと拙者甚だ心配致し居り申候間、何卒詳報被下度候。

フランクス氏は来週より御地へ十日ほど参られ候。彼の部区（仏像(3)）はクリスマス後直に公衆に縦覧せしむ。仏名は全く仁者の指示に随ふつもり也。目録御申しこしなれど(4)、右の部は今度新開にて、仏名さへ仁者に問て始て知れたるもの多きに居るほどなれば、目録など一切無之。此他、古物などの目録あれど、大者は甚大、小者はほんの案内のやうなものなれば、仁者に無用と被存申候。

今月一盃御地に御滞在ならば、『仏教講論』の一書は御地公使館気付土宜法龍と書して送る。もし、今月中に御立退ならんには、長谷氏(5)へ送るべし。此他仏教書追々多くおくるべし。なほ申上たきことも多きが、今般は当用のみ。何分輪宝のみにても早く御安心の方可然と存候。又船切手等のことも委細早く知り、早く方付たく候て、右如く早々申上候也。輪宝手に入らば、一寸小生迄はがきにても被送度候。

明治二十六年十二月五日午前十一時認　南方熊楠
再拝

巴里にて
土宜法龍師

（1）本書翰は和久製の罫紙（縦二四・〇×横三三・〇cm）一葉に墨書されている。〔高山寺2〕の続報である。

（2）〔高山寺2〕のこと。

（3）フランクス（〔高山寺2〕注（10）参照）が部長を務める大英博物館の英国・中世古美術及び民族学部は、東洋古美術部も兼ねていた〔松居・小山・牧田 一九九六：一四六〕。このフランクスの「部区（仏像）」とは、東洋古美術部に属する新設のセクションらしく、おそらくは法龍が「仏部館」あるいは「仏教部」と呼んでいるものに当たる。法龍は、十一月一日にフランクスの案内、熊楠の通訳でこれを見学した際に、仏像・仏具の同定や取り扱い方に多くの誤りを見出し（「仏像などには随分頓馬の名称多し」）、それをフランクスにも伝えたようである（『木母堂』六三八―六四一頁）。本書翰のこの前後の記述は、フランクスが、このセクションのオープンを前に、仏像の同定に関して法龍のさらなるアドバイスを求めていたことを窺わせる。しかし結局フランクスが法龍を訪ねることはなかったようである。〔八坂本12〕一一〇頁参照。

（4）〔八坂本2〕八頁で法龍が熊楠に大英博物館の目録の贈与を打診したのを受けている。

（5）長谷宝秀（一八六九―一九四八）。真言宗の学僧。法龍が創立委員長となって設置された真言宗高等中学林（現・種智院大学）で長年にわたって教鞭を執り、『弘法大師全集』、『弘法大師伝全集』、『弘法大師諸弟子全集』、『慈雲尊者全集』など厖大な典籍を編纂、刊行した。長谷は、香川県鵜足郡東小川村（現・丸亀市飯山町）の出身で、同郡坂本村（同）にある真言宗三谷寺の長谷明純の養嗣子となり、明治十六年（一八八三）に明純が没した後、同寺の住職に就任した法龍と師弟関係を結んだ。十八歳の明治十九年から九年にわたる東京遊学でも、日本橋小伝馬町の真言宗大安楽寺の開山山科俊海と法龍から学資の支給を受けている（『長谷宝秀全集』第一巻、法蔵館、一九九六年、四〇六頁）。明治二十六年当時、長谷は大安楽寺に寄寓していたらしく、法龍は〔八坂本2〕八頁で熊楠に対して、書籍を日本に送る際の宛先を同寺の長谷と指定している。長谷は長谷で、Chicago Inter Ocean 紙に掲載された法龍の演説筆記（日本の仏教）を和訳して、『伝灯』第五十六号に載せるなど、海外にいる法龍を日本から掩護する働きをしている。

4　明治二十六年十二月六日午後三時(1)

拝啓仕候。輪宝之儀は、家主よりの返事は前書申上し通り、一昨日(2)公使館へ持行し筈に候。又中井氏の返簡(3)には「来る土曜日、すなはち明後夕、公使宴に公使已下の離別筵あり（熊楠も召れ。しが行かず）そのとき宜しく通送の事をたのみ置くべし」との事に候。然し某[それがし]の察する処にては、尊者既に之を公使館へたのまれし事は存ずれば、もはや公使の方より貴方へ届られたる儀と存候。其他の二条は小生には文字一向読めず、又意味分らず。中井氏の書には、これは尊者が、クックの会社の船切手当地にて売れば買ておくれとか、取調べて代価付けを申しこせとかの事にて、別に紛失せしを探し出せとのことに非るべしとのことに候。何分御返事の上いか様とも執計ひ申すべきに候。数日来仁者の手紙なき故、事体如何[いかに]成行しやと大に心配仕り申上候。

○万国の宗教を比較して宗教比較学を立し和蘭[オランダ]国のチール氏の『普行宗教（耶蘇、回々、釈の三教を申す）流通前宗教史概論』一冊(4)は、甚だ何の故に此三教が流通し、又いかにして流通せしかを見るに助けあるべしと存候。但し仁者先日購ひし中に此書ありしや、一報を乞ふ。書名は *Tiele's History of Religion to the Spread of the Universal Religions.*(5) 小冊に候。もし仁者蔵中になくんば、巴里へでも又長谷氏へでも宛贈呈すべし。（『仏教講義』(6)と共に）但し長谷氏は小生知ぬ人也。仁者の邪魔に成ずば、御地へおくるべし。如何。

○「脇尊者[きょうそんじゃ]年垂八十捨家入道。城中少年便問之曰、愚夫老朽一何浅智、夫出家有二業焉、一則習定、二者誦経云々。尊者聞譏謙、因謝時人、而立誓言。我如不通三蔵裡、断三(7)界惑、得六神通、具八解脱、終不以脅而至於席云々。経歴三年、通三蔵、断三界惑、得三明智云々。(8)」仁者年未だ四十に満ず。其者姜子牙[きょうしが](9)年九十にして鍼[はり]と干[竿]とを取て周室を起し、未だ口に老といはず。仁者帰国の上、なにとぞ外国の語学、文学を通覧し、自ら諸外教[げきょう]の書及内典に付て外人の著せる所、評する所を見られんことを望む(10)。

○小生は愚劣言ふに足ぬが、是迄耶蘇徒を仏に化せしことはあるが、耶蘇徒に化せられたることなし。現に在米の邦人にて七年間耶蘇に涙流して難有がり居しもの(11)、小生不言の教にて化し、今は仏乗を読み耶蘇書を捨しものあるに及べり。

これ、耶蘇の書の解く所は、いかに希臘［ギリシア］、羅馬［ローマ］の哲学と附会して述たるも破綻多きこと、程朱の理学[12]の遂に仏に及ばず、其徒多くは終に仏に帰せしに同じ。されば耶蘇徒の日本にあるものなどは実に何も知らず。知ぬ故にただただ耶蘇々々、神神と狂じ居るなり。（これは珍しき語に非ず。昔し耶蘇教羅馬に入しとき、セルシユス[13]といふ儒の言に、羅馬の教は理想に訴へ、耶蘇教徒は何の訴へ正す所もなく、ゴッド、ゴッド、ゴッド、ゴッドとわめくと云々）又今度送るべき『仏教講論』の末章に、耶蘇徒がこれぞ耶蘇教の仏に優れる特処として評する一段に耶仏の比較章あり。大体は仏教は人情に訴へ、耶蘇教は神を基とす。故に耶蘇教は一段高いとの事なり。これは或は一人糞を手にもち、一人米を手にもち、糞を手にもちたるもの、糞にはにほひあり、米はにほひなし、故に糞は米よりも一段高しといふに同じからんか。すなはち雉が頭をかくすは、尾をあげて人に居処を示す所以なるを知ずして、自らかくれ得たりと思ひ居るに等しかるべし。仏教は神を知らざるものに非ず。（たとえば天龍八部[14]など、みな他諸宗教にこれぞ造物主、大自在王、大神と称するもののみなり）ただ神は神たるのみ。其力に限りあり。人は神よりも尊き地に至り得べし。善を修せずして神を拝するも益なきことを述たるものと存ず。これほどのこと知り易からざるに非ず。ただ仏徒が他を知り己れを知ることをつとめざる故に、今に耶蘇徒になれば品行改るだらう、国が開けるだらうといふやうな人当地にも多し。従て私は日本人と交らぬなり。（耶蘇教と今日西洋の強きとは、旁生双存と申すものにて、たとえば吉原の町が大になりしと江戸の町数が多くなりしとのやうなものに候。同く幕政の其宜きを得、江戸に人多集りし結果也。決して吉原が大になりし故、江戸の町数が増加せしに非ず。たとえば彗星出でて、其年稲かく劣るが如し。何の関係なきことなれども、愚人は二三年もかかる偶合するを見ては、忽ち彗は稲実の原因といふに至る。嘆ずべきかな）凡そ仏徒に対していふべきこと、小生多年多く懐抱せるが、これは他日詳く申上べく候。

先は当用のみ右申上候也。

土宜法龍師　座下

南方熊楠拝啓

明治二十六年十二月六日午後三時出

［〇西蔵（チベット）行の事は、[15]『水滸伝』呉用が晁蓋にいへる如く、「人多不做得、人少亦不做得者也」[16]。私は深くはかり居候。雪山（せっせん）の南西麓に阿育（あいく）王の銘[17]及び仏の遺物多く、又梵寺[18]も多きが、其僧は悉く今に南天竺より招くとのことにて、洋人ども何故かかる遠方より僧を招くかを知ぬとのこと。此一事探究せば、不空[19]、善無畏[20]等が真言を南天竺より持来りしことの原因を知ることとなるべきが、『西域記』南天竺の事はあまりなき故、真言の源を疑ふ人多しと聞く。］

（1）本書翰は和久製の罫紙（縦二三・五×横三二・五cm）一葉に墨書されている。これは〔高山寺3〕の続報である。なお熊楠は翌七日付でも法龍宛に一状（未発見）書いているが、法龍はなぜかしばらくはこれを受け取ったという認識がなく、〔八坂本8〕を書いた十二月二十六日以降になって初めてこれを読んで、その中の観音に関する質問に答えるために〔補遺1〕（日付なし）を書いている。〔補遺1〕注（1）（3）参照。

（2）〔高山寺3〕では、ブラウンは「輪宝は今（十二月五日）火曜日に公使館迄送るべし」と連絡してきたことになっている。これを一昨日と記したのは熊楠の勘違いか。

（3）熊楠が十二月四日に中井芳楠に出した照会状（〔高山寺2〕参照）に対する返書と見られる。

（4）Cornelis Petrus Tiele, *Outlines of the History of Religion to the Spread of the Universal Religions*, translated by Joseph Estlin Carpenter, Boston : Osgood, 1877. コルナーリス・ティーレ（一八三〇―一九〇二）はオランダの神学者。宗教史に関する多くの著作がある。比較宗教学の草分けの一人。熊楠は十二月二十四日付の〔八坂本7〕七四―七五頁で本書に説かれる宗教の種類について解説している。

（5）正確な英訳書名は前注を参照。

（6）『仏教講論』（〔高山寺2〕注（9）参照）に同じ。

（7）原文の不断の不の字が抜けている。

（8）遁麟述『倶舎論頌疏記』巻第一（大日本続蔵経第一輯第八十六套第二冊一〇三丁右）からの引用。原文と比較すると、いくらかの省略と異読、脱字がある。これと同じ箇所が翌明治二十七年八月十三日の日記（『熊楠日記1』三四八頁）にも「遁麟記」として引用されている。脇（パールシュヴァ Pārśva）尊者は、ガンダーラ出身の説一切有部の僧侶で、クシャーナ朝のカニシュカ王（二世紀半ば頃）に進言して第四結集を実現させたと伝えられる。

（9）呂尚（生没年不詳）。太公望の称で知られる西周創建期の軍事家で、姜子牙とも称する。「鍼と干とを取て周室を起し」とは彼が渭水で釣りをしていて周の文王に見出されたという有名な故事を踏まえたもの。

（10）〔八坂本2〕七頁において法龍が、外教（異宗教＝キリスト教）も段々と学ぶよう工夫しているが、日本語では難しいと弱音を吐いたのを受けたもの。

（11）蓑田長政か。〔高山寺5〕注（116）参照。

（12）北宋の程顥（一〇三二―一〇八五）、程頤（一〇三三―一一〇七）兄弟によって創始され、南宋の朱熹（一一三〇―一二〇〇）によって集大成された学説。朱子学もこれに含まれる。

（13）ケルスス（Celsus 二世紀）。ギリシアの哲学者で反キリスト教主義者として知られる。熊楠は〔八坂本30〕二一六頁でもセルシウスとしてこの人物に言及する。

（14）天、龍等の仏法守護の八神。八部衆。

（15）西蔵行のことは、二人が初めて出会った頃から話題になっていたらしく、法龍は、十一月四日消印（推定）の〔法龍来簡2937〕の中に、「貴君よ、予は再び貴君と相視るの日は遠からず。彼の雪山（ヒマラヤ）の事を記憶せよ」（括弧内引用者）と書いている。

（16）『水滸伝』第十四回。呉用が、晁蓋から生辰綱（誕生日祝いの贈物）のことで相談を受けた時に言った言葉。人が多すぎても少なすぎてもことは成らない、の意。『水滸伝』は熊楠の愛読書の一つ。

（17）アショーカ王碑文（前三世紀）。熊楠の言う雪山の南西麓がどの範囲を指しているかは明確ではないが、もしもその中に現在のパキスタン北部が含まれるならば、そこにはシャーバーズガリーとマーンセーラの十四章摩崖法勅、タキシラの小石柱法勅がある。

（18）ヒンドゥー教寺院のこと。〔高山寺5〕（注（47）参照）ではこれを「シバイズム」（ヒンドゥー教シヴァ派）の「寺塔」と言い換えている。

（19）不空（七〇五―七七四）。中国密教の祖師の一人で、その大成者。西域出身。長安で金剛智（〔高山寺5〕注（49）参照）に師事して密教を学び、金剛智の没後、中国から海路師子国（現・スリランカ）、印度に渡航して、最新の密教と共に膨大な密教経典を持ち帰った。

（20）善無畏（六三七―七三五）。中国密教の祖師の一人。中天竺出身。彼はナーランダーで密教を学び、西域を経由して長安に来たから、南天竺から密教をもたらしたとは言えない。

5　明治二十六年十二月十一日夜以降(1)

［朱記の枚数123等に従ひ御読被下度候。(2)］

拝啓仕り候。（例の通り苦行致し居候て、灯も至て暗く致居り、難筆御判読を乞ふ）御状一通(3)今晩到着致候て、早速御返事申上候。

不空羂索以下の事、御明答被成下難有存申候。(4)疱瘡神像は他日小生自ら絵図の上、長谷氏迄贈り可申候。(5)小生所蔵の書は国にも多きが、右は先年何にも知ぬもの方に秘するよりは園［薗］田宗恵(6)にでも仮［か］してよからんと申やりしが、是亦例のなまぐさ法主［ママ］にて、あまりしかとせぬ人のやうにも被存に候て、やはり、家蔵致居候。随分金もかけしものにて、其儘［そのまま］蠹鼠［とそ］の腹肥さんことは小生の志に無之候。これは仁者帰国の上何とか方法立ち、保存のみならず、人に見するやうなことに成し玉はらば、小生不在中預け可申上候。尤も入らぬものにて、小生より寄進したきが、万一小生帰国する日には又入用のことも有之べくと存候。然し小生はあまり帰国は不望候故、何卒して右永々残り、日本仏徒は素より外教の輩にも執心あるものに見せ度存候。私は、一体日本今の制度何事も中央集権の傾向ありて、地方にしかとしたる人物も社会もなきは、甚闕陥（けつかん）の事とかなしみ居候。殊に哲学、心学を始め何の学問にても決して都会、絃声高く、艶變競ふ処にては出来ぬことと存申候。殊に都会には拐盗騙賊［かいとうへんぞく］を始め火災、悪疫も多き者ゆえ、何とかして田舎にて一学寮建立致し度と存候。仁者もし、此等の事に志厚く其事も成りそうならば御一報被下度、小生も奮起して力を出し申度候。

心理研究会の事(7)は、一寸聞たりとて雲つかむやうのことなれば、私来春早々出向ひ報告書又刊行の雑誌等を貰ひ、長谷氏迄送るべく候。但し幽霊等の事は、私は宗教の真理に対して其益なきことと堅く存申候。私も多年かかること学び、又多く旅行もして得たることも有之、他日詳報可申上候。幽霊の写真など申すもの私も多く見申候。これは写真板の洗ひ方不備によることにて、忘るるほど前にとり候人の形、忽然髣髴の間に現するものにて、たまたま死んだ母に似たらば母の亡魂、又いかめしき人の体に見ゆれば怨ありし人などと申伝ることに御座候。すべて、ヲツカルチズム抔には杜騙同様の事甚多く候。

ヒプノチズム。(8) 是れは小生も多く見候。上手な人は兎をも麻睡せしめ候由。これはただ生理学上のはたらきに出ることにて、たとへば室内の床板を歩むとき足別に感ずること無れども、高き屋根に上れば足の裏ひりひりと痛み候様の事と被存候。一向つまらぬことに候。蓋し其術はたしかに有り候。又読心術と申すもの有之。私も少々之を能し候が、これ亦精神の鋭鈍に出ることにて、別に奇妙なることに非ずと存候。蛮人と小生と接し候ときなど一向語は通ぜず、全く此術を知ず知ず覚えて旅行致したることに御座候。私は真言の法など左様に浅墓なるものには無之と存申候。幸ひヒプノチズムの書一冊持合せ候間、近日『仏教講義』及『宗教史略』(9) と共に贈呈すべし。（公使館え）私は仁者にかかる些末の事を研究さるることを望み不申候。只主として西洋哲学を総覧被遊、人心の所趣一にして二ならず、二と見えるが即ち一なる所以を明らめられ度に御座候。（此議論は前日贈呈の『宗教化醇論』(10)第一冊に詳く出居申候）

仁者住持の寺(11)に小生を招かれ候御厚志、有難存候。当分は私も又所見有りて、今一度長旅致し度、其上にて或は御願申上べく、其節は宜く奉願上候。(12)

私の父(13)は（例の父の事は（[ママ]言ふべからず。言ば乃ち自慢の片はしなれど、申すは）無学ながらあきらめの疋き男にて、昨夏死するとき、或る人霊智教会(14)とかいへる怪き会員を招き祈祷して神助を乞へば直ることもあらんとて、母涙ながらに右の人と共にすすめ候所、父目を開き笑て申さるるには、「愚かなる人々の申し状かな。我れ、吾志を立て一門盛へたれば、盛者必衰の理り、吾老て死するは吾事の見事に終る也。何を嘆くことか有ん。医者の薬すら功なきものの、いかなる奇法を修したりとて、死ぬるものの生ることあるべきや」とて、親族一同呼集め後事を托し、熊楠事は渡米の時已に別れたるなり、慮る所なし、ただ此上勉強して所志を遂ぐべし、此他言ふことなし、但し成べくは一事成て後母在世中に一びは返り、母百歳の後は何なりとも勝手にせよとのことにて、一同に茶をやれと命じ、自らも一服を呑み、快く死し候由。昔し希臘の大政治家にて哲学、美術を興隆せる、ペリクレス、死牀に友人来れるに向ひ、「吾れも馬鹿に成れり。婦女の言に、此木像を頸にかけ祈れば死を免るべしとの事ゆえ、万一免るることもあらんか、之を試るは試ざるにまされりと思ひて、今かく木像を頸にかけ居れども傚[効]なし。これだけ、吾れは馬鹿になれる也」と被申候由。[15] あはれ室鳩巣〔むろきゅうそう〕[16]がいへる如く、花よりも紅葉よりも美事なるは人の死に様に御座候て、私は私の父の死に様はペリクレスにもまされることと存候。それ故私も父の遺誡通り、昨年来永々病気し、放致〔置〕せしも、一つも他人の世話にならず、烟草など巻きに往き、借金をすませ、其後も熊楠如き弊衣では此国の学者輩と交際、議論闘はすことならずとか、月に百弗なければ龍動〔ロンドン〕で修学は成ずとか被申候ゆえ、そんな人の方へは行かず、自分一己の力にて、此頃は有名なる学者とも交り、又兎に角星学上の議〔疑〕問出しときも洋人に先て第一鞭を著〔つけ〕、長文を出し[17]、何の承〔紹〕介も依頼もせずに、取るべき所あればこそ取てくれ、それよりインペリアル・インスチチユートよりわざわざ招聘さるるやうなことになり候。[18] 柳下恵〔りゅうかけい〕[19]は、世に従て移ると申せども、世に従て移るやうなことはよほど上手にやらねば、ややもすれば蹉跌するものにて、況んや柳下恵ほどの聖慮なき吾輩、そんなまねすれば忽ち、馬脚を露はし、幇間〔ほうかん〕同様のものとなり候。斯申さば自慢の様なれど、熊楠事は十六七のときより家運も甚宜しく、和歌山にては兎に角一二の長者となりたるものの子にて、学問に銭入れたること、一寸した華族や官員の子弟ほどのことには無之、且貴師の言の如く、(慈雲尊者[20]の法話中に、いかなる末技なりとも一道たるものは理も筋もあるものなり。軽視するなとあり) 何事も学で損になる事無ければ、落語、どど一、浄瑠璃、軍談、狂句、雑俳、又自分そんな遊はせぬが、芸妓娼婦の内わけ迄もよく心得居り候。乃至人々のこわ色、茶番迄も致し候。されどかかることはただ道の助けとなすべきのみ。是を以て道を汚さんことはいかにもすまぬと存じ、一向伯夷風[21]にすまし居申候。

私の父は他人の笑ふをもかまはず、「熊楠は一見処ろある男なり。遊で居ても遊に由て得る処あるべし」とて多く金も入れくれ候が、老後には気も少くかわりしにや、何分早く是迄仕上たる学問を少々世にあらはせとのことにて、その為に小生難苦して千里の長途を取り、朝には山又山の境に消えぬ霞を花かと見違へ、夕には孤村蟋蟀〔こおろぎ〕室に入てつづれさせてふあばらやに止り、或時は西瓜をになひ売り、或ときは豆の買ひ出しに行き、色々物を集て当地へ着すれば、父は去て中有〔ちゅうう〕の野漠たり。人死して霊なきものとすれば、之を歎ずるは入らぬことなり。人死して霊あるものとすれば、又之を歎ずるは用なし。何となれば吾之を歎ずるは吾夢のさめぬにて、父の夢既に寤〔さめ〕たればなり。然しながらそれはただ分解の理窟と申すもので、兎角今生には構成の理窟なかるべからず。荘子如き乱暴なるものすら、已に徜徉遊[22]と説て、又反て人間世を説り。「ある物のなきこそもとの姿なれ、とは思へどを[もカ]ぬるるそでかな」たとえば婆羅門の教によりて、万物みな死して梵天王の体に帰する[23]とせんか、早晩亡父も吾れも一に帰着すれば、自我の差別なかるべし。（感相同一大櫃[24]）又釈氏の教[25]によりて万物みな輪廻を免れずとせんか、父修羅身を受れば、修羅の境界あり。父天に生んか、天の境界あり。もはや此世に関することあるに非ず。（ぬしがきたかよ、くる筈は無いが[かカ]、やっぱり、この身の惑ひかよ）若くは拝火教徒の言に従て亡魂、善若くは悪の神部に入るとせんか、善ならば来て吾を守るべし。悪ならば力めて吾を妨ぐべし。是亦何の関することあるに非ず。但しは耶蘇徒の言に従て、死後の事一に天主の意に任すとせんか、天主の意は吾知る所に非れば、父も亦吾に恨みなかるべし。何となれば吾も亦天主の意に任すべきものなればなり。

　かく解し去るときは、何のかまふ処なきものなれども、夢中にすら条理なきことは見ず、狂酔せるものの言も多少の連絡ありといふことを察すれば、左様に生死の間に全く反背せる道理二つ存すべき筈なし。されば私の分らぬながらやり通したきは、何卒父の死にぎはの望の如く、一事を成し、今世に善をなして、草葉の人の魂如[も]し知ることあらば悦ぶやうに致し度に候。

　[中村惕斎[てきさい][26]は「吾朱子の説を信ず。間違ならんには朱子に誑されたりと思て信じて可也」といへり。仏教久しく奉ぜるものの子孫は此心得あるを要す。]

　父は無文の人にて耶蘇教など一向好まず。いかにもこれ又一大宗教なれば、片はしからはりこみを食はせるべきに非れども、私は（人は笑て気狭しと云んが）どこ迄も父の遺志、すなはち自主、平等、耐忍等の事を自修て後、多少の人にも伝へたきことと存候て、父歿しては其言を見る。父の言、正道にかなふものあらば、即ち正道と一なるなりと存じ候へば、何卒、正道を述て一人より二人、二人より三人と演たきなり。此一点より申す、亡父の平生奉ぜし教を子の身として棄ることは相成らず候。家康死するときの言に、凡そ五十年以来つづきしことは悪きことありとも廃す可らずといへり。吾仏法如きは言ふべき処甚多し。されどこれ仏法の悪きに非ず。仏法に属せる末事の頽れたるなり。之を改めて其正に復し、之を繕ふて其中を得ることは甚望む所なり。大上は徳を立、其次は功を立、止を得ずんば言をのべて後生を期す。父も私も我流でやりたるものなれば、一切人に仰ぐことは好まぬに候。則ち、小生如きは止を得ざるものなるべく、従て徳を立、功を立ることは成らぬと存候が、此上は何卒して言だけにても残し度と存候。

日本人にて耶蘇の徒と称する一人[27]、毎々小生えの状に今日の仏教は腐敗せりといふ。小生口を閉て言ふことなかりしが、あまり毎度の事ゆえ此程一状を出し答て曰く、汝等口ばっかりで我等如き賤事を業とせしことなければ知るまじ。料理をみて見よ。酒盗（しゅとう）、ナレズシなどいふものは腐れながら味はあるものなり。中には生なるものより腐て後に味有るものも多し。腐る腐るといふが、悟れる眼より見れば、線香の煙に化し食物の身体となるやうなことで同く是一変化なり。汝等僅かに西洋の伝教師様の杜撰の書に拠て大乗仏教は仏教に非ず腐物也といふ。昔し或る人徂徠[28]に向て問ふ、『素問内経』［そもんだいけい］[29]は医者としては肝要なものなれど、黄帝の自作に非ずといふ、某［それがし］し、現に医を学べば、読べきや読む可らざるやと。徂徠笑て曰、黄帝の自作なりとも医師に益なきものは読む可らず、黄帝の自作に非ずといふとも医師に必要ならば必読むべしと。スペンセル氏[30]の語に、論理学は必用なれど、論理に用る語々を語とせずに其物自身として見解せぬ人には益なしといへり。されば此事の如く、いかにも肉や、菜、豆の腐りたるは厭ふべきものなり。されど大乗物［仏］教の腐りたりといふ如き、其腐るといふ語は肉の腐りたると同じ腐るながら、意味は大に異なり、吾等の心得には、迦文[31]の金口より出たりと保険が付ても入らぬことは用ひず、盗賊が死にざまの懺悔も聞くべきは筆記して教えたき心得也。龍猛［りゅうみょう］[32]が作らうが、香象［こうぞう］[33]が作らうが、維摩[34]は仮空の人物だらうが、それは事実上の探索にて止る。用ゆべきことはどこ迄も用ゆべし。汝等が奉ずる、今日日本新出来の耶蘇教などは、南瓜（かぼちゃ）を煮るに水加減を失ひし如し。魚の腐餒せるは時として品により一層の妙味を加ふ。南瓜いかに新鮮なるも、水加減悪きときは、箸一口も下されたものに非ず云々。試に汝等に問ん、汝等原文にてヘヴリユーの経典よみしことありや。其之無くして他を彼是いふは、教法弘通の方法に非る也云々。（斯の如く、小生耶蘇教を悪むに非ず。ただ吾国今日の其徒たるもの、何の弁へもなくして先祖の霊牌を焼き、又寺門の石塔を押たほし、甚しきは父の葬会に父の非行を演説して、耶蘇教となりて死にぎはに懺悔せりなど、人情忍びざることをなして得色あるを悪むものなり。）小生今夜植物学のしらべに過労したる上なれば久く筆執るに堪へず。今夜は是で擱筆。明朝早起して又筆にかかるべし。明治二十六年十二月十一日夜一時〔ママ〕。

此次第にて章文を不成候。末筆乍ら、私は自分の経歴より考るに、父母の言行を正して子におしへ、たとひ一時は聞ずとも、身死する後に多少は改悟するやうに、今少し父母たる人の子に対して慙る、慎み有り度事と存候。私の交りし多くの人の中、放行乱佚偽言妄談する人は、多くは其父母の行ひ正しからざりし人の子に御座候。子誠に父に孝なるべきが、父も亦在来の子に慈なるのみならず、其上に子に尽し残す言行あり度事に候。

小生は多年酒徒に交はり、金銭つかひはたしなど致して義俠と心得居たることありしに、一夜白石先生(35)の『折焚柴記』をよみしに、白石の父の伝、小生の父の少時難苦せるに似たることとありて、大に感心致し候。それよりかやうの徒と絶し、今も亦白石が壮時の困学にならひ居り。（此白石と申す人も壮時迄放埒にて内牢に入られ、所在なきまま書を差し入れられ度旨乞ひ、入れしに盲人同様一字もよめず。それより字書を乞てよみ習し由。）此人の自分の学問を述て、「我程学問に不幸なる人はあるべしとも覚へず。されどかく迄に学びおほせたる事は、人の一度し玉ふことを十度し、十度し玉ふことを百度せるによれり(36)」とは、『中庸』の「人十之吾百之、人百之吾千之(37)」に似たることにて、実に吾々末学の服膺すべきことと存候。

是よりは十二月十二日午後書始め候。西蔵行のことに「証人」云々(38)。これは小生の文句簡にして、仁者甚だ違へ見られたるに非るか。是れ私の申せし処は、仁者が小生に対しての証人に非ずして、仁者又は小生が世に広く対しての証人也。長旅中には色々の珍事生ずるものにて、小生抔も毎度危難に遇ひ候事有之。一人ならばそれですむべし。二人となるときは、彼男は友人の助かるべきものを、怯懦一点より捨殺したり、又今少しにて事も十全すべきを、自分の不覚悟より不完全にして帰りたりなどいはることあるべしと存候。仁者何にか工夫して、世人が（仁者又は小生途上に甦るるとも）同行せるものにかかる疑をかけぬやうの工夫有ば二人にてもよし。

又陸軍士官云々。(39) これは西蔵辺の事は軍事上英と露との間に甚議論も有りて、色々知ておき度事も多きが、何分是迄十分になしとげたる人なし。之を日本の士官微服して行き調べあげたらんには、甚吾国民の名声に加る所あるにやと存候。測量及び天度測候等のことも申すに候。私考には、とても多く荷物を持行くべきに非れば、オヒヅル（笈）の如き大櫃を背に負ひ行んと存居候。吾等は西蔵にて二三年も留学し、方便を以て喇嘛[ラマ]にとり入り、教旨、教制、寺法、因法の内幕を見度候。西洋には、士官たるもの必しも軍事のみ調査せずとも、たとへば其国の言語だけ学たりとも、後日その用はあるといふ主義と見え、士官に武功よりは反て文勲の有る人多し。吾士官中非職等にて禅学など修めたる人も多少有ときけば、何卒同行し度事に御座候。吾輩は西蔵及び雪山中の民は甚善良なりと承り居候て、たとひ多少の寇賊ありとも、それは天命なれば詮方なし。玄奘が旅中賊を感化せしことも見えたれば、何とか方便あるべし。只今西蔵迄旅行するは、昔日修禅の徒が諸国修行に出しほどのことにて何の事もなきなり。虎は多しと聞く。されどピストルにても用意せば何の事なし。すべし[て]猛獣が究して後に人を噛むものなれば、左様の場合はあまり多からぬことと被存申候。たとひ又虎に食れたりとて、志を達して死ぬるは少しもかまはぬことに候。雪山は随分寒しとのことなれど、是又衣服次第で何とか防ぎは付くべし。前年南米へ渡りしとき、平素思ひ考えて準備せることは一向其用なく、思ひがけなきことに不慮災禍も生じたり。されば天命に任すの外なし。すべて大業は、あまりに少く[ママ]分析して前途を考て後に成る者に非ず。黒田如水死するとき子の甲斐守を召して、吾は古今博奕打の上手なりし、汝は前途を見ること明かなれば、大事は成らぬと被申候由。(40) 小生かつて沍寒の地に二冬を送りしに、カットベッド一枚もらひ、裸体にてケットウ一枚で寝たり。家は不破の関屋ともいふべき月洩るのみならず、ツララ下垂せり。(41) されど立命安身すればそれですむこと也。

ショツペンハウエルは、万像は意志（ウヰル）より成るといへり。(42) まことに私は左様に考申候。但し仁者の徒に今一二人、仏徒の「生滅滅為[已]、寂滅為楽」の偈[げ](43)さへ知れば、直に身を翻えして魔口に入ても恨なきほどの豪傑なきや。又我各宗中の大龍より連名の喇嘛（二人あり。一は生身の弥陀、他は生身の観音と申す[44]に呈する書を得度ものに候。従来日本僧の出かける、ガヤ[45]などの地は依椽［えんによりて］北畠師[46]の葫蘆［ころ］を画きたる迄で、一向大乗の真旨に針一本の用なきこと也。先は大和巡り、宮島詣で往てきたといふだけの事と存候。前書申せし如く、雪山の南西麓より西蔵に至る間に今も夥くシバイズム（魔醯首羅王教［まけいしゅらおう］）[47]の寺塔有之。それえは必ず土地のものでなく、南天[48]の僧を聘して住持せしむるといふ。シバイズムが大乗教の基の幾分を為［なせ］りといふことは、西人も之を推言し小生も疑はず。たとえば大乗法中の明王部の如きは、全く之より出しことと存候。且夫れ「唐朝に金剛智[49]、不空、善無畏の三三蔵、遷［徙］師として南天より長安に至り曼陀羅教を伝えしが、従来の仏説にかはり、是れ大日の法身[50]の所説也。金剛薩埵之を受て南天の鉄塔中に秘せしを龍猛がケシ粒とかカラシの子とかで打開て伝たりといふ。『西域記』に（殆ど同時代ながら）其南天の鉄塔様の事少しも無之。ただ婆毘吠伽［ばびべいか］論師、南天磔［かた］伽国にて芥子を呪して岩壁を開き、弥勒菩薩の阿素洛宮［あそらくぐう］に入しことあり[51]。三三蔵の徒之に附会せるに非ずやと」（以上は服部蘇門の説[52]）私の考には、たとひ魔醯首羅の法より大乗が出たりとも、少しもかまふことに非ず。例の藍より出て藍より青きものなればなり。又三三蔵かかることを作り出せるとするも、西洋にも大宗教家ルーテル、宗門改革のとき多く古伝の埒（らち）もなきことに附会して其教を助たれば、言はば方便也。少しもかまふことに非ず。それ故、何分にも、大乗教に首羅王の教入れりとして、其首羅王の教といふものを見たき也。これは翻訳の字に第一発頭に魔といふ字有る故何となく、おかしく蔑するが、（たとえば芸妓が美でも、お岩といふ名と聞ては何となく気味悪く、不別嬪でも、八重垣とか高尾とか名のると何となく優に思はるるやうに）是又例の語に泥んで意を知ぬもののことなり。されば魔であらうが何であらうが、兎に角古来数百万の黎民が拝敬する教には何にか、理窟のあることと被存申候。ただ其名を忌で、其物を見ずに評判して一概に之をけなすは、石決明（あわび）の腸をアワビの糞といふ地に至り、其名を厭て箸を下さぬやうなことと存候。又右ヒマラヤの辺に例のシック[53]（前日博物館で其什器を仁者見たり）の徒多し。これは甚だ禅に似たるものにて、其徒武士道といふやうなことを尚び申す由。是又なにか教外宗に関係あることにやと思はる。何とかしてたとひ其一班なりとも見たきことに御座候。

昔し新井白石、壮時貧にて書なく、川［河］村瑞賢と申す富商方に書籍多き故借覧に行候。白石は性来乱暴なる人にて毎々人と争闘す。或るとき又人と争を生じ、吾は死を決せりといひしに、瑞賢申すには、足下一人を敵として決死するは実につまらぬことなり、学問浩海を敵として決死すべしといひ、白石それより尤と存じ、志を立かへて学問専一になりし由。私も此決心に御座候。(54)

○只今中村錠太郎氏(55)一書を寄られ候。言く、仁者の輪宝は公使館森川季四郎氏(56)に去る九日の夜会に中井氏が聞合せしに、右は全く館へ著せり、但し土宜師より館へ頼み状有しこと故、（熊楠の手を経ずに）来［きたる］十九日当地出発帰国すべき清水市太郎氏(57)に托し仏国公使館迄届くべしとのことに御座候。一体熊楠が申す貴賤官野等の弊は此所にて、たとえば此事如きも、一日も早く其人を満足さすべき為には、一刻も早く、通運先き払ひにてでもよし、送り付て然るべきこと也。然るに小生より着否の返事を公使館へ問合すことを中井氏に頼しより、今に至て右の如く長引き申候。是何の理窟あるに非ず。ただ官事となると長引き色々の手間を取ること、娼妓の後に後光を画く如き無用のことを重ぬるに出る也。私は斯る弊事は悉く廃棄せんことを望む。

○小生只今又舎弟(58)よりの状を受たり。舎弟も成人し今年十月嫁を取りし由にて、私の事は（俗に於る）已に畢りたり。連年商事に損も有り、又兄弟家を分し等のことより、兄(59)は無学の人にてややもすれば当世風の行もありて、昔日の勢も追々衰へたり。然れどもなほ身代はたしかなれば、思ひのこす所なく修学せよとの状なれども、私もかかる事の有る上に長々父の千辛万苦せる金銭を学問に入るることを望まず。近年学問を止め流浪可致やと存居候。尤も是又盛者必衰の理で、天地の大なる眼より申せば当然の事にて決して哀むに足ず。私はただ東洋には今に色々の悪風俗ありて、恥べきことを恥とせず、恥るに足ぬことを恥ること行はれ、無用の奢靡ある故かかる成り行きと存じ候。是又値遇の良縁なれば、私は此上いよいよ仏道に入りて、冀［こいねがわ］くは東洋に存するかかる悪弊を一掃除致し度候。仁者は年も小生より上なれば、定て世を多く見られたるならん。私は世を多くは見ぬが、何様世上の事は為すに足る者なし。然れども以て為さざる可らずと、添田老吏(60)と同一見解を有し居候。夫れ医いかに巧なりとも、自ら病あるに及ぶは他の医を招く。況んや小生凡俗賤劣の機、自ら断ずることの成らぬ箇所も有之候。私、全く世間を出でてただただ仏道隆弘をつとめ、成れば諸先輩と其功を分ち、成ずんば小生一人の咎とする気で、やり倒れに倒れ死に候ば、亡父如し知ることあらば、悦ぶべきや、悦ぶべからざるか、此一事仁者の教示を願ひ候。「たらちね（父母）はかかれとてしもうばたまの我黒髪をなでずや有けむ」「いとしとていつくしみたる其時は世を背けとは思はざりけむ」

昔し熊沢了介[61]は、吾は武士也、儒者に非ずといへり。小生甚だ、（印度に仏教の絶滅せし所以等を案じて）今に金科の玉条と杓子定規して僧が乞士たるに甘んずるを恥申候。然しながら孟軻も、或る人の、士も亦素餐するやとの問に対へて、「国に在ては国を教へ、家に在ては家を導く。素餐せざること焉んぞ是より大なる」（記臆のまま也、まちがひ有べし[62]）とか申したれば、或は乞士となりても又乞士だけの功能を融通し得るものにやとも存申候。父盛時は小生も多く金ありて、しばしば友人の難を拯ひ数百弗を投じたり。其人々今となりては何の音信なきのみか、悪口又彼は馬鹿也なども申居候由。所謂、昔日已前家未貧、苦将銭物結交親、如今失路尋知己、行尽関山無一人。然しながら陰徳は猶ほ耳鳴が如し、人知ずして我ひとり知るとも申せば、兎に角、夢中にでもたとひ小生に恩を感ぜずとも、是等の人々小生に救はれ、小生をだまし、金仮〔か〕り倒してやつたときの面白さ、うれしさ位は見るべきにや。「身をしれば人のとがとも思はぬにことわり知らぬ我涙かな」

兎に角、世には吾思ふやうに思はず、義理とかなんとか口にして、金借さぬものを義理知らぬとそしるわり合ひに、金借りて恩を感ぜにや成らぬといふ義理心得たる人は少し。然れども義理のなき世なればこそ義理の教へも有るなれば、私は義理を自分だけでも行ふて、満天下如斯衆生中に一人にても、義理といふことを教えて可なるかとも存申候。問はるる所の小生立命安身の地[63]と申すものは、たしかには無之候。（それ故に僧となるべきか否を只今問ひ申す也）然し先今日迄はショッペンハウエルとは反対にて、人間は仆るる迄も思ひ込だことはやり通すべし、通ると通らぬは死後に分ることとなり、兎に角、火滅してすらあとに多少の余温はあるものなれば、なるべく、後人に言をのこし道を伝へて益を加ふべしといふ存念にて、平素苦行、断食、麁衣など致すは、ただ人間はいかなる事にも安じ得べし、といふことに自ら安ずる迄にて、私はショッペンハウエルの言の如き、世を全く捨るやうの気はなく、先は老子の白を知て黒を守り、雌を取りながら雄を知る[64]、流義にて、実はたびたび人々へ意見書も出し、吾国民の大に隆興永続せんことを願ひ居り申候。死或は毫毛よりも軽く、或は泰山よりも重かるべし。ショッペンハウエル如く、むやみに世を厭て直に涅槃に入んなど甚願はぬに候。別文(65)は、生がフロリダの藪沢に餓て、熱疫に犯され、熱の歇し間に筆して友人佐藤寅次郎(66)（これは前文に申上候通り、板垣伯の秘書監やうなこと致し居たり）(67)に送りしものに候。先は小生が今死ぬ気にて書たるものなれば、小生其頃の安身の地に御座候。今も其通りに御座候。（此文末の紙に記掲候。御一粲[いっさん]被下候はば、是れ千歳の知己と悦申候）

仁者来春無念帰朝の後、もし南遊の便も候はば、和歌山市湊紺屋町一丁目十六番地南方常楠、此者は私の弟にて候間、何卒御一問、私が父の亡霊に対し、今に少しもすまぬやうなことはせず、蓮の泥に汚れず、伽陵鳥[かりょうちょう](68)の杜鵑[ほととぎす]に混ぜぬ風にすまし居るといふことだけはまのあたり御話し被下度候。小生には同腹の兄一人、姉一人、弟二人(69)ありながら、兄は前申すやうの人物にて、不絶家内に面白からぬことも有之、（これは私より申上る分けには不参、詳細は中井氏へ申しおき候間、他日小生身死するの後、御聞取被下度候）為に小生は国を出で、誓てかかる国士に還らずといふ心にて、死訣して出たることに有之。父も無論其決心なりしが、末期には随分、念も留めたることと存じ、今にても口にこそ太平なることは申せ、毎夜亡父を夢に見ぬこととて無之候。母一人、今は六十計りに成つてん[ママ]なほ生存罷在候。夫れ獅子頬[しきょう]王(70)の末も三代にして絶滅し、其事釈尊の在世中にありながら、其力に及ばず候ひき。されば私は、我家の世につれて移りかはることは何とも思はず。さり乍ら、一生を苦辛に断殺して折角身代起せる人の（母）末路安ぜざるも甚遺憾なることとは存候。古人も「尽国之年は永く、劉に奉ずるの日は迫れり」(71)と申す。何とかして今一度母在日に帰朝し度とも存じ候が、何様右の如きことにて今更帰国するも面白からず惑ひ居申候。敢て問ふは、死者を（仏家にて）弔ふて僧となるは、死者もし、知ることあらば喜ぶべしとの曖昧なる事に候や。小生は此答次第、母をも既に死したるものと現世は思ひ切りて、僧となりて修すべきに候。（小生は少時より豪胆を以て友人間に知られたるものにて、いかなることにも動ずることなし。三四間目の前又は半町内へ雷震せること三回あり。小生のみ立て居り、ただ心を刺るる如く感ぜしのみ。基督教者がいふ如く此時に至り神を念ずる等のことはなく、ただ今死ぬるなど思しのみなり。かやうのことなれど、父母の事には甚

だ心配致し申候）。（短に申さば仁者が何の因縁によりて出家せしか、何に由て安身するかを聞度事に候(72)）

小生は出家するとも長く海外に居たき本心に候。然し仁者三谷寺を以て一の仏法（といふよりは寧ろ斯道、何となれば是れ天地間の唯我の一道なればなり）融通の挙に供する企あらば、小生はどこ迄も之を助くべし。

第一に昔し「アレキサンドリア」の博物館(73)といふものあり。名は博物館なれど実は大文庫也。これは古今の大文庫にて、歴代の王甚文事ありて、支那で申さば魏の憲文帝(74)なども申すべきにや、又は唐太宗、宋真宗にも比すべきにや、道を敬すること大方ならず。主として希臘在来の哲学宗教の徒を集め、其書を蓄へ誰にでも見せ、猶太教などの外教徒をもへだてなく入れ、其国に入りしものは王より使して其所持の書冊を買上げ、売ることを承らぬものには書記をつかはして必ず一本を写しめ、などして蔵書の多きこと古今未だ聞ず。扨それえは誰にても篤志の士を入れて修学せしめ、又論師も備りて自由に議を闘しめしといふ。今の欧州の学術宗教は全く此余慶に出るものなり。私は平生より、今の学校などに階級などおき、先生がああ言た、こう言たなんども入らぬことを耳伝へに覚え、又本人の望まぬことをつめ込しむることは甚有害と存候。人間は所能あり、又所欠もあるものなれば、盤独の愚に見ゆるも時としては提婆の智に優ることあるものなり(75)。されば入学試験に一向不出来なるものにて後には天下の大儒となるべき人多く、試験とか問答とか間に合せの事うまいものは、多くは智見なきものなりと存候。夫れ泰山の大なるも一沙の少の積る也。大海の深きも一蜆の盛る所の集るに過ず。されば仁者斯道の為に尽す所有んには何卒、地方に書庫を立て、篤志にして資なきものに自活し得べき方便を与へて、就読して自断自見自証せしめ、扨学者哲人の一道に達せるものを好遇して常に絶ざるやうにし、其人々の前で学生が読し所の談話講論せしめて聞かすやうのことにされたきなり。スペンセルの言に、人間が自らこうぢや、ははあなるほどと悟りしことは甚用あるものなれども、むやみに読書、師受されて、いやいやおぼえたことは一向役に立ずといへり。張横渠(76)も、学者は宜く旧見を断じて新見を生ずるやうにすべしといへり。

米国に小生の在し日、ジヨンス・ホプキンス大学といふものあり。ジヨンス・ホプキンス(77)といふ人は平生倹約にて、未だ曾て車に載て往行せしことなしとか。此人さして学問なかりしが、平生心得よくて巨万の富を成し、それにて右の学校を立たり。是亦盛者必衰にて、小生の在米の頃学校所持の資産相場の変動を受しより大に危殆なりし。今もどうやらかうやらつづきおれりとは承る。此学校のしくみは常の学校とは大に異にして、教場にて杓子定規、古人の糟粕、などは教えず、ただ二六時中、書庫の書を読しめ、扨教授と生徒と尋常の座敷やうな処に団欒して、汝等読得たる見解を述よとて、各々読で眼を開し見解をのぶる也。教授はただ之を聞くのみ。是れ狂人の事の如くなりといへども、詳に察するに、法問は沙弥より始めよとの意に叶ひたることにて、学問するに自断自見、自証といふことの必要を示し、少しも油断せしめざる法なれば、人才を育するに甚よきことと思はる。尤も我邦にてかかること只今始れば、色々のひやかし連など来るべし。されば又宗教を以て之を制するの必用を見る。故に誰も来るべしといふことにしておいて、之に入るには至難の禁戒を設て、其戒をしおほせたる者に非れば入れざるやうのことにしたし。

北畠氏(78)はカソリック派の政略に倣ひしか、小学校迄仏教を入るるなどの企ありと聞。かかることとすれば必ず他の攻撃はあるものなり。且又、今一二百年間にいかに骨折ればとて、日本国中の人悉く三蔵の要旨に通ずるなど思も寄らぬことなり。小生の思ふ所は、今日日本に僧徒有り余り、中には言(いわ)くの付た人も多く、蠹食徒生するのみで何のわけもなき無用の人多し。諸悪莫作衆善奉行［しょあくまくさしゅぜんぶぎょう］(79)。此語八才の小児も能く記誦して、百才の老翁もなほ踏み難し。されば尋常の人間に教る所はこれほどの事で足れり。ただ宗中に秀俊の大龍大象(80)を多く出して、此諸悪莫作衆善奉行の二句だけにてもよく教んことを謀るべき也。返す返す熊沢了介がいへる如く、又今日欧米の景況を見ても、宗門の盛否は坊主の頭数にて卜すべきに非ず。ただ坊主の性行如何によるものなり。されば此人才営育の一事は尤も急務なりと存候。又一つは、願くは往く往くは此等の人才を成し上た上、仏教を普通するに必要適当なる経典を編制せられ度候。今の如きは、仏蔵浩瀚にしてただ分り難く解し難きを妙とするやうな傾向あるに非ずや。是れ頗る惜むべし。釈尊滅して後大会に諸事を議制されたる例もあれば、其教旨は動かさずして、其教制を新定するは実に喜ぶべく願ふべきことに候はずや。

御承知の如く三大教中、回々教は一番人数少しといへども、其徒の信の厚きことは蓋し二教の遠く及ばざる所なり。

世界中、コラン如く、多く用らるる書はなしといふ。是れ深く其コランを作りし人の用意の如何にあることなり。現に仏教如きは訳書も多く出、年々其新刊を聞き、又之を奉ずる人ありと聞くも、多くは一種のへんじん奇人といふ迄のことにて、其書もただ事実の考証、文章の巧拙等を調ぶるに用たるに過ず。然るに口其徒に非ずと言ながら、全くコーランの教旨を奉ずるもの、欧米に多きは驚くべし。名の名とすべきは常の名に非ずと老聃〔ろうたん〕はいへり(81)。たとひ我は仏を忌む、と称する徒なりとも、口に涅槃の語を吐き、耳に菩提の何たるを解するものあらば、是れ名は仏に非ずして実は仏に属するものなり。吾邦の人、俗士は論ぜず中等以上の教育ある人にして、仁義、礼智、恭謙、博愛、事宜、孝悌、忠信等の語を十分解せずとも使ふものは多し。然るに涅槃、寂滅、不綺語、不邪見、仏性、闡提、三昧、金剛、法論等の語を使ふ人も希なるは甚だなげかはしきことなり。今の基督教徒は、口に猶太の教と希臘の哲学をけなす。然れども其学問は二者を基とするものなれば、実は二者の徒たるなり。仏教、仏教といふ名にて行はれずとも可なり。不知不識其之を駁するものも、其語の妙なるを知らば用ざるを得ず。其教を受ざるものも、用に適ては其理に遵はざるを得ざるやうにならば、仏道たとひ仏道として存せずとも、小生は之を仏道の大流通せるなりと言ん。此事を為すには、書籍を博く集めて、教外の人にも軽き禁戒を保しめた上示すべし。昔しピタゴラスは、埃及〔エジプト〕に遊で其宗旨の奥旨を知ん為陰茎を斬れりとか承はる。たとひ其邪を認むるとも、之を知んとすること篤きものには、僅かなる禁戒位はなんでもなきことなるべし。而して已に禁戒を仏者に受る以上は、是れ兎に角に半ば仏者たるなり。教外の徒仏書を知るの便を得て仏教を駁するの日あるに及ぶとも、少しも哀むべきに非ず。他山の石を以て吾玉を瑳くものなればなり。

昔し、禅徒横行し、五山の坊主共肩で風切り、文学は吾物、他見を許さずとかまえたるの日、惺窩先生(82)仏を出でて儒に帰し、徳高く才余りありて、徒弟にも高材の士輩出し、文運ここに大に開て名教の基立ち、徳川三百年の治を致せり。山崎敬義〔もりよし〕(83)如きも叡山の僧たりしが、後仏を出でて儒に帰し、反て大に仏を排せし由。此人の弟子にも駿才多く、中にも浅井〔見〕安正(84)如きは実に勤王といふことを首唱せし名士也。是等は尋常の坊主輩は仏教の大敵とも称すべし。小生はしか思はず。反つて仏教の大偉人と思ふ。すなはち、仏教中より救世の在家菩薩を現出せしやうなことなり。此等の人の力にて奎運倫理も定りたればこそ、当時の仏教も亦立て直したるなれ。扨其儒教もその頃は節義徳行の人多かりしが、享保以降はただ風流文雅、放談高弁のことにのみ走り、天明前後には儒者、芸者、医者と指して制外無用のもののやうにいはるるに及べり。此時に本居宣長、平安の堀景山[85]といへる人に儒を学しが、之を屑[いさぎよし]とせず翻志して国学を興立し、終に維新の大事業をも成すこととなれり。是れ又儒教が国学の為に損ぜられたるやうなれども、実はいづれも名分を正し、帝室を復することを尚ぶは同じことなれば、いはば国学者の挙動は儒の本意にも叶ひたることなり。無用の記誦の徒多からんよりは、はるかにましなることなり。されば今の如きも、仏教自ら立ち枯れになりて、其あとは何とも知れぬ混雑乱揉なることとなり果んよりは、もし仏教が間違へるものならんには、せめては三大宗教の一たる基督教に亡ぼされんこと大に喜悦すべきことならずや。されば私は、何様日本の俊才篤行の人を自在に学問せしめて、仏教間違へば之を倒し、正ければ之を保たんやうにせんことを望む。小生是迄我邦人の基督教徒などになれるものを見るに、多くは色々の事情ありて面むき帰依したる迄にて、其人の所志は我れ我れとかはることなし。ただ仏教をよほど微秘のものと心得て、箸を下せしことなきもののみなり。

今日の西洋開化は多くは形而下の開化也。全く科学の盛なるに出づ。而して科学の大原則たる引力といひ、諸力保続[86]といひ、万物化醇[87]といひ、原則といふべき原則は悉く耶蘇の教旨に戻るものにて、年々科学の進行につれて耶蘇坊主は狼狽蹉跎すること、大水至て垣も繕ひ、俵に沙もこめ、隄も修め、家具も片付ざるを得ざるやうの勢なり。其俗人といへどもただただ自分に解せぬ故に先は耶蘇の外の教旨を奉ぜぬといふ迄にて、決して耶蘇の教旨を守らにやならぬ等の覚悟はなし。仏教の所説は之に反し、輪廻の一説のみにても、右の諸原則を包有して余すなきものなり。且三蔵中に理論の一蔵ありて、微妙残す所少し。基督教如く、一事出で一発明起る毎に埒もなき、昔話、俚諺様のものを敷衍するに及ばぬこと也。されば何の教を奉ずる輩にも仏経の書を見すること自由にして、自在に之を研究するを得せしむれば、たとえば子の恩にあまえて一時の怒に乗じて母に物を擲つ如く、仏教を大罵することあるも、其大罵するが已に多少の仏教を感得せし証とすべきに至るべしと堅く存申候事。

○仁者須く今日の科学に通ずべし。是れ智を育するの一事は全く科学にあればなり。これをなすには今さら蛙の解剖や、馬の蹄の分析、又深夜測量等のことの暇も有まじければ、其書を多く見玉へ。それには米国ニウヨルクのハンボールト出板会社にてハンボールト文庫[88]と題する月次刊行物あり。スペンセル、ダーウヰン、チンダル[89]以下、此四五十年間の哲学科学の書は大抵網羅せり。軽冊にて臥して見るにも便也。たとえばダーウヰン氏の『種族起原説[90]』如きは通常二冊で二弗五十仙もすべし。これにて買へば至て軽便なる薄冊二冊にて三十銭也。ショッペンハウエルの『憂離説[91]』など、尋常の本ならば無用の表紙美にして紙厚く白き等の事にて一冊一弗半もせしが、此文庫本にて買へば一冊十五銭也。少しもずるきことをして字を脱せ、文句を去り删れる等の事有ることなし。小生は全部所持せり。凡そ見積り四百弗近き書籍を、僅かに十五弗計りで買へる也。前夏其会社へ往き聞しに、日本へも神戸へ少しは送るといへり。但し耶蘇教会の人の用るなりとか。日本の人かかる便宜の書物あるを知乍ら、十五銭出してスペンセル、ダーウヰンの説を読むことをせず、懇親会とか何とか名付て無用の財を散ずるは惜むべし。仁者帰国の上尋ね玉へ。米国へ金送れば直に郵送し来るべし。

又『エンサイクロペヂア・ブリタンニカ』は実に大有用の書也。仁者など事多きに、心理学は心理学書、宗教は宗教史と一一購ふては無益なれば、須く之を買べし。これ亦右の会社にて一部二十四冊（小生目下所持のものよりは小冊にて細字也。但し字句を抜去る等のこと万々なし。図板等は小形なるのみ。甚鮮明也）及目録付て三十五弗。実に下値なもの也。是亦買求め玉ふべし。前日買れし書物は皆で九磅余した様に承るが、かかるもの買ふよりは三十五弗出して此書をかひ、又十五弗ばかり出してハンボルト文庫買ふこと、甚だ費は少くして得る所は百倍若くは千倍もすべしと被存候事。兎に角仁者の急務としては、委陀（いだ）の文句や、又俚話やうなものを一一しらぶるよりは右の二書買て、一汎何事にても其大要を知り、又目今欧米哲学理学の主たる概況を案ぜんこと甚必用なり。学問するに、書の撰択の方法により甚入らぬ穿鑿、手間のかかりあつたら企望の遂ぬこと多し。右の二書買ひおけば、自分悉く見ずとも篤志の人に入用なる箇所は甚多し。（小生は米にありし日二回『エンサイクロペヂア・ブリタンニカ』を買り。一部は友人にやり、一部は六十弗費せるが、小生キユバ島に在し内に預おきし人（日本人二人）共謀して質に入れ、今に質屋にありとか。仁者野村の事を話さる。小生身に覚えあることにて殊に御察し申す。然しながら、是れ亦人なれば、吾等ただ吾等が自分に手ぬかりしを恥るの外なし。但し小生は自分の経歴より、人間の因果応報といふこと、身外に存すること、たとえば引力、重力、光、電力等の如くならざるに致した処が、心内に存すること、必ず酔人が人殺せしことを悔ゐ、疫者が金ぬすみし昔語りを演るやうなことと存候。此一事は小生堅く之を信ず。然れども又別に之を畏るに非ず。ただ自然の成行きとしてありと認むる迄也）

○小生は別に世に求ることなし。又人に容らるることも求めず。但し我が人を容れてやらぬと思ふほどのことはあり。如し命あらば帰朝して貴寺に門卒にでも置て貰ひ度し。小生生来淡泊にて衣食等の事は一向かまはず。又そんなことにて世にはやされ度は万々無之。ただ願ふ所は、西洋には寺外に宗教の大家多し。坊主は、ただなきにまされりといふ例の葬礼と婚礼と二礼の目付けなり。日本には寺外に仏道など知れるものは甚だ少し。此一事甚惜むべし。小生は何卒してかかる人物を多く作り出し度と存候。書籍数冊二三日中に公使館へ宛出し候。実は直に長谷氏へ贈んと思ひたるが、先づ御坊に呈するものなれば、一び御目にかける方可然と存じ、定て旅中の贅物、郵便税などもかかると存候へども、いづれ御地よりも多少の書籍は日本へ送らるる御事と存じて、わざと公使館迄送り申候間、左御承引を乞。御受取之上は一寸御一報被下度候。「感恩則有之、知己は則未し矣[92]」と韓子はいへり。小生孤独にて、当地に来てより感恩ともいふべき仁は中井氏一人なり。而して今又一知己を得たれば死すとも恨なし。ただ願くは、帰国の上南遊すること有ば小生の老母と弟を尋ね、小生今に行ひすまし居る由被話度候。生て何の甲斐なくして果るとも、せめては伽藍の神となりて禍を防ぐべし。有古歌為証「へだつとも同じそらとは月を見よ末は雲ゐにめぐりあふまで」

米国にありし日交りし人の内、耶蘇教によりて演説しありき、甚だ金を得居る一人、連日小生に書を贈て曰く、君の面を相するに封侯に過ず、君の背を相するに貴きこと不可言。（蒯通が准[淮]陰侯に説る詞[93]）司馬□□先生は、時務を知るは英傑にありといへり[94]、云々。君何ぞ少く寸を枉げて其尺を直すことをつとめざる、云々。小生曰く、昔し侯[候]道華とかいへる道士の語に「天上不孝の神仙なし[95]」とか。吾はただ忍びずして祖先伝来の教を捨ざる也。基督如し知ることあらば、獅子に食はれて其教に殉せし人よりも熊楠の志を愍み愛さるべき也云々。古人も「唯人有不忍物之心」[96]といへり。已に物にすら忍びざるの心ある人にして祖先に背くに忍ぶべきや。況んや、今日の勢、仏は微にして耶蘇は旺なり。昔し大阪の戦に後藤又兵衛氏房[97]は、東強ければ西に属せんとて死せり。熊楠不幸にも又大幸にも、其弱勢のものの化を受たるものの後裔也。其教に対して何の不足なし。不足なきは話すべきの理由なき也。話すべきの理由なくして其教を去んことは、基督知ること有ば之を何とかいはん。何となれば、已に理由の話すべきなくして一を去るの人は、又話すべき理由なくして他を去るべければなり。林冲[98]の語に、無怨非人といへり。汝等其怨むべき所を怨とせずして、怨む可らざるものを怨で之を毀る。是れ恒なきの人也。吾より見れば、冬瓜(とうがん)に血を盛り目鼻付たものの如し、かなしひかな云々。其後返事一つもなし。

野村の事などは小生一切人に話さず。(人といふて小生の交る日本人は中井、中村、巽[99]三人、及中井令夫人)但し一句、あまり感心した通弁に非ず、とは中井等も一寸口より出し故、小生も左様言しのみ。兎に角仁者、以後航海には自分で用のすむやうにするか、然ざれば性行正き人を雇ひつれ玉へ。小生今夜家弟[100]の信を得、草葉の父の在日を思ひ、存生の母の劬労に及し、夜猿ならねど断腸致候。せめては蕭条たる夜雨、ねられぬままに少々長文を認め申候。悉く無用の言也。一読後火にくべ玉へ。

二十八天の語[101]は小生現に唐朝の博学家たる、段成式の『酉陽雑俎』[102]にて見る。(二十八天といふ語丈は)然れどもここの文は、道家にも二十八天あることなほ仏家の如しといふやうなことなれば、例の支那文の粗なる、たとえば道家には二十八天あり、天を設ることは仏家に同じといふ意味かも知れず。(蜻蛉(とんぼ)に四翼あり、鳥は二翼なり、然れども支那文にはただ其翼を有することの同きをいふとて、蜻蛉有四翼同鳥類といふやう風はあることなり)此外小生実は之を見ず。然れども二十八宿といふことは印度にもありしと見えて、其星像[103]を高野にて見たることあり。これは多分天部に属するものならん。何となれば日天、月天も并に天部の名あればなり。これほどのことにて小生は、二十八天も二十八宿も同じことと心得たるなり。且段成式の書には、角宿は何天に属す、姓は何々と、角、亢〔こう〕、氐〔てい〕、房より張、翼、軫〔しん〕迄、所属の天の名及宿の姓を挙たり[104]。印度に天を二十八に分画するかせぬかは全く知ず。然し大抵は二十八宿といふて二十八星といはぬ等を考て、一宿毎に多少の星をまとめて天の一部を占むることなるにやと存じ居たり。されど今日迄其証とすべきことはただ右の段成式の一書のみで、それもたしかなることに非ず。然し先日印度にある一士官よりの書牘をみしに、印度には天を二十七に分つといふやうなことを見たり。されば二十八に分つこともありしにやとも存居候。然し支那にて二十八に分野を分つも、一分野毎に一主座（宿）あり、他の小星は之に隷すること にて、小生の論文[105]は此支那の二十八宿を印度の二十八宿と比較せるにて、二国の二十八分野と二十八分野とをせるにも非ず、又一国の宿と他の一国の宿及隷属の諸星の総計を比較せるにも非れば、大本に於ては動きなし。但し右の文中、「吾は確かに今日の印度人が如何なる分野法を用るかを知ず。然れども往々大乗徒の経典に見ゆるが如く、少くとも一時は支那と同く天を二十八に分ち、一分野毎に一宿ありて、之に隷属せる諸星群ありしことは保証すべし[106]」と記せしは、仁者の言に拠て考るに、多分ちと吹き過たるかとも思ふ[107]。何にしろ今一度しらべて、正誤すべければ正誤を出すべし。但しこれほどのことすら一人の弁駁するもの今日迄出ざるは、ただ小生の文中「大乗徒の経典に見る如く云々」の法螺に驚き、そんなもの見たものなければなり。此一事にて西洋の人、口にかれこれいへど、中々印度以東のことに通じおらぬこと察すべし。

○小生の宗教の考えは[108]、先づ到底今千年や二千年で宇宙のこと分り尽すべきに非ず。又分りたりとて知識はただ道徳の助けとなるのみ。（支那に徳ありて学なきを郷愿[109]など申す如く）道徳は必しも知識に基くものに非ず。且又宗教といふもの、一人相手のものに非ずして多人を相手にするものなれば、いはば何でも其便宜の尤も多くあるものを望む。然れども、知識と反背することを基とするか、又は助けとしたる宗教は信を得ること難し。すべて人は自分に知れぬことを尊ぶ。（畏る）さりながら、あまり知れぬばかりに非ずして、随分聞けば、なるほど理窟のありそうなことじやと思ふほどのことならば、いよいよ尊敬すべし。故に出来る丈は（用意に）知識を以て理を深く知りおき、扨之を以て人の信を買んには、一一其知識は経典の語を無碍に合せ説んこと尤も必要と存候。されば小生は、仏経斯の如く多き中になにか今少し現今に適当なるものをえり出して之を俗人にとき聞せ、且つ戒律は昔の通り僧はなほ一層之を守り、扨理論は僧内にて研究し、其内理窟［今日の科学は「ゴッド」の作案を研査するものといふは可笑。されど輪廻法則を検出するものといはば当然のことなり。」と反せるものはあまりかまはぬやうにすべしと存候。西洋の神学などは此法にて、随分異論蜂起すれども、いづれも護法に熱心なるよりすることなれば、反て其薬となるやうなり。但し仏の学盛〔カ〕になれば、異種の哲学、昔の梵士、外道師如きものも亦多く出べし。然しながら是も亦仏堺〔ママ〕中の一端と見ればさしさはりなし。一つ仏教の為に都合よきは、仏教は他の諸神と全くかわりて造物主といふことを立ざるにあり。されば仏を排せんとするものは、ただ其出家がおかまをほるとか、一向坊主が強欲じやとか、説教の引き言がちがつたとかいふほどのことにして、肝心本題ともいふべきものに理窟打込んとするも、打込べきめどなきことなり。且天上天下唯我独尊とか人天師とかいふことはあり。されどこれ又ただ信の厚きことをいへるのみなれば、大に耶蘇、回々教徒の言ふ如き、神の子などいふことと異也。而して其理論に至ては已に無辺にて、洋人が今極口して論ずる哲学問題などは已に法護(110)と清弁〔しょうべん〕のときにありしほどのこと、又心性、物性の事なども已に早く分りおりたることなれば、これはただ科学のすすんで一事一理出る毎に、是も我教の理論を証した、是も然りといふやうに説き得べしと存候。私は柃（ビシヤコ）(111)と申す小木千本あるのみでは林なりとはいはず、其中に絶ず百本の松ありて之を蓋ふをこそ林と申すべけれと存候。されば何卒して俊秀の士多く作り出し、愚庸の人へ、ただただそれらの人の言を聞て多少の知識を益し、其徳行を益し、助んことを望む也。是等の事は他日一冊に致し愚見を叙すべし。一夜一旦の能悉すべきに非る也。但し、小生はたとひ仏者となり果るとも、第一に門閥を削ること、第二に自主及平等を張ること、第三に今少し婦女に対する男子の品行を正す事、第四に諸宗連合して其同き所、其異なる所を確認し、同き処は相共に之を興んことをつとめ、異なる所は力て相障碍するなきを謀ること、第五に文庫を作て才あるものに自修して自ら其才を発し得せしむること。もしよく然らば其才あるもの、既に学び得たる所を以て其才なきものを導くは知れたことなり。

以上は仁者の問に答るつもりで書し也。然れども今日色々書状来集し、それをやつてはこれをかきといふ風故、十分に筆すること能はざりし。但し止むに優ることと存じそのまま呈上候也。一向つづかぬ文章なれば其辺は幾重にも察読を乞ふ。

○公使館(112)の人等帰国は実事也。九日の夕留別会ありて中井氏と往く。今夜はホルボーン料理舗にて在留日本人一同会し、送別会あり。十九日に出立也。今夏少しおかしな事ありて当地新聞に出で、代言人と公使とのかけあひ有し。(此事は前日一寸申上し筈) 或は言ふ、誰か此事を外務省等に報ありと。小生いつもかかることに関係すれば、今度も多分嫌疑は免れざるべし。而小生実に多少の不平はある也。此事は前日公使館より招れたるとき中井方へ行きて申せり。

仁者ヒプノチズム(113)又読心術等を以て曼陀羅教に比せんとす。小生は不当と存ず。それよりは、耶蘇教に Gnosticism(ノスチシズム)(114)といふ一派の哲学あり。丁度五智如来、五大明王(115)やうの観念も立たるものにて、甚だむつかしきものなり。他日見当らば其書を購ひ贈るべし。ヒプノチズムなどは、所謂巫祝の道など申すべきにや、一向つまらぬことなり。小枝に候。

浮世不可憑(たのむべからざる)か可憑(たのむべき)かの論、

[原文は蓑田長政(116)におくれり。(今の京都知事千田の甥也)]

此篇は小生旅行中、八百屋(や)営業したとき、沼に行き疫になりしとき筆せしものにて、素より書物も何もなければ、皆記憶より出たる也。引きごとの中に間違へること多からん。且疫病にて弱りたるときの作なれば、一向埒なきものなり。然しそれでこそ小生立身安命の一端を示すものとも可申歟。

篇中、魚蝦云々の事をいへり。これは近日中村氏に聞くに、丁度ハックスレー氏(117)の書に此通りなことありとのこと。然し其書は今年出しものなれば、小生フロリダ如き開けぬ地にて殊に未来に出るものを読得る筈なし。全く偶合なり。但し小生未だハックレー[ママ]氏の書は読まず。故にどれほど似て居るかは知らず。

又申す。某平日、書信といふことをせず。故に当市にある多少の知人すら生死を詳にせざるとの言を聞くこと多し。但し、ライプニッツ(118)は書牘を以て其思想、企望の置き場処とせりとか。又スピノザ(119)如きは生涯他に容られずして幽死せる人ながら、僅かに其哲学の今日迄残りしは其書翰の存するによる。現に日本にも白石、徂徠抔の書簡に今日迄益あり、心得となるべきこと多し。(120)小生はとても我書牘にはかかる功徳はあるまじと思ふ。然しながら、君子は事に臨で蒭蕘[すうじょう]の言をも蔑せぬものなり。小生又名利にうとければ、著書を出すなどいふことなし。これ迄ただ自学して見を開きし多少の人と交信して、所志を通ずることあり。其人々とても僅に屈指するほどのことなり。即ち、薩摩人蓑田長政、（八年の間、メソヂストを奉ぜしが今は仏教）熊本人福田令寿[よしのぶ](121)、（コングレゲーショナル派の天主教徒なり。然しこれ又今は仏教に半化）外に栃木の人で石川角次郎(122)、（ユニタリアン派、此ものは殊の外の英才にて、其伝と像米国の或刊行物へ出し）鈴木巳之吉(123)（ユニタリアン派、これは驚くべきほど記誦に富る人なり。今英和学校教師か。）是等は小生多年見たる内、実に人中の人とも言べきものなり。年若きを以て人を蔑すべからざるは、商那和修[しょうなわしゅ]と優婆麹多[うばきくた](124)の問答にもいへり。仁者後日此輩にあふことあらば小生のことを語り、何分此等のものを友として之を仏に入れ玉へ。此他海外の大学に囀づる輩は蝦蟆のやうなもの一向人に非ず。

［かかるもの仁者に見するは手間つぶしなるべし。然れども他の時とかはり、孤独にて難病で死を決せし折のものなれば、或は其時の小生の心性いかに変化せしか、或は変化せざりしかを知るに足べし。小生当時支那人の任侠博徒の親方(125)の方に食客し居たり。坐右に『西廂記』(126)六冊あるのみ。文中、金聖嘆が其書の序中の語多少入れり。其他は全く記誦故間違あるべし。］

［小生は画は一寸善するが、書は一向精入れざりし故至て難渋也。察読を乞ふ。］

吾生(127)は涯[かぎ]り有り。思ふことは限無し。限りなきの思を以て涯り有るの生を煩はすこと馬鹿なるかな。然りと雖ども既に此二手二足ある上は、無茶苦茶に自刎して以て快となすべきに非ず。如何ともして此生を消遣するの法無る可らず。孔明隆中に高臥して南陽に耕し、優々自適、家を出でて帰るを忘る。それで終るも可也。既にして又三顧の恩に感激し、軍馬馳駆、食少く事煩く、死に至而已は亦可也(128)。カリバルヂイ(129)米国に零落しニウゼルシー(130)の村落に石鹸を煉て僅に生を送る、可也。一び南米に義兵に与し、二び伊国に勤王軍を興し、三び巴里に議士となりて他の難を排せんとす、亦可也。亜歴山大王アリストートルを師としアガメムノンを範とし、才文武を兼ね、謀ハンニバルと双ぶ。二十四歳にしてヘレスポントを渡り、直に波斯に克ち、乃ち埃及に入て不朽の大都を創し、二十九にして已に二十倍せる大軍を破り、進で印度を蹂躙し、自ら天尊の名号を冒し、勝て兜の緒(お)をしむる間も無く、在位十二年八ケ月、栄華草頭の露、功名風前の塵と消失しも一法也。丈山入道(131)壮年大坂の陣に武勇を顕はし、罰有て賞無きを憤るの余り直に世を捨てて悔ず。堂を建て詩仙と称し、琴書吟詠茶と世を見倣して生を送り、帝王召せども「老の波立つかげも恥かし」とて詣らず、怒て人を斬れば、彼者に無礼加へたるは真に狂人よとて有司も之を罪せず、九十の長寿を保ちしも亦一法也。

　夫れ死生は命に在、富貴は天にあり、牡丹餅は棚に在り。無き様で有るものは心配と借金。若夫れ夜雨軒を打ち、皓魄空に隠顕して定らず、「寔[カ]を聞て花たちばなの香を聞けば、昔の人の袖の香ぞする」「此歌暗記少く『伊勢物語』の原句と違へり。そのまま」といふ夕べには、居常半分調ふておる。色念、或は李夫人(132)の粧ひをなし、或は梅若丸(133)の姿を顕して夢裡に在り。君不知や、カーライル(134)人間を分別して二等となす。言く、人にして人を率る者はえらい、人にして人に率らるる者はペケなりと。慎んで生物学の原理を案ずるに、生物微玅[びょう]なる者は、其務めただ生を営むに在り。漸く上に進むに従て、子孫を残し全くするの備え階一階よりも巧みなりと。果して然らば、生物最高を以て自ら誇張する人間にして、其事ただ生を営むの、生殖を全くするのと言ふのみにて可ならんや。如し其不可を知らば、必ず大に精力を尽し肝胆を吐て、なにかぱつとしたる事をやらかさざる可らず。ぱつとしたる事とは何ぞや。善く解するもの之を解して曰く、多大の力を他人に及し、成るべく多く悪を避て善に移らしめ、禍を除て福を享しむるをいふ也と。若し今人有て、身後令名有るは生前一盃の酒に如ずといはば、吾輩はただ之を一笑に附して去るのみ。何となれば、悟る所已に斯の如くならば、僅かに一盃の酒之を飲むも亦何の味か有ん。抑も死生と富貴と牡丹餅は命と天と棚にあれば、吾能く左右招避する所に非ず。心配と借金とは如何様にも之を禦するの方あるべし。其美人姣童を夢中に入るが如きは、所謂婬者之を見れば以て婬と為し、文者之を見れば以て文となす者。屋漏にすら恥ざる君子(135)にして之を見れば、坐口に彼の「如夢泡幻、如雷電(136)」と、浅墓なる事の譬へに引るる烏羽玉の夢中にすら、一貫の以て吾名文を生じ、吾妙想を助くるもののあるを悟るべし。凡そ此等の事に神を動すこと、伏翼(かはほり)のたたきおとされて七転するが如きは、此生を消遣するの方法に非る也。

昔者八十の老嫗牽牛(あさがほ)の種子を収て、来春を俟て地に下んとす。壮者之を嗤て曰、婆様一脚已に棺に半没せり、猶何を貪ぼつてか、来し夏を期して「あはれ一と村雨のはらはらとふれかし」[137]を吟せんとするかと。老嫗笑て曰く、八十の此身八十一の夏に遇はぬものに非ず、壮者も亦郭璞[138]同様命の今日日中に尽ざるにも非ずと。女人自然多薄命、秀才又従来惰。命の薄なるには非ず、心狭ければ目前の栄辱に喪気して、自ら百年の命を棒に振而悔ざるの愚なる也。濤々たる世界、何ぞ独り女人のみならん。世の秀才を以て称せらるる者、動[やや]もすれば世を悪く思ひとり、散逸無頼自棄して顧ず。其行ひは勇なるに似て其心の大に惰なる也。昔者蘧伯玉五十にして四十九年の非を知り、六十年にして六十化す[139]。緑園の老吏之を難[カ]じて云く、焉んぞ知ん、五十にして是とする所は即ち五十一にして非とする所なるをと。烏尾氏[140]の語に、夢に魘はるるときは心大に安からず、夢事誠に虚なりと雖も、心大に安からざるは大に実也、魘はるること有るは、終に以て魘はるることなきに如ずと。熊楠謂く、此言も亦真に非じ。曾て聞く、螺髻[らけい]梵王[141]の宮殿は人の胃腸と同一の空間に高聳して、然も相犯すなしと。是を以て夢に蝴蝶となれば、栩々然[くくぜん]として蝴蝶也。自ら意に得て荘周たるを知ず、俄然として覚れば、蘧々然[きょきょぜん]として周也、知ず周の夢に蝴蝶となれるか、蝴蝶の夢に周となれるか、蝶と周とは則ち分有り、之を物化といふとぞ[142]。是れぞ古来無数の哲学者を悩殺して今にとんと分らざる、心身両界の事なり。文殊師利好く極微[ごくみ]を説く。カントは其論中に尤も時間と空間に力を入れたり。夫れ汽車に入て車中の塵を見るに、輪已に動て日光に映じて乱るるものは塵也。車已に発して俯仰ただ微物の日を遮るものあるは心也。静坐天を望て遠寺の鐘を聞くに、一点二点して止むものは響也。点打已に終て耳なほ響を聞くものは心也。荘周の蝶となり、蝴蝶の荘周となるは其変や急也。塵と響との眼と耳に存するは其変や緩也。変に緩急あり、事に大小ありといへども、其間実に極微のもの空と時とによつて消長するものあるに非んば、いかでか此移動あらんや。ただ此理を知る。而して此を証すること能はず。心物の判ぜざること此の如し。死後の事は知る可らざるなり。然らば則ち今生ぱつとしたることとやらかして身後何の影響あるか。何の影響を論ずる迄もなし。影響といふことの全く存せざるも亦知る可らず。此に至ては万事も悉く非也。妻子珍宝は論ずるに及ばず、才能芸学功といひ徳といふほどのこと、皆言に足ざる也。然りと雖ども試に現世の事を見よ。論理正確なれば、ゼノアの一貧生も以て大海の外に大洲あるを知り[143]、算法純正なれば、踦人も浜に臨まずして能く大洋底に電線を通す[144]。実験豊足にすれば、新紙売る小僧も小函に無形の声を入れて之を千里に輸し、之を百年の後に遺す[145]。果して現世の実にして真、究にして美、一条の理不言の間に存するに非ずや。瓜蔓に茄子を生ぜず。月水尽きし女の密夫を蓄へんことも承らず。丹沙は化して黄金にならず。自然発生説其証拠を見ず。芋がらで足のうらついたためしも無れば、貸し金倒されて祝宴開く広告も出ず。果して此世の泛にして不定なるに非る也。釈迦文仏、母の死に菩提心を発[おこ]し、浄居[じょうご]の諭しに其臍を固め、十九出世間、日中麻麦一飯、樹下氷霜一宿、三十にして大覚成道せりといふは、深く円寂の正にして便なるを知り、甘んじて、The rest is silence.（休息是黙定）を楽まんとするにあり。独り怪む、更に何を苦んで自ら其覚れる所に就かず、飛鉢藪宿、華厳、阿含より、方等を経し、般若、法華、涅槃の夕迄、説教四万八千回、積て恒河[ごうが]の沙数に入り、八十八の高齢を貪てなほ飽かず。家肉の毒に中[あたり]てやつと往生の前刻に至りても、なほ阿難の泣て止るを聞入れず、乃ち善賢と議論して Things thus unknown shall live behind me.（バイロンの句と記臆す[146]。訳に曰く、わたしや今さら未練はないが、実がとどかで苦労する）を憂へしか。ショッペンハウエル幼時志を発して道を求て得ず、長途の旅行へ種々の卑事を察してなほ悟らず、後印度僧の説を聞て初て達する所あり。説を立て此世の無益多悩の忍界なるを証せんとし、力て死の願ふべきを言ひ、自殺を以て功徳とするに及ぶ。曾て訝る、何を楽んで犬を絆いで無益に之を苦しましめ、又それほど憑むべからざる世に己れのさまで有難からぬ像を遺さんとて、四回迄も工人に小言を加えしか。是を以て之を推すに、此二人、現世の憑むに足ざるを力めて主張せんものは、則ち深く其憑むべきを知れるに出づ。世の憑むべきを知る。是を以て大に其憑むに足らざるの説を出して人心を聳動せしに非ればあらず。死来れば則ち就んのみ。豈に己れ欲せずとて、来迎の二十五菩薩を遂ひ帰すを得んや。且死後は事全く改まる。死後の処分は自ら其時に及で存すべき也。其処分宜きを得れば甚結構也。悪かつた処が別に詮方もなく、其内には何とか始末も付くなるべし。若くは死後の処分宜しからぬ報ひに更に現世に生ぜしめられんか、是ほど結構なことはなし。孰れにしても余り懸念する程のことはなく、肉屏地獄に落て苦んか、人間で蒲鉾になるやうなもの。是れもやつて見もの也。鉄囲山の畜生となりて苦吟せんか、すべて同じこと久くつづくときは苦も苦にならぬこと、罪囚の始て打るるときは叫べども、四十五十となりては何の事なきやうなものなるべし。かかることに食を忘れ、寝を安ぜずに苦慮するは、洋行せぬ前に衣服は何がよからうと横浜の町人に聞合すやうなもの。一び彼岸に到れば嚮き思しことは、ぐれはまとなるものなり。因て知るべし、八十の老媼八十一の夏を期して牽牛子を貯るは去て棺材を買ふよりも賢なることを。又知るべし、「七つの時が六つなりてあとの一つが今生のかねの響きの聞き収め(147)」と大切な命をざんぶと捨る女子、「兎角世の中はごようきで(148)」と、どど一や将棋(しやうぎ)さして空く白駒[はっく]をして決隙[けつげき]を過去しむる秀才の尤も笑ふべきを。

ライプニッツ創する所のモナッド（原子）論、人死するときは身体原子土に浸り、水に入て大海に注輸して滅することなく、魚蝦之を食て自ら肥え、更に阿漕(あこぎ)の平次さん(149)の網に入て再び人体に帰す、故に人の死するは死すると見ゆるのみ、実は更に死することなしといふ(150)。其説西洋人には珍しからんが、釈氏のカララン・アブトンの説(151)の焼き直し。今日ダルウヰンのパンゲネシス(152)も多分こんなことの作りかえなるべきか。近く此ライプニッツの説を引用して霊魂不滅を証し、以て此人の楽天教を助けて、耶蘇の説を成んとする人あり。熊楠謂く、此説又甚迂也。何となれば既に人体を離れて魚体をなし、又魚体を解して人体に取らる。そんな原子あにろくなものならんや。人之を見て、是吾先君、先祖の原子の糞となり臛となりて吾身に入るものといはば、魚蝦も亦当に言ふべし。是れ吾が祖先、鯛(たい)、牛頭魚(こち)、琵琶魚(あんがう)、寄居蟳(きさごのおばけ)(153)の原子、土左衛門の腐肉、船頭さんのうんことなりて吾体に帰する也と。是れ豈にピタゴラスが、吾精神は曾て孔雀の頭顱中に寄れりといひ、甲賀の三郎(154)が三年間吾霊魂を大蛇の身に托せりといひ、乃至道照(155)入唐して役公[えんこう]の虎身を見、長田忠致[おさだただむね](156)が死してヘイケガニと化たりといふ法螺話に異ならんや。夫れ物と力と孰れか実にして確なる。デカルツ之を詳論してすかまたをやつたれば、吾輩の一旦暮にして証すべきに非ず。然りといへども力の重くして物の軽きは、吾輩ただ中心誠実よりして之を信ず。今試に人間に就て之を言はん。女郎の子必しも女郎とならず。乞丐[こつがい]

の子豈に乞丐に安ぜんや。是を以てヘーゲルは鞍匠の子。ルーテルは鉱夫の息。足軽の悴に天下を取し秀吉もあれば、紺屋（こんや）の男に正雪［しょうせつ］(157)あり。ナポレオンの父それほどに聞えず。ルーソーの父は古今無類飛切りのとんちきな大工さんなりしとか。故に断じて曰く、人間に於て身の尤も軽く力の尤も重きを見ると。何となれば人の性質、禀賦の如何によるは勿論なりといへども、其禀賦をして禀賦たるの功をなさしむるは力也。禀賦美なりといへども、家柄佳なりといへども、其志を表はして違ふことなく、其佳を通して落ることなからしむる一種の力を闕如すれば、是れ上々の白米に水の加減悪くして飯とも粥ともつかぬものを生じ、旱天に橋の上り口から三桁めの処より鴨川の水を汲で、途中に痰を吐きこむやうなものなり。されば太田持資［もちすけ］(158)が「吾いほは松原つづき」と詠じて歌名を九天の上に唳せしは、雨中の村女が「みの一つだに」との吟を以て之を恥しめしにより、平田篤胤(159)が神道を興隆してここに維新の事業を始しも、本居先生の書を読みしにより、カント出でてヘーゲル起り、コーム(160)存してスペンセル継ぎ、孔有て孟論じ、龍猛述て提婆(161)問ふ。謝在杭(162)言く、役所に入て心騒がぬ人なく、仏寺に茶を喫して心落付ぬ人はなしと。兼好言はずや、筆を操れば書きたくなり、楽器とればキタコリヤと出で、盃を手にしては必ず一盃を念じ、賽子を見れば心丁半（てうはん）を思ふ。仮初にも聖教の一句をとれば、前後多少の文も知れ、卒爾にして多年の非を改ることもあり。今、此文をひろげずんば焉んぞ能く此事を知んや。是れ即ち触るる所の人を益する也と(163)。此は是れ物のよく人を化するをいふ也。無心物にしてなほよく人心を感化すること、斯の如くなるものあり。而して些少の事、亦能く人を発奮せしむるものあるは言を俟ざる也。是故に二妻の影の障子に映ずるを見ては、加藤左衛門重氏(164)頭を即席に剃り、一声の雉鳴には袂を揮て、是れ悪声に非る也と大に勤王の心を揮し陶侃［とうかん］(165)あり。震雷伴歩せる一友を殺して己れの念なきを感じてはルーテル新教の基を立て、宇治川に修羅の場、一の谷に二八の少年を殺しては熊谷次郎も蓮生と改名し、一び日本に渡て半国を聖化し、二び斯外道極れる明国に飛錫せむとて熱疫に罹り、死に至て頭其岸に臨みしザヴヰエルの熱心は戦場断殺のはかなさを感ぜる瞬間にあり。銭なく糧乏くして意に介せず、忠君愛国の赤心もて三十余州に苦中の旅をとり、『山陵志』成て為に讒を受け、魯西亜、辺に寇すると聞て、更に責を受るをかまはずして怠惰なる有司に建白し、やつと『職官志』

を残して即世せる、蒲生君実[166]の剛腸は、韓使が皇朝を嘲りし一話に慨せし一席の力なり。無心の物、些少の事なほ能く人を興奮発揮すること斯の如し。況んや、言を遺し情を拆き、教を述べ、理を分て現世と後生を聳動するに於てや。荘生云く、為すに足るものなし、然れども以て為さざる可らずと[167]。既に人と生れて消遣の法無る可らず。一生を消遣するには好法を求むべきをいへる也。蓋し此体は散ずることあり。此力は滅することなし。たとひ此身の原子をして永久不滅ならしむるも、其体の体たる、既に分解するときは是れ車を求て車無きもの、何の益か之有ん。唯此力は大也。一句以て億兆を率るを得べく、一言以て千歳の師たるを得べし。吾れ釈尊に於て之を見る。孔子に於て之を見る。耶蘇とゾロアストルに於て之を見る。カント、フヰヒテに於ても見る。ソクラチス、プラトー、アリストートルに於ても見る。ゲテー、シレル、シエリング、シユレツゲルに於ても見る。シエキスピエール、ミルトン、ダンテ、サーヴアンテース、カモエンス[168]に於ても見る。韓愈、蘇軾、施耐庵に於ても、馬琴、春水、三馬に於てすら之を見る。仏国民ルーソーの一冊の為に生涯を左右さるるものを得て算するに勝へず。近松の浄瑠璃一び出でて桂川の情死年々十を以て数ふ。是れ其一側也。デカルツ出でて科学勃興し、パトリツク・ヘンリー[169]一弁して三軍義に起る。是れ其一側也。因て惟ふに、身没すといへども、力更に滅することなく、化を万代の後に加え、寿を天地と等くするに至るは、此生を消遣するの最妙法なるを。斯思ふこと限りなきも、他の嗣で之を成すべきを知らば、憂あることなし。斯生の涯り有るも、既生の力は絶ることなきを知らば、悲を放るるに足れり。化を説く、何ぞ必しも魚蝦の身を仮て転生の煩を取るを要せんや。性を論ずる、何ぞ必しもカラン・アブトン、パンゲネシスを仮るを要せんや。而して寿を求る、何ぞ秦皇の海中へ方士[170]を求め、方朔[171]の王母が一桃を竊みしに習はんや。何ぞ又七十五日だけ生き延んとて手入らずの娘子を覗ふを要せんや。「ただたのめしめぢが原のさし艾(もぐさ)、やいて病のいゆるものとは」

私は今も此とほりの考えにて、世を無常々々と見做すは、ややもすれば横着に流るるやうなことはなきやと疑ひ候。其証には、吾国の人、素質もよく又名家にも生れたる人にて、仏説より申せば生れながら福分のあるべき人が、他に金借りて断りも言はず、又人より手紙受て何の挨拶せぬやうなこと甚多し。これでは吾国の勢力の立ち直る気づかひなし。孔子は南人の諺を引て、恒無んば以て巫医だもなすべからずといへり。(172)（巫医とは至て其頃のつまらぬ小技也）扨吾国の人、口にする廉恥などいふことなきかといふに、有ることは存分有り。但し無常の観念浸潤せる故、廉恥の用ひ処がちがふ。たとえば人より招かるるに、熊楠如く自分さへよければよいはで、冬も単衣きて行くは恥也。新聞に広告して寺院の建築金を募り、人もそれぞれ出すに、己れ出さぬは恥也といふやうなことで、扨めどの立ぬ借金して衣を買ふは後日の恥也、成りもせぬ金拵て、何の関係なき外教人に渡すは恥を一つ起すものといふ考え一向なきやうなり。それ故私は何とかして仏教を立直し、あまり、現世を厭はぬやう、此世はそんな無常なものに非ずといふことを知らせ度に候。婆羅門教一び仏教の為に其力を失ひ候後、又仏教を追出すほど盛になり候。これは主として仏教にならふて万民を平等とし、梵天は決して浄行者にのみ私するものに非ずとのことを作り出してのことの由承り候。又今日の儒教の正学といはるる程朱の学も、全く仏教と道教を仮りて成りしものと存ず。［司馬温公(173)は大儒也。而して其言に、善に入るは無妄語よりすといへり。是れ仏語也。よきことは他の教にとるも少しもかまはぬこと。］

されば教は必しも最初のとほりに保存して続くべきに非ず。現に耶蘇教如きも、過半は其教理を他教及び哲学にとりしものにて、（此教に大功ありしセント・オーゴスチン(174)は基督よりも多大の力を後にのこせり。而して此人は中年迄希臘哲学徒にて、教外の事多く見たる人なり。恰も大迦葉(だいかしょう)(175)の事の如し）今も口には排しながら、万事科学を採用することに御座候。吾仏教如きも、実際は歓喜(かんぎ)天や大黒天を信じて大金たくはへ出世する人も多し。されば何とかして此上無常といふことをむやみに教へず、なにか一つ耶蘇徒が祈るゴッド如きものを（かかる有形体的に非ずして純理的のものを）立ることは如何に候や。

○兎に角小生の立身安命は、右の論にある如く、死後の事は憂るに足ず、現世に出来るだけ自分の能に随ふ事を勉むべしとのことに候。輪廻はいかにもあるものと信ず。然れども人間として左右し得べきことにはなしと存ず。故に小生今回仁者に問ふも、小生僧となるとも亡父の意に答るほどの事功は現世に立て得べきやといふにあり。ただ僧となれば亡父が地獄行きの切符を天人界の切符にかえてくれるなどいふことならば、僧などになりたくなし。言はばここに二つの灯火ありて正に滅なんとするにのぞみ、一の灯火は点ぜられて物を煮るの用をなし、一は何の事もなくして滅すとすれば、何の事なくして滅する灯よりは、用られて滅し灯は其功を畢たるなり。父は死んでしまふたればせん方なきことながら、末期の志を小生が遂たらんには、多少の人も亦或はそのやうに倣〔なら〕ひくれる人もあるべきにや。たとひ倣ふ人なしとも、細微の間に其功はのこるものなり。すなはち小生が僧となるに致した処が、世を全く捨てて長嘯するなどの念少しもなし。僧が世に用あるものならば、其用を仮りて人を化せんとの意なり。漢文帝は、「朕独り千里の馬に載て何処に行んや」といへり(176)。小生もたとひ一人六大神通(177)を得たりとて、いはばドド一のころがし上手になりしほどのことなりと存候。

○小生は仁者如く全く圭角を去ること能はず。所謂雄を知て雌を守る流也(178)。但し平日善悪共に人に対して語るにたえざることとなきを期し候。人間世に居るには免れざることかと思ふ。

○仁者又小生の哲学上の見解を問はる(179)。小生は何も知らず。但し前日も申せし如く、小生は宇宙の基本は一大理体(名のなきもの)ありて、それが分身流出して色々の物体となり、各右の一大理体の力の一分を偏有して現物界外心界を顕はすに非ぬかと思ふ。されば小生の見解は耶蘇にも又仏にもなく、梵教なり(180)。すなはち、吾々が此紙筆と共に梵天の一部なるなり。扨なに故に梵天がかかるものを顕出せるかといふに、ただ自らの楽みになすといふの外なし。是れ甚不当の事のやうなれど、他日梵天体に帰復するの日は、善人も悪人も何にもなく、手を打て笑ふこと、たとえば団十郎が悪方〔あくがた〕して悪人の心になる迄も芸を演じ、福助は若衆形でどこ迄も遊冶郎の気で行ひ、扨楽屋に入れば、はあ面白かつたといふほどのことなるべしと存候。たとえば白光分れて青黄赤等の七色となり、一気別れて消極、積極となるやうなものか。輪廻といふは此芝居のけいこのしみしかたなり。乃ちうまくやうなしたものは二度くりかえすやうなことと存候(181)。

仁者は不綺語戒も有つならん。小生は持つこと能はず(182)。然し之を自分の消閑にしてただ一二の知人に示す位のことは、これ又右に申す梵天の楽み位にも候はんか。何となれば哀、怨、苦といふことをのぶる、楽、情、慾といふことをのぶるは、猫の事にふれて鳴声を異にするやうなもので、其中に楽みあり。楽あらば多少の修養とも成べければなり。仁者自分綺語せずとも、他の綺語を聞くはかまはぬことなるべし。何となれば綺語も亦真理を表はせるものなればなり。旅中にはさびしさのあまり、色々の事思ふものなり。小生如きは絶海の山中に病むこと四十余日、慰の為、四十七士の姓名など暗記くりかえせることあり。至人には夢なしといへど、夢なきも亦人間に生れし甲斐なし。兎に角仁者小生の文に限り夜深更にも二三回も読るとのことなれば、少々手製の綺語を呈し一粲に供す。

トレド奇談(183) 迷ふ両道、南方腎沢作(184)
孝と恋

友人高野生、名は礼太郎［友人の名挙たくはなし。然し此事新聞にも内外に出、且過失は其人の過失なればかまふことに非ず。此字文中にあり。(185) 此人あばた有り。］娼と媷してトレドに隠る。（小生諭して離別して帰国せしめ、少々は助けたり。是れ其人の父老て一人子なればなり。）其離別の段、くどきの部なり。

わたしのととさんかかさんは、たつた一人の子ぢやものと、二人の中にめでまわし、何んで行末川竹の、うきめを三んと四らんせう、冥途で聞たら、五立腹、お道理とこそ六理はない、七つなにわのよしあしも、まだしらぬ間におしでるや、八がておし出すお職とて、引く手あまたの夕べだに、九つとめはゆるしやせず、通して過すも主への義理。［是又右の旅中に作りしものなれば、万々佳なりとには非ず。ただ仁者にのみ呈して一粲を買ふなり。］

(1) 本書翰は和久製の罫紙（縦二三・五×横三一・五cm）十二葉に墨書されている。これは〔八坂本4〕への返書で、十二月十一日の夜に書き始められ、翌日も書き続けられた。いつ出されたかははっきりしない。
(2) この書翰は各葉の丁数が上部欄外の左右に一つずつアラビア数字で朱書きされている。これはその丁付に従って読むようにとの指示。
(3) 〔八坂本4〕を指す。
(4) 「不空羂索以下の事」とは熊楠が〔八坂本3〕の冒頭に書いた五箇条の質問を指す。それらに対する「明答」は〔八坂本4〕には見られないが、この書翰は前後を欠く断簡であり、法龍の回答はこの欠落部に書かれていたと考えられる。
(5) 〔八坂本4〕二六頁における「疱瘡神の体」を知らせてもらいたいとの法龍の要望に応えたもの。この像を巡っては、〔八坂本2〕において法龍が、大英博物館を見学した際に「パタラ天」なる疱瘡神と説明されたものが、ギメ博物館ではラクシュミー女神とされていることに疑問を呈して以来、両者の間に何回かの応答がある。〔八坂本3〕〔八坂本4〕〔八坂本7〕〔高山寺20〕、さらに『木母堂』六四〇―六四一頁参照。「パタラ天」とは、スリランカで信仰されているパッティニー（Pattini）女神を指している。その神名を熊楠は、〔八坂本3〕二〇頁では、大英博物館から得た情報に従って、Patieree Deva と記すが、〔八坂本7〕八〇頁では、『仏教講義』[Monier-Williams 1889: 217] に Paṭṭini とあることを指摘している。

（6）薗田宗恵（一八六二―一九二二）。真宗本願寺派の仏教学者。熊楠とは共立学校、大学予備門の同期生。薗田は和泉国日根郡小島村（現・大阪府泉南郡岬町）の教円寺の生まれであるが、後に和歌山市の妙慶寺の入婿となったから、熊楠とはいわば同国人である。

（7）ここで言う心理研究会、すなわち Society for Psychical Research（心霊調査協会）は、一八八二年にロンドンで、いわゆる心霊現象を科学的に調査することを目的に創立された。その背景には、十九世紀末の西洋にスピリチュアリズム（Spiritualism 心霊主義）、オカルティズム（occultism）が流行し、交霊術、催眠術、千里眼、テレパシーなどの霊術、超常現象に人々の関心が集まっていたことが挙げられる。この協会の初期の指導者には、ヘンリー・シジウィック（Henry Sidgwick 一八三八―一九〇〇）、フレデリック・マイヤーズ（Frederic Myers 一八四三―一九〇一）、エドモンド・ガーニー（Edmund Gurney 一八四七―一八八八）らがいる。〔八坂本2〕注（6）が指摘するように、法龍はこの協会の活動に興味を持ち、熊楠に調査を依頼しているが、熊楠はこうしたことにはかなり懐疑的で、時には法龍をたしなめることもあった（〔八坂本23〕一五九頁）。ところが帰国後、霊魂論、曼陀羅論を展開した熊楠は、明治三十七年二月から四月にかけてマイヤーズの遺著 *Human Personality and its Survival of Bodily Death*, 2 Vols., Lodon: Longmans, Green, and co., 1903（『蔵書目録』洋 150.12, 13）を熟読し、その所説を自説に援用しようとしている。〔八坂本47〕三三五頁、〔八坂本51〕注（18）、［横山 二〇〇一：三一六］、［安藤 二〇〇八：一八一―一八四］、［安田 二〇〇八、二〇〇九］参照。

（8）hypnotism. 催眠術。以下は、法龍が〔八坂本4〕でイクノチズムとしてこれに触れたことへの答え。本書翰の後段でも再び論及される。本書翰注（113）参照。

（9）ティーレの *Outlines of the History of Religion*（〔高山寺4〕注（4）参照）と思われる。

（10）熊楠が〔高山寺1〕に添えて贈った『宗教醇化論』のこと。〔高山寺1〕注（1）参照。

（11）香川県の三谷寺（〔高山寺3〕注（5）参照）を指すものと思われる。法龍は明治十六年以来、同寺の住職を務めていたが、真言宗法務所課長の職にあったため、普段は京都東寺の法務所に詰め、三谷寺の寺務は亡くなった前住職長谷明純の弟子に任せていた。三谷寺は富裕な寺で、法龍の世界旅行の資金も多くは同寺が負担したと伝えられている。

（12）法龍は〔八坂本2〕七頁で熊楠に僧侶となって日本で諸教のことを仏教徒に教授してはどうかと勧めている。熊楠の才能を惜しんでのことである。彼を自分の寺に招いたという一事もこれと同様の文脈で理解すべきであろう。

（13）南方弥右衛門（もと弥兵衛、一八二九―一八九二）。熊楠がフロリダにいた明治二十五年八月に死去した。熊楠がその知らせを受け取ったのは同年九月、ロンドン到着直後のことであるが、彼はそれ以前にニューヨークの旅館で死装束の父の姿を見たという（〔八坂本3〕一七頁）。もっとも、熊楠のこの種の語りを鵜呑みにすることが危険なのは、彼の日記を精査した〔武内 二〇〇九〕が論証する通りである。さらに熊楠における日記と書翰の関係については〔雲藤 二〇〇八〕参照。

（14）南方すみ（一八三八―一八九六）。

（15）プルタルコス『対比列伝』中の「ペリクレス」が典拠。この後も熊楠は、父親の臨終の模様を語る時、ペリクレス（Periklēs 前四九五頃―前四二九、古代ギリシア、アテネの政治家）のこの故事を引き合いに出した。「南方先生百話」（『熊楠全集6』八九―九〇頁）には、ロンドンで知り合った木村駿吉（一八六六―一九三八、三六式無線電信機の開発で知られる海軍の技師、教育者）が、後にアメリカから寄せた手紙の中で熊楠の父の最期をペリクレスのそれに比して絶賛した旨のことが記されている。そのため、あたかも熊楠はこの故事を木村から教えられたかのような印象を受けるが、熊楠が木村に出会ったのは、本書翰が書かれてから一年半も後の明治二十八年（一八九五）五月である。『知る事典』三六四頁が指摘するように、熊楠はランシングのミシガン州立農学校時代の明治二十一年八月二十九日に『対比列伝』の英訳本 *Plutarch's Lives*, translated by John Langhorne and William Langhorne, New York: Harper & brothers, 1837（『蔵書目録』洋 270.07）を入手しており（『熊楠日記1』一六八頁）、この故事もこれによって知っていたと考えられる。父の臨終に関する熊楠の語り自体は、木村の賛美も含めて、自慢話の域を出るものではないが、ここに看取される亡父への想いが、ロンドンに来てからの彼の研究・執筆活動に、一つの動機を与えたことは、〔鶴見 二〇〇一：三三二〕という形で、「父の志をつぐ」これ以下の熊楠の言葉からも推察されるところである。

（16）室鳩巣（一六五八―一七三四）。江戸時代中期の儒者。

（17）“The Constellations of the Far East”（東洋の星座）のこと。『ネイチャー』（*Nature*）の一八九三年十月五日号読者投稿欄に掲載されたこの論文は、ロンドンの学術社会への熊楠のデビュー作となった。その原文は『熊楠全集10』横組二九―三三頁、和訳と解説は『英文論考［ネイチャー］誌篇』二〇―三九頁。

（18）熊楠が招聘されたのは、十一月十四日に開かれたインド学会の夜会である。結局彼はこの会には出席しなかった。その理由は、当日の日記（『熊楠日記1』三二六頁）、〔八坂本1〕四頁、〔高山寺10〕一〇〇頁の中で三様に説明されている。サウス・ケンジントンにあるインペリアル・インスティテュート（Imperial Institute）は、大英帝国内の農業、商業、工業の進歩を原材料と製品の収集・展示によって示すことなどを目的としたルネサンス様式の建築物で、ヴィクトリア女王即位五十周年を祝して、この年にオープンしたばかりであった。

（19）柳下恵（生没年不詳）。春秋時代の魯国の役人。高徳の賢者として知られた。
(20)慈雲尊者飲光（一七一八―一八〇四）。江戸時代後期の真言宗の学僧。大坂に生まれ、河内の長栄寺、生駒山中の双龍庵、河内の高貴寺などを拠点として、正法律を提唱して戒律復興運動を進め、梵学を研究して『梵学津梁』一千巻を完成させ、十善戒による民衆教化を進め、雲伝神道を創始するなど多方面に活躍した。
(21)伯夷（と叔斉）のように清廉潔白に、の意。〔高山寺18〕注(29)参照。
(22)逍遥遊。『荘子』内篇第一の篇名で、絶対自由の境地を意味する。
(23)この頃熊楠が抱いていたバラモン教（梵教）的世界観に触れたもの。本書翰注(179)を参照せよ。
(24)死後は自他の差別がなくなることの譬喩と取れるが、出典未詳。〔八坂本43〕二五八頁でも用いられている。
(25)仏教。
(26)中村惕斎（一六二九―一七〇二）。江戸時代前期の儒者。彼が編纂した絵入り百科事典『訓蒙図彙』は熊楠の幼時よりの愛読書であった。
(27)福田令寿（本書翰注(121)参照）か。十一月十七日の熊楠日記（『熊楠日記1』三二五頁）には「福田令寿氏え耶蘇教徒の事を書きおくる」とあり、この頃、両者の間で宗教が論じられていたことが窺われる。
(28)荻生徂徠（一六六六―一七二八）。江戸時代前期の儒者。
(29)中国の古典医学書『素問』のこと。『霊枢』と合わせて、黄帝に仮託された中国現存最古の医書『黄帝内経』を構成している。
(30)ハーバート・スペンサー（Herbert Spencer　一八二〇―一九〇三）。イギリスの社会学者、哲学者。社会進化論で知られる。スペンサーの理論の熊楠への影響については、『知る事典』四一六―四二一頁参照。
(31)釈迦文、すなわち釈迦牟尼のこと。この文は梵語の muni に相当する音写語。
(32)龍樹に同じ。龍樹（ナーガールジュナ Nāgārjuna　一五〇頃―二五〇頃）はインド大乗仏教を代表する思想家、哲学者。日本では古来、『大乗起信論』の著者としての馬鳴（アシュヴァゴーシャ Aśvaghoṣa）と共に大乗の二大論師に数えられ、八宗（日本仏教全体）の祖師と讃えられてきた。ところが当時、西洋の学界では、大乗仏教は龍樹を始めとする大乗の論師たちが「捏造」したものとの見解が行なわれていた。これに対する熊楠の反論は〔八坂本21〕一四五―一四六頁、〔高山寺15〕一五八―一六〇頁を参照。
(33)仏または菩薩の名、あるいは華厳の第三祖法蔵（六四三―七一二）の大師号。いずれにしてもここで持ち出される理由はよく分からない。あるいは仏典を香象典と通称することからの発想か。
(34)維摩詰（ヴィマラキールティ Vimalakīrti）。『維摩経』の主人公であるヴァイシャーリーの居士（在家の仏教信者）。まもなく熊楠は己を維摩居士になぞらえはじめる。〔高山寺13〕注(33)参照。

(35) 新井白石（一六五七―一七二五）。江戸時代中期の儒者。熊楠が最も尊敬する先学の一人。本書翰注（54）参照。

(36)『折たく柴の記』巻上。原文は「されば、学文の道において、不幸なる事のみ多かりし事、我にしくものあるべからず。かほどまでにも学びなせし事は、前にもしるせし事のごとく、つねに堪がたき事に堪ふべき事をのみ事として、世の人の一たびし給ふ事をば十たびし、十たびし給ふ事をば百たびせしによれる也」（松村明校注、岩波文庫、一九九九年、七四頁）。

(37)『中庸』第四段第一小段。原文は「人一能之、己百之、人十能之、己千之」。

(38)〔八坂本4〕二四頁で法龍が「故に貴君の言に随い、証人のなきの言は取り消すべし」と述べたことを受けている。

(39)〔八坂本3〕二〇頁で熊楠がチベットへは陸軍軍人を一、二人連れて行きたいと述べたことに対する法龍の返事を受けたものと見られるが、この返事は〔八坂本4〕からは欠落している。

(40) 湯浅常山『常山紀談』巻十八の十七「黒田如水遺言の事」に類似。

(41) アメリカ、ミシガン州のアナーバー（Ann Arbor）での生活、特に茂木虎次郎（本書翰注（66）参照）と借家に同居していた時の体験を述べたものと推定される。

(42) その著『意志と表象としての世界』においてショーペンハウアー（Arthur Schopenhauer 一七八八―一八六〇）は、「世界は私の意志（Wille）である」と述べている。

(43) 諸行無常偈、別名雪山偈の後半部。これさえ知れば直ちに魔口に入っても恨みはない、とは『大乗涅槃経』に説かれる雪山童子の説話を踏まえたもの。

(44) 生身の弥陀はパンチェン・ラマ、生身の観音はダライ・ラマ。〔Monier-Williams 1889: 284-285〕参照。

(45) ガヤー（Gayā）はインド・ビハール州の地名であるが、この場合は、ガヤーの南方にある釈尊成道の地ブッダガヤー（Buddhagayā 仏陀伽耶、現地名 Bodhgayā）を指している。

(46) 北畠道龍（一八二〇―一九〇七）。和歌山出身の浄土真宗本願寺派僧侶。欧米巡遊の帰途の明治十六年（一八八三）十二月初め、黒崎雄二という同行者と共に、ブッダガヤーにたどり着いた。彼はこの遺跡を釈尊の墳墓と誤解し、石碑に「日本開闢来余始詣于釈尊墓前　明治十六年十二月四日　道龍」と刻んで奉納した。椽に依りて北畠の葫蘆（瓢箪）を画いたまで、というのは、「様に依りて葫蘆を画く」（形だけ真似て独創性がないことの喩え）のもじり。当時、セイロン人仏教運動家ダルマパーラ・ヘーワーウィタラナ（Dharmapāla Hewavitarana /Anagārika Dharmapāla 一八六四―一九三三）らが一八九一年に創設した大菩提会（Mahābodhi Society）が中心となって、ヒンドゥー教の僧院の所有地となってるブッダガヤーを仏教徒の手に取り戻す運動が進められており、日本仏教界もこれに呼応して印度仏蹟興復会を立ち上げ、この地に対する関心を高めていた。なおブッダガヤーを訪れた最初の日本人は、記録上は北畠と黒崎であるが、八世紀の金剛三昧（〔高山寺14〕注（15）参照）が本当にインドまで巡礼したとすれば、玄奘ら他の入竺僧と同様、ナーランダーだけでなく金剛座（ブッダガヤー）も訪れたはずである。

(47) ヒンドゥー教のシヴァ派（Shivaism または Shaivism）のこと。魔醯首羅は梵語の Maheśvara（大自在天）の音写で、シヴァ神の異名。

(48) 南天竺。天竺（インド）を中、東、南、西、北の五つ（五天竺）に分けた場合の南の地域。

(49) 金剛智（六七一―七四一）。中国密教の祖師の一人。中天竺の人で、南天竺で龍智より密教（ここで言う曼陀羅教）を受法し、しばらく後、師子国（現・スリランカ）、東南アジア経由で来唐した。

(50) 法身大日（毘盧遮那）如来。真言密教の本尊。

(51)『大唐西域記』巻十、駄那羯磔迦国の条。婆毘吠迦（Bhāviveka 清弁、四九〇―五七〇頃）は中観派の代表的な論師の一人。

(52) 蘇門居士服部天游（一七二四―一七六九）は江戸時代中期の儒者。この説は服部が『赤倮倮』の附録「仏法源流論」の中で述べていることに大体において一致する。『赤倮倮』は江戸時代の代表的な大乗非仏説論書の一つ。龍猛（龍樹）による鉄塔開扉の伝承が『西域記』のこの説話を転用したものであろうことは、近代の密教学者によっても認められている。栂尾祥雲『秘密仏教史』高野山大学出版部、一九三三年、四五頁参照。

(53) スィク教（Sikh）。グル・ナーナク（Guru Nānak 一四六九―一五三八）によって創始されたインドの宗教。インド西北部のパンジャブ州を中心に信者がいる。

(54) 若き日の新井白石が豪商河村瑞賢（瑞軒等とも書く。一六一八―一六九九）に戒められて学問に発奮したというこの話はよく知られていたようで、諸書にさまざまに記録されている。本書翰の文言と、熊楠が明治二十三年（一八九〇）の日記の見返しに彼が尊敬する他の八人の先学と共に Hakuseki Arai の名を挙げ、「学問決死　天下一」（『熊楠日記1』二三八頁）と付記していることとを合わせ考えれば、彼の座右の銘の一つ、「学問と決死すべし」（同、三六二頁）がこの話に基づくことは明らかである。

(55) 中村錠太郎（生没年不詳）。横浜正金銀行ロンドン支店の従業員。上司の中井芳楠、同僚の巽孝之丞（本書翰注（99）参照）と共に、ロンドン時代の熊楠が心を許せる数少ない人間の一人であった。その経歴は全体としてはよく分からないが、明治三十三年一月、彼は同銀行牛荘支店の初代支配人に就任している（『横浜正金銀行全史』第六巻、東京銀行、一九八四年、二五頁）。また後には同行大阪支店長を務めたらしい。

(56) 森川季四郎（生没年不詳）。外交官。木浦、バンクーバー領事などを歴任したことが知られる。

(57) 清水市太郎（一八六五―一九三四）。法学者、政治家。ロンドンの主要な法学院の一つであるミドルテンプル（Middle Temple）に留学していた。

(58) 南方常楠（一八七〇―一九五四）。東京専門学校（現・早稲田大学）卒業後、父と協同して南方酒造（現・世界一統）を起こしていた。妻ますは麻酔薬の開発で知られる医師華岡青洲（一七六〇―一八三五）の曾孫に当たる。

(59) 南方弥兵衛（幼名藤吉、一八五九―一九二四）。

(60) 不詳。あるいは東京遊学時代の熊楠の後見人のような役割を果たしていた添田清兵衛か。『知る事典』一九九―二〇一頁参照。

(61) 熊沢蕃山（一六一九―一六九一）。了介は字。江戸時代前期の儒者。

(62)『孟子』尽心章句上。原文は「君子居是国也、其君用之、則安富尊栄、其子弟従之、則孝弟忠信。不素餐兮、孰大於是」。素餐はただ飯を食うこと。

(63)〔八坂本4〕二六頁において法龍が熊楠の宗教上の思考、さらには安心について尋ねたことを受けている。本書翰注(108)(179)参照。

(64)『老子』反朴。原文は「知其雄、守其雌、為天下谿」及び「知其白、守其黒、為天下式」。

(65) 後出の「浮世不可憑か可憑かの論」を指している。ここでは、この文が佐藤虎次郎（次注参照）に送られたことになっており、蓑田長政に送ったとする後の記述と食い違うが、「フロリダの藪沢に餓て、熱疫に犯され」ながら書いたという状況説明は、後の「旅行中、八百屋営業したとき沼に行き疫になりしとき筆」したという記述と矛盾しない。『熊楠日記1』三〇〇頁によれば、熊楠は、フロリダ州ジャクソンビルで八百屋（牛肉屋？）を営業する広東人江聖聡（一八六三？―一九三九？）方に寄寓していた明治二十五年（一八九二）七月に熱病に罹り、数日間病床にあった。江と熊楠との関係については［松居 二〇〇九：二一七―二二〇］参照。

(66) 佐藤虎次郎（一八六四―一九二八）。熊楠は常に寅次郎と記す。旧姓は茂木。秩父（埼玉県児玉郡）出身。明治十八年（一八八五）に渡米し、ミシガン大学に学び、アナーバーで熊楠と親交を結んだ。明治二十三年に帰国。紀州高池の佐藤長右衛門の婿養子となり、この頃はオーストラリア北部アラフラ海の木曜島（Thursday Island）で採貝事業に従事していた。その後衆議院議員などを務め、さらに朝鮮で事業を進めている最中に凶刃に倒れた。

(67)〔八坂本3〕一七頁に佐藤の略伝的記述があるが、そこに名前の挙がる政治家は、板垣退助ではなく、板垣らと共に自由党を結成した中島信行（一八四六―一八九九）である。

(68) 迦陵頻迦。極楽浄土に棲むという想像上の鳥。

(69) 兄は弥兵衛（もと藤吉）、姉はくま（？―一九二四、垣内家に嫁す）、弟二人は常楠と楠次郎（一八七六―一九二一、西村家に入籍）。他に妹藤枝（一八七二―一八八七）がいたが、熊楠が渡米した翌年に死去している。

(70) 釈迦族の王で、釈尊の祖父とされる。その末裔の絶滅とは、釈尊の在世中にコーサラ国によって釈迦国が滅ぼされたことを指す。

(71) 蜀の李密の「陳情表」（『文選』所収）に「是臣尽節於陛下之日長、報養劉之日短也」の一文がある。

(72) この問に対する法龍の答は〔八坂本5〕二九頁参照。

(73) プトレマイオス朝エジプトの都アレクサンドリアにあったムセイオン（museion）。プトレマイオス一世ソテル（前三六七頃―前二八三頃）によって設立された。有名なアレクサンドリア図書館はその付属施設。

（74）魏の文帝（一八七―二二六）か。

（75）盤独は周利槃（盤）特（チューダパンタカ Cūḍapanthaka）。仏弟子中特に愚鈍であったが、一心に修行して阿羅漢果を得た。提婆は提婆達多（デーヴァダッタ Devadatta）。仏弟子で釈尊の親族でもありながら釈尊に反逆して罪を重ね、最後は釈尊を殺害しようとして地獄に落ちたと伝えられている。両者はしばしば対照的な存在として扱われる。〔八坂本46〕三〇三頁には常磐津の文句として「提婆の賢も槃特が愚」が引かれている。

（76）張載（一〇二〇―一〇七七）。通称横渠先生。北宋の思想家。

（77）ジョンズ・ホプキンズ（Johns Hopkins　一七九五―一八七三）。アメリカ、ボルティモアの実業家。遺言によって莫大な財産を寄付し、彼の名を冠した大学と病院の創立者となった。

（78）北畠道龍。本書翰注（46）参照。

（79）七仏通戒偈の前半部。後半部は「自浄其意是諸仏教」。過去七仏が共通に保ったということからこの名がある。

（80）すぐれた仏道修行者を龍象と呼ぶ。

（81）『老子』体道。

（82）藤原惺窩（一五六一―一六一九）。安土桃山時代から江戸時代初期の儒者。相国寺の僧から還俗して朱子学を修めた。

（83）山崎闇斎（一六一八―一六八二）。敬義は字。江戸時代前期の儒者。延暦寺、妙心寺の僧から朱子学者に転じた。

（84）浅見絅斎（一六五二―一七一一）。安正は名。山崎闇斎の高弟の一人。

（85）堀景山（一六八八―一七五七）。江戸時代中期の儒者。

（86）エネルギー保存の法則。

（87）進化論。

（88）Humboldt library. この文庫については〔高山寺16〕を参照せよ。

（89）ジョン・ティンダル（John Tyndall　一八二〇―一八九三）。チンダル現象の発見などによって知られるアイルランドの物理学者。

（90）Charles Darwin, *The Origin of Species by means of Natural Selection, or the Preservation of the Favoured Races in the Struggle for Life*. The Humboldt Library of Popular Science; Nos. 58-59.

（91）Arthur Schopenhauer, *Studies in Pessimism: A series of Essays*, selected and translated by T. Bailey Saunders. The Humboldt Library of Popular Science; No. 160.

（92）韓愈「上張僕射書」。

（93）『史記』淮陰侯列伝。

（94）司馬徽（徳操、水鏡先生、生没年不詳）が劉備に諸葛亮と龐統を推薦する時に言った言葉。原文は、『十八史略』巻三東漢によれば「識時務者在俊傑」。しかし読めない文字は徽、徳操、水鏡のいずれでもない。

（95）陸游『老学庵筆記』巻二に唐道士侯道華の言として「天上無凡俗仙人」とある。

（96）『孟子』公孫丑章句上に「人皆有不忍人之心」とある。

（97）後藤又兵衛（一五六〇―一六一五）。安土桃山時代から江戸時代初期の武将。ただし本名は基次で、氏房はその末子の名。〔高山寺19〕注（96）参照。

(98)『水滸伝』の登場人物の一人。
(99)巽孝之丞（一八六四―一九三二）。銀行家。和歌山出身。神社合祀反対運動で熊楠に協力した衆議院議員中村啓次郎（一八六七―一九三七）の実兄。若くして横浜正金銀行に入行し、サンフランシスコ支店を経て、明治二十五年よりロンドン支店に勤務していた。後に同支店長、同銀行常務取締役などを歴任。ロンドンにおける熊楠との交遊を含めた巽の経歴については［巽二〇〇八］を参照。
(100)南方常楠のこと。
(101)〔八坂本4〕二四頁に法龍が二十八天には覚えがない等と述べたのを受けている。これはまた〔八坂本3〕二一頁の熊楠の質問を受けたものである。
(102)段成式（八〇三―八六三）が編集した全三十巻の百科事典的書物。本書は熊楠の愛読書であり、主要な情報源の一つであった。『知る事典』一四七―一五〇頁参照。
(103)星（供）曼荼羅のこと。この曼荼羅は釈迦金輪を中尊とし、その周囲に九曜、北斗七星、十二宮、二十八宿を三重に配している。彼の最初の論文「東洋の星座」（本書翰注（17）参照）の発想の原点は、高野山でこの曼荼羅を見たことにあったのかもしれない。
(104)『酉陽雑俎』巻之三・貝編。
(105)「東洋の星座」のこと。
(106)『熊楠全集10』横組三一頁一六―二〇行、『英文論考［ネイチャー］誌篇』三二―三三頁。
(107)松居竜五（『英文論考［ネイチャー］誌篇』二四頁）が指摘しているように、熊楠は、法龍との対話を通じて自己の所論の弱点に気付いたようである。
(108)〔八坂本4〕二六頁で法龍が熊楠の宗教観を問うたことを受けている。本書翰注（63）（179）参照。
(109)『論語』陽貨篇。ただし郷愿とは郷人中で謹厳を装う者を指し、「徳之賊」とされる。
(110)唯識派の論師護法（ダルマパーラ Dharmapāla　五三〇頃―五六一頃）のこと。『大唐西域記』巻十、駄那羯磔迦国の条には清弁（本書翰注（51））が護法に会おうとして果たせなかった話が見える。
(111)ヒサカキ（姫榊）の別名。ツバキ科の常緑小高木。
(112)以下は〔八坂本4〕二六頁において法龍が公使館員の罷官は事実かどうかを問い合わせたのを受け、その内情を説明したもの。
(113)本書翰注（8）参照。
(114)グノーシス派。グノーシス（ギリシア語で認識の意）は一―三世紀頃、地中海の諸地方に広まった宗教思想で、人間の本質と至高神との本来的同一を「認識」することによって救済が実現されると説く。これがキリスト教化したものがキリスト教グノーシス派。
(115)五智如来は、密教で説かれる金剛界の五仏、すなわち阿閦、宝生、阿弥陀、不空成就、大日の五如来で、順に大円鏡智、平等性智、妙観察智、成所作智、法界体性智の五智が配当されるため五智如来と呼ばれる。五大明王は不動、降三世、軍荼利、大威徳、金剛夜叉（または烏枢沙摩）の五尊。

（116）蓑田長政（生没年不詳）。熊楠のアナーバー時代の親しい友人の一人。従来この人物は、薩摩人でキリスト教徒であること以外経歴不明であったが、「今の京都知事千田」、すなわち千田貞暁（一八三六―一九〇八）の甥であるというのは一つの手掛かりとなろう。千田は薩摩出身の官僚で、広島県令時代の宇品築港によってその名を残している。

（117）トーマス・ハクスリー（Thomas Henry Huxley　一八二五―一八九五）。イギリスの生物学者、教育者、不可知論の提唱者。ダーウィンの進化論を強力に擁護した。

（118）ゴットフリート・ウィルヘルム・フォン・ライプニッツ（Gottfried Wilhelm von Leibni(t)z　一六四六―一七一六）。ドイツの哲学者、数学者、外交官。ライプニッツは熊楠の最も尊敬する学者の一人であった。

（119）バルフ・デ・スピノザ（Baruch de Spinoza　一六三二―一六七七）。オランダのユダヤ系の哲学者。ユダヤ教会を破門された後、レンズ磨きの職人をしながら孤独な思索生活を送ったという言い伝えがある。

（120）書翰に自己の思想をストックするという熊楠のやり方がライプニッツに倣ったものであろうことは、つとに［松居 一九九一：六一］の指摘するところである。以上の文言からは、それがライプニッツに加えて、スピノザ、新井白石、荻生徂徠などをも意識したものであることが窺われる。

（121）福田令寿（一八七三―一九七三）。熊本の医師、教育者、慈善事業家。熊本県下益城郡に生まれ、熊本英学校で海老名弾正らの感化を受けてキリスト教徒となる。明治二十六年に渡英し、エジンバラ大学で医学を修め、マールブルグ大学研究生を経て、明治三十四年に帰国した。熊楠とは、エジンバラに行く前、ロンドンに滞在していた明治二十六年八月二日に、足芸人の美津田滝治郎の紹介で出会って以来、連日のように行動を共にしている。二人は、福田がエジンバラに移ってからも文通を続け、福田は熊楠に植物標本などを送ったことが『熊楠日記1』から分かる。しかし福田の回顧談［熊本日日新聞社編 一九七二］には熊楠は登場しない。なお福田は、船旅の途中で、ロンドンで長く商売をしているという年の頃三十四、五歳の飯田なる人物と親しくなり、ロンドンでは彼の家に宿泊した［同：一七〇、一七四］。これが『熊楠日記1』にしばしば登場し、熊楠との親交が知られる飯田三郎（生没年不詳）である。熊楠によれば、飯田は仙台人で（『熊楠日記1』三二二頁）、ピカデリーで道具屋を営んでいた（「ロンドン私記」一八五頁）。二人の交友が始まるのは、同年八月六日に熊楠が福田に会うために飯田の家を訪ねてからのようである。

（122）石川角次郎（一八六七―一九二九）。キリスト教の牧師、教育家。東京の聖学院神学校（現・学校法人聖学院）の創設に関わった。足利出身で、明治二十年に渡米し、オハイオ州立大学などで学んだ。熊楠とは同年三月にサンフランシスコで知り合っている（『熊楠日記1』一一四頁）。

（123）鈴木巳之吉（生没年不詳）。千葉県出身で、ミシガン大学に学び、明治二十二年に帰国して、千葉の中学校長となった（『熊楠珍事評論』二二六頁）。熊楠のアナーバー時代の知人の一人。

(124) 商那和修（シャーナヴァーシン Śāṇavāsin）は付法伝統の第三祖、優婆麹多（ウパグプタ Upagupta）は同じく第四祖とされる。両者の問答については、『和漢三才図会』巻第六十四「付法伝統三十三祖」中の商那和修の項の記述が文脈によく合う。なお『和漢三才図会』全一〇五巻（一七一二年自序）は、大坂の医師寺島良安（生没年不詳）が明の王圻の『三才図会』を手本自序にして編纂した絵入り百科事典。熊楠は少年期から本書に親しみ、中学時代にその書写を終えている。本書は熊楠に学問の基礎を提供したばかりでなく、その後も彼の最も重要な情報源の一つであり続けた。『知る事典』一四二―一四五頁、[飯倉 二〇〇六：一一―一三、一六―一八]参照。

(125) おそらくは江聖聡のこと。本書翰注(65)参照。

(126) 『西廂記』は元代の雑劇（演劇）。王実甫（生没年不詳）作。熊楠が読んだのは、明末清初の文芸批評家、金聖嘆（歎）（一六一〇頃―一六六一）による『西廂記』評釈と考えられる。確かに「浮世不可憑か可憑かの論」には金聖嘆の評釈序からの影響がある。本書翰注(128)参照。

(127) ここから五五頁下段の「ただたのめ」の歌までが「浮世不可憑か可憑かの論」の本文。

(128) 金聖嘆『評釈西廂記』の序に「諸葛公ノ躬南陽ニ耕シ、苟モ性命ヲ全フスル如キヲ得ル、可ナリ、此レ一ノ消遣法ナリ、既ニシテ又タ三顧ニ感激スルニ因テ、人ニ駆馳ヲ許シ、食少ク事煩ハシク、死ニ至リ方ニ已ムモ、亦タ可ナリ、亦タ一ノ消遣法ナリ」（鹿島修正『評釈西廂記』青木嵩山堂、一九〇三年、六頁）とあり、熊楠のこの辺りの文言は明らかにこれ（中国語原文）を下敷きにして書かれている。

(129) ジュゼッペ・ガリバルディ（Giuseppe Garibaldi　一八〇七―一八八二）。イタリア統一運動の指導者。

(130) New Jersey. ガリバルディはニュージャージー州に隣接するスタテンアイランドの蝋燭工場で働いていたことがある。

(131) 石川丈山（一五八三―一六七二）。江戸時代前期の文人。

(132) 李夫人（生没年不詳）。漢の武帝（前一五六―前八七）の寵妃。白居易はその詩「李夫人」の中で、武帝が方士を使って夫人の亡魂を呼び出す場面を描いている。

(133) 奥州に下向する途中人買いにかどわかされて隅田川の畔で死んだとされる少年。梅若伝説は、謡曲「隅田川」、説教浄瑠璃「梅若」などさまざまな作品に取り上げられている。

(134) イギリスの評論家、歴史家トーマス・カーライル（Thomas Carlyle　一七九五―一八八一）か。

(135) 『詩経』大雅に基づく成語「君子は屋漏に愧じず」を踏まえている。

(136) 鳩摩羅什訳『金剛般若経』（大正 No.二三五）に「一切有為法　如夢幻泡影　如露亦如電　応作如是観」とある。

(137) 熊沢蕃山が作った今様歌「朝顔」の一節。

(138) 郭璞（二七六―三二四）。東晋時代の文人、学者。『山海経』の注釈等で知られる。

(139)『淮南子』原道訓、及び『荘子』雑篇則陽篇。
(140) 鳥尾小弥太（一八四七—一九〇五）か。鳥尾は長州出身の陸軍中将で、得庵と号し、篤信の仏教徒として知られた。
(141) 頭髪を結い上げた梵天の意。『維摩経』仏国品に登場する。
(142)『荘子』内篇斉物論篇。
(143) コロンブスによるアメリカ大陸の発見を指している。
(144) 海底ケーブルの敷設を指しているが、人物は特定できない。
(145) エジソンによる蓄音器の発明。
(146) "O good Horatio, what a wounded name, Things standing thus unknown, shall live behind me!" バイロンの句ではなく、前出の "The rest is silence." と同様、『ハムレット』第五幕第二場のハムレットの科白である。
(147) 近松門左衛門作『曾根崎心中』道行文。
(148) 人生を瞬く間に過ぎ去らせるの意。
(149) あこぎ（貪欲でずうずうしいさま）の語源になった阿漕ヶ浦（現・三重県津市）の漁師。
(150)『モナドロジー』の第七十節前後の記述を踏まえたものと見られる。
(151) 羯邏藍（kalalam）と頞部曇（arbudam）。仏教で説かれる胎内五位（人間の胎児の成育過程を五段階に分けたもの）を最初の二位で代表させたもの。
(152) pangenesis. ダーウィンが唱えた遺伝のメカニズムに関する仮説。
(153) ヤドカリ類。寄居虫。『和漢三才図会』巻第四十七介貝部、寄居虫参照。
(154) 諏訪明神の本地とされる伝説的人物。兄たちの計略によって人穴に落とされて地底の国々を彷徨い、信濃国でようやく地上に戻るが、蛇身と化していたとされる。
(155) 道照（六二九—七〇〇）。道昭とも書く。入唐して玄奘に師事し法相教学をわが国に伝えた。『日本霊異記』上巻第二十八縁に、道照が入唐の途次、新羅の山中で五百の虎に『法華経』を講じた折、虎たちの中に役優婆塞がいて日本語で彼に問いかけたという話がある。役優婆塞、すなわち役小角については〔高山寺13〕注（47）参照。
(156) 長田忠致（?—一一九〇）。平治の乱に敗れて身を寄せた源義朝を謀殺した武将。後にその咎で処刑されたらしく、死んで長田蟹（平家蟹）になったとの伝説がある。熊楠の「平家蟹の話」（『熊楠全集6』四八—四九頁）参照。
(157) 由井（比）正雪（一六〇五—一六五一）。江戸時代前期の軍学者。慶安事件の首謀者。
(158) 太田道灌（一四三二—一四八六）。以下は道灌のいわゆる山吹伝説で、その原型は湯浅常山『常山紀談』巻一の十三「太田持資歌道に志す事」にあるとされる。
(159) 平田篤胤（一七七六—一八四三）。江戸時代後期の国学者。本居宣長の書を読んで国学の道に入り、宣長の没後の門人を自称した。
(160) オーギュスト・コント（Auguste Comte 一七九八—一八五七）のこと。コントはフランスの哲学者、実証主義、社会学の祖。

熊楠は彼をコーム、あるいはコムと呼ぶ。
(161) 聖提婆（アーリヤデーヴァ Āryadeva、一七〇頃―二七〇頃）のこと。龍猛（龍樹）の弟子、中観派の論師。
(162) 謝肇淛（生没年不詳）。在杭は字。明代の役人。その著『五雑組（俎）』全十六巻は百科事典的構成の随筆集。日本では江戸時代に和刻本が出て普及した。熊楠もよく利用している。『知る事典』一五〇―一五二頁参照。
(163)『徒然草』第一五七段。
(164) 加藤左衛門重（繁）氏。一子石童丸と共に刈萱物語の主人公。
(165) 陶侃（二五九―三三四）。東晋の武将。
(166) 蒲生君平（一七六八―一八一三）。江戸時代後期の儒者、海防論者。君平は字で、名は秀実。君実はこの二つの圧縮形か。
(167) 不詳。
(168) ルイス・デ・カモエンス（Luís Vaz de Camões 一五二四―一五八〇）。ポルトガルの国民的詩人。
(169) パトリック・ヘンリー（Patrick Henry 一七三六―一七九九）。アメリカ独立運動の指導者の一人。「われに自由を与えよ。然らずんば死を」の演説で知られる。
(170) 徐福（生没年不詳）のこと。秦の始皇帝の命を受け不老不死の薬を求めて東海の三神山に向けて船出した方士。
(171) 東方朔（前一五四頃―前九三頃）。前漢の武帝に仕えた政治家。後世仙人と見なされ、三千年に一度しか実らない西王母の桃を盗んだという話が作られた。
(172)『論語』子路篇。
(173) 司馬光（一〇一九―一〇八六）。温公は通称。北宋の政治家、歴史家。『資治通鑑』の著者。
(174) 聖アウグスティヌス（Saint Augustine/ Aurelius Augustinus 三五四―四三〇）。初期西方キリスト教会最大の教父。主著に『神の国』がある。
(175) 摩訶迦葉（マハーカーシャパ Mahākāśyapa）に同じ。頭陀第一の仏弟子で、釈尊の入滅後、第一結集を主宰した。付法伝統の第一祖。
(176)『貞観政要』巻第二、納諫。
(177) 仏・菩薩などが備える六種の神通力、すなわち神足通、天眼通、天耳通、他心通、宿命通、漏尽通。
(178)『老子』反朴。本書翰注（64）参照。
(179)〔八坂本4〕二六頁で法龍が熊楠の宗教観を問うたことを三度受けたもの。本書翰注（63）（108）参照。
(180) Brāhmanism（バラモン教）の訳。ただし熊楠は、ヒンドゥー教と呼んでしかるべきものも梵教と呼ぶ場合がある。彼は Hindūism（印度教、ヒンズー教）の語は知っていたが、これとバラモン教との関係は、少なくともこの時点では曖昧にしか捉えていなかったようである。〔八坂本7〕七七―七八頁参照。
(181) 以上はこの頃熊楠が抱いていたバラモン教的世界観を披瀝したもの。これを巡って法龍との間で議論が交わされる（〔八坂本5〕二九頁、〔八坂本7〕四九―五〇頁）。熊楠の言う万物がそこから分身流出し、また他日（死後）その体に復帰する一大理体（梵天体）とは、ヴェーダーンタ哲学的文脈に即して言えば、非人格的な宇宙の最高原理ブラフマン（Brahman 梵）であり、梵天（ブラフマー神）はその人格的表現である。ところが熊楠はこの両者を区別せずに、梵天、または梵天王と呼んでいる。これを彼は、一方では「一大理体」、他方では「上乗神」、あるいは「最上尊」（『八坂本7』七一、七七頁）と説明しており、彼の梵天（王）理解が、ブラフマンに原理と主宰神の両面を読み込んだものであることが推察される。

（182）慈雲（本書翰注（20）参照）は、『人となる道』初編の中で綺語に関して「世に謂ゆるかるぐち、さるがふこと（散楽事、滑稽な言葉、冗談口）、非時の言論、鄙媟の文辞、みな此の戒の制なり」とし、また「近世の俳諧、発句、狂詩、情詩の類、みな綺語に摂すべし」と述べている（長谷宝秀編『慈雲尊者全集』第十三輯、思文閣、一九七四年、三一―三二頁、括弧内引用者）。熊楠に不綺語戒が守れないのは、けだし当然であろう。

（183）「トレド奇談」は、明治二十五年六月二十一日付の羽山蕃次郎宛書翰（『熊楠全集7』九九頁）と明治三十六年二月十日付の多屋たか宛書翰（『熊楠漫筆』三三三―三三四頁）にも、より長い版が二様に現われる。この戯文は、熊楠のアナーバー時代の友人高野礼太郎（生没年不詳、信州出身、弁護士）が、アメリカ人女性と恋仲になり、二年余りオハイオ州トレド（Toledo）で同棲したものの、結局は父親の命に従い、彼女と別れて帰国したことを揶揄したもの。高野が帰国の途に就いたのは明治二十五年五月で、熊楠はその費用の一部を立て替えたという（『熊楠日記1』二九八頁、『熊楠全集7』九二頁）。熊楠がこの文章を作ったのはその前後ということになろう。熊楠がアナーバーで出していた手書き回覧紙『珍事評論』の第二号（『熊楠珍事評論』八三頁）には、第三号の予告として「噂は高野横浜奇談恋の姉妹」なる編名が発表されており、これもまた高野らの放蕩を題材にしたものと推察される。

（184）賢沢は熊楠が『珍事評論』に用いた筆名の一つ。「賢の常に沢いて少しくも槁れざる」（『熊楠珍事評論』一〇五―一〇六頁）を願っての名乗りという。

（185）「れいたらう」の五文字を文中に織り込んだ、の意と解されるが確認できない。

6　明治二十六年十二月十五日(1)

明治二十六年十二月十五日。

拝呈仕候。只今バネルジアの著『印度哲学問答』一冊、(2)ハックスレー講、『化醇論及道義学』一冊、(3)ショッペンハウエル作述『生智論』一冊、(4)ピクトン氏の『物質不可思儀[議]論附、無智論』(5)、バックレイの『科学道誨』(6)、ヒントンの『痛苦不可思儀[議]論』(7)、クロッドの『神伝生長説』(8)、以上書一冊小冊六冊を呈す。（巴里公使館宛）又数日中にモニエル・モニエル・ウヰリヤムス君の『仏教講論』（厚き本、図入り）一冊及びモール氏の『麻眠術』一冊(9)を呈すべし。

右の今日送れる処の内ショッペンハウエル以下の五冊は、ハンボルト文庫本也。仁者入らぬ銭をついやして過半無用の大冊多く買んよりは、帰国の上は速かに此文庫悉く収覧し玉へ。冊小にして見た処はつまらぬが、軽便廉価にして甚だ入有のものに候。大冊板のものとかはることなし。兎に角此文庫と『エンサイクロペヂア・ブリタンニカ』の廉価板（六十弗と三十五弗とあり。小生只今持つ所は二百弗也。然し冊厚く表紙重きのみで一向益はかはらず。仁者は三十五弗のものを買玉へ）を買玉へ。且仁者もし芥子に事を増て双樹娑羅の林をなすの業を成さば、小生は悦でこれ迄半生を厮殺して蓄へ又写し又抄し今後も亦なすべき、諸科学、各国人類、風俗、制度、言語、文章の学、宗教哲学、迷惑、異論、怪力の書に至る迄悉く棄[喜]捨、寄進すべし。

○吾国の学者といはるるものは、漢唐の昔より洋学流行の今に至る迄、多くは鼻先思案、ただただ一時を快にし、人の知らぬことを言たきといふほどのことと見え、誠に浅ましきことなり。小生駑下なりと雖も、一寸した雑誌の文位を書けぬ者に非ず。書籍は幾度が[か]人に窃まれてなほ今日も室内歩行の地もなきほどなれば、之をそここ集め抜ば、忽ち「ごもくずし」の如きものは立派に出来る也。されどもそれをせずに、あはれや、父も何の事なきものと小生を見あきらめて棺に入れり。昔しデカルツはかばかりの学才有て、二十年間潜思独居し、始て慮る所を一書となして秘せしに、或る人之をカタリン女王(10)に呈す。女王見て嘆じて曰く、吾吾が王位に居らんよりは、人となりては此人の如き生涯を望むと。荀卿は、耳と口との間は七寸に過ず、今の人は耳より入て直に口に出づ、七寸の間何を以て五尺の体を美にせんやと云り。(11) 然りといへば、高談するものはややもすれば法螺と聞れ、一見識あるものは倨傢〔傲〕といはれ、独立するものは狂狷と誤れ、退隠自守るものは卑屈といはる。是を以て楊雄が(12)『解嘲』文作りしときの気象も『劇秦美新』の作に瓦解し、王安石が(13)辞退も一〔ひとた〕び閣に立てば古今未曾有の苛政を現出す。之を要するに、人自ら自らを知りて自ら守るに若くはなかるべし。況や小生如きは愚庸不才、到底、今に諸君と比肩すべからず。ただ今日の如き生活して生をおくり去んこと尤望むなり。然りといへども、小生のかくするものは実に又止を得ざるに出るものなれば、仁者もし世に対して衆を救はんとするの事挙らば、小生は陰に其籌謀に参せんことを願ふ。仁者帰朝の後小生の親戚、旧友等にあわば、小生今なほかくて有りといひ玉へ。小生の知らぬ人には一切小生の事を話さぬ様望む。我を知られずんば我尊しと老聃はいへり。(14) 兎角名の少しにてもむやみに聞えんは、志の敗るるおこり也。

○昔し曹洞の道元は、華冑の子にて道に入り宋に往て学べり。帰るとき師なりし人の誨へに、汝国に帰らば京都繁栄の地に棲むなといへりとか。(15) 一教の弘通、学問の修煉には市街帝京はまことに不適なり。小生米国にありて多くの大都に遊び、其庠序〔しょうじょ〕(16)といひ霊維(17)といへるものを観るに、学問に費す所は二にして、虚飾礼文交際献酬、博奕宴飲等の事に費す所は十の八に居る。又人間には多少の稟賦有りて、学問の才なきものむやみに読書したりとて、徒らに其人を朽しむるのみ。甚よき事に非ず。学問に志すものにして始て学問すべきなり。故に仁者の如きも、学問と普通教化とは別にせられんことを望むなり。普通の人には亜細亜は欧州の東にあり、日本は亜細亜の内也、仏も耶蘇も回々も此地におこれり等の大体を知らしめばそれで可なり。人いかに仏性あればとて、之をして悉く無用の仏文を誦せしめんなどは、是れ儒者が井田封建を議せし如きものなるべし。且人の徳は智に因て起るものに非ず、意に因て生ずるものなり。(吾等酒の分析表など見て、其細きことをおぼへたりとて、悪いといふことは千万知りながら酒をのむなり。されど祖先に対してすまぬとでも思ふて、たとひ之を廃することがまちがつておつても、我は吾信ずる所に従て之を廃せんといふ意強ければ忽ち止る也) 故に俗人を教るには、意志を強固ならしむることを主とすべし。(仏説に一念強ければ善悪共に成る。徂徠の誠の字を解していへるに、誠とは事の善悪にかまはず心行一致なり）[18] 吾邦には幕府の瓦解頃迄は、さすがに儒教や禅学の余習として武士道などいふものもあり。又民間にも俠風を立るといふことはありたり。今日の如きは、或はかかることは残生の老人にのみ止まり、一向之を記名する人もなきにやと思ふ。

仁者何月何日頃印度へ向出発被為候哉。奉伺上候。

南方熊楠拝

パリスにて

土宜法龍師

15, Blithfield Street,
Kensington, London, W.,
England.

（1）本書翰は和久製の罫紙（縦二三・五×横三二・五cm）一葉に墨書されている。これは法龍の返書がないまま立て続けに書かれた書翰の一つ。〔高山寺7〕注（1）参照。

（2）Krishna Mohan Banerjea, *Dialogues on the Hindu Philosophy*. 1861.

（3）Thomas Henry Huxley, *Evolution and Ethics*. London: Macmillan, 1893.

（4）Arthur Schopenhauer, *The Wisdom of Life*. The Humboldt Library of Popular Science; No. 170.

（5）J. Allanson Picton, *The Mystery of Matter; The Philosophy of Ignorance*. The Humboldt Library of Popular Science; No. 81.『蔵書目録』洋100.01。

（6）Arabella Burton Buckley, *Moral Teachings of Science*. The Humboldt Library of Popular Science; No. 169.

（7）James Hinton, *The Mystery of Pain*. The Humboldt Library of Popular Science; No. 171.

（8）Edward Clodd, *The Birth and Growth of Myth*. The Humboldt Library of Popular Science; No. 54.

（9）Albert Moll, *Der Hypnotismus*, Berlin, 1889 の英訳 *Hypnotism*, tr. by A. F. Hopkirk. London: Walter Scott Publications, 1890 と思われる。アルバート・モール（一八六二―一九三九）はドイツの心理学者で、セクソロジーの開拓者。

（10）不詳。スウェーデンのクリスティナ女王の誤りか。〔高山寺10〕注（7）参照。

（11）『荀子』勧学篇。原文は「小人之学也、入乎耳、出乎口。口耳之間、則四寸、曷足以美七尺之躯哉」。

（12）揚（楊）雄（前五三―後一八）。前漢末の文人、学者。ある人に嘲られ、「解嘲」を作って自らの立場を明らかにしたが、後に簒奪者王莽に仕え、『劇秦美新』を書いて新の徳を讃えたために評判を落とした。〔高山寺13〕注（80）参照。

（13）王安石（一〇二一―一〇八六）。北宋の政治家、文人。地方官時代には高官への就任を辞退していたが、神宗に抜擢されて宰相に昇進すると、「新法」による急速な改革を断行して、保守派の反発を招いた。

（14）『老子』知難。原文は「知我希、則我者貴」。

（15）道元が天童山を去る折に師如浄から与えられたとされる言葉の中に、「帰朝有、莫近国王大臣、不居聚洛城邑、須住深山窮谷」（『永平開山行状建撕記』）とある。
（16）学校。
（17）霊維と読み得るが、意味不明。文脈上、ここには庠序の同義語が入る。
（18）荻生徂徠が『弁名』で述べた誠（人間の先天的な性質）に対する熊楠なりの理解と見られる。

7　明治二十六年十二月十六日夜(1)

『仏教講義』一冊出す（明後日、月曜中に）。『梵学講義(2)』は今銭なき故不能也。仁者必ず之を買ひ玉へ。帰国の上一報し玉はば幸甚也。但しそれ迄に、多分は小生より呈上すべし。（少し不定）小生は仁者の今迄巴里に止るべしと思ひたらんには、今少く当地へ引止め、小生の方丈の室に過去、現世の諸哲を入れて、仁者も小生も討議、難論したる筈なり。然れども今更詮なし。小生仁者に語げ、又教を乞んと欲すること甚多し。但し一紙筆の悉くべきに非ず。

今夜又小間あればここに一文を呈す。蓋し仁者仏法を興隆せんとの意あり。小生の愚見亦用べきあらば、幸に採用さるべしと思ふに出づ。仁者仏教を隆さんと欲するに、もしただ内心を修むるが仏教の要旨也とせば、閉僻の人を集て隠遁修煉するに如ず。然しながら苟も之を以て救世の用に供せんとするならんには、他に其法なかるべからず。第一に従来仏教徒の唱る所の諸語は、消極的のことのみに用られて、積極的のことに用られざること過半なるを惜む。是れ実は仏教のみ然るに非ず。耶蘇教といへども近時迄は如斯、又今もかかる思想を有する人甚多きなり。然れども盛邦強国の要素をなす人々の信ずる所は、多くは此消極を変じて積極に思ひなほしたるが如し。すなはち最初神に対してのみ用し義務といふことも、今は変じて人に対する義務、而してそれがすなはち神に対する義務といふことになりたるが如し。たとえば仏家にいへる勇猛、奮迅、金剛、無畏等の字、従来はただ慾を去り情をおさふることを主として名け、己を立て人に勝る等の意はなきやうなり。されぱただ一心を安ずるの用をなして、一国一天下を興すの用を做さず。釈迦にして知ることあらば、法を為すの弊一に斯に至るかと嘆ずべきか。吾即身成仏の教の如きは、西洋の論者多くは之を、仏教が一時梵教を排せんとして無神自然法を唱へたれども、到底それでは人世を理むることならぬ故、更に梵教に擬して五智如来(3)以下を作出せるものなり、すなはち大日は梵教の梵天王(4)なりといふが如し。然しこれは、事歴を推して所伝の破綻を見出せるのみなれば、護法に志有んものは、例の藍より出でて、藍より青きに安んじ、かまはずに一一之を理にあてて説き得べきことと存ず。兎に角世は輪廻にのみ支配さる等の俗人に分りにくきことよりは、何なりとも一物なり二物なり押し立てて、之をうやまふこと甚よしと思はる。故にただ仁者などの今後の策略としては、人間が人間たる行を果すときは即身成仏なり、といふことを主として説れたきなり。俗人といふものは、必しも理を推し事を分ちて後に信ずるものに非ず。ただ目の前に解し易きことを信ずるものなり。而して信とつれて敬を要す。此敬といふことは、自分の是迄知らざりしを聞得て、六かしきことは分らぬながら、ただただ奥ゆかしく思ふに出るものなり。故に従来の仏説をうまくこじつけて説聞すれば、必ず信も敬もおこるべし。其方法の箇細[ママ]なることは、其任に当れる人次第なり。たとえば吾等白貫師(5)に承りしに、因明(6)の力では石もわれしことありとか。小生は甚だ因明は力あるものと感ぜり。因明といふことは何やら分らぬが、左様に感ぜしなり。今となり自分因明を読でみれば、西洋でいふ迷見(ファラシー)を破るの道と同じことなり。石を破るほどの力あるものに非ず。されど年若く学足ぬときは、何となく有難きことと思へるなり。扨今になりて自分其事を明めかかりたればとて、別に白貫師に欺れたりとも思はず。右はただ因明の力あることを形容せる迄と思ふなり。されば大星由良[おおぼしゆら]殿(7)の所謂、うそから出た誠で、苟くも人を益せんとの誠より出たことは、人も後日に至り欺れたりなどは思はぬものなり。故にただ器に随て教を授くること、仏がいへる如く、教は是れ薬石の如し、人を見て之を投ぜよといへる如くなるべきなり。

扨其言を信じ敬を興すといふが、第一に其人の仁体によること大なるものなれば、之を言ふべき人は俗人に信ぜられ、又敬せらるるほどの行と学をほしきことなり。吾等父の生れし入野村[にゅうの](8)といへる寒邑に一夏おくりしことあり。其処の人来りて色々の農事をはなす。小生も植物学又化学など知れる故、稲虫ありと聞ば、盥に水入れ灯を泛べて之を駆り、麦に黒奴(9)つきたりと聞ては、早速之を焼失せしむるなど、又其村の辺は昔は畠山(10)の領分なりしが、秀吉に亡ぼされしことなどときかせ、浄瑠璃の舎あれば、往て今語りし『鎌倉三代記』(11)の「時まつたいらの時政」とあるは、「松平の」とつづけてかたるが口伝也、これは頼家と時政の名を仮りて、実は秀頼と家康のことを作りし也、昔は世の中がかやうに不自由にて、言たきことも表向は言れぬ世なりし、今は有難き事に非ずやなど、語り聞す。誠につまらぬことなれども、人も聞て悦び、悴が不埒なり、若衆が放行するとてつれ来りときは、かりそめにも、舜が瞽叟［こそう］をして烝［じょう］々として乂［おさ］めて姦に格［いた］らざらしめたりし事[12]など説けば、一旦の耳にする所にて終生の行を正す人もありしやうなり。斯申す某なども、少時家貧にて師もなにもなく、父の友なりし人ども夜話に来る、それを眠たきをすりながら、側に坐して聞きたるにて、今から思へばつまらぬことながら、私一人には大へんな学問を得たるなり。舜といふ人父にきらはれ、井ほるとき殺んとせしに、あらかじめ横穴をほりてのがれ、又屋根葺しめ火をかけしに、傘を用意して飛下れり[13]、などいふことを承りぬ。何の益なきことながら、小児の智恵には、これほどのことを聞たも亦益とはなりしなり。凡衆はいはば小児の如きものなり。すなはち或人が野蛮人を評して、成長せる人の情慾と小児の智機を兼たるものといへる如し。されば之を教るには、六かしき阿毘曇磨［あびどんま］など[14]は入らぬことなり。もし其内に少く疑を発する人あらば、又その機に合ふやうに説くべき也。

扨天地間は常に動くもののみのより合ひなれば、一定不変の規は立難し。ただ吾輩日夜つとめて止ず。又然るべき人にも後来此事をつとめて止ざるやうに教るの外なし。故に凡衆を相手にする所より申さば、人皆尭舜たるべしといふことは不合理なり。凡衆に説く術としていふときは、尭の服を着け、尭の言を述べ、尭の行をなせば、吾は尭に見える。ただに見るのみならず真に尭なるなり。小生は兎に角仏教を世に弘むるは、仏教も亦社会を理むるの一道なりと見る。而して之を弘るも亦其術あるべしと思ふ。そんなら何の教でもよいぢやないか。如何にも然り。然れども詳かに事勢を考るときは、我邦人が今更耶蘇教又回々教とならんことは、実に吾邦人民が乖離乱潰するの基也と存ずるなり。何となれば、吾邦の仏教は已に吾邦の仏教にして、大体に付ていへば、吾国民の国民たる要素をなし居るものなればなり。且実際邦人の外教[15]に化せる人を見るに、奇怪なること多し。すなはち吾人種よりも自分と同教のものに近き風あるに非ずや。此一事については実に嘆ずべきことを多く見たり。然れども一一人の名に関すること故今は申上ず。仁者も亦多少は此事を知らるるならん。而して仁者等の連中の人にも亦あるなり。故に今度も某は仁者を以て此輩と同一ものと見たるなり。凡て一国の民たるものは一国固有の風ㇾ気ありて、中々実に他に化せらるるものに非ず。現に耶蘇教を奉ぜぬものは殺戮を逞して固めたる此欧州にすら、独逸人は今に独逸耶蘇教化前の事に誇り、愛爾蘭〔アイルランド〕人は同く又このやうなことにほこる。されば我邦人の耶蘇教を奉ずるといふものも、やはり肝心の事となれば義理とか侠気とか仁義とか礼とか、耶蘇教になきことのみいふ。それで考れば此人々は、名のみ化して実は化し居らぬなり。（『国民の友〔之〕』などいふものに耶蘇連が出す文、『史記』や『左伝』の語を引くことバイブルより多きにて知るべし。孟子はかばかりの大賢なれど、其書中に引く所は『論語』、『詩経』、『書経』のみなり。もし此徒、真にバイブルを以て完全他の力を借に及ばぬものとすれば、バイブルの語句ばかりで文は成り、道も述べ得べき也。そんな文一つも見ざるは奇なることなり）されば耶蘇徒の吾邦にあるものの耶蘇徒として他に異なる処は、ただ他に異なりたきといふ一念のみ他に異なる也。

つまらぬことながら、小生『六合雑誌』にて、或る牧師が父の葬式に西洋流に父の伝を演説せるを載たるを見たり。其中には奇怪なることこそありつれ。たとえば其人の言に「吾父は平生娼家に多く連流し、又酒を多く飲たり。然れども幸にして、臨終に及び吾勧めに化せられて聖教の徒となり、深く平生の所為を悔て死たり云々」。小生は此人の美として語る所を大なる醜事と思ふ也。此人牧師也といへば、年は三十前後なるべし。然るときは、其父通例の情慾ある人とすれば、二十で此子を生たりとして、死するときは五十才なるべし。世話に有之、言く「おだてておくれな三十になります」と。いかな無智なものも三十になれば、前途の思慮もつき身の行もしまるを申す也。是を以て又、四十どうらくは始終なほらぬなどいふ俚語もある也。今此人の父五十にして死するに、其前迄売娼又飲酒すること夥しかりしといふは、所謂四十どうらくなり。すべて人は、あまりに聞て益なきことは好まぬものなり。且夫れ人死に臨むときは、身よはり心衰へて、いかなる悪人も多少の懺悔あるは知れたことなり。然るに此人は、此四十どうらくの老父が死するにときに臨で売娼飲酒を悔たるを称揚して、耶蘇教なればこそかくばかりの験はありつれといふ如くに聞ゆ。かやうな人を父に持ちしは其人の不幸也。而して此父の行は実によからず。死するときに悔たりとて益もなきことなり。されば衆に対して語り聞すほどのことは万々なし。況んや昔し葉公が孔子に対して、吾方に直躬なるものあり、父が羊をぬすめるを訴へ出たりといひしに、孔子大に呆れて、吾党の直者は之と異なり、父は子の為にかくし、子は父の為にかくすといへり(16)。さればこそ、幕府時代の分らぬ世にすら、子が父を縛りしとき、実際其父は悪人なりしかども、先其子を刑せり。又中村正直氏[17]の説にも、今の大清律には、臣僕が主人の悪をかくし、子女が父母の悪をかくすは刑せぬ由也。熊楠の如きは、願くは人を殺すもの吾家にかくれたりとて、自ら之を官に訴ることはせぬやうにしたきなり。すなはち自ら罪におちる迄も、之を資てにがしやり度也。然るに右の牧師は多少の字もよめながら、父の非行を葬礼の節に人に告るは、実に狂如きことと存ず。

又『国民の友[之]』といふものあり。これは肥後の横井[18]の弟子なりし徳富[19]といへるものの出すにて、此人は耶蘇徒中錚々たるものなり。而して終始之を助くる人々、皆耶蘇中の名士也。然るに此雑誌へ先つ頃、同教徒中の大龍なる浮田[和]世民氏[20]は、自分の細君の死せりとて其伝を出したり。なにかよほど女丈夫のやうなことなりし。而して其女丈夫なる所以は、耶蘇教に熱心なりしとの一事なり。此雑誌は耶蘇徒が出すものながら、井上哲次郎[21]、有賀長雄[22]、菅了法氏[23]など耶蘇教に多少異見はさむ人も投書することあれば、思ふに耶蘇教ばかりを張る雑誌にもなく、又之を読む人も耶蘇徒のみならざるべし。而して此雑誌の丁度其細君伝の出し頃の号末の広告に、「閨中真快法」とかいへる題にて広告せるを見るに、目録もありて、色々さまざまの房中楽戯の術を記したるやうす也。扨其傍に、「天の模様は震雷あるべしと見ゆ。早く買ひ玉はずんば後悔有ん」といふやうな語あり。これは多分警察行政の方より禁止さるべし、故に早く買へとのことなるが、抑も閨中真快法とはいかなることなるや、小生は不存知。然れども夫婦和楽の間にはそれぞれ真快のあるものなれば、かやうな秘訣を学ぶべきにも非ず。且かかることは多くは名教の害にもなり、甚きは病など引起す害あるものなり。これより前に小生在国の折に、府下の諸新聞へ女郎屋の広告出しを、耶蘇徒が彼是言て止めにせしことあり。正道よりいはば、女郎屋が女郎の広告すると、閨中真快法を目録迄そへて広告すると、何れか多く名教の害になり候ふべき。何となれば女郎屋といふものは今は不存、其頃は官之を許したるなり。いはば暹羅[シャム]国には博奕を公許し、ハバナには富くじの公許あるが如し。官之を許されたるものが広告して其業を張んとしたりとて、何の罪かある。今此真快法如きは天のもやうの震雷あるほどのことなれば、官之を許さざるなり。然るにただ他に異ならんことをのみつとめて理窟を付け、之をとにかく何の宗教者にもせよ、一雑誌として刊行するものが広告してんとして恥なきは、世に所謂、我ままなるものならずや。而して人の至愛は耶蘇徒にいはせば妻にまさるはなしといふ。されば其妻の死して愴歎傷寒し、発して一文を草するは甚ほむべきことなり。然しながら、私はかかるものは世に公示するが徳者の行ひか、又は自分一人で之を以て自ら慰めるが徳者の行ひなるかを疑ふ。此妻女たりし人、耶蘇教に熱心なりしのみで他にあまり功ありし人と承らず。されば之を耶蘇教の機関たる雑誌に出し、自分の妻女を以て他の女子の模範とせんとならば少しは聞ゆべきが、それすら謙といふことの教より申さば、或は人のそしりを免れじ。況んや今耶蘇教の雑誌に非ずして、たれも読みたれも議するものにかかるものを出すは、私は甚其人の妻を称賛するの厚きに感ずると同時に、其人の妻を処分するの悪きを歎ず。名教の中自ら楽土有りと楽広[24]は言へり。文章も亦然り。何ぞ必しも一文成て之を公衆に示し、其批評を受るを要せんや。すなはち私は、妻の為に文を草せずして、文の為に妻をもち出せるに非るかを疑ふ。而して此雑誌を出す諸氏は前述の如く耶蘇教の名士也。小生は又此名士の為に惜む。何を惜むか。言く、妻の称讃文を出さんよりは閨中真快法の広告を謝絶せざりしを。

○今日の所謂開化は物形上の開化也。電機用られ水利上り、高厦聳て大琴鳴る。之に過ざるなり。心性上の開化は吾国にも十分とはゆかずとも、西洋ほどはあるなり。否な愚見を以てすれば、西洋よりは多くあるなり。扨之を論ずるには、開化とは何事といふことを定めおかざる可らず。即ち、人間の所行が発達して、条理によりて重複し、然も規式あることとなり。而してその物に因てあらはるるものは物体上の開化、物に因ずしてあらはるるものは心性上の開化なるなり。仁者輪廻を信じ、又此事の科学によりて実証十分なるを知れるなるべし。凡て物は物なれば、其物自身の構造及び其物のはたらき（心性及び心性が物を役使しておこす動作）に、彼に足る所あれば、ここに不足あるは是又知れ切たことなり。故に鹿、牛、羊の如き草くふものは、胃腑の構造猫よりもこみいり、猫、虎、犬、豺〔やまいぬ〕如き肉を食ふものは、四肢軽捷の用をなすことは鹿牛等にまされり。一寸申さば、借金ありて事多く知れるものは、知識を挙れば、借金なくして事少く知れるに優り、他の点より見れば事之に反するが如く、蜀地の海棠と洛陽の牡丹、柳橋のねーさんと華族のお嬢様、それぞれ趣の異にして見どころのかわるものなり。今生物学の調査によるに、たとへば哺乳動物中、身体構造のよきことは猫の一族にまさるものはなしといふ。すなはち諸獣及人の骨格を折中するときは、猫族が尤も正式に近きなり。されば実際獣の獣たる地におけば、此族尤もはたらきのよきやうに作られおる也。今人は哺乳動物の一なり。而して此人はまことにかたわなる所多し。たとえば猫の脚のたるの間がちぢまりて、此のかくの如き短き足となり、此部が如く長くなれるなり。されど此かたわなる故に人は直立することを得て、他の諸動物に異なるはたらきも出来るなり。

又諸有脊動物を比するに、脳量の身体に対する比例、鳥類ほど大なるものはなし。然るに鳥類といふもの、身体小きもののみ多く、且つ飛ぶ為に費す所多き故、身体の発達獣類ほどにはなし。一二鷲などの兎鼠をつかむものあれど、他は多くは獣に圧せられおる也。扨又無脊髄動物の内尤も身体の構造よきものは烏賊（いか）の類也。心臓もあり、又魚と同き眼もあり、骨に似たるものもあり。然るに心臓もなく、眼も甚だ異様の眼にて、骨は一切なく、身体の構造は烏賊に及ばぬながら、蟻、蜂、の類こそ実に人間の外、見ざるほどの心性の発達せるものなり。すなはち一国を建て女王もあり、寵幸もあり、兵士もあり、奴僕もあるなり。扨又同じ虫類中に蟻蜂等の網翅虫よりはよほど下にて、即ち虫類中の最下階なる羅翅虫の中に蟚（はあり）といふものあり。是は蟻蜂と頡頏するほどの社会制度あるものなり。此の如く、一所に長なれば一所に短なるが生物の常也。今の世界中他の諸人民はおき、吾東洋民と西洋欧米の人との開化の差異は、実に蟻と烏賊、鳥と獣の心性体格の所長所短あるよりははるかに少きことながら、此の如き長短はあるなり。

扨又事物に盛衰ありといふことを知らざる可らず。譬へば人の耳には耳を動すべき筋あり。然しながら今は其用なき故、筋はたらかず。又虫様垂とて腸の側に出たるものあり。今は何の用をなさず。前年ガンベッタ[25]など此内に食物が入り病で死せるほどなれば大害あるなり。されど以前人の祖先が草食しときには、此もの主として用有しことは、今日の草食獣に此もの大用あるにて知るべし。又鯨鯢の口には小田原張灯（ちやうちん）の骨にするクヂラボラ[26]とて鬚のやうなもの生て、これにて少き介虫をはきこみ、水を漉出し、介虫のみを食ふなり。然るに鯨鯢の児には歯を見る。されば以前は鯨鯢の祖先は陸にありて歯の用ありしが、海中に退居するに及び歯は用をなさず、活計の為にかかるひげを生ぜるなり。即ち、衰へしものの為にいはば退化也。然し活計に合ふて、どうかかうか立行くやうになりし点よりいはば進化也。植物学の大家ザックス先生[27]の詞に、進化と退化は甚だ言ひ難し、たとえば花の如き尋常の葉がそれぞれ葩、萼、蕊、心、子室、種子、と変じて生命を子孫に伝るの妙用をなす点よりいはば、葩の色美にして媒虫を誘ひ、萼の強くして苞を守り、蕊の雄精を具し、心の雌器を開き、子室の種子を守り、種子の子孫となる。尋常の葉がどれもこれも同一の呼吸作用するに比するときは、花の総体は葉よりも進化せり。然しながら其一部一部を験すれば、大さも葉より減じ、且葉の緑色素を失ひしものなれば、いはば退化也といへり。今日東洋各国の西洋に劣れるといふも、これ位の事に非るか。すなはち、一人一人としては西洋人よりも心性上の徳は進めるが、一社会としては足ざる所あるに非るか。何が不足かといはば、主として物体上の開化の足ぬなりと答ふべし。其故は直常の見より申すに、一体東洋人が廉恥、義理、すまぬ、悲慈、善業、信、などいふほどに、西洋人は徳義の観念を多く持ぬやうなり。又些事に至ても、いかなる豪族の名門の厨に行て見るも、下女が羹を煮て味を試るに、匙ですくひ上て嘗め、その匙で又かきまはし調る等の事あり。小生は支那人方に寄食して洗濯を扱しことあり。支那人皆言く、西洋人は糞穢淫液等を自分のきるものでぬぐふこと多し、之を人に見するを恥ること知らぬは奇なことなりとて、某も多く見試るにまことに然り。且其行たる、多くは表面を飾るのみにて内実議すべきことの多きは、いかな耶蘇徒も西洋の地ふめる人の小言多くつぶやくにて知らる。老母出でて夜に入て帰らざれば、いかな不孝の子も闇によりて之を望むは東洋の通俗也。然るに西洋には、一向かまはず灯消してねてしまふ。又東洋には、夫婦閨門中いかに和好なるも、(所謂夫婦有別で)あまりに人の前で見苦きことはせぬに、西洋には、老父母をかまはず夫婦先物食て、互に口を拭てやる等のことあり。何に由て熊楠は此等の事を破邪顕正するか。言く、すなはち西洋人自身の学説として東洋人にほこる所を以てするなり。すべて科学の法として、簡単なるものは複雑なるものよりも下劣なりとす。いはば考なきものは考ある人に劣り、裸で居るものは衣を着する民に劣り、螺貝を吹て楽む民は二十五絃鏗爾［こうじ］として律呂斉整なるものに劣り、鎗を飛して闘ふものは速力を精算して大砲を放つものに劣る也。すなはち人の犬猫にまされる所以はここにあるなり。今夫れ虚心無偏見にして考察すれば、人のなめたものをかまはずに享け、糞穢淫水を示して恥とせず、母帰らざるも憂を示さず、雌雄口をなめすひ、（進化論より申さば、口をなめすふは淫具をなめるより出しことなるべし）かかる犬猫に似たる人あるは、すなはち是れ人体にして犬猫の心あるものに非ずや。已に犬猫は人に比して簡単なる故畜生なりといはば、人のなめたものは食たきも食はず、糞穢淫水はいかに面倒なるも自分で之を隠し去り、己れ眠けれども母を待ち明し、是至愛の楊柳腰なりといへども、しばらく情を忍んで其桜桃口を吸はざるこそ、実に犬猫の簡単なるにかはり、是れ人の人たる所以を尽せるものに候はずや。

　西洋人ややもすれば、日本の家は簡単也、語言に欧州語ほどの語格なし、支那には一字が動詞ともなり形容詞ともなる、曰く、紙で戸を張る、曰く、みそで一生くらす、曰く、立派なホテルがない、簡単也、故に劣民なりといふ。まことに物体開化のみをいはば然るべし。然れども是れ亦それで用のすんだことにて、家簡単なれば西洋ほどの費なく、語格少なければ、洋如く文法を学ばねば一向話しが分らずといふことなく、一字が動詞とも形容詞となれば四六文も美観を呈し、紙で戸を張ても別に風引きの数多くもならず、味噌で一生くらしてもバター食ひすぎて病になるやうなことなく、立派なホテルなけれども用の達たはたごやはいくらでもあり。井上円了氏[28]の所謂日本の風俗は日本人の為に出来たる也。小生は或は（十中の八は）物体開化かくの如く簡なりし故、心性の開化かくの如く上進せるやとも思ふ。現に欧州の学者中、今の物体開化かくの如く進むのみで、心性開化の之に伴はぬは甚憂ふべきことなりとて論ずる人甚多し。然しながら今日の世界に立つ以上は、吾国の物体開化の足ざるは実際其害を蒙ること尤大なるなり。故に小生は、願くは折角しあげたる心性開化をしてますます発達せしむると同時に、此物体開化の之と伴て進んことを望む。これは仁者も亦異論なかるべし。世には目のあかぬ人ありて、耶蘇坊主の説教などききたがえ、（内実、其高厦、大堂、曲琴、風簫に驚くなり）吾開化の及ばざるは心性物体共に及ばざる、とあきらめる人など十中の九はあるなり。小生之を嘆ずること久し。因て仁者に告るなり。且夫天地間は悉く輪廻に支配さるるものにて自ら大数（たいすう）のあるなり。ひとえに今をのみ見て未来を断ず可らず。埃及、バビロン、アツシリア、ヘブリユー、印度等の古国それぞれ美大なる開化ありしが、多くは失せはてて、ザーキゼス大王[29]が千万の艨艟を浮べしいきほひも海波濤々として今いづくにか有る。羅馬のシピヲ(30)がフヰーニシアを焼て火の十七日滅せざるにのぞみ、吾羅馬の又此通りならんはいかならん、と歎ぜしは千古の感慨。昨はアレキサンドリアの宮中に禁制の厳なるをかこちし妖姫麗嬪(31)も、今は下の関に落ぶれたる平家の女中衆同前、ナイルの河畔に、「娼女不識亡国恨、隔江猶唱後庭花(32)」。いつ迄永持のなるものに非ず。

昔し「桓霊宝征殷中[仲]堪。道出廬山。因詣遠公、云々。又問何以見願。遠曰、願檀越安穏、使彼亦復無他。桓出山語左右曰、実乃生所未見」と。蘇門先生之を評して、「善哉、遠公実桑門本色」といへり(33)。仁者已に出世間せり。又当に此意に外ならざるべし。然りといへども仏之華色[けしき](34)とは、すなはち因縁、仏と加旃延[かせんねん](35)よりも深し。愛は一なりといへども、愛を施すに近きより始めざる可らず。仁者熊楠に望むに、帰国して仏教を張んことを以てせらるると同時に、熊楠は仁者に望むに、日本人をして西洋人にまけざらしめんことを以てせんとす。仁肯て頷くや否や。

森三渓といふ人、『国民の[之]友』に「日本開化の性質(36)」といへる一篇を出せり。吾輩読て益を得たること多し。他日もし御会ならば、小生厚謝の意を述くれよ。（これは前日孔教論を草し、フランクス氏に呈せる中に二三引たることあれば也）但し其初章に、日本人は三種の人族より成る、すなはち薩摩人はマレー人種にて慓悍に、京坂の人はアリアン人種（欧米の白人、印度、波斯人等を包有す）にて商機に富み、北方は蝦夷なり、云々とあり。小生の日本人種論は他日別に呈す可ければ今は申上ず。ただ今は此論を評せんとするものは抑亦故有り。昔し林家に命ぜられて『本朝通鑑(37)』といふものを作り、道春死後春常が之をし上て幕府に呈せるに、其初めに天照太神は泰伯也とありし由。扨三家え披露せしに、光国[圀]卿のいはるるには、此言は国体に害あることなれば止めて然るべし、とのことにて、出板見合になりしといふ。然し此事は道春又は春常が捏造せるやうに世には云伝るやうなれど、小生別に熊沢の『三輪[みわ]物語(38)』などにて見たこともあり、其には詳く出でて、天照太神の女神なるは、周の姓は姫なればなり、などいふこともありしやうに覚ゆ。されば全く徳川氏のはじめ、主として儒教を興隆して彝倫を正せしにつけこみ、例の卜部吉田の徒の神学者が云出[いいだせ]しことなるべし。然し道春も之を筆し、熊沢も之に拠て多少の教を立たるほどなれば、兎に角、儒学流行の弊として、漢土を崇拝するより起りしことなるべし。たとえば物徂徠[39]が東夷人と自署し、又物部姓は大連より出たりとて、大連の裔と書たるを、支那の人が、さればこそ『論語』に見えたる大連の後裔は東海にありと記したるを、間違ひとは知っつ其徒は大に悦しとか。第一にマレー種といふものはややおそく出来たるものにて諸種の混種なり、と仏の大家クワトラフアザ氏[40]はいへり。且強い故、薩摩人はマレー人とばかりはいはれまじ。何となれば以前は隼人とて、大嘗会のときなど宮中に来り、犬のなきごえしてはひありきしものなり。これは日本の天子に犬の如く従ふとの意也とか。さればあまり強かりしものとも聞えず。又島津の始祖は、頼朝が比企能員の女にはらませ、住吉の神社の石の上で生みしを薩摩の忠久の養子とし、鎌倉の武士多く往て奉仕せりといへば、其後こそ強くなりたるなれ、以前はあまり強からざりしにや。鎌倉の武士は日本人に相違なし。マレー人に非ず。

扨蝦夷の事はまことに然り。尤も議すべきは、日本人の原祖は白人と同人種なりとの一事也。文短にして十分其拠とする所を得ぬが、今日の日本人の支那、朝鮮人に似たるは実に知れ切たことなれば、論ずるも愚なること。又京坂の人の商機に富りとて、白人と人種同じとはいかなる証あるにや。白人に非ずして商売上手な人種全くなきに非ず。すなはち猶太人、アラビア人の如きはアリアン種に非ずしてセミチック種なれども、今日も実に大なる商事をなしおれり。且京坂の商売の地となりしは、主として秀吉大坂を開き、其後寛永前後に石丸[41]といふ奉行の世話で組合法など起れるよりの事と見ゆ。尤も平安は桓武以来長く京都たりしことなれば、商売も繁盛せしならん。然し経済学又社会学上より申すも、外国に近き地が先づ商事の開くるものなれば、多分は九州辺に商売甚盛なりしならん。中古の書を見るに、貿易といふほどの事業は博多津尤も盛なりしやう見えたり。且京坂の地に商売する人、必しも桓武以来、又さくや此花[42]とよみし昔より其地に住しものにも非るべし。現に京の大賈三井などは、其始祖は伊勢の津の城主富田信濃守知信[43]の家来なりしといふときは、たしかに京生れの人にも非るべし。秀吉以前は堺の津及び周防の山口に貿易盛なりしといふ。然るときは堺の津及び山口の人も亦エリアン人種なるにや。

一体近来日本人、味噌も糞も西洋に近しとさえ云はるれば喜ぶ風あり。森氏の此論も或は左様の事に非るか。かくて此黒くして直髪、鼻低く、丈低く、色黄に晴黒き日本人がヱリアン人ならば、支那人も朝鮮人も、昔し神農[44]が日中に市をなさしめたる陳及び曲阜、それから、始皇が大賈を集めたる咸陽の都より、明世の新安、今の浙江、広東、福州、天津等商売上手な支那人のおる所の人は悉く西洋人と同種なるにや。尤も日本の語にも支那の語にもヱリアン種なるもの多くあり。支那の俗語に一仏涅槃、日本の車夫が「檀那お安」く等なり。されどこれは印度より来れる伝明かなれば、外に今少し証拠のありそうなもの。かやうに現今の事のみ見て他に阿附せんことを求るときは、今より四百年前アラビア人が欧州、亜非利加、亜細亜を包有し文物大に盛なりしときは、日本人はセミチック種、又四千年前埃及人が尤盛なりしときは、日本人は埃及と同種といふべきか。扨此埃及人といふものは動物学の元とじめ、ハックスレー公の説によれば、今日陰茎をおがむ南天のドラビヂアン人及、最下等の人間たる濠州土人と同種たりとか。言はばあまりに己れをほめんとて自ら落すこと、俗に申す贔屓の引き倒しか。

扨又埃及人と其隆を競し、バビロンの開化は、其始めは蒙古人種の一たるアッカヂアンとかいふものに起れりとか。之を聞ば又日本人は蒙古人種といはんか。三馬の書しものに、猫を猫と名づけしを、人々教らるるままに虎となづけ、漸次に虎より強ければ龍、龍を助くれば雲、雲を滅すれば雨、雨を吹く故風、風を遮れば障子、障子をかめば鼠、と名付け、鼠より強しとて又猫と元の名を付しといふはなしあり[45]。其風次第に説を転ぜんよりは、やはり日本人は日本人でよいわい。此他右の如き平生の所懐多くあれど、仁者も多忙也。自分もひまはなし。又々時々一覧を願ふべく候。

明治二十六年十二月十六日夜　南方熊楠拝

土宜法龍師

[支那の開化の盛なりしことは疑を容れず。春秋戦国より晋代など希臘、羅馬が有せしほどの理論ありし人は多かりしと見ゆ。又理論は少しとするも、構成の術に長ぜる偉人は唐宋の世に多かりしにや。元以後は欧州の中古の学者の如く記誦、博物といふことにのみ下れりと存候。]

（1）本書翰は和久製の罫紙（縦二三・五×横三二・五cm）四葉に墨書されている。〔高山寺5〕〔高山寺6〕〔高山寺7〕は法龍の返書がないまま立て続けに書かれた。しかもこれら三通の間にさらに一、二通の法龍宛書翰（未発見）があったと見られる。というのも、『法龍日記』によると、法龍は十二月十七日夜になって、日本公使館に留め置かれていた熊楠からの「書束四（あるいは五？）本」をまとめて受け取っているからである。彼は翌十八日にそれらを読み、夜に入って返書を書き始めた。それが十二月十九日付の〔八坂本5〕である。この書翰は、半紙分の欠落が二ヵ所あるために断定はできないものの、主として〔高山寺5〕を受けている。だがそこには熊楠がオカルティズムを左道・蠱惑と決めつけて「学問上の圧制」を加えることへの抗議や熊楠の言う「事の学」（［橋爪 二〇〇五：一八以下］参照）への疑問など、〔高山寺5〕〔高山寺6〕〔高山寺7〕には見当たらない熊楠の所論への言及も含まれており、それらは未発見の書翰に記されていたと見られる。

(2) Monier Monier-Williams, *Brāhmanism and Hinduism; or, Religious Thought and Life in India, as based on the Veda and other Sacred Books of the Hindūs.* London: John Murray, 1891. これを熊楠は『梵教講論』、『梵教講義』とも呼ぶ。

(3) 〔高山寺5〕注(115)参照。

(4) 〔高山寺5〕注(181)参照。

(5) 白貫勧善（?—一八九四）。和歌山の真言宗新義派延命院の住職。延命院は南方家の菩提寺である。熊楠は、『珍事評論』第二号所収の「与龍聖法印書」に記した架空の履歴（『熊楠珍事評論』九八、一〇三—一〇四頁）の中で、少年時代、高野山に上る前の半年間「真言僧の勧善、延命院主」の徒弟であったと言い、また法龍への手紙の中でもしばしば彼に触れて、幼年期からこの真言僧より直接間接にかなりの影響を受けたとの自覚を明らかにしている。また偶々法龍も、熊楠に会う前から白貫とは手紙を取り交わす間柄であった。『熊楠日記1』三三二頁、〔高山寺10〕末尾参照。

(6) 古代インドの論理学。

(7) 人形浄瑠璃・歌舞伎の「仮名手本忠臣蔵」の登場人物。吉良邸に討ち入った赤穂浪士の頭領、大石良雄（通称内蔵助、一六五九—一七〇三）がそのモデル。

(8) 現在の和歌山県日高郡日高川町入野。熊楠の父弥兵衛は、文政十二年（一八二九）、入野村の庄屋向畑庄兵衛の次男に生まれている。入野については［中瀬 二〇〇五］参照。

(9) コクゾウムシか。

(10) 清和源氏系の畠山氏。室町時代には幕府管領として将軍を補佐し、越中・能登・河内・紀伊の守護を兼ねた。

(11) 安永十年（一七八一）に江戸で初演（改題復活上演）された浄瑠璃。大坂夏陣を脚色したものであるが、幕府を憚って徳川家康と豊臣秀頼の関係を北条時政と源頼家のそれに置き換えている。

(12) 『書経』堯典。

(13) 『史記』五帝本紀。

(14) 阿毘達磨。梵語の abhidharma に相当する音写語。法の研究を意味し、特に部派仏教における仏の教説の注釈・研究を指す。

(15) 仏教以外の教え。この場合はキリスト（耶蘇）教を指している。

(16) 『論語』子路篇。

(17) 中村正直（一八三二—一八九一）。敬宇と号する。明治時代初期の洋学者、啓蒙思想家。

（18）横井小楠（一八〇九―一八六九）。幕末・維新期の開明的な思想家、政治家。熊本藩士。越前藩主松平慶永の政治顧問となって藩政改革を指導し、幕府の公武合体運動を進めた。維新後は新政府に参画したが、暗殺された。

（19）徳富蘇峰（一八六三―一九五七）。評論家、歴史家。彼の父徳富一敬は横井小楠の熊本における有力な門人であった。

（20）浮田和民（一八六〇―一九四六）。政治学者。その亡妻の伝とは「浮田末子の履歴及志望」『国民之友』第七十三号、二五―二七頁。

（21）井上哲次郎（一八五五―一九四四）。哲学者、日本の哲学界の重鎮。「教育と宗教の衝突」（一八九三）などで天皇制国家主義の立場からキリスト教を攻撃した。

（22）有賀長雄（一八六〇―一九二一）。社会学研究者から国際法学者、外交政治史家に転じた。東京大学でフェノロサに師事し、卒業後、スペンサーの社会学理論に基づいて、わが国初の社会学体系書『社会学』全三巻（一八八三―一八八四）を著している。

（23）菅了法（一八五七―一九三六）。真宗本願寺派僧侶。明治十五年にオックスフォードに留学し、同年、病気のため帰国した笠原研寿に替わって南条文雄と同宿した。のち衆議院議員などを務める。

（24）楽広（生没年不詳）。晋代の役人。彼の言葉とされるのは「名教中自有楽地」。

（25）レオン・ガンベッタ（Léon Gambetta　一八三八―一八八二）。フランス共和派の指導的政治家。虫垂炎をこじらせて死去した。

（26）明らかに鯨ひげを指しているが、この言葉自体は来歴不明。

（27）ユリウス・フォン・ザックス（Julius von Sacks　一八三二―一八九七）。ドイツの植物学者。

（28）井上円了（一八五八―一九一九）。哲学者、教育者。哲学館（現・東洋大学）を創設した。

（29）クセルクセス一世（Xerxēs I　前五一九頃―前四六五）。アケメネス朝ペルシアの皇帝。ペルシア戦争中、ギリシアに遠征したが、サラミスの海戦で敗れた。以下、一々指摘はしないが、熊楠のギリシア・ローマ史関係の固有名詞は英語での発音を写したものである。

（30）スキピオ・アエミリアヌス（Scipio Aemilianus　前一八五頃―前一二九）。古代ローマの軍人、政治家。第三次ポエニ戦争でフェニキア人の国家カルタゴを滅ばした。

（31）美女として有名なクレオパトラ（Cleopatra VII　前六九―前三〇）のこと。

（32）杜牧「泊秦淮」。ただし娼は原文では商。

（33）「昔し桓霊宝征殷中堪」からここまでは、服部天游の『赤倮倮』（［高山寺5］注（52）参照）を典拠としている。そのうち「桓霊宝征殷中堪」から「実乃生所未見」までは、服部によれば『世説新語』の一節とされるが、実際には『何氏語林』巻四からの引用と見られる。この引用については、［八坂本51］三九二頁にも論及されている。桓霊宝については［高山寺23］注（6）参照。

（34）華色は普通、仏弟子の一人、蓮華色比丘尼を指すが、熊楠は『珍事評論』第二号（『熊楠珍事評論』一〇四、一四二頁）、〔八坂本3〕一五頁でこれを瞿曇（釈尊）の妻の名としており、この場合も同様である。

（35）摩訶迦旃延（マハーカートヤーヤナ Mahākātyāyana）。論議第一とされる仏弟子。

（36）正しくは「日本開化ノ変遷」。これは『国民之友』第三十七、三十九、四十四、四十六、四十八号（一八八九年）に連載された。以下に熊楠が言及するのは、その第一回（第三十七号、一九―二二頁）である。

（37）編年体の日本通史。幕命により林羅山（道春）とその一族によって編纂され、羅山の没後、子の鵞峰（春勝）らによって寛文十年（一六七〇）に完成された。この時、鵞峰らと共に、その子春常も褒賞を受けているが、彼が仕上げて上呈したとまでは言えない。大田南畝『一話一言』巻之十二、「本朝通鑑完成の褒賞」参照。

（38）熊沢蕃山に帰される著作。対話形式で進められる議論の中に社稷の由来も含まれている。

（39）荻生徂徠は、物部氏の後裔との理由で中国風に物徂徠と自称した。

（40）ド・クワトロファージュ・ド・ブレオ（Jean-Louis-Armand de Quatrefages de Bréau　一八一〇―一八九二）フランスの博物学者、人類学者。〔八坂本7〕四九頁にも彼に対する論及がある。

（41）石丸定次（一六〇三―一六七九）。江戸時代前期の幕臣。大坂東町奉行として大坂の産業発展に寄与した。

（42）『古今和歌集』仮名序、難波津の歌、「難波津に咲くやこの花冬ごもり今を春べと咲くやこの花」。

（43）富田知信（？―一五九九）。織田信長、豊臣秀吉に仕えた伊勢国阿野津城主。

（44）中国古代の伝説的帝王。三皇の一人。

（45）式亭三馬『浮世床』初編巻之中。

8　日付なし[1]（断簡）

〈前欠〉

其と又『仏教講義』と同封に、今より九十年計り前に名高かりしアン・ムールといへる老女の伝一冊[2]を以てす。これは食事せずに生ておるを当時の人が吹聴せるものなり。一寸いはば詐偽の書也。後日に此老女のいふ処は悉く詐りにて、或る僧徒之を左道と見て番したるに、全く其徒党がひそかに食を運たるにて、何卒室外へ行きくれと右の僧に強請せりなどいふ。然し兎に角甚だ評判高かりしことにて、英国のみならず米国にも之を信ずる輩ありしとある。今贈る一小冊は即ち米国の出板にて、英国の第二板を写せるものなり。但し今は極て希なるものにて、小生前年費府［フィラデルフィア］のオツカルチズムの書ばかり売る者の方より之を購ふに、一弗七十五仙を費せり。（わづか三十六葉の表紙もなき小冊也）今贈る所は、冊の末にも見る如く千八百十一年春二月とあれば、其年に出板なるべし。（其跋によるに、此小冊はかかる左道を信ずる輩が醵金して出板せりと見ゆ。又彼老女の蝋製像をコロンビア博物館に示せることも見たり）小生昔はかかるものに多く黄白を費せしこと書婬など申すべきにや。然れども今日に至て考るに、世は不定なれば持ち得るか否甚怪し。願くは、此一小冊の如きはつまらぬものながら、其本国にすら今は甚希有のものなれば、仁者宜く之を保存し、もし仁者にして又之を保存し能はざる世とならば、之を誰になり好書の家にやり玉はんことを望む。（考古の一資となるべし。）

〇世に書を貸すは四痴[3]ありとか申す。是れまことに然り。人情として学問を尊ぶのあまり、書の一物は人のものを借り倒しても、さのみ不徳義と思はぬ風あり。書を読むものにかかる風あるは誠にかなしむべし。故に小生など決して人に書を借らず。人の書を借り来りて読むときは自分の心に成らず。これは良心多少つよき故なるべし。何卒仁者も先日買れし書、又少々ながら小生が寄進し、今後も寄進すべき書は、人に貸し出さぬやうにあり度候。小生などは多くの書をかくして盗まれたり。馬琴の『質屋庫［しちやのくら］』の発端に、いかな盗人も書は盗まず[4]とあるは、昔は人情も今とかはりしにや。書を盗めるは盗に非ずと思ふ人のあると同時に、小生は書を盗まれし不自由は器什、衣裳盗まれし比に非ずと思ふ。

○井上哲次郎君(5)の言に、哲学を修んには累代の傑著ばかりにて足れりといへり。実に私も同感なり。但しあまりに故事文句を穿鑿しても大体に益なければなり。故に仁者如きも、せめては英訳にて哲学の内『エンサイクロペヂア・ブリタンニカ』に其伝記を特出せる諸人の著書のみは買てよまるべし。偖[さて]倫敦は大都にて古書肆甚多く、少く手ふれ又は汚れしものは実に案外の廉価なり。仁者帰国の上入用の書あらば小生に命ぜらるべし。急には得ずとも、暇ある日之を渉猟して求めおくるべし。代価如きは小生より送て後に舎弟へでも払はるれば可也。小生は二年ほど支那人の博徒(6)の世話になりしことあり。「博者無恒産、何以有恒産」とは福本誠氏(7)の詩なるが、実は其恒産なきものすら、賞すべきの友誼は甚多きものなり。口に道といひ眼に経を見る学者にして、博徒ほどの行ひもなきは頗る嘆ずべし。故に小生在欧中小生の力の及ぶことは、何なりとも申越れんことを望む。

○昔し宝永の頃、島津領分の島へ洋人一人、日本服長刀にて来り、上陸するや否船は去る。此人はヨハン・バウテイス(8)といふものにて宣教師也。[カ、虫損]日本の書籍(文典字引ほか)も数冊持り、島津より之を長崎におくりしらべしに、六年前教主より命を受、ローマにて日本語を習ひ、三年前に羅馬を発し、一人は支那へ渡り、吾は此地に来れりとのことにて、江戸へ送り、(宝永六年)小石川の切支丹邸に幽し、番人を付けたり。新井白石先生、此時、豈に彼も鴃舌鳥話するものならんやとて之に面会し、万国の事を尋ね『采覧[カ、虫損]異言』の著あり。実に洋学の始めなりとか。小生近く蜀山人(9)の『一話一言』にて此人の幽閉中に差出せる上書を見るに、吾は[カ、虫損]国などとりに来りしものに非ず、又邪法を行ふものに非ず、天下の大道[たいどう]を伝に来りしなり、故に一度試に我説を聞たる上、不可なれば吾を如何ともし玉へ、又、吾は邪法など行ふものに非ず、然るに此寒気甚き夜、番人多く附らるるは気の毒なり、願くは、疑しくば鉄の鎖にて吾を縛り付けて彼等に睡眠休息を与へよ、又吾法を試に聞るれば吾死すとも恨なし、吾法を聞れずして吾生命を助られんことは望[カ、虫損]まずといへり。扨湯山[浅]常山(10)のかきし随筆やうのもの(11)に、白石此宣教師に面会して後言はれけるは、古への聖人を温良恭謙譲と子貢が形容せるも、此人の行にはすぎじと実に感歎せりとあり。白石先生一代の傑作たる『読史余論』の最末に「当世の尤も議すべきことは、切支丹の禁を以て無上の政略とするにあり。これらは当初に在ては夷を以て夷を治むともいふべけれ、今に於ては如何はしきことと[ママ]」あり。或は右の宣教師の行に感じて、其教もさして害あるものにあるまじと思しには非るか。兎に角此宣教師は江戸で幽死せりとか。実に憐むべきことなり。昔し三代将軍のとき、家康の廟を経営するに大金を費し、東照廟末代迄朽ぬはいかにしてなし得べきかと問しに、時の名臣島田幽也入道(12)は答て、豊国（とよくに）廟を修し玉へとありしとか。道は一なり。其道の為にする志篤きは、何の宗旨なりとてかまふことなし。西蔵へ耶蘇徒が入しとき、仏教僧和尚来りて恭敬せる故、宣教師大に怪みて聞糺せしに、吾れは汝の言ふ所悉く仏の意を助くるものと思ひて恭敬するといひ、其宣教師、暗（あん）の外相違して帰りしといふこと、クラルク氏の『十大宗教説(13)』に見たり。今の在日本の耶蘇徒、又外国の宣教師などいふもの、ただただ己れに異なるものを粉砕せんとつとむるのみにして円満の徳なし。たとえば人にかたんかたんと思ふてのみ読書するは、よきことながら、ただ人に勝つべき事にのみ智を得るが如し。願くは吾仏徒のみは己れに円満の徳なくして人を攻んことはあまりつとめず、すなはち右の宣教師如きもののあとは、（日本にある耶蘇連など妻ののろけなど述るのみ。(14)一向かまはねば）吾仏徒より其あとをしらべ、回向をもして遣はさんこと、実は徳の上の事にして、又兼て異教徒を感ぜしむることならんか。小生はいづれ伊太利の古書をしらべた上、此宣教師の伝及称賛は公布するつもりなり。仁者は知るか否や、ミユラル(15)の記せしものに、釈迦没して其徒北天竺に宣教せるものの遺書見出たるに、吾等は震雷前に堕るとも救世の念を廃することなしとありとか。すなはち右の宣教師の言と少しもかはることなきなり。これらの徳行名言は、何の宗教者のこととするも敬礼すべきことに候。

　前文中の或牧師が父の死せしとき父の非行を挙たるは、『六合雑誌』に出たりと記せり。この記憶はたしかならず。然し明治二十年より二十三年迄の間に見たるものなり。吾邦に耶蘇教雑誌は多からねば、多分は今に於ても見出し得べし。小生前日此事を挙て或る耶蘇徒と論難せるに、耶蘇徒も甚憾み居たり。又牧師なりしや否もたしかに記せず。然し雑誌へ文の出るほどの人なれば、多少は耶蘇徒共中に秀し人なるべし[カ]。又何の宗教にも、父子兄弟の間のことなど、牧師に非れば行ひもせず言もせずといふものに非れば、此人のなせし所は全く耶蘇教徒の賛成することなるべし。（賛成せずんば雑誌へ出るべきに非ず）

追白

（1）これは5の丁付のある和久製の罫紙（縦二三・五×横三二・五cm）一葉に墨書された日付のない断簡である。その冒頭、『仏教講義』に「アン・ムール伝」を同封したと述べるのは、〔八坂本10〕（日付なし）の冒頭に『仏教講義』とムールの伝をギメ博物館宛に送ったので受け取りを請うと述べているのに対応している。また〔八坂本10〕が『仏教講義』の最終第十八講を熊楠のコメント付きで訳載しているのに対して、この断簡の第一段落は「アン・ムール伝」についての解説である。以上のことから、この断簡は〔八坂本10〕と同じ時期に書かれたと見られ、その一部（最終葉）である可能性もある。法龍は熊楠から贈られた二書の礼状〔八坂本11〕を明治二十七年一月二日付で書いているから、〔八坂本10〕、そしてこの断簡も、前年末、もしくはこの年の初めに書かれたと考えられる。

（2）熊楠が本書について述べていることとその和訳から、本書は一八一一年二月にボストンのトーマス・ムーア（Thomas Moore?）という人物によって出版された仮綴じの小冊子であることが知られる。アン・ムーア（Ann Moore　一七六一―一八一三）はイギリスのTutburyに現われ、まさに「食事せずに生ておる」として一時有名になった女性。和訳は長谷宝秀によるもので、明治二十七年九月から「アーン、ムーア絶食奇譚」の題で『伝灯』第七十七―七十九、八十一号に連載された。むろんその原本は熊楠からの寄贈本で、法龍はこれをパリから宝秀に送ったと考えられる。本書について宝秀は、同年六月十九日付の熊楠への手紙の中で「奇代の珍談にて小生も大いに感心いたし候」［上山 一九九九：二八］と述べている。本書は現在所在不明であるが、現存するとすれば、かなりの稀覯本であろう。熊楠のアメリカ時代の洋書購入については［川島 二〇〇五］参照。

（3）中国の成語に「借書一痴、惜書二痴、索書三痴、還書四痴」とある。

（4）馬琴の読本『昔語質屋庫』巻之一に「大約盗賊の目かくるもの、第一に金銭、第二に衣裳、第三は太刀、第四に銅鉄、第五には雑具なるべし。（中略）一帙五円金の唐本が、鼻の先へ投してあつても、方策のみ捉て走る盗賊はいと稀なり。（中略）賊でもとらぬ、人の宝とすべきものは、経籍史書にとゞめたるに、かゝる宝を宝とせざるは、宝を知ぬ迷ひなり」とある。

（5）〔高山寺7〕注（21）参照。

（6）フロリダ州ジャクソンビルで寄寓した広東人江聖聡を指すと見られる。〔高山寺5〕注（65）（125）参照。

（7）福本日南（一八五七―一九二一）。誠は本名。ジャーナリスト、政治家。福本は、明治三十二年三月、欧州旅行で訪れたロンドンで熊楠と交遊し、明治四十三年にその時の想い出やその後の熊楠との交流を綴ったエッセイ「出て来た歟」を『大阪毎日新聞』

に連載した。これが日本における初の本格的な熊楠紹介とされる。一方、熊楠もロンドンでの福本とのやりとりを「ロンドン私記」（一九七―二〇一頁）に綴っている。

（8）ジョヴァンニ・バティスタ・シドッチ（Giovanni Battista Sidotti　一六六八―一七一四）。シドッチはシチリア生まれのイエズス会宣教師。宝永五年（一七〇八）に屋久島に上陸して捕えられ、江戸に護送されて、茗荷谷の切支丹屋敷で没した。新井白石は彼への取り調べに基づいて『西洋紀聞』、『采覧異言』を著した。白石は彼の名をヨワン・バッテイスタ・シロウテと表記しており、熊楠の表記はむしろこれに近い。この非運の宣教師に対する熊楠の思い入れは後々まで深かったようで、明治三十六年三月九日の日記（『熊楠日記2』三二九頁）には「昨日よりネーチュール宛に認しシドチの伝を筆するに、不覚涙下て止まず。偉人の跡人を感ぜしむること如斯」とある。この伝は、『ネイチャー』一九〇三年四月三十日号に掲載された熊楠の"Discovery of Japan"（「日本の発見」）の後半部（『英文論考［ネイチャー］誌篇』二七五―二七六頁）を占めているが、その内容は以下に述べられていることにほぼ重なっている。

（9）大田南畝（一七四九―一八二三）。蜀山人は別号。江戸時代後期の文人。以下は『一話一言』巻三十五の「今村源右衛門日記抄」に含まれる「異国人口書」三条（『日本随筆大成』別巻5、吉川弘文館、一九七八年、一三〇頁）を要約したもの。

（10）湯浅常山（一七〇八―一七八一）。江戸時代中期の儒者。熊楠は彼の史談集『常山紀談』、随筆集『文会雑記』をよく読んでいる。

（11）"Discovery of Japan"（本書翰注（8）参照）には、これが『文会雑記』（Miscellany from a Literary Society）であることが明記されている。熊楠の念頭にあるのは、同書巻之二下の一節と思われるが、それは「（白石）其人（シドッチ）ヲホメテ聖人ノ温良モカクヤト云レシトゾ（中略）ト子亮語リヌ」（括弧内引用者、『日本随筆大成』第一期第十四巻、吉川弘文館、一九七五年、二六三頁）というもので、熊楠が言うほどの具体性はない。

（12）島田利正（一五七六―一六四二）。幽也は法名。江戸時代初期の幕臣。江戸町奉行。

（13）James Freeman Clarke, *Ten Great Religions: An Essay in Comparative Theology.* Boston: James R. Osgood and Company, 1875. ジェイムズ・クラーク（一八一〇―一八八八）はアメリカのユニテリアン宣教師、神学者、作家。熊楠は〔八坂本3〕二二頁で本書（『十宗教論』と呼ぶ）を推奨し、〔八坂本7〕七五―七九頁でこれに基づいて各宗教の概説を試みている。ただしクラークがキリスト教を別格の存在として彼の十大宗教に含めないのに対して、熊楠はこれを他の宗教と同等に扱い、またクラークが十大宗教の一つに数えるチュートンと北欧の宗教には触れない。

（14）おそらくは浮田和民が『国民之友』に亡妻の伝を載せたことを指している。〔高山寺7〕注（20）参照。

（15）マックス・ミュラー。〔高山寺1〕注（3）参照。

9　明治二十七年一月十日(1)

　御状拝誦仕候。切符之儀意外御困難之段、御心配申上候。小生にて取計べき様御頼み相成候へども、小生にて懸合致した所が、小生は見る影もなく、御存知の通り乞食如きものなれば、切符の小生手え取れることには無之、又衣類きたなき等より侮慢など受候も双方に取て不潔候。殊に小生え含みて取扱へとの御事に候へども、小生一生何事も含んで取扱しことは無之、又左様な公然たらざることは取扱ふを欲せず候。且人間の事なれば、殊に小生抔は何事もしやべりちらし申候。(在米の頃一ケ月に酒飲暴行、人の頭打ち、拘引の数迄明記して父母へ月々送れり。)凡て人に此事しやべるなとか、含で行へとかいふは、其人を妄語、悪口、重舌、綺語(2)する者と見ての上の事と存申候。小生は一生に悪口妄語は数知れず。然しながらそれぞれ理由あることにて、人より制さるべきことに非ず。今回御頼みの事の如き、なにか之を人に聞せて悪きことにや。人に聞せずには到底事成るべしとも思はれず。然し御文意通りのことなる故、小生は一言人に語らず。但し人に語ることの成らぬやうなことは、小生にも処置の方法に苦み、又そんなことに関するを不好候。因て同状及御封入写し一通、御返附申上候。

　私考には、已にクック会社の巴里店よりチカゴ迄懸合呉たる程の事なれば、同店よりロンドンの本店へかけあふべきことと存候。其為の支店に候はずや。小生見るかげもなき者なるは御存知の通り。然るにわざわざ衣類きて出かけた処で、何の委任状もなく、又何の事情で失ひしかも知れず、殊に御文意人に知れては悪い様のこと、人に知らさずには到底事は成らずと小生は存申候。右に付、巴里支店よりロンドン本店へかけ合すか、それでなくば正金銀行などのらのらのら遊んでおる人多き様子故、中井氏え頼まれては如何。然し是とても人に知らさずにといふことはなるまじと存候。小生は一生左様の含みとか、なんとかいふことはせず。又そんなことせぬつもりに御座候。(領事は帰国せるやに聞り。尤もたしかならず)

　巴里の支店より之をシカゴに聞合せ、シカゴより返事巴里の支店へ来り。それを本人よりロンドンの本店へかけあふを要する儀は有間敷、巴里の支店よりロンドンの本店へかけ合くれることと存申候。

明治二十七年一月十日

南方熊楠拝

土宜法龍師

（1）本書翰は、ノートの切れ端と見られる縦一一・〇×横二八・五cmの罫線入り洋紙一葉の表裏に墨書されている。これは一月九日に届いた法龍の来翰（未発見）への返翰である。法龍の書翰は、熊楠のこの日の日記（『熊楠日記1』三三一頁）に「土宜氏、切符紛失の事に付会社へかけあひのことを申越る」とある通り、熊楠に切符の紛失に関してトーマス・クック社ロンドン本店との交渉を依頼するものであったと見られる。そこには「人に聞せて悪きこと」故に「含みて取扱へ」との指示がなされていた。熊楠はこのような依頼を引き受けることを潔しとせず、法龍の書翰と何かの写し一通を彼に返却している。

（2）妄語以下の四は、仏教のいう十悪のうち口（語）に関わる四悪。ただし重舌は正しくは両舌である。

10　明治二十七年一月十九日午後十二時以降(1)

明治二十七年一月十九日午後十二時書始め。

土宜法龍尊者　　南方熊楠拝

小生は前月来殆ど昼夜つづけ（尤も三時間位は睡る）植物標品を整理致候。為に甚無音に打過申候。米貨一弗は正金銀行にて四志に替くれ候に付、郵税払ひ、昨夜親ら郵便局に往き、ラクルーア氏（有名なる仏国の考古家にて、吾邦の山東京伝、曲亭馬琴、北村静廬(2)など如き流なるが、『骨董集(3)』や、『燕石雑誌(4)』などよりは一層整頓せる、（史書の『志』体の）傑作英国にて訳せり。『中世風俗志』、『十八世紀風俗志』、『中世宗教軍制志』、『中世科学文学志』、『中世衣制志』等なり）の『中世科学志』一冊(5)出し候。又今夕はシュレッツゲルの『史理』一冊(6)出し候。此他にも呈上し度ものの多けれど、仁者旅中のこと故、他日御帰国の上送るべく候。右の『中世科学志』の篇頭の彩色図は、デカルツが二十年間人に知れずして書を作りたるを感じ、瑞典［スウェーデン］の皇后(7)より召れ、議論する所に候。デカルツ常に曰く、吾れ顔紅かりしときは何の事もなかりしに、褐となりてより哲学大成に向へりと。熊楠もはや二十六年十ケ月の星霜を経、今や顔面褐色に向ひたれば、なにか出来そうなものなり。

扨切符之儀は、前状御申越の如くならば到底詮方なし。小生はただ人間にもかかる無恥のものありて、字を読み語を解するをおかしく思ふのみ」［ママ］

博物館目録は成たものなし(8)。然し日本の宗教部のならば、小生其内に行向ひ、編成の上一部日本へ送るべく候。とても目下小生の外に此目録成し得る人はあるまじく、且小生此事に関し依嘱されおる故、色々仁者へ伺ひ度事も有るなり。小生は今年に成て未だ一度も行かず候。」［ママ］

仁者に伺ふは、金剛界、胎蔵界の曼陀羅高野の金堂にて見たり。清盛が額の血をそぞぎ［ママ］て画きしとか、『太平記』の光厳法皇行脚之処に見えたり(9)。右様の古きこと故今は記臆せず。一体右には何にを画き候か。何れ仏、菩薩、明王、天部など分ちあることとなるべし。大体曼陀羅には何々の仏、何々の菩薩、何々の明王、何々の天を画くものに候や。此段伺上候(10)。これは小生魔醯首羅王［まけいしゅらおう］教を閲するときの参考の為也(11)。」［ママ］

小生は今二年計りは当国に在るべきも知れず。これは小生巨万の金を学問に投じ、何の事もなしに、父は死したり。尤も信ずる所無くしてかく迄金を入るるはづもなく、父臨終には一向懸念して［ママ］歿したるなり。されど家内は勿論当地の中井氏も、随分此事を遺憾として居るなり。父死する前一年小生に書をおくり、何卒、多少学問の功を見えるやうして老身を楽ませくれとのことに候ひき。小生在米五年ばかり、一向学校へ往かず、ただ書を読み又植物採集のみし居り、学位を一向望まず。これは日本等にあまり学士とか博士とかいふてきばる風あるを妙なことと思ひ、何とぞ一生そんな号称なしに、英国のハーバート・スペンセル如く真の学者となりたしとの若気より出しなり。然し一旦決したることとは決して引かぬ男なれば、学位とらずに過したり。此一事を兄は不快に思ひ交りも絶し、父も甚力を落したるやうなり。されど小生のいふ通り学位取らぬことに決し、今一二年して小生は学位とらずに真の学問の価を多少出すべし、といふ処で父は死したるなり。小生は今も学位などとる気は少しもなく、それ故かかること望む輩と話しが合はず。当地へ来りて一年半になるも学問らしき話せしは、福田といふ男[12]二十二才なるが、独学にて中々英才あり、医者になるつもりで来り居る。此人と仁者と二人のみ。外に中村錠太郎氏[13]は学者に非ず、商売人にして閑に読書し、中々よく物を知り居る。かかる人こそ実に徒食空言する輩とかはり、我国に取て光栄とも実力ともなるべしと思ふ。此人とも年に五六回博物館などえ行く。此外に足軽の親方[14]一人、侠気ある人にて甚面白く、其他には飯田氏[15]、これは人至て善く、毎度小生の安否を問はる。此外に一人も知人はなし。故に小生は他の留学生とかはり、日本語をはなす必要も殆どなしに居れり。

扨戦国の時、稲葉一徹［鉄］入道の足軽罪ありて手討にされんとせしに、其足軽嘆じて、此事は我曲事に非ず、然るを手討するは無理なり、あはれ運命あらば一刀に怨を反さんものをといひしを聞て、一徹、吾は汝等如きものに討るるものに非ず、もし討ち得ると思はば試に吾を覘ふべしとて之を解せしに、一徹死して後彼足軽、吾れ命惜くて生延しに非ず、全く言を食［しょくせ］じとて旧主のひまを覘ひしに事遂ざりし也、といふことを明かにせんとて、旧主の墓前にて追腹切りしとか。[16]つまらぬことのやうなれど、小生生たる人をば欺くことは事機によりすべし、して反て自他の利ともなり道も立ばなり。死したるものを欺んことは為し得ず。故に今に此事のみ念頭にかかり居る。然るに兄右の如く小生に絶交せし上は、資力も甚乏く、且父歿時なにか遺せしものもあるにやと吾も人も察すれど、一向詳く知れず、貨財のことを兄弟に詰るなどいかにも不埒なる始末なれば、そのままにして毎月六十円づつ受居れり。これは弟より恵まるるなり。而して小生は時に我朝の書籍など買入るるを以て、月としては其さしひきとして此地の相場（日本で一円の書を一磅と見る）で減額をする故、時には甚少額なることあり。尤も十円や二十円の金弟は彼是いはねど、是亦小生の身たしなみ、一円のものもあだに取らぬ心得なり。加様の事故、衣服などは一向手が入らず、人と交際もせず、頑爾として独居独立して書を読む。又多年集し植物を整理し、仁者に袈裟受て後は酒も烟草も喫せねば、（中井氏方ではもらふことあり）実に安楽なものなり。扨父に誓たこともあれば、今一二年中になにかちよい書を出したきなり。毎度申す通り、去年八月当地の雑誌（『ネーチユール』、世界中え行渡る当国第一の科学雑誌）え天文の疑問出で、小生第一着鞭して之に答へたり。[17] 十一日夜かかり、自流のこと故文法上の誤り一ケ処此頃見当れり。誰の紹介とか依頼とかなしに、全く採るべき所あればこそ全文（少し長い）出たり。これに依てインペリアル・インスチチユートの印度会より招聘されしことあり。[18] 小生行んと思ひしが、思ひ返して右の雑誌一部と其招聘状とを国へ送り、父の位牌のある仏龕の引出しに収めしめたり。誠に些少たることながら、聊か草葉の人の霊をも慰めたりとは思ふ。四十七士の首祭りのやうなことと人は笑はんか、そんなことは少しもかまはぬ。わけの知れぬ説教など聞て大枚投げて喜ぶ留学生などとは大違ひと思ふ。但し此事は人にいはば笑はるる故、仁者にのみはなすなり。然しながら、少しも笑はるべきことに非れば、よきことと思はば、仁者之を人に語らるべし。

又フランクス氏小生の志を愍み、常々厚遇さる。実に知己といふべし。故に小生は此人の外には何のはたらきもせぬなり。全く父の遺徳によることながら、小生は小生の所志を守り苦学すればこそ、有識の人に知られ、陋巷に寡食弊衣し乞食の如き風のものを尊敬して扱はるるなり。人々は、小生如ききたなきものは西洋にて一事成ず、孤立独行のみでは人が承知せぬなどいへり。是等の人に対し小生は少く面を起したるつもりなり。今年中には色々論じ出すべし。尤も一つとして人の紹介とか依頼とかに因らぬつもりなり。故に小生の学は他人に対し甚骨折れる、骨折れると多少の人は言ふ。然しながら、世間に事をなすに骨折れずに成ること有りや。現世は堪忍界なれば、何分にも骨折るの外なし。成ると成らぬは天なり。右様の事で成るか成ぬかは知れぬが、小生も丸の馬鹿に非ず。ただ人に媚従することをせぬのみなれば、骨折た幾分は成るべし。

扨父の遺言には、何卒母の在世中に一びは帰国せよとのことぢや。これ又つまらぬこと乍ら、仁者のすすめなどと併せ考れば、実に其遺言せし人の心底は愍むべきことなり。昔し後漢の毛義とかいへる人は、客の来りしとき府庁より小役人に聘せられたるを喜んで悦色満面に溢れしを、其客たりし人甚鄙しみたり。然るに母歿して後は、いかに招かるるとも皆就ず。其客たりし人の名は忘れたり。是又当世の名士なりき。其人嘆美して曰く、嚮者[さきに]悦ぶ者は母の為也、後の就ざるものは道の為なり、とかいふて感心せりとか。(19)又聶政といふ侠客、人に頼まれて宰相を刺んことを乞はれしに、母在りとて事に関せず。母歿して後忽ち白昼に府に入て宰相を刺し、姉一人を煩さじとて面の皮を剥で死せりとか。(20)まことに野蛮らしきことながら、高談玄語して父母兄弟をこまらすやうな輩と同日の談に非ず。それ故此間内いろいろ考え、小生は一二年中にそれぞれ投書など致し、多少の学問を世に出し得たる上は、一寸印度で植物を集め、その上直に帰国すべし。母も六十に余りたれば、今四五十年より上は生きず。此間は何卒して母に侍養したきなり。尤も今は海内に往来の便も昔日の比に非ず。又和歌山如き俗地に久く無職で居るもよきことは起らず。小生は弾性多き男で、博徒に入れば忽ち頭となり、娼婦と交れば其へんのこともさばき、商売もやったことはあり、色々のことになれた男なれば、商売位は出来るが、家は弟に継せたれば、其上黄白のことしかかるべきにも非ず。されど学位などはひけらかさず、又政府のもの一つもとらずと亡父に誓たれば、官員や教師になる気はなし。そこで仁者に一相談は、仁者の連中にはいづれ真言宗の教黌あるべく、多少の吾宗の後進は来学することならん。小生は多少の財産も国へ帰れば持ち得べく、又持得ぬともどうしてでも自活する手職は知て居る故、右様の所へ小生を無俸給で入れてくれぬか。(21)尤も教師などいふことは大きらひなれば、何の名目付ずに、後進の吾宗旨の徒に智識与ふべき談話の相手となるまでなり。不肖ながら、六つのときから幾□□□[汚損]れて今二十八になる迄学び、且つ色々の俗事をもなしたれば、暦、算術、天文、地理、動植物の学より社会人情の事、歴史、文章、言語、各国の宗教宗制に諸派の哲学など、一と通りの事は知り居れば、本朝の事の教授如く、耶蘇徒を洋語の教師に庸入るるなどよりははるかにましぢや。且書籍も多く持ち居り、（少くとも和漢の書一千、洋書、六百冊はあるべし。）又介貝、金石、古器、昆虫、銭貨、各国古今の郵便切手、多少の美術品、殊には欧米の植物、数千種、又地衣(こけ)の如きは欧米の学者も羨み、中には実に希有のもののもあることなれば、これらをばあまり始めから大きなしかけでなくて、吾真言宗徒養成の用に供し、行く行く見込も立ば、吾徒みな、保存の方法を建て、おひおひ大くし、吾徒のみならず、好志の人には誰にも用しむるやうにしたきなり。小生の父は真言徒にて、毎夜大日の陀羅尼を唱ふること一度も欠ず、おかしな話ながら、白貫師の寺(22)などは、主として小生の家より維持のことを世話したるほどなれば、小生これ迄父の大金を費し、吾多年辛酸中に勉学せし結果たる是等のものを右様の用に供し得ば、実に草葉の霊も悦こぶと思はる。

小生天性頑固にて、随分軽俊の才はあるが、一事の欠点は（出来ながら）人に阿諛することを好まず、飛力(23)、大工、足軽師、曲馬師、娼女、などとつきあひは至て面白く、其人々も先生、先生と立てくれるが、同輩にはただ直を守て曲ることなく、所謂悪を悪(にく)むこと執の如しで、時々けやけき行ひもある。されど、悪を悪とする迄にて、悪心を以てこじつくることに非れば、自誇かは知ぬが、在外中交りし人五六十人中には、小生に頭をはられ、又水籠をぶちながけられ、大声で罵られなどせるもの多きが、一人として小生の事を悪く言はぬやうぢや。ただ彼人にして彼様なるは惜きことなり、惜きことなり位の事なり。此一事は、管仲が伯氏の邑三百を奪て人之を非とせざりし(24)に恥(はじ)ずと思ふ。又仁者と一所で、兎角人を憐察すること厚く、為に悪いものと知りながら、人情上捨るに忍びず、色々の扶助を与へ、晏平仲(25)が弊袍で通しながら、臣の給を得て、斉国に烟を上る者四十余家といへる如く、随分ならぬ算段もして多くの人を助けたり。佐藤寅次郎(26)といふ人（此人の事は前状にいへり。前日四人つれて南洋のサースデイ島へ店開きに往り）、常に此事を嘆息し、小生の弟に、君の兄は剛直といひ、節制といひ、才気といひ、学識といひ、胆力といひ、実に日本には珍き人なるが、ただ一事の甚欠点ともいふべきは、あまりに人はみなよいもの、己れと同じやうなものと思ひ信ずることなり。之が為人を楽［たのしま］しめて、自分は甚苦むこと多しといへりとか。小生多くの土地を旅し、色々のあさましきことをも職とし、甚きは娼家に食客して恋の痴話文の代書などして生活せしもの。豈にこれほどのことを知ざらんや。されども人の急を見ては、実に思慮も判断も間に合はず。屈平(27)じやないが、何卒其人の一び悟らんことを冀ふのあまり、入らぬ心配して金銭を工面しやりしなり。その金銭とては［破損］□自分の資金より分ち給へ、又は八百屋などして貯し金にて、小生はみすみす之が為苦寒を増すことなれども、実に人の究困して色々のあるまじき恥辱見ることの痛しさにせしことなり。然して此人々は一闡提(28)にやあらん。一向忘却の早きこと、色々の偽言などいひ、一年二年立ぬ内に音信さえせぬものもあり。古人の語に、「感恩は之有り、知己は則未し」といへり(29)。彼人々の如きは、恩を感ずることは勿論一点もなし。非議は則多しとも申すべきか。されど陰徳は耳鳴るが如し、人知らずして吾知るといへば、小生は兎に角、人の恥さらし、一生を疵にする所を、恥もさらさず、一生も疵なしにのこしやりたるなれば、これで小生はよきことと思へり。兎に角吾は成べくはかかる迷惑を人にかけぬべしと念ずるのみなり。世に父母の恩さえ感ぜず、ややもすれば虚言などかまえ、父母欺きたりとて大喜悦する人さえ、今の世には比々皆然ることなれば、僅か六十弗や百弗の金騙［かた］り取りたりとて、気の毒とも何とも思はぬ人のあるも珍きことに非ず。然れども人間にかかることの望ましからぬは勿論、かかることせしものは、たとひ形外的に電気や光線力の如き規則立た原則なしとするも、心内に輪廻の果報は屹度あるものなれば、不幸の甚き輩といふべし。

小生はいかなる究困中にも落ついて事を処するなり。これ自ら顧て疚きこと少きなり。心内に輪廻の果報あるは、他人は知ず、小生は之を堅く認む。たとえば明治十六年の夏、小生上野の権現の石灯籠の傍を歩みながら、小石三四拾ひ石灯籠の穴に打ち入れ楽み居りしに、一向人通りなしと思ひせしことなるを忽ち、十七歳計りの小娘、六歳計りの小児、腰に巾着、迷ひ子札など佩たるをつれ行きかかる処え、右の小石、石灯籠の穴を通りぬけて右の小児の額にあたれり。小児泣き出し、前に数歩先［さきんぜ］し小娘驚きて走りかかり、又、あとのことは知らず、そのまま小生は逃帰れり。今に成て思ふに、いかなる人の子にや有けむ、さまで華麗なる風もせねば、中等以下の家族の子女、一日の閑を得て東照宮え参詣せしものの途中にて、かかる厄難にあひしこと、且は石の中りし処目に近ければ、或は目が潰れたるも知れず。小生其時は少年にて智慮足ず、後難をおそれ逃来りしが、今ならんには、直に名のり出で、其償をもし、又は其罪にも中るべきにと思ひ、時々此事を思へば安からぬなり。

　これほどのことは必ず彼人々にあるべく、虚言つき、人を騙したるなどは、其悔、石を抛て偶ま人の目近く中りたるに千倍せることと思ふ。小生人の悔あるを（吾悔に比して）喜ぶに非ず。吾石抛て人を疵しすら、此十年余の間吾につきまはりて障を成す。されば人を馬鹿なり、愚直なりなど見込んで欺き、其人の父又其人が辛苦して貯たるものを盗み得たることの悔は甚大なる障害と思ふ。人は知ず、小生如きは七八つのときにした失行失言より時々夢に感じ、又現に心中に浮出でて冷汗背に瀰[カ]ることのあるなり。もし人はかかることなしといふか、そんなものは吾所謂人に非ず。畜生に入らぬ世話を加へたるはまつぴら熊楠の過ちなり。然しながら、此人々も多少の書を読み耶蘇の寺などえ出かけ、相応に談義もし、人に借金申しこんで、貸ぬを不義といひ、かけとりこひの債促を無人情といふほどなれば、兎に角義といふこと、人情といふことは知て居るなり。巳に之を知て之を犯したる悔は、必ず其人々に大障をなすことと思ふ。吾れは吾多少の悔を推して、他人も亦かかる悔のなるべく少からんことを勉[つとめ]られんことを冀ふ。

　世の科学ばかりで押し通す輩は天地間には大数ありて、統計表によれば、一国の飢豊より婚姻、盗行の数迄、某の月は多い、某の年は少いなどいふが、実に然ることあるべし。然しながら、それは割り合ひばかりの話しなれば、いはば1／5と20／100とのことなり。五分の一も百分の二十も割合は同じ。然れども五人内に一人盗するはさして害にならず。すなはち、四人のものが多少迷惑するばかりなり。今百人の内に二十人盗するとして、もし此輩共合して其非を行ふとすれば、五分の一のときの一人の盗は、先は窃盗に止れども、二十人合して盗するときは、山賊強盗、加るに多人の勢を合したることなれば、一人では出来ぬ、大じかけのことをするものなり。故に割合は同じことでも、事件は甚かはってくる。且つ人間社会は動物とはちがひ、言語し、意志も甚明かに通じ、又之に感じて悪念生ずるも、悪行に至らずにすむことはあるなり。すなはち、割合はやはり1／5、20／100と同じとするも、事件としては異之にして、念のみで止め、行に至らぬことなり。加藤弘之(31)などは進化論聞きかぢり、社会の事はみな自然の勢なりなどいふ。いかにも形外のことは左様なるべし。されど人間には霊魂の作用、甚だはたらけば、道義の一事は子を生む数や、生死の概算のやうに行くまじ。熊楠を以て見れば、人間の開化は自然の進化に放任せざるに依て成るものと思ふ。今自然のままなりとて、見あたり次第盗み、婬し、殺害するときは何の開化か有之ん。礼節といひ忠義といひ、無用の人々も捨殺さず、必要ならぬことにも飾文を施すは、みな自然に放任せず、自然に抗すべき為なり。されば何とかして吾徒も、吾国民の自然のままに行んとするを他に導て、せめてはまらが立つとも立たきりで姦婬せず、物ほしいきりで手は出さぬ位に一人も多くしたきことなり。之を為すには、上流の人はいかにも例の学問で足るべきが、多人数の凡衆はやはり信といふことなければならぬと思ふ。信は宗教に因て起るものなり。宗教は人に信を与へ、信は人の行を導くなり。故に小生も、何卒して多少後進の人を、此衆生を導かんが為に必用なる智を与へたきなり。晋の王敦(32)は、兎死するすら三穴の備有りといへり。小生今の処一向国へ帰りたりとて、此まで推し通すつもりなれば、身を容るべき穴はなし。故に予め仁者に願ひおくは、小生他日一び帰国せば、小生を然るべき寺へおき玉へ。[ママ]」

右の次第なれば、西蔵へ行くことは到底母百年の後の事となるべし(33)。まことに言を食むやうなり。然れども色々考るに、右の事情にて左様にするときは、小生一生の後悔となることもあるべしと思ふ故なり。而して母百年の後は、それこそ右の聶政が白昼に人を刺せし如く、小生は屹度行くべし。なにかまけおしみを言ふやうぢやが、小生は西蔵行位はなんでもないことと思ふ。寒気のみ烈しとのこと、されど毛裳を着て行かば、龍動で丸裸で冬日読書よりはましなるべし。小生は必ず一度は行くべし。

仁者前日問れし寺制等の事は其中に（仁者巴里にある内に）報ずべし。只今疑問中也(34)。近日返事あるべし。仁者に問ふは、彼『大般若』の十六善神(35)は、勇猛心地とか能忍とか降伏毒害、又抜除罪垢などと抽象（アブストラクト）的の名多く、形而下的の名は持国、多聞、増長、広目等也。然るときは、これらは無形の神徳迄のことにて、別に玄奘三蔵の旅行を助けし俠客義人等を伝えたるものに非るか。且つ此十六善神といふこと、一番古く何の書に見たりや。

　又問ふは、重野先生の「本朝の仏教」と題する演説（学士会院の[36]）に玄昉、道鏡[37]の如き淫行ある僧出たることを言て、「尤も法相宗は、唐僧玄奘から伝え、玄奘は清僧で無いから、此宗旨の方では、女犯は当然の事と思ふ気味もあるやうに見えます」とあり。鳩摩羅什〔くまらじゅう〕[38]が女犯せしことは小生も承及ぶが、玄奘が女犯せしことは聞ず。かかることもあるにや奉伺上候。

　菩薩、諸天の肩にかかれるこのフンドシ如きものはシンセン[39]とかいふと承れり。一体何に候や、奉伺上候。

　小生は、仏教を興隆するは、仏教を保続するより後のこととせざるべからずと思ふ。扨此保続には、仏教の利害と国家の利害と相伴随同行することを望む。すなはち仏門より多くの国家に益ある人を出し、又国家に功ある人を仏門に導くなり。之をなすには、今の本願寺抔如き、僧に似合はぬことばかりするは甚不合理と思ふ。すなはちただただ俗士に仰がれ尊ばるるとか、徒らに食を得たきやうなことはすてて、オゴス・コーム[40]が望る如く、僧は衆生の行ひの相談相手となり、先導勧善者となるなり。史を繙くに仏図澄〔ぶっとちょう〕[41]、道安[42]、童寿[43]、一行〔いちぎょう〕[44]、など、ただ高談放言して人を馬鹿にしたるものとは見えず。それぞれ一国に大功ありしなり。吾邦にも忍性菩薩[45]如きは、一生に一切経を渡すこと十四蔵、戒本を写し人に与ること三千三百六十巻、橋を架すること百八十九、非人に帷子を着せしむること三万三千領、道路を作ること七十一ケ所、井を掘ること三十三ケ所、田百八十町を開き、五所に非人小屋を立、此他堂塔を建、供養せしことは、坊主の本職なればいはず。又井上金峨[46]のかきしもの（と記憶す）、何とかいふ社の建立に、俗士男女美服きて沙持ちに出かけしよりは、霊巌寺（と記臆す）の僧一同に、墨染の衣の袖詰て土沙をはこび地を作りし方、はるかに感心す云々とあり。此金峨といふ人書きしものを見るに、随分軽薄、ただ文筆ばかりの俗儒と見ゆ。なにかに議論を入るる人なり。然るにかかる言あるを見れば、実に感心はせしなり。故に他宗は不知、吾真言徒のみは、初祖空海が山野に道を作り、田を開き、伊呂波を創しなどせしこと、又祈親[47]が亡父母の霊に報んとて、高野の荊榛を去て大伽藍を建て、兎に角其辺の人民を賑はしたることと等を念記し、どこ迄も世に功利あることと教の弘通を平行せしめたきぢや。而して仏教弘通の事に至ては、何の宗派の別なく弘通して可なり。故に吾輩は、最初より密教をむりに弘通し入らぬ骨折りすべしといはず。在日本の真言徒少くとも三十万はあるべければ、それだけのものをよく導き、よく楽ましめて可なりと思ふ。耶蘇教の世界中にちらばらちらばら、火消し人足の非常出揃ひ如くちらばつて大きなことばかりいふよりは、小生は一般拝火教徒がボンベイの一地に少団して、其徒に乞食さえ見ぬ位ゐなるを羨やむ。故に無益の骨折りして名前ばかり仏教徒らしきもの多く作んよりは、数人の実力ありて功益ある仏教徒を醸[カ]しつづけんことを望む。

第二には、今日仏教の形勢基督教に劣るは、僧徒の如何に非ずして、俗士の仏徒中に然るべき人の甚少きにあり。故に仏法の興隆を謀んには、尤もここに注意し、俗士に智識を与ふることを力めざる可らず。

第三には、其智識には科学が必要なり。文学も必要也。然るに今日の僧徒の此等のことに無懸念なる、はるかに俗士の後えにありといふべし。故に其因明といひ阿毘曇磨[48]といふ、いづれもみな旧套をやまがら（山雀）の如く囀るのみにて、聞く人は其陋を愍笑するのみ。何の所感もなきことと見ゆ。是等の事は実に目今の急也。而して今始めたりとて、一朝夕に成し得ることに非ず。さりながら今始めねばいよいよ後れ行くなり。仏僧中に一行如き大学術、大功徳ある人の一人あるとなきとで、一同の信仰は大にかはる也。

第四には、仏国のレーナン[49]は初めカソリックなりしが、後に異論を発し、セミチック派の語学天下無双にて、其論に耶蘇自身はヘヴリユーの言語を満足に話すことならざりし人間也などいふ。因て一同大に怒りて、其基督を汚せるを囂[ごう]々したが、何分学問たしかなる人故、表むきに打つことはならず、悪口じみたことのみなりき。而して此人は耶蘇教を奉ぜざるかといふに、やはり徹頭徹尾奉ぜしなり。ただ耶蘇はさしたる神聖のものに非ず、といふのみで、其教は実に無比の真道也といふなり。此人の語に、ヘーゲルはたしかに有神論者なりしといふ。ヘーゲルの無神論の親玉なるは一同の認る所なれど、耶蘇教中に徘徊して脱し出得ざりしことは、まことにレーナンの評の如し。たとえば小児が双親に敵する如し。父母を怨めども、やはり寝るときは其介抱になるぢや。されば今日仏徒のつとめは、なるべく仏経典の要処をとりて、仏徒外の人に知しむるにあり。其人、其一言一句を感得するも、其人は多少の仏徒なるなり。

　其次には、小生前日の状に仏僧が独立の気風なきことをいひしに、仁者は仏僧ほど独立の風に富るはなしといへり。[50]小生の独立といふものと仁者の独立と思ふものと異なるならん。小生の言ふ処は、昔日高野山等に毎々行人と学侶との間に争論を生じ[51]、幕府の判決を乞ひ、幕府よりは僧が俗に教えねばならぬ程のことを箇条にして毎度諸寺に訓示せることより、今に至ても、やれ門跡を伯爵にするは卑過るとか、管長がどうぢやとかいふて、有べからぬ忍辱を破れることどもいひならべ、政府の迷惑をなすこと多きを笑ふなり。昔し永平寺の道元成学して帰らんとするとき、師の如浄和尚の示に、你帰本邦、隠深山遠阪、勿近国王大臣とあり[52]、故に道元は京都に入らざりしと。此人は久我亜相通親卿の子にて、実に金枝玉葉じや。然るに其行ひかくの如くにして、平時頼が大伽藍を以て招きしにも応ぜざりし。扨そんなら其教は弘まらなんだかといふに、今日の勢ひ臨済よりは寺院の数も二倍に越え、教院の数も二倍に越居れり。（明治十六年の統計）是れ此人の感化の徳力高かりし故によることならん。

　扨おかしきは徳川家光の時（歟）に、肥前とかの枵山[53]とかいふ坊主、上書して、済家には世々紫衣を許すに、洞家に許さぬは不平なり、とか難題を持こみ、例の負た子に教らるる如く、幕府にてしらべしに、初祖の意に戻るといふやうなことで却下されたのぢや。紫衣を許されぬが洞家の意の存する所なるに、それを許されずとて訴へしなど実に笑ふべし。又高野に毎々学侶と行人と争論し、其度毎々幕吏や、儒者に説教されておさまりしを、恥かしきこと也と思ひし者僧にありしにや。『一話一言』[54]（明治十六年活版本）巻十五、十八葉に寛文の頃、高野定光院へ参詣して、今程山に能き出家やいますと問ひしに、此僧答に、此地の御老中程の出家一人も無之と答へし也。子細はと問ければ、されば高野纔かの山中の坊主をさへ治兼て、累年御当地へ下り、俗衆へ苦労を懸、理非をさへ弁へざる愚人の集り、御察しあれと也云々とあり。今もかやうの議論常々不絶、社寺局などを煩すに非ずや。孟子は、其言を慙ざれば其行は難しといへり[55]。衆生の信は、行を見て後に然るものなり。

今僧徒自ら人に教るほどのことを自分で行ふこと能はざるは、なんといふことにや。『仁学問答』[56]といふ儒書に、京の万福寺といへる浄土寺、名にも似合ぬ貧寺なりしに、近辺の和尚八九人会合して勧進帳を作し、無尽頼母子講を立しなど囂議す、一老僧黙して答へず、一同之を責しに、其老僧曰、愚案あるが亭坊の心に合じ、故に不言と、是非聞届け得んといふ、老僧曰く、別の思案に非ず、御亭坊、噌水を喰ひ、紙衣着てくらし玉へといひければ、一同感心して、是程手近なる安楽法はなきに、面々思ひ寄ざりしとて一決せり云々。易に憑河を用ゆ[57]といふことあり。人間満盛の時すら、憑河の勇なくては立ぬなり。況んや今日仏僧何れも疲弊し居るに、其食住などのことあまりに気を付けすぎるより、入らぬことの建立、保存等にかかりて、仏法はますます縮るに非ずや。已に吾輩など、多くかかることも見聞し、色々の聞苦き訴訟などの起るをも承ること屢也。之をも独立の風ありと申すべきや。小生はいかにも仁者の勧めに従ひ、且は父の遺志母の望にもあり、自分の好む所にもあれば、在世間の菩薩となることに奮起すべし。すなはち仁者と共行同念の菩薩也。仁者抔もあまりに教導職とか管長とか役者の位階、女郎の細見のやうなことを望まず、一意に勧化門[58]を開かれたし。而して千里は一歩より始め、大厦は棟梁に成ることなれば、吾徒に智徳円満の人を作ることは実に必要也。これ亦自然の大数とかなんとかいはんか。然しながら今日唯物界にすら、意匠の作用で、元和頃に長崎え持渡りし鯉如きものが、二三百年間にランチウなどいふ無類のものをも生じ、ハックスレーがいへる如く、人間に害ある狼属を仕立てて、人間に大功ある狗犬を作成した。ダーウヰンの書に、なんとかいふ人は注文通りの鳩を作れりとか。基督教徒が口にする、烏有の虚空に人物之地を作りし、といふはおかしきことなれども、自然にある物に人の意匠を加え、杷柳を以て栝棬[59]をも作り、椅子をも作り、楊枝をも行李をも作るは、実際有ることなれば、性に従て意を加ふれば、それぞれ多少の人物は出来るなり。

扨千里も一歩よりすることなれば、先真言徒中より始められるべし。之を為すは彼文庫の一事甚必用と思ふ。書多く見れば異見の生ずるは知れたことなれば、中には大日の法身は空気のやうなものか、電気のやうなものか、釈迦は梵語を知ざりし故パーリにて演舌せり、因明は梵教の旧を襲しなり、無著は売僧［まいす］[60]じや、金剛智は幻術師に止る、宗論に空海が放光仏現して即身成仏を証したは[61]、身体に硫酸キニイネでも塗たなるべし、世友がカシユミラ国に縷の地に下らさる間に羅漢果を証せしは[62]、なにか電気でもしかけて不思議を見せたならんなどいはんか。是れ前述のレーナンが耶蘇を墜すやうなことにて、一向かまふことに非ず。吾々は涅槃後の釈尊、抽象的の諸仏菩薩を尊ぶのみ。他は人間なれば、其人々の一言一行に少々の難くせありたりとて、何の事もなきなり。世は活動して止ぬものなれば、色々の異見など出るは自然の事にて、すなはち流れて止ざるの意也。上流下底に潜み、下流渦紋をなして旋り上り、左流右岸を打ち、右浪左汀に瀰するも、流たることは一なれば、何の事もなき筈なり。而して吾徒には、何とぞ仏訓と共に、有益の事功あるべき学を弘たき也。是又学問によ[カ]らざる可[べか]らざれば、右の文庫の一事甚必要也。但し何事も急に起しては急に立消るものなれば、仁者ただ一人二人の人相手でもよし、追々此事をすすむべし。一体吾国の勢として、万事東京東京と集り、田舎にはさしたる人物も社会もなき一事は甚だ欧米に下れり。東京には随分碩学らしき雀のやうな坊主多かるべし。されどこれはなにか昔の論師のやうなものにて、一向道に益なきなり。それよりは地方に一人二人にても智徳兼備、衆に先て導くやうな人尤も望まれ、吾輩は今日の仏教は地に堕たりと思はず、ただ宗制寺制より僧徒の性行の甚だやくたいに成たるを覚るなり。一体真言宗の学林[63]は高野にありしは、書が其外にはどこどこにあるか。長谷にて白貫師[64]は学しといへり。今も学校は長谷にあるにや。又高雄、御室、智積院、大覚寺などにも多少の学寮は有ることにや。且高野山の学林如きは、真言宗の経典、宗制等のことの外に何にを教るか。又生徒は何人位有りて、衣食より筆墨の費は誰が出すことにや。又先年に高野山焚けたり[65]。其跡へ復た多少の坊を建る企あるにや。小生は焚たものは焚たままで、それぞれ所縁に附て合併すること、甚然るべしと思ふ。又宝物多く小生も見たることあり[66]。此等は誰が管理することとなるにや。実に外国にも希なる大集彙なるに、分類も陳列も管理も、あまりしかとせぬやうなるは惜むべきことなり。小生は何とぞして此等の事をも興したく思ふなり。

序[ついで]に申す。前年美術の参考とかにて、フエノロサといふ男に高野の本尊[67]を見せしとか。小生は甚だ悦ばず。（此男は岡倉といふものと政府の命受、欧州巡廻し、遊んでばかりおり、大英博物館など一向見ず、いはば雑費倒しにて帰国し、なにやら今八十年とか立ば、日本は世界美術の中心となるとか言上し、一同大悦せりとか。英国にも米国にも甚其不始末なるをとがめ、議論も公けに出たることなりしが、日本には知る人少きにや[68]。）然して其頃耶蘇教の青二才ども、高野の本尊も美術の手本となるほどなれば、仏教の衰しも知るべしといへり。なるほど少生も左様思ふ。されどもし西洋にはかかることなしと、例の予想して言たこととすれば、其青二才共は井中の蛙、穴中の蛆なり。何となれば西洋にはクリスチャン・アートといふ一門の美術ありて、どんな尊とい像でも絵でも、参考として絶ず耶蘇の伝記、諸聖者の行為などを美術にあらはすことをつとめ居る也。

紀三井寺は光仁帝のときに為空[69]とかいふ唐僧来り開けりとかいふ。此寺は真言宗也。然るときは空海の前にも真言宗は日本に少くは伝り居りしにや。

又吾邦へ仏法の入りしは、継体天皇の頃已にありしことといふ[70]。これは何を証とすることにや。

又西洋の学者は、大体秦の頃より西漢の頃に仏法支那に入りしといふ。これは張騫など月氏国等の西域諸国に使せしこと『史記』、『漢書』に見たれば、胡麻の輸入と共に仏法も入りたるならん、といふ多分説の想像か。何を明証とすることにや。又『宇治拾遺物語』に、始皇帝の時天竺より仏僧来りしを獄に囚せしに、丈六の釈尊紫磨黄金の光を放て飛来りて獄を破り、僧も多くの盗賊も悉く逃出たりとあり[71]。ちと、かの『仏教講義』[72]に著者が得意がほにいへる、耶蘇が獄を開放するといふはなしに似たることなり。『聴雨紀談』といふものに此事出[73]といふ。書名からしてあまりに上代のものと聞えず。これは一体何に出たることにや。

○又大和久米寺の多宝塔高八丈、養老年間、善無畏来りて建たりといふ[74]。又和州鷲峯竹林寺に善無畏の笠[75]ありとか。善無畏日本へ来りといふこと何に見たるにや。ただ言ひ伝へのみか。先今夜はこれで擱筆す。

余白に一つ、小生の留学生どものまらをかき立しえせ物語り（『伊勢物語』の作りかえ）の内一ケ所[76]を呈す。すなはち、世に折句の歌とて伝ふる、業平が八つ橋で女を思ふて旅情をよみ、「からころも、きつつなれにし、つましあれは、はるはるきぬる、たひをしそおもふ」とて、毎句の首字を合せば「かきつはた」となり、当座の景色を意とし、題にとれるものの段なり。

昔し男有けり。杉山の令吉[77]（川田剛先生の聟）となんいへりける。其男警視庁につかへてありけるが、大迫（おほせこ）やめられて三島(78)大警視になりける時、ゲジゲジ（非職）のくひかかりければ、国には居らじ、東の方に物学ばんとて往きにけり。もとより妻の弟（川田初馬）一人ぐしてゆきけり。ミチガンの国ホイトマーレイキ（湖(79)）といふ処に至りぬ。そこをレイキといふは、沼広く岸はるかにして、志賀の都の昔も思ひ出る事によりてなん、レイキとはいへる。其沼のほとりに居てサンドウヰッチ（パンの切片の間に干豚肉（ハム）を入れたるもの）くひけり。側なる小川えからすがい（蚌）多くむれゐたり。それを見て、或人のいはく、此貝を見るに、口大に開て前に毛しよぼしよぼとおひたり、扨内は赤く色つきたり、思ふ所なきにしも非ず、からすがいといふ五文字を、句の上にすえて、旅の心をよめと言ければ、よめる。

　かわそこに、らうたく（艶）見えて、すきなやつ（好物）、かかやまつ（妻）らん、いかにとぞ思ふ、

とよめりければ、皆人股引（ももひ）きつきあげて、股（また）のほとり湿（ほと）びにけり。

　仁者帰国の上白貫師え文通の節は、小生常に師の安全を願ひ、且父の回向絶ざらんことを望む旨、此一段は御忘れなく、必ず言ひ遺被下度候。［彼師も不慮に仁者と小生と知人になりしを聞ば、大に悦ぶことと被存候。］小生一歳のときより知れる人なれば、懐旧の念少からず。

（1）本書翰は「金清堂製」と記された縦二三・五×横三二・五cmの罫紙六葉に墨書されている。これは法龍の〔八坂本12〕への返書であり、これに対する法龍の返書が〔八坂本13〕＋［法龍来簡2951］である。

（2）北静廬（一七六五―一八四八）。江戸時代後期の学者。

（3）山東京伝（一七六一―一八一六）の考証随筆。

（4）曲亭馬琴（一七六七―一八四八）の随筆。

（5）Paul Lacroix, *Science and Literature in the Middle Ages and at the period of the Renaissance. Illustrated with upwards of four hundred engravings on wood.* London: Bickers and son. n.d.『蔵書目録』洋 230.21。

（6）Friedrich von Schlegel, *The Philosophy of History: In a course of lectures, delivered at Vienna.* Tr. from the German with a memoir of the author by James Burton Robertson. Bohn's standard library, 5th ed., London, 1847. 本書は現在、種智院大学図書館に蔵されており、熊楠による次のような書き込みが見られる。「シユレッゲル　歴史哲学　一冊　土宜法龍師蔵中ヱ寄附　南方熊楠　明治三十六年十二月三十一日」

（7）スウェーデン女王クリスティナ（Kristina　一六二六―一六八九）。デカルト（René Descartes　一五九六―一六五〇）は女王の強い要請を受けてストックホルムに赴き、そこで体調を崩し

て没した。

(8)〔八坂本12〕一一〇頁において法龍が、目録が出来たら一部送るようフランクスに話してほしいと述べたのを受けている。

(9)いわゆる「血曼荼羅」のこと。これは金剛峯寺所蔵の両部曼荼羅の一つ(十二世紀)で、平清盛が大悲胎蔵生曼荼羅の中尊大日如来の宝冠に自分の頭の血を混ぜて彩色したという言い伝えからこの異名を持つ。この伝承は『平家物語』巻三の記事に基づくものと見られるが、熊楠が言うように、『太平記』巻第三十九「光厳院禅定法皇行脚事」にも同様の記事がある。熊楠がこの曼荼羅を見たのは、明治十五年春の初めての高野詣の折のことと考えられる。この登山については〔高山寺14〕注(18)参照。この時青巌寺(現・金剛峯寺)で開かれていた宝物展の目録「高野山金剛峯寺古器什物展覧会目録」の熊楠による写し(『資料目録』自筆054)に「平相国清盛両界曼陀羅」と記されているのがこの曼荼羅である。これは縦四二四・二、横三九四・〇cmもの大幅であるから、他の展示品とは別に、金堂内に掛けられても不思議はない。

(10)これを受けて法龍は〔八坂本13〕一一一―一一三頁で金剛界九会と大悲胎蔵生(胎蔵界)の両部曼荼羅を図解している。ただし、その中で彼が、「清盛の血写曼荼羅」は熊楠が言うような両部曼荼羅ではなく、法華曼荼羅であると述べるのは、何かの勘違いである。また胎蔵曼荼羅を「かの心より十方へ筋を曳き十界を画きしもの」、すなわち「円頓観心十法界図」(『仏祖統紀』、大正No.二〇三五、大正新脩大蔵経第四十九巻、四四八頁上)のようなものと同様と見るのは、特異な解釈と言わなければならない。〔神田二〇〇九：二〇―二一〕参照。

(11)熊楠は大乗と魔醯首羅王教(シヴァ教)との関係に関心を持っており、これはその表明の一つ。

(12)福田令寿。〔高山寺5〕注(121)参照。

(13)〔高山寺5〕注(55)参照。

(14)美津田滝治郎(生没年不詳)のこと。この場合の足軽は足芸の意。美津田は武州出身の足芸人で、世界各地を興行して回った経験を持っていた。熊楠は明治二十六年七月に彼と知り合い、「旅行中の種々の奇談を聞」いた(『熊楠全集2』一三七頁)。

(15)飯田三郎。〔高山寺5〕注(121)参照。

(16)湯浅常山『常山紀談』巻八の六「稲葉一徹罪人を免さるゝ事」。

(17)「東洋の星座」のこと。〔高山寺5〕注(17)参照。

(18)この招聘については〔高山寺5〕注(18)参照。

(19)『蒙求』毛義奉檄。

(20)『史記』刺客列伝、『戦国策』巻第二十七。

(21)熊楠のこの申し出に対して、法龍は、「貴下二年程、立ち候得者帰国致度云々御申聞け之程は了承仕候。右の事は巨細不申上候得共万々了知仕候。貴下にして此の志しあり。誰れか賛成せざらん。作(な)れよ明治の維摩居士に」(〔法龍来簡2951〕)と快諾の返事を送っている。熊楠がこのような話を持ちかけたのは、彼の才能を高く買い、あたらそれが埋もれるのを惜しんで、種々に助言してくれる法龍の好意を強く感じていたからに違いない(〔高山寺5〕注(12)参照)。熊楠がどの程度本気だったかは分からないが、それから八年後の明治三十五年三月に法龍が高藤秀本を使って熊楠を真言宗高等中学林に招聘しようとしたそもそもの動機は、法龍がこの時の約束を忘れていなかったからであろう（〔高山寺24〕注（5）参照）。

（22）白貫勧善が住職を務めていた和歌山市の延命院。〔高山寺7〕注（5）参照。

（23）飛脚。

（24）『論語』憲問篇。

（25）晏嬰（?―前五〇〇）。平仲は字。春秋時代の斉の宰相。

（26）佐藤虎次郎。〔高山寺5〕注（66）参照。

（27）屈原（前三四〇―前二七八頃）。平は名。中国戦国時代の楚の詩人政治家。

（28）梵語のicchantikaに相当する音写語。仏教教理上種々の意味を付与されているが、この場合には、不信心で成仏できない者ほどの意。

（29）韓愈「上張僕射書」。

（31）加藤弘之（一八三六―一九一六）。幕末・明治の政治学者、教育者。進化論を取り入れて国家有機体説を唱え、『人権新説』を著した。

（32）王敦（二六六―三二四）。東晋の武将。

（33）これまで語り合ってきたチベットに同行することの断り。

（34）この問い合わせの相手はエジンバラの福田令寿である。〔高山寺15〕注（42）参照。

（35）『大般若経』を守護する十六の護法善神。これらを釈迦三尊、あるいは般若菩薩と共に描いた画は大般若会の本尊として用いられる。その多くには法涌・常啼の二菩薩と玄奘三蔵・深沙大将が加えられている。十六善神を巡る熊楠と法龍の問答（〔八坂本13〕一一三頁参照）もこのような画幅を念頭に置いたもの。

（36）重野安繹「本邦の仏教」『東京学士会院雑誌』第十一編之九、四〇七―四三一頁。重野安繹（一八二七―一九一〇）は当時の指導的な歴史学者。旧物批判の風潮の中で批判的歴史学の立場から児島高徳（〔高山寺13〕注（73）参照）の非実在説などを唱えて、「抹殺博士」の異名を取った。熊楠は彼への批判を本書翰以降も、〔高山寺13〕〔八坂本23〕〔八坂本29〕〔八坂本30〕〔高山寺17〕で繰り返している。

（37）玄昉（?―七四六）と道鏡（?―七七二）は政治権力を握った怪僧としてしばしば対にして語られる。共に法相宗の僧侶であり、玄昉は皇太夫人宮子、あるいは光明皇后との、道鏡は孝謙上皇（称徳天皇）との密通伝説を持つ。

（38）鳩摩羅什（Kumārajīva 三五〇―四〇九頃）。五胡十六国時代に活躍した仏典の大翻訳家。西域の亀茲国（クチャ）出身で、四〇一年に後秦の姚興によって長安に迎えられ、多数の経論を翻訳した。羅什の女犯とは、亀茲を攻略した前秦の将軍呂光が、彼に酒を飲ませた上で亀茲の王女と一緒に密室に閉じ込め強いて破戒させた、宮女との間に二子があったなどの伝を指している。熊楠は「与龍聖法印書」の中で「童寿後侵犯女戒、生二児」（『熊楠珍事評論』九九頁）と述べている。童寿とはKumārajīvaの意訳である。

(39)熊楠の挿図から、天衣を指すと見られるが、シンセンの語については不詳。これに対する法龍の答は「シンセン云々。右は『垂帯』また『佩繫』と申しおり候。梵語は一向知らず」(八坂本13〕一一三頁)である。

(40)オーギュスト・コントのこと。

(41)仏図澄(二三二—三四八)。五胡十六国時代、後趙王の帰依を受け、華北の仏教界の中心として活躍した亀茲国出身の僧侶。

(42)道安(三一二頃—三八五)。仏図澄の弟子。様々な活動を通じてその後の中国仏教の基礎を築いた。

(43)鳩摩羅什。

(44)一行(六八三—七二七)。中国密教の祖師の一人。河南、または河北の人。善無畏(〔高山寺4〕注(20))と共に『大日経』を翻訳し、『大日経疏』を編集したことで知られる。仏教以外の諸学にも通じ、「開元大衍暦」を作った天文学者でもあった。

(45)忍性(一二一七—一三〇三)。鎌倉時代後期の真言律宗の僧。貧民・病人の救済、架橋、道路修築などの社会事業を行なった。

(46)井上金峨(一七三二—一七八四)。江戸時代中期の儒者。折衷学の大成者。

(47)祈親上人定誉(九五八—一〇四七)。持経上人とも称する。正暦五年(九九四)の大火の後荒廃していた高野山の再興に尽くした。父母が再生した場所を知ろうとして高野山に登ったと伝えられる。

(48)因明は古代インドの論理学、阿毘曇磨(阿毘達磨)は部派仏教で発達した仏の教説の注釈・研究。

(49)エルネスト・ルナン(Ernest Renan　一八二三—一八九二)。フランスの哲学者、宗教史家。実証主義的観点からイエスの実像を解明しようとした『イエスの生涯』が賛否両論を巻き起こした。

(50)現存する法龍の熊楠宛書翰の中にこれに類する文言は見出せない。

(51)学侶は修学に専念する学僧。行人は諸堂の管理や雑用に服し、密教の修行と修験を併修する。これに聖(高野聖)を加えた高野山教団の三派を高野三方と称する。江戸時代、学侶方と行人方はしばしば対立して、幕府の裁定を受けた。

(52)〔高山寺6〕注(15)参照。

(53)不詳。

(54)大田南畝(〔高山寺8〕注(9)参照)の随筆集。

(55)不詳。

(56)不詳。

(57)『周易』上経、九十二。

(58)仏教用語で、人に勧めて邪を転じ正に入らせる方法。

(59)杯と木の皿。

(60)無著(アサンガ Asaṅga、四世紀)。ガンダーラ出身で、説一切有部で出家して大乗に転じた唯識派の論師。世親(〔高山寺13〕注(7)参照)の兄。

(61)弘法大師が清涼殿における宗論の席で金色の大日如来に成ったという「清涼成仏」の話。諸種の弘法大師伝に見られる。

(62)『大唐西域記』巻三、迦湿弥羅国の条に見える世友にまつわる話。

(63) 古義大学林（現・高野山大学）のこと。明治十九年（一八八六）に開校された。

(64) 白貫勧善。〔高山寺7〕注（5）参照。

(65) 明治二十一年（一八八八）三月二十三、二十四日の大火のこと。これによって多くの寺院と文化財が被災した。明治維新時に七百余を数えた高野山の諸坊は、その後四百余まで減っていたが、それがこの火災の後、一三〇箇寺にまで統廃合された［関 一九四二：三二八］。

(66) 熊楠は、明治十五年に初めて高野山に登った際に、青巌寺で開かれていた宝物展などで多くの宝物を見たはずである。〔高山寺14〕注（18）参照。

(67) 壇場伽藍金堂の秘仏、阿閦（または薬師）如来坐像（昭和元年に焼失、後に高村光雲によって再造立された）を指す。金剛峯寺所蔵の「日並記」によれば、フェノロサ（Ernest Francisco Fenollosa　一八五三―一九〇八）は、明治十七年十二月三十一日に高野山に来ている（山口耕栄編『高野山年表 明治大正編』高野山大学出版部、一九七七年、二五頁）。彼は明治二十一年五月にも畿内古社寺宝物調査団の一員として高野山を再訪した。この時彼が本像を見たことは確実で、同行した岡倉天心（一八六二―一九一三）が、これについてメモを残している［岡倉 一九八一：五三］。熊楠の指摘に対して法龍は、「高野山の秘仏拝礼等の事は貴説至当なり。其は充分に彼の節にも議論ありしが」云々と釈明している（［法龍来簡 2951］）。法龍はフェノロサとは面識があり、前年九、十月にもシカゴの万国博覧会会場とボストン美術館で彼に会ったばかりであった。法龍は彼には同情的で、彼の没後に「故フェノロサ氏に就いて」（『木母堂』五六八―五七三頁）の一文を草している。

(68) フェノロサと岡倉天心の欧米美術視察旅行は明治十九年十月初めからの約一年間。彼らのアメリカへの旅立ちは、熊楠のそれよりも三ヵ月足らず早いだけで、船も同じシティ・オブ・ペキン号であった。熊楠の彼らへの批判が、米欧での報道の実際にどの程度立脚したものであるかは不明。

(69) 正しくは為光。宝亀元年（七七〇）に紀三井寺を開いたと伝えられる。

(70) 継体天皇十六年（五二二）に司馬達止（等）（生没年不詳）が入朝して、大和坂田原に草堂を結び、仏像を安置して礼拝したという言い伝えを指している。

(71) 『宇治拾遺物語』下、巻十五ノ十。

(72) [Monier-Williams 1889: 549]。〔八坂本10〕一〇六―一〇七頁参照。

(73) 『聴雨紀談』所収「仏法」に見える。『聴雨紀談』は明代の都穆（一四五九―一五二五）の随筆集。

(74) 善無畏来朝の記事は、皇円に帰される『扶桑略記』第六巻、凝然の『三国仏法伝通縁起』の中・下巻などに見える。後者によれば、善無畏は久米寺に東塔を建立し、仏舎利と自らが翻訳した『大日経』を納めて唐に帰ったという。空海による久米寺東塔での『大日経』感得につながる伝承である。

(75) 『大和名所図会』巻四に「天竺もろこしの中路にて天降りける

天人所造の笠」として紹介されている。

（76）この戯文は、明治三十六年二月九日付の多屋たか宛の書翰にも、いくらか違いのあるテキストが引用されている（『熊楠漫筆』三三一頁）。その前言によれば、この文は熊楠がアメリカで出していた「日本字の新聞」に載せたものであるという。在米時代に熊楠が関与していた新聞に『大日本』と『珍事評論』がある。いずれも手書きの回覧紙である。熊楠が主筆を務めた『大日本』は第一号しか発行されなかったらしく、熊楠の個人紙である『珍事評論』は第三号まで出たと考えられているが、第一、二号しか見つかっていない。この文は、そのどれにも見出されないから、未発見の『珍事評論』第三号に掲載されたものである可能性が高い。

（77）杉山令吉（一八五五—一九四五）。三郊の号で知られる書家。美濃国安八郡神戸町出身で、漢学者甕江川田剛（一八三〇—一八九六）の女婿となる。警視庁を経て、明治十九年、義弟の川田鷹と共に熊楠と同じ船で渡米し、ミシガン大学、カンバーランド大学で法律を学んだ。明治二十三年に帰国した後、高等商業学校、外務省、海軍省、早稲田大学などに勤務した。「忘れられていた書家杉山三郊」『西美濃わが街』No.三四九、二〇〇六年六月号参照。

（78）三島通庸（一八三五—一八八八）。東北地方の土木開発、自由党の弾圧などで知られる薩摩出身の官僚。明治十八年に大迫貞晴に替わって大警視（警視総監）となっている。

（79）『珍事評論』第二号（『熊楠珍事評論』一一四—一一五頁）に、小沢（正太郎）が行って「玉が付いた」ホイ（ッ）トマとして言及される。アナーバー付近の悪所か。

11　明治二十七年正月二十七日夜十時前(1)

御書状(2)数日前一通拝誦。胎蔵金剛の曼陀羅等の事、正に御教示被下難有御礼申上候。其状の返事早速書にかかりしが、何分目下小生の室内に数十の植物充満し、之を放置すれば直に汚点すること故、一生懸命に整理罷在候。扨一日それにかかり、夜は又それぞれ研究の事もありて、漸く夜一時より三時迄の間に少しづつ小説などよみ、且書翰も書く所へ国元より多く書状受取り、一一返事せざる可らず。依て仁者への状は今一二日おくれるが、今朝又貴状(3)に接したる故、差し当り用事のみ返事申上候。

南方の小乗教は薩婆多部のみ云々とある論(4)は、或は仁者今少く南方仏教書を読で後にしては如何かと思ふ。右の南方とは如何なる意味にや。もし緬甸（ビルマ）、アラカン、暹羅辺をも包含するとすれば、或は其辺の小乗は薩婆多部のみに非るも知れず。但し貴説一寸書るならば、（若くは已に仁者一人の随筆程に書き付たなら）其写し小生え送られ度候(5)。小生はなほ調べた上、十中の八九然りとみとむるならば之を公にすべし。然らざるときは詳論附して還すべし。然しながら、小生も随分用事あり。且かかることなまじひに云出でて間違たるときは一寸南北の間に気を悪くするやうなことも起るべければ、兎に角仁者の小生に示せる意見として見てあれ度、而して之を公にするとせぬは小生の了簡にあり。但し何れに致せ、小生之を直に自分のものとして人に誇るやうなことはなし。（ただ必ず世に公になるものと気取りこまざらんことを望む。すなはちただ仁者の説を小生え通信といふ迄の事。但し訳述はなんでもなきことなれど、重大なることなれば、小生の認定次第で出すとも出さぬともなり、兎に角小生へだけにても示しおかるれば、小生の智をも益し、又は仁者の自ら過を知ることもあるべし。）

次に巴里にて説教の事(6)。これは小生は、なまじひに博学してきたことをいふて笑はれんよりは、仁者自ら知り自信する所をいふが甚よしと思ふ。凡て自分のよく知ぬことを人にきいて直に口走る輩、近来吾邦に多いが、申さば、よき笑ひ物也。破綻の識者に見出さるるも卑し。それ故小生は別に何事も申上ず。ただ説教後、当夜一同の景況申越れ度候。

次に星宿の儀は甚難有候。[7] これはなほ次便に述べし。

次に仁者は何時頃近地に遊びに出かけるか。出かけるとすれば書状の宛所を申越れよ。

最後に小生は色々買物ありて（植物学の）銭全く無くなり、且国元より金も少く着したれば、人より金少々借れり。（十志借りし也）[8] 其内五志にてラクルア（前回に贈申上候書作人の）『中世軍事、宗制志』一冊、[9] 大本にて甚重いが、英訳にて（前のは仏文）画も四百余入り、半ばは宗教史上の事（長崎にて耶蘇徒焚殺の古図も三百三十六枚めの対側に出たり。見られよ）なれば仁者に益もあるべく、且前日おくりしものと（文語は二国なれど）つゞきを成すことなれば、心禁ずる能はず直に買へり。小生は之を米国にて三弗五十銭（十四志）に買ひ、なほ其安物買ひに誇りしに、今は五志の最下値にて買ひし也。扨右の書直に贈るべきなれど、甚重き故郵便で出ぬかも不知、因て明後日出し可申候。博物館へ宛申すべく候。受取の上は一寸返事を乞ふ。

故に小生は従来銭借りしことなけれども、今度は借りし也。但しこれとても故あることなれば、決してかまはず。

仁者書庫を建ることに至り必要也。然し目今万事軽佻浮薄なる我風俗の事なれば、多人と協合とか何とかそんなことをやらかせば、忽ちに又例のなんでもなきことゝなり、結果として仁者自分も汚名を蒙るやうな山事(やま)となる。故に先づ、仁者一人の書庫として多く書を貯へ、別にさあやつてこい、なぜこぬかなど、すすめまはらず、篤志のもの来る者は喜で入れ、来らぬものはかまはずで、一二人にでも見せ玉へ。年々二人づつ見て十年つづければ、二十人の智を多少増す。其内に五人は多分之によりて有用の才を出すべし。小生はただ仁者と交際相識上よりと心得で、従来も寄附今後も亦追々すべし。要するに右の如き優長なる心得にて一生持ちつづけ、死んだあとは然るべき所へ寄附するか、なるべくは自分の寺のものとしてあとえつづけるやうにし玉へ。但し今日の日本の風として、学士とか博士とかなんとかいふもの、ややもすれば自分のみ読で人に広く見せぬ風甚盛なるに非ずや。小生は之を甚卑きことと思ふ。且小生如きは幼時より十八九迄、全く衆人の蔭で借覧して学び得たるものなれば、何卒其報恩の為なるべく一人よりは二人、二人よりは三人を益したく思ふ也。

教授とか講師とかなんとかいふて[カ]、古人の糟粕や覚えそこないの陳腐話をぎようぎようしく授け、受るものも九

千九百七十八　三分の二などと入りもしない人口や、戸数、書物の紙の数などむりにおぼえこみ、いや九十八点取たとか、七十五点拾ふたとか、博奕半分に学問学問とて学校などえ行き、教師病気で休めりとて大悦することなどあり。かかる学校は小生甚好まず。且世に貧人ほどかなしきものはなし。小生などは十五六迄は至貧なりし故、今より思へば、十四五のときに今少しこれこれの書を読得しならば、抔思ふこと多し。されば何卒、世の貧にして、志ありながら学問成ぬ輩に厳密なる規則を設た上読せてくれたき也。

　小生は入りもせぬ半わかりの教師など雇ふよりは、書籍十冊買入るる方千倍の大功徳と思ふ。

　明治二十七年正月二十七日夜十時前、先は右申上候。

南方熊楠拝

土宜法龍様

　近日又長々しき状出すべし。

（1）本書翰は金清堂製の罫紙（縦二三・五×横三二・五cm）二葉に墨書されている。これは、〔八坂本13〕＋〔法龍来簡2951〕と〔八坂本14〕＋〔法龍来簡2953〕への返書である。〔法龍来簡2951〕は〔八坂本13〕の後半部に、〔法龍来簡2953〕は〔八坂本14〕の後半部にそれぞれ当たる。

（2）〔八坂本13〕＋〔法龍来簡2951〕を指す。

（3）〔八坂本14〕＋〔法龍来簡2953〕を指す。

（4）〔法龍来簡2951〕の「予は南方仏教は単に小乗の薩婆多部のみと想へり」を受けたもの。薩婆多部とは上座部系の有力部派であった説一切有部（Sarvāstivādin）を指す。セイロン（スリランカ）、ビルマ（ミャンマー）、シャム（タイ）等に行なわれているのは、同じ上座系でも分別説部である。

（5）この勧誘を受けて法龍が書いたものが、〔八坂本15〕の「南北仏教の辨」である。

（6）〔八坂本14〕一一四頁で法龍が、来月早々説法を頼まれたので何か面白い説はないかと熊楠に尋ねたことを受けている。

（7）法龍が〔八坂本14〕＋〔法龍来簡2953〕で『法苑珠林』第四巻所載の星宿に関する情報を書き送ったことに対する礼。

（8）法龍は本書翰への返書である〔八坂本15〕と共に熊楠に「十志」贈っている（〔八坂本15〕注（1）、〔高山寺12〕注（3）参照）。熊楠が自分に本を贈るために借金をしたと聞いて、同額で埋め合わせようとしたのであろう。

（9）Paul Lacroix, *Millitary and Religious Life in the Middle Ages and at the period of the Renaissance*. London: Bickers and son, n.d.『蔵書目録』洋230.20。

12　明治二十七年二月五日夜一時(1)

前刻一書(2)一寸出し、仁者の議論に答へ置たり。要するに仁者の論文(3)たる、或人の妄を弁じ併せて、世にかかる妄説を信じおる輩も少なからねば、之を翻訳して世に出せとのことならん。然るに小生の言ふ所は、南北の名を立る所謂[以]は、先づは魚屋が五六軒もならんだ町をば肴屋通り、材木多くつんで人の目に立つ河岸を材木がしと名て呼唱に使するほどのことにて、南北南北といひ居る人も、南仏中にも多少の（大乗ならずともせめては）中乗あり、北仏中にも律の義が入りおる位の事を知て居ること。肴屋通り、材木河岸と呼ぶおさんどんでも、肴屋通りに足袋屋一軒古着屋一軒なきにしもあらず、材木河岸に並んだもの豈に材木のみならんや、位のことはよく知て居る如きならんといへるのみなり。小生はかかる間違ひを抱く学者、欧州に多いか少いかを調査の上、右の御論を訳して然るべく人に示すべく候。何日頃出立さるるか。出立後は日本へ状出し可申候。六日計り前に白貫勧善氏の親書(4)を得たり。近日小生一寸返事出すなり。書籍は吾邦に居て海外より買ふは、殊の外かひかぶるものなり。現に小生など米国に在て随分上手に書[ママ]しが、それですら今から思へば多くの高値をはらひたり。故に当地に小生ある間に、安値なるを見当らば買取り差上べく候。せめては『エンサイクロペヂア・ブリタンニカ』の重立たる宗教、哲学等の条々に挙たる引用書位ゐは買ひ入れ、仁者手許におかれよ、此一事甚必用也。且又自慢といはるるか知らぬが、書籍を買ふには色々の術のあるものにて、其術を心得ねば多く金つかふてなんでもなきものを買ふこと多し。すなはち古本を安く買ふこと甚必要也。古本新本とて、一年も持ばかはりあるに非ず。且書は古いほど見処のあるものなり。

郵便税、こいつは小生も少々閉口したり。然しなんとか工夫して送るべし。

日本の青い輩ども雑誌などひきかぢり、評をよんでわけもなき新刊のつまらぬ書を買入るるもの多し。仁者はかかることを決してせず。先づ例の『エンサイクロペヂア・ブリタンニカ』米板とハンボルト・ライブラリーをなるべく小生当地にある内に（尤も小生の友在米のものはみな盗癖あり。故に小生より正金銀行の人えたのむ也)安く買ひ玉へ。

扨『エンサイクロペヂア・ブリタンニカ』は小生も蔵し居る故、其に挙たる引用書中宗教哲学に大関係ある傑作を常に古本屋で引き探り出し安くかふべし。科学の事は一と通り心得、大体の通論に達すれば可也。例の蠅の眼神経とか蟹の足の筋とか、第八等の大さの星辰とか、ぐづぐづしらぶるは、我邦にも亦それぞれひまな専門家、或は小生如き無類の好事家あるべし。ただ教理を事理[5]にAdapt適用しゆく為には、ハンボルト・ライブラリーにて当世の科学大体を心得居るときは甚都合よし。小生は仁者とは到底議論合はず。是れ仁者は教理を保有せんとするに力強く、小生は事理を無碍に教に宛んとするに力強き故也。いづれも公平の見に非ず。然り公平の見に非ず。然れども是れ其異所を取ていふなり。もし同処を取らば、小生も仁者と同く仏徒たるなり。ただ建立門がちがふ。勧化門は同じことなり。故に小生はどこ迄も異所は異所で主張し乍ら、(因縁の逆行には金粟王如来[6]も閉口すと見て)つとめて同所を拡むべし。

付り(つけたり)。一の願ひあり。別事に非ず。小生は書籍又古器、色々の珍異の物など、多く家にも亦此地にも蔵せり。昔し孟嘗君、父に問て、子の子は何。答、孫なり。問、孫の子は何といふか。曾孫也。曾孫の子は何と云か。玄孫なり。玄孫の子は何といふかと問つめられて、答に究し、不知といふ。孟嘗君云く、吾父は其名をも知らざる遠裔の為にわけの知れぬ金を蓄へのこさんとて、目前の人に恵することすくなきよと。父も大に悟れりとか[7]。斯の如きことなれば、自分一人之を飯よりも好みて集めながら、なほ保存にこまることなきに非る多大のものを、別に嗜好少き弟共の子孫(小生は妻得ぬ故)にのこしたりとて実につまらぬことなり。たとえば十弗人に金かして、其人限日又は少し前後すとも十弗そのまま返さるるときは、実に之を受しものにも用に立てども、今日は一弗、今日は五十銭と、十五日二十日とのばして返さるるときは、一向受たりとてしばしも手にとまらぬ如く、かく迄集しもの一冊二冊と世に散じ、好事篤学の人の手に入たりとて、一の巻が欠たとか二の巻が、損じたとかいふこととならば、実に功も十にして五を欠くものとなる。且小生は又自慢といはるるか知らぬが、随分之を集むるに骨折り、入らぬ手数又目前無益のことをもつとめて、あれとこれ、これをみて分らねばこれ、これにたった一つ欠たことはそれと、書籍つづきものより、有用の篇文は雑誌月報の切りぬき迄あつめあるなり。これらはみなそろふてこそ大用燦然の美をなすことなれ、もし散佚ばらばらとなれば、尻ふきにも堪ざるつまらぬこととなるなり。且又植物標品の如きは随分吾国に止めおいて、自慢かは知ぬが、吾国の名誉ともなるべきもの多し。これらのもの一切小生にして不幸にも持ちきれぬことのあるときは、何卒仁者率先して之を引受くれ玉へ。決して売付るには非ず。ただ欧州各地に見る如く、南方集彙として後世迄保存するなり。小生は近年又印度北辺へ植物集めに往んとそれぞれ下調べにかかり居れり。而して小生の素志は、何様吾国在来の風として一にも官、二にも政府云々云々といふをきらふ故に、徹頭徹尾之を民間に残し、地方に留めたきなり。且は吾徒の学問の助けともし、又後々迄もかかる好事の人もありけるよと笑語にでもいはれたきなり。然るときは、見もしらぬ小生の甥、甥の子、甥の玄孫などがむちやくちやにしたり、左なくとも火にあひ水にあひ、十年に一つづつでも失せて何の功もなきことよりははるかにましなり。これは政府へ献納願出れば、政府おつときたぜと喜ぶは知れたことなれども、何分、小生は政府へかかるものを献じたり、保存たのむこと不好。故にもし小生もちかぬることあらば、貴方へ保存を乞ふ也。小生は決して小生一生持兼るやうなことはあるまじと思ふ。然れども人世不定なれば、万一のときの為に申すなり。此一事承知しくるれば、小生はなほ一層安心して、節倹力行、書籍を集蒐し、古文を写し、随筆を作り、又諸森林等を跋渉して例の植物をあつむるなり。ただ何の目途もなく、面白い面白いで多くのもの室に満ちたばかりで、子を持つ気づかひもなければ、年老の後は追々散佚、死後は折角のもの、ちやちやくちやといふこととならば、甚だつまらぬことぢやわいと、此程漸く気が付たるに付頼みおく也。但し又外に良法も生ずべきにや、小生は色々多端に学問する故、金銭いくら有ても不足、それ故せめて植物標品を買ふことだけは止め、以後は専ら交換することとせんと存居候。もし仁者帰国して三谷寺に引こまれ、日々一二時間戸外に出らるる等のひまもあらば、何卒植物採集して小生へ送られたく候。其植物は当地にて学者と有無交換し、扨それだけの費用ははぶきて書をかひ、自分も読み又仁者へも贈るべし。採集とて別に六かしきことに非ず。目あたり次第集め乾すなり。又送るは別段重きものに万々なければ、十銭二十銭の郵便賃でくることなり。これは委細仁者帰国の上可申上候。仁者印度へ往き、路傍

にてサルノコシカケ（こんな菌也。〈上図〉などいふ色々の菌、又木皮土上に生ずる苔蘚等見当らば、多少に拘らず引きとり、軽き紙につつみ、（薬包みの如く）郵便にて書状の如くに送られたく候。尤もあまり少量にては苔蘚等はやくに立ず、手に一とつかみ、又少くとも半つかみ位ゐは成べく送られたく候。又草木の葉に此の如く〈左図〉赤黄白黒等の黴菌病を生ぜしもの、どこの地にも多少あるものなり。かかるもの見当らば、多少に不拘ひきちぎり、書物の間へでもはさみ乾しておくられたく候。これらは研究して、病害を去り、農事園業に大功徳あることともなりぬべし。

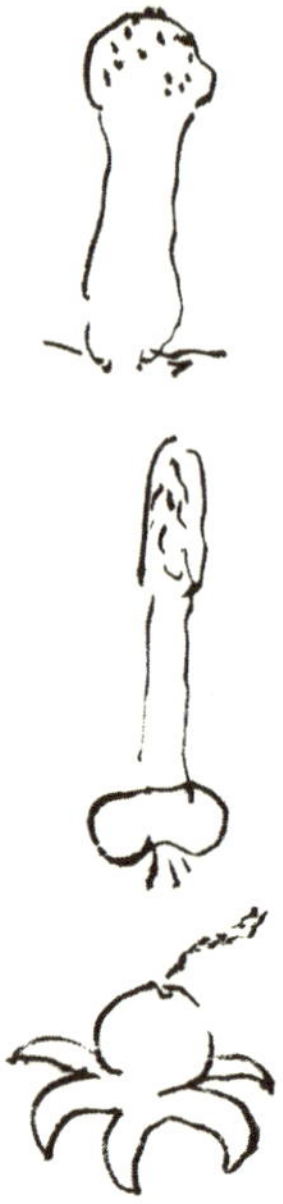

又かやうな男根状又ほほづき如き菌〈左図〉、熱地の土上に多くあるものなり。見当らば、五六個とりて送られんことを望む。尤も仁者此度の行は色々の事情もあり、且印度は小生も親ら行く可ければ、決して心に期して仁者に望むに非ず。但し万一見当らば、集めて書状と共におくられよといふなり。帰国の上は別に採集方等のこと委細可申上候間、寺院近傍のものは集て御送り被下度候。小生は尊師の名を記して、之を各学者に配るなり。全く道の為にし、又一つは植物標品を買ふだけの銭をば一層公益となるべき書物に入れん志に出ることなれば、何分宜しく願上候。且又其品々は決して小生自分の名を冒さしめて配るに非ず。一に仁者の採集の由を以て配るなれば、新種等あらば仁者の科学上の名ともなり、又新種なしとも兎に角、欧米の学者が、吾邦の仏僧徒にも科学を好むものあるを知るに至るべし。甚よきことと存候。且自分の寺のまはりの一切植物のしらべをなしおくも無益のことに非ず。小生之を一一しらべ、科学の大則にとりて好例たるものあらば、ちよいちよいと解説を申上べく候。此一事は特に頼上候。小生東京にある多くの人に頼みやり、種々高価の書など送りやりしに、礼いふてくるばかり。来夏来夏といふて一向集めくれず。されど其書物は先づ役に立つとのこと故、それでよきながら、来夏来夏と人をまたせおきておくらぬ人も薄情な

るものかな。因て仁者に願上る也。何卒宜しく頼上候。方法等は他日国元へ可申上候。御尋問の諸件は只今しらべ中なり。されど小生は植物一心となりおる所故、はやくはまゐらず。仁者何日頃出立するか。とても間に合はぬとならば国元へ申上べく候。

仁者予の言に、ややもすれば自分の知ぬことをいふこと多しといふ。老ては当に益壮なるべし、究してはまさに益々固るべしといへり。(8) 小生如きは実に今も望のみ多く、蟷螂が車に当る如きことばかりしておるは馬鹿げたことなれど、止むにまさることにて、所謂究して益々固なるじや。然らば仁者如きも老て当に益々壮なるべし。色々の事を学び玉へ。労を積ではじめて興の生ずることもあり、又興生じて後に労をつみ得ることもあり。されど何れも通途よりいはば、志無くして興も生ぜぬ、労も積れぬはづなり。たまたま人界に生れて、少く自分に六かしいとて忽ち之を捨るは惜むべし。仁者願くは植物学から始め、色々種々雑多の学問をやらかし玉へ。

先は右申上候。以上　　南方拝

明治二十七年二月五日夜一時

土宜法龍師

（1）本書翰は金清堂製の罫紙（縦二三・五×横三一・五cm）二葉に墨書されている。この書翰は、〔八坂本17〕に引き続いて、法龍の〔八坂本16〕に答えるものである。〔八坂本16〕の日付は二月五日になっているが、これは、〔八坂本17〕注（1）が予想した通り、二月三日の書き誤りである。また〔八坂本17〕と本書翰は共に二月七日に法龍に届けられたが、後に出された本書翰の方がなぜか先に着いたようで、法龍はまずこれに回答した。この回答書が、〔八坂本〕では三月初めに置かれている、日付のない〔八坂本25〕である。その後、風邪の治療のために外出した法龍は、帰宅後に〔八坂本17〕を読んで、これに対する回答書〔八坂本18〕を書いた（〔八坂本18〕一三二頁参照）。

（2）〔八坂本17〕を指す。

（3）〔八坂本15〕の「南北仏教の辨」を指す。この書翰は一月三十一日に届いた。この日の熊楠の日記（『熊楠日記1』三三二頁）に「土宜氏より十志被贈。（中略）土宜氏状中に大小乗論あり、訳述を頼まる」とある。

（4）一月二十六日の日記（『熊楠日記1』三三一―三三二頁）に「常楠状にそへ、白貫勧善師より五大明王の予の問に答書をおくる」とあるのがこれであろう。

（5）事と理。事は個別具体的な事象、理は普遍的な理法を意味する。この場合、熊楠の念頭にあるものが華厳学派の説く事理無碍（礙）であることは、この直後の「小生は事理を無碍に教に宛んとする」云々の言によっても明らかである。〔高山寺13〕注（41）参照。

（6）熊楠の自称。〔高山寺13〕注（33）参照。
（7）『史記』孟嘗君列伝。孟嘗君（?—前二七九頃）は斉の公族で、中国戦国時代の四君の一人。
（8）『後漢書』馬援伝。原文は「丈夫為志、窮当益堅、老当益壮」。

13　明治二十七年二月九日(1)

明治二十七年二月八日朝

南方熊楠呈

土宜法龍様

二月七日夜八時出御状(2)を正に拝誦仕候。貴問に答る下の如し。

○大乗は専ら北、小乗は専ら南に行はるる故、南北の名ありと心得ればよきことなり。又一は最初欧州人の眼に左様見えし故なり(3)。たとえば羊歯(シダ)一つ本宮、一つ那智で見出し、一を本宮シダ、一を那智シダと名る如し。よくよくしらぶれば、本宮シダは多少那智山に生じ、那智シダも亦多少本宮に生ずることのあるなり。紀州密柑、肥後密柑といはんか、紀州にも八代ミカンはあるなり。されど一汎に紀州密柑といはば、紀州で出来る密柑を総称するに非ずして、紀州産柑類の特色雄物たる種無(たねなし)密柑を指すが如し。されど別に種無し密柑を紀州密柑といふは不可也。何となれば、八代密柑等も紀州に産すればやはり紀州密柑ぢやといふ人なき如し。今南北朝のときのことを論ずるに、吉野に属せし輩を南軍、京鎌倉に属せし輩を北軍といはんか、義貞が八幡を救んとして兵を動かし、宗良親王が笛吹嶺に兵を挙て鎌倉勢と戦ひ出し如きは、いづれも北から南を討つものなれば、義貞と宗良親王は北軍にして、京鎌倉勢は南軍なり。されどこれは南方に帝王ましまし、北方に足利尊氏が鎮ぜし故による一汎の名にて、一一位置方角を以て名を分しことに非れば、北より南に向ふときも、吉野方はやはり南軍也。南より北を討つときも、足利の味方はやはり北軍也。尤も南北朝のときに、かかる名ありしやなかりしやは小生考え得ざれども、兎に角白石や山陽其他(4)、今は小学の児童も南軍北軍といふて通し居るなり。大乗は主として釈迦の生れし所よりは北にはびこり、且つ喇嘛王(5)も北にあることなれば、之を北方仏教といひ、南部はセイロン、吾こそ真の仏教也と称揚伝流して、今に小乗を守ることなれば、南仏と称するなり。

又仁者今始てカシュミラ国が大乗なるを聞て驚しとか。小生は又之を聞て大に驚くなり(6)。世親、清弁、提婆、世友等の菩薩はみなカシュミラ国の者ぢや(7)。尤も今のカシュミラは殆ど英に半属なればつまらぬものながら、古はよほど勢力ありし国なれば、範〔版〕図も今とはかはることとなるべし。されど何にしろ今のカシユミラは大乗で、年々巡礼を兼商人が西蔵に往くなり。[8] 又同く英に半属のネポル国（『三才図会』に見たる納樸児[9]はこれならん。古之金剛座国也とありしと覚ゆ。但し九年前に見たれば今は不確）も今に大乗じや。[10] ガヤ辺へ参詣する仏徒は緬甸、セイロンの外には、主として此二国より大乗徒がするなり。通常歴史上よりも、又釈迦の生れし地よりの順序にて算ふるにも、大乗国名を挙るには、第一カシユメール、第二ネポル、第三西蔵、第四、支那、等とかぞふるなり。すなはち大乗は、最初にカシユミラ国盛時に其国教となりて大勢力を存せしなり。カシユメラ国及ネポル二国が大乗なるに非れば、いかにして数百年前交通不便のときに、セイロンの小乗仏徒が世に大乗なるもの現存するを知んや。（西蔵如きは山嶺隔懸せり）カシユミラ国に大乗生ぜしに非んば、（ここにいふカシユメラとは古のカシユメラなり。先は印度の西北、すなはちやはり今のカシユメラ国のあたりにて、基督紀元頃梵種[11]の治下に非ず、匈奴種[12]の治下にありしものと知るべし）西蔵何国より大乗を得たるや。カシユミラは目今頑固たる大乗と例の首羅王教[13]とあり。純粋の小乗とは寝言ならん。尤も大乗中にも色々の別見あれば、喇嘛教には非るべし。されど実に喇嘛教をおこせし輩、カシユミラ、ネパルよりせしなり。

○喇嘛教が大乗の一部なるのみならず、（今人欧人の目には）大乗の骨髄たることは余之を熟知す。されど予の言ふ処は、仁者もしただ其名目を論じて、これも不可、あれも不可と白馬非馬の弁[14]を費して、紀州密柑といはば、紀州には海部郡、日高郡にも多少の蜜柑を作る、故に東京へ出す有田密柑を包有する名ながら、直に有田蜜柑を紀州蜜柑といふは不可なり、何となれば有田郡の外にも紀州内に蜜柑地はあればなりとこせくり[15]、吉原といはば悪所（あくしょ）と心得るは不可也、何となれば娼家の外に農家も多少あればなりといふやうな論は、日常物を物としてはなすに何の功なしといふなり。八つ手といふ木の葉に七つ手、六つ手のものもあり。青木（あをき）といふ木は葉青い故の名ならん。然るに白班入りしものもあり。烏は黒いものの例に引けど、肥前烏といふて白いもあるなり。されどそんなことをいふときは、長くなりて用は足らぬ故、ただ一とつかみにいふて日常の意味は通し居るなり。すなはち北仏といへば、大乗の外に小乗もありながら、主として大乗のことをいふなり。〔ママ〕」

喇嘛が北方の法王となりしは、漸く大元の忽必烈[フビライ]以後の事也。すなはち政治上の事より忽必烈（すなはち大元の世祖）元年、（吾朝文応元年、すなはち梵僧八合思八[パクスパ][16]といふ喇嘛を国師とせしに始ることとなり。有名なる廉希憲[17]に喇嘛の戒を受けよといひしに、吾れは孔子の戒を受たり、臣とならば忠なるべし、子となれば孝なるべしとのことぢやといへりとあり。）元世祖元年は宋の景定元年、吾邦の北条時頼[18]執権の頃（此明年七月に時頼が日蓮を延見し、又一年して豆州に日蓮を流せし也）なればさして古きことに非ず、今よりは七百年計り前なり。されば、喇嘛の教は、まことに蒙古の沙門教[19]の要素たる蠱道とカシユミラ、プンジヤブ、ネパル等よりの大乗及多少の少[小]乗の外にパーシー教[20]なども混入せしもの[21]。又欧州人の説に、喇嘛教の大改革家ツヲンカパ喇嘛[22]は基督教徒（支那唐の頃の景教、すなはち亜細亜法王配下の基督教）より改革の要素を得たるなり、故に西蔵の寺制はカソリツクに似たること甚多しと。（始て喇嘛寺を見しもの、これぞバイブルにある魔が基督に化したるならんと呼喚せしことあり[23]）何にしろ大乗乍ら、随[隋]唐の仏法とは大に異なるものなり。故に毎々申す如く、大元時代の小説などに喇嘛僧、喇嘛僧とかきあり。今も亦白蓮教徒[24]、紅衣喇嘛徒[25]などとかき、何にか仏教と異なるやうなものにかくなり。支那の新聞見ても分るなり。これほどのことは仁者も気がつきおるならん。故に前状小生の言しは、もし仁者如く、支那の公孫龍、希臘のゼノ[26]などの如く名実合不合を論じて有田密柑を直に紀州密柑といふべからず、唐津焼を直に肥前焼といふ可らず、何となれば外に日高密柑も有田焼もあればなり、といふ如く説すれば、欧州が喇嘛教といふて日本支那の仏教をもすつかり、其名の下に包有するは誤りなりといひし也。現に西洋に尋常の半物識りの輩は、喇嘛教といはば北方仏教と同一のものと思居るもの多し。前年人名は忘れたり、独逸に大宗教学者ありて、世界中の宗教を集め、一宗教毎に一篇づつ書を出したるに、耶蘇教をカソリツク、プロテスタント、仏教を喇嘛教、仏教（仏教とは小乗のことならん。南方の）と名を立たり。斯の如くなれば、日本又支那の喇嘛外の仏教、朝鮮、安南、柬埔寨の仏教は、喇嘛教の名の下に入れしなり。是れ大に不可也。何となれば支那にも多少の喇嘛を奉ぜぬものあり。其外は一切喇嘛を奉ぜざればなり。然れども、これはただ烏に白き烏あれど、先づ烏といへば黒いものと意味が通ずるやうなことにて、それで一と通り名は立つことなり。故に小生は、これほどのまちがひはかまはずと思へり。但しもし仁者の如く細密に名実を論ずれば、喇嘛教を以て大乗と思ふは大まちがひなり。現に喇嘛教中にもブロム・ストン[27]如きは主として大乗を排撃せしなり。小生前日フランクス氏に与たる書の中には此事をいへるなり。故に仁者が南仏の名を以て小乗を呼ぶは不可也といふ故、小生はいかにも然り、されど名といふもの必ず実に十が十当るに非れば、それでよきことなり。もし仁者の如くいはんには、小生は仁者よりさきに此事をいへり。いへるのみならず、仁者の上を踰て、(洋語、Moreover[28]。仁者のいふたことの上に一層歩をすすめて)喇嘛教の名を以て大乗といふ名と同視するも亦謬れりといふことをいへりとなり。

　此状は随分長いものにて、小生之を書するに十八昼夜を費し、引用する所百八書冊を挙げ、現に仁者と初て相対面せる夕、中村錠太郎氏、此書の中に小生の画きたる像のことをはなしせり。(仁者も居れり[29])故に小生が仁者より前に、仁者のいへる処の外(上に)仁者のいはぬ所を言しは事実也。疑しくは原稿を呈すべし。小生などはかかる分り切たることを洋人に示したればとて、何の面目とも思はず。仁者の上を踰てとは、仁者の言はぬ所を言し也。仁者如く、minimize 細嘖細囓していふときは、喇嘛教は決して大乗と同一のものに非ず。大乗の一部分と小乗と外にパーシー教、基督教、麻尼教、沙門教を混ぜるものなり。もし又喇嘛教の特色は其大乗にあり、故に大乗を喇嘛教と呼び、喇嘛教を大乗とよぶも通るべしといはば、南仏の特色は小乗也、小乗を南仏、南仏を小乗と呼んで用はたることとなり。小乗内にも多少の大乗あり、大乗内にも多少の小乗ある位のことは、少く勉強すれば分るなり。名といふものは其一の主たる所を挙て所指を略示するものなれば、線といふたりとて、ただなにか棒の如く引ぱつた形と知るも、線に直屈の別あり、又折線もあり、線は第二大なり、三線以下なれば面を画くこと能はず、線に終りなし、等の線に付ての一切の性質が、線といふ名のみ聞て分るものに非ず。要するに、はりがねのやうなものとか、ハシ(箸)のやうなものとか、又糸のやうなものとか思へば意は通ずるなり。南仏北仏の名も亦斯の如し。

　且又仁者、仁者の上を踰てとあるを怒り、乳臭とか何とかいひ[30]、其外にも小生七年遊学所学何事ぞとか、我慢小見也とか、洋人の皮をかぶるとかいふ。小生はかかることを聞て、其法衣をけがし軌範師の名に負くを愍笑するなり。

今少し勉学し玉へ。爪哇[ジャワ]の仏教は今全く絶たれば分明ならず。されどこれは梵教の一部にて、釈迦を梵教の一改革者として尊びしなり。故に大小乗分れざる、すなはち釈尊当世の仏教を見るは、爪哇の今にのこれるものを見るが最上と思はる。（印度のは回々教徒、梵教徒等に破壊されたり）小生は錫蘭[セイロン]の仏教に大乗はなしと思ふ。南仏中にも柬埔寨等の仏教は大乗なり。これは安南を経て支那より入りしなるべし。

前書『法華』、『涅槃』等は仏説に非ずといふかとの問(31)故、仏説に非ずといふに非ず、又仏説なりとにも非ず、後人の敷衍也といひしなり。すなはち多少の仏説はあるなり。仏は梵教を学び、梵理を修し、高荘の学問、理想ありし人なれば、小生は、仏の所説は今日欧人が思ふほど、浅近なるものに非ずと思へり。すなはち、大乗の骨髄たる理倫位はありしこと十分なりと思ふ。但し大乗の経典の中には色々後人が附会の事多ければ、経典は決して仏説に非ず、ただ仏説に色々附会書き入れせしなりといふなり。小生は仏徒なり。而して釈迦牟尼に対しては、仁者如きひよっとこ坊主(32)よりは千倍の大有力大功徳の仏者なりと自信す。すなはち当世の金粟如来(33)ぢや。文仏(34)の為に弊事を全除せんと思ふなり。然るに末世澆季にして、なにか文仏の名を看板にして頭などそり、『阿保陀羅経(35)』如きことを云ひちらして実は遊食せんとする輩のみなる故、そんな輩は自滅にまかせ、せめては文仏の道の真の道なる所以を後にのこしたく思ふなり。謗経して地獄に落るなどいふことは基督教にもあり。但しこれは一言の短句にて、『法華経』の如き五百由旬の蛇とか、淫慾盛にしてまら立ちつづけとか(36)汚穢賤陋なることなき故、地獄とは永劫の苦といふことと一解し去り得るなり。まことに大乗仏経中には小児を威嚇する鬼面やうなこと多し。余は、かかるものは今日に応々[ママ]すと思ふ。小生の仏徒を信仰するは、其因果の一大理にあるなり。すなはち、輪廻して行はるるなり。世進み学（文学等感情的のものを除き）すすむに従ひ、因果といふことは決して争ふ可らざることとなれり。故に神意説を唱ふるものは因果を排せんとするものなれば、世の進むに併伴せず。凡て人として相併伴せざる二理を共有包含するは、相伴併する二理を抱持施行するより万々難し。理想は行為を支配するものなれば、其理想を伴ふて叛かざる信を存すべきなり。なにか心内の妙味(37)とか、『法華』、『維摩』の高妙（実は文章の結構に感ずるに過ず）とかいふが、そんなことなら、他の宗旨にも心内の妙味は十分ありて、基督教中にもヘスキアテス徒(38)の如きは、終生心内の妙味を文字不立にして求るものなり。シック、回々徒に至ては、実に大禅定観法あるなり。要するに涅槃に入るといふと神智に接するといふと名に別あるのみ。心内の妙味を味ひ得るは一なり。而してどちらが多く心内の妙味あるかといはば、彼の風来山人が『男色細見菊の園』(39)に女色と男色を一偏に主張する輩をつき合せ、嘲りて、餅好き酒中の趣を知らず、酒飲みは又羊羹のうまきを知ずといへる如くならん。たれたれが女色を称したとか、何々の書に女色を称揚したとか、詩文が女色の方に多いとか、いふて其まされるを論ずるは、餅好きが餅好きの例をひき、酒のみが「八仙歌」(40)など引くに似たることなり。それと同く、心内の妙味とか文章の高遠とか漠たることを一人にていふは（其人正道にて実に左様思ふならば）それでよし。多人数にすすむべきことに非ず。何となれば他の諸教にも心内の妙味を得、高尚の想観を享し人甚多ければなり。但しいかに心内の妙味多く、思想高遠なりとも、余は他教よりは仏教を尊ぶ。又人に其尊き所以を教え度し。何となれば仏教の尊き所以は『法華』や『維摩』の文章（これほどの名文は外教にもある）や又他を知ずして自ら得たりとする心内の妙味に非ずして、実に事理無碍（じりむげ）なる(41)にあり。すなはち他の諸教と異なりて、仏教は因果といふことを以て神意の上におけばなり。因果といふことを知らぬ為に世の開化人の幸福が防遮却歩さるることは甚多し。故に斯民を繁盛興隆して進歩止なからしむるは、神意を奉ずるに非ずして因果といふことを知しむるにあり。信は理と異なり、然れども理と懸隔すること甚きときは、其信は有害無益の信となる。（他人に対し又一社会に対して）故になるべく因果の理を知り得（え）、之と同時に因果を以て立たる仏教を信ぜしめんことをのぞむ。此因果の教を信ぜざる為、人間が児戯に類したる煩悩害障を受け又一社会に与ること日々見る所なり。（仏徒中にも実は甚多し。）

前書小生は、因果といふことは決して欧州人が思ふやうな物力の波動一上下といふやうなことと異なることを弁じたるなり。然るに貴状にはなにか小生がかかる言を吐くやうに記せり(42)。いかなることにや。仁者予に、人の書たものは普賢の心を以てみよといふ(43)。而して自分は小生が撃ち居ることをとりて小生の説とす。なみの人間の心を以て読むこともせぬものといふべし。

小生いふ所は、欧州人の因果説によれば一張一弛といふやうなことなれど、小生の信ずる所は冀くは非を去り、悪を去ることをつとむれば、其つとめし力が因となりて、終には非も悪も絶滅すべしといふなり。故にスペンセルなどのいへる如き、社会の事は決して純善となすこと能はず、目にみえる悪事をかくして目に見えぬ悪事となすべし、といふ如きと大異なりといふなり。

　小生は仏経説を讒謗するに非ず。但し讒謗とは、なにか坊主共が米櫃の資本とする法螺だらけの経典の破綻を見出され、大にうろたえるといふことか。それならば実に然り。又耶蘇の手先となる云々[44]とあれど、予は徹頭徹尾耶蘇教には入らず。甚おかしきことながら、植物学者などもややもすればわけ分らずに耶蘇の徒なるもの多き故、予は甚だ科学をして因果といふことを見証するを目的とする科学者に似合はぬ卑陋虫のやうな奴輩と蔑視して、一向文通もせず植物学会にも入ず。いな、必要なる植物学上の交通もせず。学外の仁者などにわざわざたのむことぢや。但し悪て其好を知り、好て其悪きを知るといふて、心内の妙味、文章の深遠、祖師列聖の言行草校等をのみ論じてほこらんとすれば、小生は或は基督又回々徒の方に仏教より多く、妙味、名文、偉人、善男信女を出したるやとおもふ。

　又社会に及せる功徳といはば、無論、基督教に及ばざること遠し。現に吾朝如きも孔孟の教で忠孝を示し教えたればこそ、廉節恥辱の何たるを知たるなれ。仏徒の功として語ることは、行基[45]が陶器を作り、泰澄[46]、役公小角[47]、弘法大師も土地を闢き、又別にそんな目的でもなかりしならんが、寺院を所々に立て、従て酒屋餅屋など出来、其土地繁盛し、又巡礼などいふことも出来、街道のものの糊口にもなり、開帳などいふことありて信女信男が茶店で出合ひ、これも観音さまの引合せなど、わけもなきことと少くわけのあることのみ。別に仏教ぢやなければこれほどの事が挙らぬといふにはなし。

　又害ありし点をいはば、物のあわれあわれといふて中古の女どもがむしやうむやみにぼぼをさせ、大淫穢の事を生じ、光明皇后が実忠[48]を浴室に入れ、裸体ふりまらの所を戸よりのぞいて、なにかせんづりでもかきしことか、『元享〔亨〕釈書』には、あまりに見とれて眠りしが夢に実忠と交合す、さてさめて又のぞいて見れば、実忠の頭上に十一面観音があったとかたわいもなきことなり[49]。此他諸寺刹に無辜の小児のけつを掘たり、又人を石で坑殺したり、甚きは乱暴、放火、帝闕を犯さんとし、権門に嗷訴し、加賀の富樫介[50]の一族を全滅し、信長の兄弟を撃殺し、家康ほどのものをも苦しませ、秀次関白が切腹のときに救解の一句もなかりしなど、実につまらぬことのみにて、今日といへども仁者の如き、ただ寺院を再興し宗制を堅くするほどのことに熱心し、善を興し非を抑ふるに勇猛奮迅獅子吼するやうな意は少しもなきが如し。さればこそ、婦人の位置のこと、僧家人に施を受ずして人に施すべきこと、自立の気等のことをいへるに少しも返答なし。実に仏門第一等ともいふべき輩が仁者如きものなれば、僧徒のむちやなること思ふべし。右にいふ如く吾邦の仏教は従来害利半ばし、恐くは害の方大なりしなり。然りといへども過去のことは詮なし。今後だけは何とぞ之をして大有益のものとしたきなり。予が何故かかるつまらぬ歴史ありし仏教を固守するかといふに、全く其因果の大則を神意の上におくことが、今後世界人間の進行を支配すべき学理と同一し居る故也。

古典旧経の内に不条理、今の世の児輩をも誑すに足ざるものあるが如きは、何ぞ之を尊信すべきや。『法華経』の方便品を見てもはや分つたといひし人もありとか。されば仏教も亦時勢に伴ふものなれば、つまらぬことは宜く删除すべし。耶蘇教の如きは実に学理に叛きおるものなれども、それすら適応法がうまい故、今に興隆し居るなり。（中古の回々教も然なりし也）

昔し法相、真言の徒何にやらわけの分らぬ旧文を囀り、蠧食無用なりしを憤り、法然、親鸞、日蓮、一遍以下輩出し、当時地方にて有勢有力、一[ひ]と見識一と事業あるべき渋谷、宇都宮、佐々木兄弟、熊谷、工藤などいふ豪傑みな之に応じたり。仁者如きもあまりにわけもなき譫言を守らずによきことは主張一番し、悪きことは攻撃不残と迄なくとも、せめては捨ててかまはぬこととし玉へ。宗教々々といへど、宗教も商工農等の事と等く人間の一の culture（開化事）ぢや。何様にしたりとて世に益あらば可なり。扨神意などいふことは、これから学理のすすむに従ひ一向合はぬ。仏教は幸に学理と合一なれば、仏教を興隆すべしといふぢや。耶蘇教如きはどうこぢつけても学理と合はぬ。すなはち一が立ば一は倒れる勢ぢや。故に学理が盛んになるほど此教は到底立ぬか、又は一大変すべし。仏教は幸ひに学理と衝突すべき原素がなきぢや。故に成るべく之を興隆すべしといふなり。もし心内の妙味が高いとか、文章が雄抜とか飛だことをいはば、そんなことは他の教にも多くあり、其上に従来の経歴仏教の方が甚だ劣る。左様の甘口なことにて人が仏教に化すべきや。かなしいかな、汝等銭をうまく用ひ、時をうまく用ることも知ず。科学をやったことなき故、科学といへばなにか糞の分析か、蝿の眼の玉の勘定のやうなことと思ひ居る。而してまちがひながらも、自分は文殊や陳那(51)の旧作なる、科学（算理と論理）で言を立ておるぢや。今の日本人は、道で聴て途に説く(52)やうなやつばかりで、科学などする力も金もなければ、熱心はとてもなく、わけも知れぬ洋人のゴッドとか何とか書たマコーレー(53)やエマルソン(54)、いはば日本の蜀山人や京伝位のものの文学をいぢくりて、何事にも我意を以て史評とか史論とか、中学校生の論文のやうなことするが日本の耶蘇徒の学問ぢや。

其科学の智識なき（理想なき）感情的のやつの言ふことを破砕するに、因果を第一と立たる仏徒が因果を見証する科学を引て伐つは、鬼に鉄棒を与へて餓鬼が茅根を執るを打つやうなことぢや。然るにそんなことに気が付ず、己れ因果を信ずるといひながら、やはり大日覚王とか阿弥陀とか、名は異にして実はゴッド同然のものを立ておがみ、耶蘇教同然に霊魂説などを主張し、自分の手で自分の腹をかき破りながら大悦なるは狂気の沙汰ぢや。而してなにか予を仏教を誹謗すとか。へん、おいてくれ。汝等自ら仏教を誹謗し、仏教に非ることを行ひ居るぢや。なるほど予の望む如く一汎の人間が科学と同源の因果説に因て行為を目配することとなり切たら、実に結構なことながら、坊主の今いふ如き『法華』を読だら女が好面になるとか、謗たら蛇になるとか、腋臭がするとかいふやうなことは一人も信ぜず。従て坊主の食ふにこまるべし。だから今日の坊主などが少くなればなるほど、真の仏教が繁盛すると小生は毎々申すなり。近く西洋のプロテスタントの如きは、かかる神怪奇変醜陋聞くに堪ざる法螺ばなしは少しもいはぬぢや。ただ神意といふことを奉ずるだけ金粟如来の御気に召さぬぢや。仁者などが心内の妙味とか経典の名文とかいふは一と通り聞えたことながら、万人に此妙味、此名文を知り楽ましむるには骨が折れるならん。第一に頭をたたかれたり、いやなやつをむりに読だりして四十五十にしてやっと一分を解することが、どうして朝から暮迄衣食に奔走する凡人に分るか。実際は仁者如きは決してそんなことなかるべしと予は思ふが、今日随分一位に居る坊主にして、心内の妙味も経典の文意も一向分らず、ただ虚に吠え居るものも多からん。仁者がいふ如き頑爾たるごまかし教理が仏教理にして、因果の外に玄妙の（実は奇怪）とかなんとかいふことを主張するが仏説の奥儀とならば、金粟如来はかかる仏教を脱するのみならず、何分にも一大有害の事物として第一着に之を破壊したきことなり。すなはち其言ふ所は始祖の意に戻り、自家衝突なことを合一して行はんとするものなれば、之を世に施す日には甚しく、人間の理想の発達を束縛することとなるべし。平田篤胤あまりに仏をやりこめて、或る坊主が、汝は後身大蛇とならんといひしに、平田大に悦で、吾大蛇となり汝等を飲んといひしとか。金粟王も仁者等がいふ如き馬鹿々々しき底の見えた旧言陳文を保護強会するやうなことは、大蛇となりて迄も破壊せんとす。

又なにか大乗の活眼とか相伝とかいふが、それは坊主の本職秘事、いはば手品(てじな)の秘伝の様なことなり。仏教のみにあるに非ず。ここの所をここ説き、あしこをかく説くといふことは、どの教にもあるなり。悪いことには非ず。ただそれをうまくかえてとけといふなり。而してあまりに古めかしき、人情にあはぬつまらぬことをいふて、人に笑はるるなといふなり。

予に又公平の懐〔カ〕を用よ云々といふ。[55] 予ほど公平なるものなし、何となれば何れの宗教の好処をも知り信じおればなり。ただ因果といふこと、世界の進むにつれて、事理無碍なれど、神意といふことは有碍といふなり。此外は諸悪莫作衆善奉行、[56] どの宗教も説く所之に止り、又教理といふことはどれにもありて、それを自慢するは、いなかものが自分の村の戸長の肩もち、つかみ合ふやうなことなり。余は、仏教も社会の一事なり、故になるべく事理無碍にして社会を益すること、大に害すること少なかれといふなり。今日仁者を始め吾国の僧共はなにか陳腐旧套を襲ひ、中には僧にして妾を蓄へ、家内に大争動をおこすやうなものもあり、又分もしれぬ俗事醜聞を政府に持込む輩もありて、説く所はただ高尚とか、深遠とか、三蔵の浩瀚なる中々俗人に分らぬとか、扨は梵文の『阿弥陀経』、ガヤの巡礼等のつまらぬことに過ず、ただ告朔の餼羊。[57] 且つは伝来の吾朝の文学中に道命[58]が和泉式部を犯し、真雅[59]が業平の若姿にほれ、乃至弘法大師が玉川の詠、[60] 僧正遍照[61]が血の涙ながして妻に別れたことなど脳にしみこみおる故、円い頭のものみれば何となく古を忍ぶこと、たとえば伊賀越して或茶店へ立寄り、つまらぬことと思へど、荒木村光[62]が復讐の事を回起して茶代五銭捨て、桂川を渡るときは、実につまらぬことながら、おしゅん伝兵衛の浄瑠璃(63)を思ふてそぞろに去ること能はざるやうなことなるのみ。今に社会繁忙にして文雅幽暢の心は薄く、なにごとも実用を主とするやうなこととなれば、一向仏寺に詣するものなどなくなるべ〔し脱カ〕。甚だ坊主の為に気の毒なれども、正法の滅するは、坊主共が之を適用する法に懶きに出ることなれば詮方なし。今日の神意不信家が理想を以て宗教を立んといふは、みな仏教と同一にしてただ荘厳を欠くばかりなり。凡て新きものは人さして信ぜず。荘厳なき故也。荘厳とは古伝のなんとなく、人の脳にしみこみおるやつの総計が感情にあらはるるものなり。（これは金粟王の解）仏のオゴスコム August Comte は理学をば主張して宗教を立んとせしが、行れざりき。実に理のある言ながら、古からざる故、人が信ぜぬなり。されば仏教は古きもの故、且は他の感慟上より立たる宗教に非ずして理想上より立たるものなれば、是等神意に反対して因果を以て道徳の標準とせんとする学説を包含せんこと、それこそ今後の『法華』ぢや。然るになにか自分怠慢にして分らぬから、先分つたことばかりいへといふやうなことで、カソリック輩のこぢつけより一層大なる馬鹿げたる強会を以て教を張んなどは、実に実に苦りきつたることなり。かかる仏教には飽迄反対なるのみならず、どこ迄も其全滅を望む。伊達何某とかや仙台の国守也、今年は凶荒なれば人民をせがみて金を借り取れ、とすすむる人の有しに、其国守詞は無くて、「（歌上の半句は忘る）めぐまる〔ぬ〕民にめぐまる身は(64)」と詠ぜしとなり。今の坊主輩の如きは、此歌に対して汗かかざらんや。すなはち衆生を救ひ導き教ることは少くも無く、救はれ、導かれ、教られて、且頑爾として一向無益、不条理の頑説を囀るものなればなり。

○重野が演説（『学士会院雑誌』十一編之九、四百十四葉〔ママ〕（これはたしかに今小生が見ておるなり）「玄昉道鏡云々、尤も法相宗は、唐僧玄奘から伝え、玄奘は清僧でないから、此宗旨の方では、女犯は当然の事のやうに思ふ気味もある哉に見えます」とあり。（右は文章原文のとほり写す）玄奘が清僧でない（清僧でないとは、ここの文では魚肉とかなんとか食たことに非ず、全く女犯の事と見ゆ）とは実に珍聞なり。小生も随分しらべた、又人にきいたが、玄奘は少時より有名なる清僧なりしとのことなり。但し諸子百家の書に通じたことを清僧でないとのことにや。然し仏教外の書を読たりとて清僧に非ずといふことなし。何に致せ吾邦の学士会員たるものの言なれば、種のあることならんと思へど、随分ほらも学士会員にあるやう（同学士会員大鳥圭介の「印度宗教論」には裸身外道の事（ジヤイナ）[65]を知ずして禅宗と書し、禅宗とシックと同一目に入れたり。[66]なにか禅宗は教外別伝といふ故仏教に非ずとでも思へるか。頗る笑ふべし。ロンドンなどで学士会院にかかる珍説をいひたら、それこそ大議論ならん。さすが僧俗共に学問衰へた日本ぢや。韓子の言[67]をかりていはば、それ幸に倫敦、巴里に生れずして笑をまぬかるることかな、又それ不幸にして倫敦、巴里に生れずして大方に正されざることをぢや）なれば、重野なりとて承知はせず。小生は断じてほらなりと思ふ。而して吾邦には多く坊主もあり、此事の如きは実に仏教に関すること大にして、『国民の[之]友』とぢやとかなんとか、毛の生た耶蘇記者などかかることを、おつときたぜと呑み込んで直に吹き出し、「夫れ吾邦の大乗教如きは実に言行不埒のものたるは、彼経典を伝来せる玄奘自身が清僧に非りしにて知らる」などといふべし。然るときは一同、いよいよと之をほめて信じ、虚を伝るなり。故に仁者帰国の上とくとしらべ（とくとしらべずとも玄奘が清僧なりしことは十中の十明かなり）た上、重野へ一問され度候。小生の名にて宜しく候。小生は実に此事を聞き度候。[68]小生前年西印度にありしとき山間にて病り。あまりにひまなりし故、一書を草してハバナ港に往く人に託し、重野におくれり。[69]返事なし。途上にて失れしか、又はなにか別子細あるか。小生はかかることをよきことと思はず。故に原稿は焼たり。然し仁者も随分悪口は味い方なりと見れば、小生も悪口はうまからざるに非ぬが、仁者は自ら米虫[70]と称する故、気死せしむることをゆるしやる。但し決して臆したるに非ずといふことを示ん為、記臆のまま左に記す。原文は記誦のまま事を引たり。故に少々間違ありしなり。今之を改正す。但し少きは文句等のことなり。

ベーリング・グールド[71]、其『中古志怪篇』[72]に序して言く、一社会に佳話美談として伝へたる事を放古にするは至て痛心すべきことながら、史家の止を得ぬ本分ありとて、彼瑞西国[スイス]独立の建勲として伝称するウヰルヘルム・テルの事は、全く波斯国[ペルシア]等に行はる古伝を衍りしものなりといへり。然り。いかに美談佳話なりとも、史家が其謬を正すはまことに然るべきことなり」[ママ]

児島高徳[73]が事は実に南北朝のときの佳話にして、熊楠は何故かかる忠義の人の今に及で祀られざるかを歎じ疑しに、近く吉野神社に配祀されたりと聞て大に安心し、まことにかくあるべきことなりと、謹て聖朝古人を遇するの厚きに感佩せり。然して先生は近来荐〔しき〕りに断簡片墨〔カ〕を引き出し、かたぱしから古人の事を糞になし、高徳朝臣が事は全く虚也といはるるとか。まことに史家の志としては有難きことなり。もし高徳は亡是公烏有先生(74)ならんには、いかなる美話なりとも一撃之を破壊するを望む。然るに熊楠には少々分らぬことあるなり。先生は自分の考証は西洋の帰納法なりとて毎々公衆に告らるるとか。帰納法は博く異同を集て判証するものなり。今先生の為す所を見るに、少しも帰納法に非ず。前日先生、第一高等中学校の講堂で此事を演舌のとき、黒板え『太平記』中の児島高徳に関する条々の名を記して一一其妄を弁じたりとか。熊楠の見る処にては、一つの書を執てかたこなしにやっつくるは帰納法に非ず、いはば至極勝手次第な演繹法なり。すなはち我意に募るといふものなり。先生博学にして官資によりて無数の書をよむときけば、世に〔カ〕『吉野拾遺』(75)といふ書あるを知らざる筈なし。知ざる筈なき処か、先生と同臭の依田百川氏が浄瑠璃(76)は、全く此書に因て名を設しものにて、なにか先生自身（重野）の序もありしやうなり。然るに先生片こなしに『太平記』を毀て、『吉野拾遺』を破らざりしは如何。何となれば高徳朝臣の事たる、『太平記』に見えるのみならず、『吉野拾遺』にも見るなり。

すなはち『拾遺』に、「いにしきさらぎの頃児島備後守高徳の許よりの使とて云々。文いとこまやかなる〔に〕思をのべて逞しく書給ひてける〔り〕。其中に扨も世は思ふに叶はぬ様哉、何れの人々も君に心〔忠〕を尽し御敵を滅ぼし再〔ふたたび〕一統の御政道を仰んと〔の誠を脱〕のみ思はぬはなし。高徳苟くも先帝の御為には唐土の紀信が義にも擬へ子房が謀にも劣らまじと勉めて心計りは潔く明暮是のみを心がく〔計る〕と雖も御運〔の脱〕拙きにや其事往かでややもすれば味方に良からぬ気〔け〕いなどいましていと口惜く候。越の土ともなりなまし。扨も年頃の好〔よし〕み忘るるひまも無く侍れど軍の為に明れば西ひんがしに忙きくるれば北南に走る〔り〕暇には高きいやしき一所に参り〔集り〕せくぐまる謀事より外には他事もなし云々抔、昔今の事心ばせを尽して筆を染玉へる様又なくすさみ〔う〕の事にも思ひ侍る。此文の外に又認めたる文と〔やうの〕いふ物有り。封をほどき見れば新玉〔あらたま〕の年を祝したる詩有り〔なり〕。

「〔ママ〕近翫胡人而吟北陸遥雖慕南風、音信難通矣。嗟乎芝蘭今既凋、心友断交、闇然送光陰而已。殊旧冬之去〔玄〕寒、新陽之余寒、交以徹于肌骨、宜預憐察焉。委曲別以状、鄙懐千万端。

東風吹暖入蒙公〔入家々〕　想像九衢塵裏嘩　不識世間春色遍

旧炉残火去年花

此来雖騒劇仕莫誼修禅之工夫矣。俗士之隠生者乎。

二月甲戌　　隠老机前　　児島高徳、

いとこまやかなる事なめり〔かし脱カ〕と思ひ序で宜しく叡覧に供へ奉りしにいとやさしきなど勅賞有しも有難し。(77)」とあり。(此全文は後に弟より書き送らせたるなり。重野へはただかかることありといへるのみ、全文は記せざりき)而して此『吉野拾遺』と申す者は南朝の公卿吉房卿の自記にて、其頃の実録なれば、尤も信ずるに足ることなり。且先生は高徳が事はみな『太平記』にいふ処法螺なりとて、帝駕を奪んとし、正成を援んとし、又京攻に侍大将となり、苦労千万なりし、かほどの人がなにゆえ建武中興に正成、義貞、親光、長年等と同く大用せられざりしかとて、其人の無是公なりしをいふ。されど高徳が功名は、建武中興前よりは後に多かりしなり。すなはち熊山に義兵を挙げ、父範長が賊を罵て死せしことより、義貞に北国に従ひ、義助に四国に従ひ、後村上帝の勅を奉じて新田の子弟に義挙を奨励したる等みな建武以後のことなり。而して『太平記』に、建武前には児島三郎と名字を記するのみにて、以後は備後守と書たる所多ければ、建武中興以後に多少の勲賞はありしなるべし。況んや此建武中興の勲賞といふこと、さつぱり無茶の次第にて、尊氏功もなきに大に賞せられ、正成の大功あるすら別に昇殿をも許されず。赤松円心は正成に次て義を挙たる人なるに、播磨一国の守護職を与へ、それすら暫時にして褫〔うば〕はれ、僅かに佐用の一荘を与られしほどのことなり。此中興の勲賞無茶なりし故、不平の武士相結んで終に再び大乱となれるなり。さればかかる天皇の弊政故、高徳など別に賞せられざりしなるべし。何に致せ、先生自誇の如く帰納法が史学に必用なれば、何卒、『太平記』のみ撃ずに『吉野拾遺』をも撃れざりしを怪む〔ママ〕。」

又先生は正成の子訣れ(78)もなきことなりとか。而して其証とする処は、足利氏の中頃の地図を引て桜井は宿場で無つたとかに止る。然し足利氏の中世と、正成のときとは、少くも百五十年は隔れば地図もかはるならん。又事奇なりとて、なしといふか、天下の事何事か奇ならざらん。今日吾輩如き馬鹿者にても、友人の不在に行き合せて机辺の壁に用談を書き付け、又三日も旅するときは父母より教訓を受るなり。古の勇士名将は今の漢学者如き卑劣虫蛆同様のものに非れば、かかることあるは当然なり。羅馬の大敵たりしハンニバルは、九才のときに父に乞はれて羅馬人と併び立ずと壇に誓ひ、戦場に父の死を見て益々志を堅くし、終に大軍羅馬に攻入しとか。正行〔まさつら〕の事と一揆也。これらも又なきことといふか。なるほど今もアルプス山を象で踰ることは至極六かしからん。されど学者別に疑はぬ也〔ママ〕。」

又先生は吉田兼好が師直の艶書かきしことは[79]決してなし、『太平記』は妄也とて、其証は兼好は哲学者也とかいふに止る。哲学者は必ず言行の正きものに非ず。漢土の揚雄が『太玄』、『法言』を述作して『大易』、『論語』に駕するほどの才想あり乍ら、逆賊王莽に媚附して『劇秦美新』の文を作り[80]、英のベーコンがかかる大学者にしてなほ賄賂話しを受け[81]、独逸の大哲学者シエリングは、人こそあらめ、友人これも哲学者シユレツゲルが妻で、これも哲学者たりし女に通じ[82]、程伊丹先生は帝王を待するに自ら師道を以て居りしほどの学者なれど、内々は載尾とか名けて少年のおかまをほりしといふ[83]。現に目今も一代の儒宗といはるる人にして、実はせせもなき閑言語を綴り合せ、一書出る毎に左右に媚言を序し、一人死する毎に亀の首を間違て鍬の尖きで切た程のことも故事引きてほめ立るやつがあるに非ずや〔ママ〕。」

又先生なにか有賀の翻訳のスペンセルの進化論[84]でも読みそこねたか、勤王心のことを述て、南北朝頃にはまだまだ発達すべきに非ずとか。これは何たる珍説ぞや。進化とか発達とか科学者がいふは、農工商とかいふ物形以下にあらはるることをいふなり。我国に在来忠君の心ある人多かりしは、大伴家持が歌で今も楽隊が唄ふ海行かば山行かばといふ歌、又君が代の詠其代〔ママ〕多く見たるにて知るべし。何ぞ必しも漢学したりとて後に忠君ならんや。現に今も忠君とかなんといふ漢学者で、一向虫如きものあるに非ずや。而先生の南北朝のときの義人志士は一向真正の義人志士に非ざるを証すとて、名和、阿野、菊池等は何れも其昔し承久の乱に官軍に勤めて領地を北条氏に褫はれたる輩が意趣返し又領地争ひといへり。そうか、然らば失敬ながら不得止いふは、明治維新の勤王四大藩は如何。即ち毛利、島津、鍋島の三家の先祖は関ヶ原の役に徳川氏に破られ、藩士を亡ひ、降参せし輩なり。又土州の山内は其時徳川に与せしが、これも織田氏の臣なりしのみ。家康の臣に非れば、利の為に与せしに外ならず。然るときは、名和、菊池、土居、得能にして真の忠義に非るときは、島津、山内、毛利、鍋島も亦然ん。

俗に追従いひの機嫌損ねといふことあり。重野先生当世に媚るとて内田周平(85)にやりこめられ、満座の中で大耻かき、血まよふて声をふるわせ、吾れが世に媚る位ならば今頃は大臣に成て居るといふたとか。此言も亦笑ふべし。何となれば此言の如くならば、今の政府は世に媚るものを大臣とするやうに聞るなり。而して右にいふ如く、実は先生世に媚んとて妄りに古人を毀り、実は世をもそしりおる。阿媚も反て功なしといふべし。」[ママ]

歴史は事実を調るが必要也とて、色々の事実を調べらるるとか結構也。されどこれも科学者などの言にまよひ一概に左様すべきに非ず。古を鑑て今を正すが歴史の学の大用也。スペンセルなど従来の史書は無用といへど、それは科学に取て無用なるのみ。

古人の言行等を論ぜしものは、一国の道徳気風に取て大功あること、あに事実位のことならんや。又先生久く官資を以て其重任に当りながら、なにかおかる勘平とか九太夫、鷺坂伴内等の事実を駁して世に出せるのみ(86)。其他は聞くことなし。かかるつまらぬことは隠士閑人の笑話とすべきのみ。官に仕へ国税に食する輩のすべきことに非ず。素位尸居とは先生の事ならん」[ママ]第一に吾国の歴史外国に知れぬ故、外人はなにか支那の領分のやうに思ひ居るなり。願くはおかる勘平等の考証を止め、一番に一寸した吾国の歴史通覧を作り出し示されよ」[ママ]又古のことは扨おき、近世吾等が親ら見聞せる、先帝、先将軍が急に崩薨せることより、先生の旧主たる島津が始めは幕府を助け、後に幕府を討しこと、又同く島津が贋幣を作りしこと、征韓論の内幕、藤田組の贋札(87)、二度の朝鮮のもめ、伊藤が独逸で入りもせぬことを多く伝へ来れること、又宮方の別当の中に娼妓を妻とせるものあること、参議の方々の内に妾を交換せしものあること、より、木戸の□薨(88)、広沢の暗殺など(89)、吾輩現に其世に生きながら、一向田舎の穢多芝居（えたしばゐ）を一段一文で見る如く始終曖昧でとんと分らず。先生今から六七百年前の事を推して、光明天皇は無きことなりとか、正成は何の事なく乱軍中にふみ潰されたりとかいふを止め、せめては後世をして明治の事歴を知るに易からしめん為、右に述る諸事件を一一実録し、もし之を出しては非職を食ひ、食ひかぬるといふやうな難あらば、大[太](90)史公にならひ、名山石室に一部づつおさめて後世を期せられんことを」[ママ]ば一言するは、儒教といふもの近々洋人も知りたがり、色々と問はるるが、何様どど一の如き鄭風衛声の歌より八卦もあり又銘々伝の如きもありて一向分らず。其上儒者といはるる人の行を見るに、放達とか名付て借たものも払はず、女郎も買ひ、殊に天狗共互ひの悪口甚し。現に米国にも吾輩の居りし一地(91)に日本人三十人計りありて、何れも英雄風を欽[カ]するとかいふ名にて孔孟を噂り、友あり近方より来る毎に、人知らず幸なり、亦君子ならずやと、相率ひて諸客格子の内にありといふ場処へ学問に通ひ、名声甚悪く、吾輩如き正義なものは、先進の礼楽に従ふは野暮(やぼ)也とて遠られ、大に辟易して立退しことあり。それも尤も此人々が国粋とかなんとかいふを読みもてはやす近世の儒宗で、やんごとない方の師範たるお方（元田(92)）の出す雑誌に、或る人（本田親雄(93)）子弟の教訓といふ堅い儒論あるかと見れば、次号には友人(岩下元平(94)）の私せる芸妓の妾宅、道具屋内職とする方に行き大笑ひ云々とて、いと小意気な粋談あり。どうやら自分の言ふことが一向衝突相違して居ると見える。そんなものを儒学と心得るより、人々の心得大に違ふなり。先生は一代の儒宗と千人が千人指目することなれば、何とぞ一大弁道弁名を著し、儒道の本意を述られんことを望む云々。

要するに『吉野拾遺』程のことを泄して、児島高徳朝臣は亡是公なりといふを国学者などいふもの一向頓著せず。又玄奘三蔵ほどの人のことを別に証を挙ずして清僧に非ずといふのみならず、法相の徒には女を姦するは当然と見るなどいふ。而して坊主は何の口をも出さず。吾国の学者、僧徒は実に学問に志薄く、護道の念少きと見えたり。(鳩摩羅什が女犯の事(95)はあり。多分此まちがひならん。かかるまちがひを黙して聞てゐるやつは実に大たわけぢや。[ママ]）仁者帰国の上何卒之を重野に聞てくれ(96)。玄奘が女犯せしこと実にあらば真に一大発明ぢや。小生之を世に示んとす。）枝葉の事とはいひながら、かかる言はややもすれば大間違のもととなるなり。返す返す珍事ぢや。而して之を咎むるもの一人も出ぬも亦大珍事ぢや。」[ママ]

小生は書籍保存室とか何とかそんなもの新に建ずともよしと思ふ。仁者ただ先づ書籍を衣食を減してでも集むべし。印度にて植物集ることは小生別に心に期して仁者に頼まず。日本にてのは頼上候。其方は他日くはしく申上べく候。然し印度にても菌茸、草木の葉茎につけるカビ、シブ、クロへなど俗に申す黴菌病、又木皮などに付る苔など、多少とも見当るときあり、且便あらばとり被送下度候。一つにても宜し。且又路傍などに生ぜる小き草一寸書物の間にでもはさめるものあらば、ひきぬき挟み乾かして、状へ入れ送られ度候。小生は数年内に行くべし。只今しらべ中なり。仁者帰国の上は集め、多少に不関被送度候。小生は奇僻のものにて、ただ科学ばかりやらかし、生理とか分類とかいふていばるものを甚蔑し候。

此一事は仁者と同意なるのみならず、左様の志にて科学をするなり。故に奇なるかな、科学上の友とは一人もなく候。故に植物の集ることも仁者に頼むなり。日本へいつ帰るか一向知れず。ただ亡父の面目の立つやうなこと成れば帰る也。呉起(97)が宰相と成ずんば還らずと誓て魯国を立退き、母の死に趣かざりしやうなことなれども、小生少く志すことありて、さして難からねば其内に帰るべし。もし其内に母死亡すれば、決して帰らず。成るままに成りて一生を終るつもりなり。白貫師(98)え他日状出すことあらば、小生勉学し居ると申され度候。これは女は世間せまきものなれば六かしきは分らず。故に旦那寺の和尚よりきかば、よく分り喜悦すべしと思ふなり。　先は貴答迄早々申上候。

南方拝

土宜法龍様

明治二十七年二月九日

［小生昨冬より昨夜迄植物三千〇十一種を検せり。これにて一と休み致候。

先日貴問の事は、聞合せたる男(99)一週間以下病臥に付、今しばし延引、国元えでも申上べし。］

（1）本書翰は金清堂製の罫紙（縦二三・五×横三二・五cm）七葉に墨書されている。これは〔八坂本18〕に対する返書であり、本書翰に対する法龍の返書が〔八坂本32〕である。二月十一日の『法龍日記』には「南方氏書を送る。依て回答書を草し本日出す」とあり、翌日の熊楠の日記（『熊楠日記1』三三三頁）には「土宜法龍師より状一受」とある。この書状が〔八坂本32〕である。〔八坂本〕がこれを三月十九日付の〔八坂本30〕と関連付けて、三月下旬頃のものとするのは誤り。

（2）〔八坂本18〕を指す。

（3）この熊楠の言葉からも窺われるように、今も広く用いられている南方（南伝）仏教と北方（北伝）仏教という枠組みはあくまでも西洋の東洋学者が創出したものである。

（4）頼山陽（一七八〇―一八三二）。江戸時代後期の儒者、歴史家。『日本外史』の著作で知られる。

（5）チベットの法王のこと。ダライ・ラマやサキャ時代のサキャ派の管長を指している。

（6）〔八坂本18〕一三二頁で法龍が、カシュミールで大乗が発生したことは初めて聞く等と述べたことを受けている。カシュミールの仏教を大乗とする熊楠の見解は、おそらくは当時の西洋の東洋学界の論調に影響されたものである。例えば［Monier-Williams 1889:68-69］は、大乗経典の起源をカニシュカ王の治世にカシュミールで開かれたという第四結集に求めている。こうした見解は日本仏教徒にも影響を与え、彼らによる大乗のルーツの探究に、ネパール、チベットと並んでカシュミールが視野に入れられる要因となった。熊楠の「カシュミール辺にて大乗のことを探」るという抱負（〔八坂本3〕一九頁）もこの文脈で理解されなければならない。

（7）世親（ヴァスバンドゥ Vasubandhu、四〇〇頃）はガンダーラ出身で、説一切有部から大乗に転じた唯識派の論師。清弁（バーヴィヴェーカ Bhāviveka、四九〇—五七〇頃）と聖提婆（アーリヤデーヴァ Āryadeva、一七〇頃—二七〇頃）は中観派の論師。世友（ヴァスミトラ Vasumitra、二世紀半ば頃）はカニシュカ王の治下に第四結集を行なったとされる説一切有部の論師である。彼らをカシュミール出身の大乗の菩薩と一括することは、たとえカシュミール（罽賓）をインド西北部からアフガニスタン北部までの広い地域と見なしたとしても（〔高山寺19〕注（18）参照）、適当とは言えず、法龍も〔八坂本32〕二三三頁でこの点を批判している。

（8）古代に仏教の隆盛が伝えられたカシュミールは、中世にはヒンドゥー王国が栄え、十四世紀末頃からはイスラーム化が進展した。したがって「今のカシユミラは大乗」とは言い得ない。ただし東北部のラダック地方はチベット仏教圏であり、熊楠の否定（後出）にもかかわらず、「喇嘛教」が行なわれている。

（9）ここに言う『三才図会』とは『和漢三才図会』のことで、熊楠の念頭にあるのは巻六十四「天竺」に見える『三才図会』地理十三巻からの次の引用と思われる。「沼納樸児（一名金剛座国）在榜葛遍西古天竺国也在印度之中乃釈迦得道之所」。熊楠は、沼納樸児の沼を除いた納樸児を「ネポル」（Nepal）に当たると見るのであるが、沼納樸児は、インド、ウッタル・プラデーシュ州東部の町ジャウンプル（Jaunpur）に同定されている［山本一九七五：四九一］。

（10）カトマンズ盆地に居住するネワール族の仏教（ネワール仏教）は、確かに、インド伝来の大乗仏教である。その情報と資料、特に梵語で書かれた大乗仏典のそれを初めて西洋世界にもたらしたのは、カトマンズ駐在のイギリスの resident、ブライアン・ホジソン（Brian Houghton Hodgson 一八〇〇—一八九四）であった。熊楠は、「与龍聖法印書」（〔高山寺15〕注（10）参照）の中に、ホジソンによって紹介された「九法」（Nava Dharma ネワール仏教で重視される九つの大乗経典）の名を列記しており、すでにアナーバー時代にそうした知識を、もちろん西洋のインド学経由で、いくらかは持っていたことが知られる。

（11）漠然とインド・アーリア人を指していると見られる。

（12）クシャーナ帝国を建てたクシャーナ（貴霜）族を指していると見られる。クシャーナ族の出自については諸説あるが、これを匈奴種とすることはできないであろう。
(13) ヒンドゥー教シヴァ派。
(14) 法龍の論法を中国戦国時代に活躍した名家の公孫龍（前三二〇頃―前二五〇頃）による白馬非馬の論にたとえたもの。
(15) 探し回り、の意。
(16) パクパ・ロドゥーギェルツェン（'Phags pa Blo gros rgyal mtshan 一二三五―一二八〇、八思巴（パスパ））。チベット仏教サキャ派の大ラマ。一二六〇年、フビライ・ハーンの即位に伴って国師に任ぜられ、チベットの政教権を与えられた。熊楠は梵僧（インド僧の意）とするが、彼はチベット人である。
(17) 廉希憲（一二三一―一二八〇）。フビライに仕えたウイグル人の軍人政治家。硬骨漢として知られた。
(18) 北条長時（一二三〇―一二六四）の誤り。なお日蓮が得宗北条時頼に『立正安国論』を提出したのは文応元年（一二六〇）七月のこと。
(19) シャマニズム。
(20) ゾロアスター教を指している。パールシー（Pārsī）はインドのゾロアスター教徒の呼称。八世紀にイスラーム教徒に追われてペルシアからインド西海岸に至ったとされる。ムンバイ（旧ボンベイ）を中心に居住し、イギリスの植民地時代に活発な商業活動で財をなした。
(21) 「喇嘛教」（チベット仏教）を諸宗教の混淆形態とすることのような見方は、［Monier-Williams 1898: 261-263］にも認められ、当時の西洋におけるチベット仏教観を示すものとして興味深い。
(22) ツォンカパ・ロサンタクパ（Tsong kha pa Blo bzang grags pa 一三五七―一四一九）。宗喀巴。チベット仏教ゲルク派の開祖。
(23) 十七世紀からチベット仏教圏に足を踏み入れたキリスト教宣教師たちが、チベット仏教にキリスト教との類似を見て、この種の報告を行なっている［山口 一九八七：八―六〇］。
(24) 南宋の慈照子元が創始した浄土信仰の一派で、弾圧を受けて秘密結社化し、元代から清代までたびたび反乱を起こした。
(25) ゲルク派以前に成立したチベット仏教の諸宗派を紅教、あるいは紅衣派と呼ぶことがある。これに対してゲルク派は黄教、黄衣派である。しかし、これらはいずれも本来の名称ではない。チベット僧の服飾中、色で宗派を区別するものは、衣ではなく黄帽、赤帽などの帽子である。
(26) エレアのゼノン（Zēnōn 前四九〇頃―前四三〇頃）。「ゼノンの逆説」で知られる古代ギリシアの哲学者。
(27) ドムトゥン・ギェルウェージュンネー（'Brom ston rGyal ba'i 'byung gnas 一〇〇五―一〇六四）。チベット仏教カーダム派の祖師。一〇四二年に来蔵したベンガル人学僧アティーシャ（九八二―一〇五四）に師事して同派を興した。大乗を排撃したという事実は確認されない。ブロム・ストンの表記は、Brom-sTon［Monier-Williams 1889: 273］のような英語綴りをそのまま写したもの。
(28) この場合の Moreover の意味については〔八坂本17〕一二五頁を参照せよ。
(29) 熊楠と法龍が初めて会った明治二十六年十月三十日の中井芳

楠宅での夜会での出来事を述べたもので、そこに巽孝之丞（〔高山寺5〕注（99）参照）と共に中村錠太郎（〔高山寺5〕注（55）参照）がいたことは『法龍日記』からも確認できる。

（30）〔八坂本16〕一二三頁。これは熊楠が二月二日付の書翰（未発見）に「仁者の上を踰て」と書いたことに対する法龍の反発であった。これを受けて熊楠は〔八坂本17〕一二五頁と本書翰でこの言葉の意味について縷々説明している。

（31）〔八坂本16〕一二二頁で法龍が『法華経』『涅槃経』等の幾千の仏典は釈迦如来の説ではないという考えかと尋ねたこと。

（32）〔高山寺14〕注（25）参照。

（33）熊楠は、〔八坂本7〕（一八九三年十二月二十四日付）の辺りから、金粟如来、金粟王、金粟王如来、無垢称、維摩、浄名などと自称するようになる。金粟如来は維摩の前身とされる。このことは『維摩経』自体には見えず、天台智顗（五三八―五九七）の『維摩経玄疏』（大正№一七七七）などの中国撰述文献に現われる。維摩（詰）は梵語Vimalakīrtiに相当する音写語、無垢称と浄名はその意訳である。おそらく熊楠は、〔八坂本5〕で法龍から舎利弗（智慧第一の仏弟子）、あるいは南方菩薩などと呼ばれたことに刺激されて、出家者の舎利弗よりも、『維摩経』の中で舎利弗ら仏弟子たちをへこませる居士（在家信者）の維摩こそ自らをなぞらえるにふさわしい存在と考えたのであろう[Tamura 2008: 411-412]。ただし熊楠は、八年後に書いた〔高山寺26〕二六七頁で「汝が猥りにまじめな状の尻に金粟王如来と書し来り、扨金粟王その心得で汝を米虫と唱すれば、忽ち無明の業火を起上して又々金粟王米水虫如来などと書き来るは、最初無用の語を書きし其方の謬りなり」と述べている。これに従えば、金粟王如来は法龍が奉った尊称、米虫は熊楠が法龍に付けた渾名（本書翰注（70）参照）ということになるが、この点についてはさらなる検討を要する。なお金粟王は、不可思議撰『大毘盧遮那経供養次第法疏』（大正№一七九七）等では、善無畏の『大日経』感得に関わる塔を建立したガンダーラの王（カニシュカ王がモデルか）の名でもあるが、これと熊楠の自称とは直接の関係はないようである。

（34）釈迦文仏、すなわち釈迦牟尼のこと。文はmuni（牟尼）の音写。

（35）江戸時代中期に大坂で起こった時事風刺の滑稽な俗謡。願人坊主が二個の小さな木魚を叩き、あるいは扇子で拍子を取りながら唄い歩いた。

（36）『法華経』譬喩品に数え上げられる謗経の報いの一部。〔八坂本17〕一二七頁、〔高山寺19〕一九八―一九九頁参照。

（37）現存書翰では法龍の〔八坂本4〕二六頁に初めて現われる。熊楠は、妙味を妙観、妙理、あるいは妙想とも言い換えているが、これに〔八坂本7〕四九、五〇、五二、五三、五六、五九、六一、八四頁、〔八坂本17〕一二九―一三〇頁で批判を加えている。

（38）不詳。

（39）『江戸男色細見』、別称『菊の園』。風来山人こと平賀源内（一七二八―一七七九）の作。

（40）杜甫の詩「飲中八仙歌」。熊楠はアナーバー時代に『珍事評論』第一号にこの詩のパロディー「アナバ府飲中八仙の歌」を載せている（『熊楠珍事評論』五一―五七頁）。

(41) 華厳学派の四法界説における事理（理事）無碍（礙）法界のあり方。事（個別的な事象）と理（普遍的な理法）とが相即円融の関係にあること。

(42) 熊楠の「前書」の議論は〔八坂本17〕一二八―一二九頁、法龍の「貴状」のそれは〔八坂本18〕一三四―一三五頁を指すものと思われる。

(43)〔八坂本16〕一二一頁参照。

(44)〔八坂本18〕一三六頁参照。

(45) 行基（六六八―七四九）。奈良時代の僧侶。諸国を遊歴しての布教や土木工事、東大寺大仏勧進などで知られる。須恵器は行基が創始したとの言い伝えがあり、そのため行基焼とも呼ばれる。

(46) 泰澄（八世紀頃）。白山を開いたとされる伝説的な行者。

(47) 役小角（生没年不詳）。飛鳥時代から奈良時代にかけて活躍が伝えられる呪術宗教者で、修験道の開祖とされる。役行者、役優婆塞とも呼ばれる。

(48) 実忠（七二六―?）。奈良時代の東大寺の僧。東大寺二月堂の十一面悔過（修二会）の創始者とされる。

(49)『元亨釈書』巻第九感進一。

(50) 富樫政親（一四五五―一四八八）。室町時代後期の加賀の守護大名。一向一揆によって攻め滅ぼされた。

(51) 陳那（ディグナーガ Dignāga　四八〇頃―五四〇頃）。インドの仏教論理学者。

(52)『論語』陽貨篇。よい話を聞いても、それを心に止めないで、すぐに他人に受け売りすること。

(53) イギリスの政治家、歴史家トーマス・マコーレー（Thomas Babington Macaulay　一八〇〇―一八五九）か。

(54) アメリカの詩人、思想家ラルフ・エマーソン（Ralph Waldo Emerson　一八〇三―一八八二）か。

(55)〔八坂本18〕一三六頁参照。

(56)「七仏通戒偈」の前半部分。「自浄其意是諸仏教」と続く。

(57)『論語』八佾篇。実を失い形式ばかりが残っていることの譬え。

(58) 道命（九七四―一〇二〇）。平安中期の天台僧、歌人。『法華経』の能読（読誦に長けた者）で、和泉式部との交会伝承でも知られる。

(59) 真雅（八〇一―八七九）。空海の高弟で実弟。東寺の一の長者を務めた。真雅には、満陀羅と呼ばれていた少年時代の在原業平に恋して、「おもひ出る常磐の山のいはつゝじいはねばこそあれ恋しきものを」の歌を贈ったという言い伝えがある（楳条軒『よだれかけ』巻之五）。〔高山寺33〕注（8）参照。

(60)『風雅和歌集』巻十六に弘法大師の作として収められた「忘れても汲みやしつらむ旅人の高野のおくの玉川のみづ」を指す。その歌碑が高野山奥の院参道の二箇所にある。熊楠は明治十五年、十九年の両度の登山のいずれかの折に、この碑を見たのかもしれない。

(61) 遍昭（照）（八一六―八九〇）。平安前期の天台僧、歌人。寵愛を受けた仁明天皇が崩御したため出家した。

(62) 伊賀上野の仇討ち（鍵屋の辻の決闘）で知られる荒木又右衛門（一五九九―一六三八）のことと思われる。ただし彼の名は保和。

(63) 世話浄瑠璃『近頃河原達引』。

(64) 上の句は「朝な夕な飯くふごとに忘れじな」。この歌は、普通、水戸藩主徳川斉昭（一八〇〇―一八六〇）の作とされる。

(65) Jaina. ジャイナ教（Jainism）は前六―五世紀頃、仏教とほぼ同時代に同地域から出現したインドの宗教。その開祖ヴァルダマーナ（Vardhamāna）はジナ（Jina 勝者）、またはマハーヴィーラ（Mahāvīra 大雄）の尊称を持ち、ニガンタ・ナータプッタとも呼ばれる。熊楠は、ジャイナ教と仏教との関係に着目し、〔八坂本6〕三七―三八頁と〔八坂本7〕六八―七二、八〇―八二頁に、コールブルック（H. T. Colebrooke）、リス＝デヴィッズ（T. W. Rhys-Davids　一八四三―一九二二）、モニエル＝ウィリアムス［Monier-Williams 1889:529-536］によるジャイナ教解説を抄訳している。このうち〔八坂本7〕所載のものは、法龍の「ゼンズム」（Jainism）調査要請（〔八坂本5〕三〇頁）を受けたものでもあった。

(66) ジャイナ教を巡る熊楠の大鳥圭介批判については〔高山寺14〕注（19）を参照せよ。

(67) 韓愈「原道」に「其亦幸而出於三代之後、不見黜於禹湯文武周公孔子也。其亦不幸而不出於三代之前、不見正於禹湯文武周公孔子也」とある。

(68) これと同様の依頼を熊楠は本書翰の末尾と〔高山寺17〕でも繰り返す。これを受けて法龍は、〔八坂本32〕二三八頁で玄奘については帰朝の上、取り調べると約束している。法龍がこの約束を実際にどの程度果たしたかは不明であるが、彼は明治二十七年八月六日付の熊楠宛書翰〔補遺2〕で「玄奘上人の妻帯、または大乗のインド禅すなわち日本禅云々のことは、追い追い調査致すべく候。重野氏は目今旅行中に有之候」と述べており、帰朝後も、大鳥圭介批判（〔高山寺14〕注（19））と共に、この件を気に掛けていたことが分かる。

(69) 明治二十四年（一八九一）十月六日の熊楠の日記（『熊楠日記1』二八四頁）にある「徳富猪一郎氏へ宛、重野安繹先生に問幷に告る状を贈る」がこれに当たる。

(70) 法龍の自称。穀象虫、転じて穀潰しの意か。熊楠は、八年後に書いた〔高山寺26〕二六七頁で「汝が猥りにまじめな状の尻に金粟王如来と書し来り、扨金粟王その心得で汝を米虫と唱すれば」云々と述べており、これに従えば、米虫は熊楠が法龍に付けた渾名ということになる。しかし、明治二十七年三月七日の日記（『熊楠日記1』三三六頁）には「粟田の飯虫といふ人の名あり。これは仏経の米虫にとり、粟に因めるにや」という、熊楠が、法龍が米虫と自称する理由を量りかねているとも解し得る記載がある。熊楠の金粟王如来の僭称（本書翰注（33）参照）に対して、法龍は極端な卑称で応じたのかもしれない。ともあれ、現存資料中その最も早い用例は、明治二十七年一月二十五日に熊楠が受け取った法龍の書翰［法龍来簡2951］（〔八坂本13〕の後半部）の末尾の署名「巴里の米虫法龍」である。

(71) ここから一四三頁上段「述られんことを望む云々」までは、熊楠がハバナから重野に送ったという書翰。熊楠によれば、これは記憶に基づいて再現した本文に、常楠に書き送らせた『吉野拾遺』からの引用文を加えたものであるという。これには二節分の脱落があったので、熊楠はそれを翌月に書いた〔八坂本23〕一六六―一六八頁に追記している。

(72) Sabine Baring-Gould, *Curious Myths of the Middle Ages.* これを熊楠は『中世志怪篇』とも呼んでいる。本書は一八六六、六八年に初版が二巻本で出版されて以来、多数の版を重ねている。熊楠の蔵書（『蔵書目録』洋230.01）は一巻本のNew edition (London: Rivingstons, 1884) である。サビン・ベアリング＝グールド（一八三四―一九二四）はイギリスの著述家。彼の熊楠への影響については、『知る事典』三九〇―三九二頁参照。

(73) 児島高徳（生没年不詳）。南北朝時代、南朝に仕えた備前国出身の武士。美作院荘の後醍醐天皇の行在所の庭前の桜樹に十字の詩を書いたエピソードなどを通じて忠臣のイメージが強い。重野安繹によって架空の人物として「抹殺」されたが、現在では実在説が有力になっている。

(74) 実在しない人物の意。『史記』司馬相如列伝に典故がある。

(75) 室町時代の説話集で、南朝関係者の逸話を集めたもの。

(76) 依田百川稿・雨宮辰之助編『改良演劇筋書　吉野拾遺名歌誉』（柳暗花明書屋、一八八六年）を指すものと思われる。

(77) 『吉野拾遺』、中根叔校『百万塔』第四巻、金港堂、一八九二年、四七―四八頁参照。

(78) 兵庫の戦に向かう楠木正成（?―一三三六）が桜井の宿から嫡子正行を河内に帰らせた、いわゆる「桜井の別れ」のこと。『太平記』巻第十六「正成下向兵庫事」に語られる。

(79) 高師直（?―一三五一）が塩冶高貞の妻に横恋慕し、吉田兼好（一二八三頃―一三五二頃）に艶書を代筆させたという話。『太平記』巻第二一「塩冶判官讒死事」に語られる。

(80) 揚雄は『周易』に擬して『太玄経』を作り、『論語』に擬して『法言』を作るほどの才能がありながら、王莽に仕えて、『劇秦美新』で新の徳を賛美した。〔高山寺6〕注（12）参照。

(81) フランシス・ベーコン（Francis Bacon　一五六一―一六二六）はエリザベス一世とジェームズ一世に仕えて大法官になったが、収賄の罪で罷免されている。

(82) フリードリヒ・シェリング（Friedrich Wilhelm Joseph von Schelling　一七七五―一八五四）はアウグスト・シュレーゲル（August Wilhelm von Schlegel　一七六七―一八四五）の妻カロリーネ（Karoline　一七六三―一八〇九）と恋に落ち、カロリーネは離婚してシェリングと再婚した。ただし哲学者として有名なのは、アウグストの弟で、熊楠もしばしば言及する『歴史哲学』の著者であるフリードリヒ・シュレーゲル（Friedrich von Schlegel　一七七二―一八二九）の方。

(83) 不詳。

(84) 有賀長雄『社会学』全三巻、東洋館書店、一八八三―四年。

(85) 内田周平（一八五四―一九四四）。崎門学派の漢学者。

(86) 重野安繹は『赤穂義士実話』（明治二十二年刊）で『仮名手本忠臣蔵』の登場人物であるお軽と勘平、斧九太夫を「抹殺」している。

(87) 藤田伝三郎（一八四一―一九一二）が起こした藤田組が贋札

製造の疑いをかけられた事件。

(88) 木戸孝允（一八三三―一八七七）が西南戦争の最中、「西郷（隆盛）もう大抵にせんか」（松尾正人『木戸孝允』吉川弘文館、二〇〇七年、二二五頁）と叫んで没したと伝えられることを指すか。

(89) 広沢真臣（一八三三―一八七一）が版籍奉還を推進中に暗殺されたこと。

(90)『史記』における司馬遷（前一四五頃―前八六頃）の自称。

(91) ミシガン州アナーバーのこと。

(92) 元田永孚（一八一八―一八九一）。漢学者、教育者。明治天皇の侍講を務めた。

(93) 本田親雄（?―一九〇九）。薩摩藩士。維新後枢密顧問官などを歴任した。

(94) 不詳。

(95)〔高山寺10〕注（38）参照。

(96) 本書翰注（68）参照。

(97) 呉起（?―前三八一）中国戦国時代の兵法家。『呉子』の著者に擬せられる。

(98) 白貫勧善。〔高山寺7〕注（5）参照。

(99) 福田令寿。〔高山寺5〕注（121）参照。

14　明治二十七年二月二十七日午後五時(1)

明治二十七年二月二十七日午後五時出

土宜法龍様　　　南方熊楠呈

御状(2)昨夕拝誦仕候。中井氏用事は別に非ず。旧友寺田福寿氏(3)より何にか伝言有しとのことのみなり(4)。小生前日当地にて公園で社会党のやつと言ひ合しにより、今度無政党のことにて巡査尋来りしが、もとより知ることに非ればそれで済たり(5)。

柬埔寨［カンボジア］大乗のことは今たしかに出処を申上ること成らず(6)。然しこれはたしかに聞しことにて之を小生に話せしものはよほどたしかにいへり。尤も同国も只今はむちやくちやにて、巨大宏壮なる仏殿洪野旬に埋没せるのみで、記録にそんなことありしが、信ずるものも無りしに、近来漸く出来りしとか申すことなれば、其国の仏僧も無学にて、大乗やら小乗やら何も知ぬもののみならん。此国えは小生是非行くべく候間、其節とくとしらぶべし。元の頃の滇州(7)にて、其頃は十分支那の領分なりしこと故、支那より入しならん。又これも只今たしかにいへぬことながら、禅宗の親方菩提達摩は柬埔寨の王の子なりしといふを見たり(8)。現に法顕が天竺より帰りしときは、船で海をまはりしことと記臆す。然れば随分支那中古には此辺にも、大乗にせよ小乗にせよ、仏教は盛なりしならん。小生は今日のカシュミラ、ネポール二国は大乗と査定す(9)。然し喇嘛教とは別にてそれよりも簡なるものならん。喇嘛教は実に仏、道、梵、拝火、等を集て大成大混和せるものといふべし(10)。小生考には、瑜珈［伽］(11)といふ名は決して仏の始しものに非ず。すなはち梵教に其名あるなり。扨それを仏教に入れて説く一派のもの生出し、西天竺より西蔵に入し。又支那に入り、一時、玄宗のときなどは一行と羅公遠との術くらべ(12)等に真言いつも道家を敗るに付き大はやりの処え、空海以下が留学して（たとえばコッホ氏が肺病なほすこと大評判の所へ中浜氏(13)などがそれを伝えに行しやうなことで）伝えたるなるべし。吾邦に仙術の入らざりしは、吉備大臣(14)其の弊を看通して禁じたりといへど、そんなこと別に正史に見えず。小生考には、仙術は多少入らんとせし処え右の瑜珈の法など大はやりで、唐朝の仙術は大に失敗したれば、吾邦より入唐の輩は主としてよきものを撰て真言をとりしなるべし。而して右のはやり跡を収めた後はやはり天台の議論と禅でもちきり、真言は例の喇嘛の手に帰したるならん。唐朝に喇嘛有しといふことを聞ず。故に日本の真言と西蔵の真言とさして甲乙なく、或は日本の方古きものに非ずや。

段成式の『酉陽雑俎』に、倭僧金剛三昧西天に到りてかえる、語す、西天に玄奘の像をまつり箸[はし]と（今一品は忘る）を其傍に画く、是れ印度無き所なればなり、云々、成式まのあたり其語をきくとあり。[15]段成式は有名なる詩人にて、『唐詩選』にも入りおり。会昌中の人なりといふ。会昌は、慈覚大師が仏徒勦滅[そうめつ]の難にあひ、纐纈[こうけち]城に観音に救はれし頃なり。[16]されば右の金剛三昧とは弘法大師か又其弟子の内に非ずや。[17]（明治十五年、小生高野に登り、開帳のときにて大師の一代記といふものを見、小生も半分計りは彩色して写せるあり。[18]其内に大師渡天の処多くあり。天馬空を馳すともいふべき獣に夜叉神やうなものと二人乗た処、又釈迦如来を拝する所などありし。されば空海或は西天に到りしに非ずや）大鳥圭介の馬鹿野郎がジャイナを禅宗と訳せるは、ジナに非ずしてジャイナなるを小生は笑へるなり。[19]すなはち勝教[20]（これは小生の用る語、すはなち露形外道）のことなるを知らずして、禅宗のことと思へるなり。露形外道の所説と仏教と似たること多し。故に今日印度にて梵教に対する二教としては、必ず此を併せいふなり。

其二教のブヂズムは仏教たること明かなるが、ジャイナ教は何の事やら知れず。こぢつけやうもないが、ジャインいふ名少く禅（ヂナ）に似、其上、教外宗などの名も禅にあれば、むりにこぢつけたるなり。禅のやうなものは、シックにも回々にも又耶蘇教にも有之。然し日本で禅宗々々といふものは仏教の一部たること疑なし。ジャイナ教は禅に非ず。仮名でかけばこそまぎらはしきが、梵語でも英語でかいても禅とは全くつづりちがふなり。然るを仏経中の露形外道なることを知ずして、禅宗と書き出し、右の講談きしものは、印度の宗教梵、仏、シック、回、耶、禅との分類綱目故、ははー禅は仏教に非るかと思ひしならん。露形外道位のことは『釈迦八相倭[やまと]文庫』[21]といふもの見ても知るるなり。然るに知らぬのみならず、かかるこぢつけをして日本の学士会員とはおかしからぬか。而して仏僧共も一向気付ずにおるとは実に苦々敷事也。又禅宗の拈華微笑[ねんげみしょう][22]の事はなんとかいふ経に出たりと王安石が語りしとか。王安石は随分姦雄なれば、其言も信じ難し。其経（大梵天王問仏云々経[23]）日本に三本ありといふ。されど何やら知れず。但し拈華微笑の事たとひ実事に非ずとするも、かかる伝有りしには相違なければ、強て之を疑ふときは、世界中の宗旨相伝のことは悉く虚妄となるべし。且禅観の事は、婆羅門徒にもかかる似たることをなせるなれば、釈尊全く心得なかりしともいひ難かるべし。現に『碧巌集』の最初[24]にも志公と傅翕〔ふきゅう〕と達磨と少々年月相違の事もあるなり。されどそれで通ておることなれば、事実はなにかの間違ひと心得ても、理は通ずること十分也。

ひよつとことといふこと御尋問[25]。ひよつとは変なことを意味し、俗にひよんなことをするなどいふなり。ひよんな男、すなはち、奇怪なことを言行する男といふ意と存候。而してひよつとこ坊主といふ字の出処は、金鶩の『滑稽七偏人』、喜次郎といふ男行脚僧に出立、亀井戸天神橋の上で茶目吉と芝居する所[26]に見ゆるが一番たしかな出所也。すなはち偽僧といふやうなことなり。右申上候也。

（1）本書翰は和久製の罫紙（縦二三・五×横三二・五cm）一葉に墨書されている。これは二月二十五日付の〔八坂本19〕への返書であり、これに対する法龍の返書が二月二十八日付の〔八坂本20〕である。

（2）〔八坂本19〕を指す。前日の熊楠の日記（『熊楠日記1』三三四頁）に「土宜法龍氏より状一受」とあるのがそれ。

（3）寺田福寿（一八五三―一八九四）。真宗大谷派の僧侶。越前国足羽郡舞屋村（現・福井市）に生まれ、慶応義塾で福沢諭吉らの薫陶を受け、後に福沢の勧告で東京駒込の真浄寺に入って、その住職となった。僧侶中の事業家として知られ、明治二十五年には大日本仏教青年会（後の各仏教青年会の淵源）を設立している。中井芳楠、そして法龍とは、慶応義塾の同窓生である。

（4）『熊楠日記1』三三四頁から、二月二十二日に中井芳楠から熊楠に、法龍のパリの住所の問い合わせがあったことが分かる。

（5）〔八坂本19〕一三七頁で法龍が「アナリスト」（anarchiste）に触れたことに触発されたもの。

（6）〔八坂本19〕一三七頁で法龍が、パリで調べたこととして、安南、サイゴン、カンボジア（真臘）等は一般に大乗であると述べたのを受けている。

（7）熊楠は中国史料の濵州、または濵国（〔高山寺18〕注（53））をカンボジアと見なしているが、中国におけるカンボジアの伝統的名称は、元の周達観の『真臘風土記』や『和漢三才図会』に見られるように真臘、または占臘であり、濵は雲南の古名である。

（8）禅宗の祖菩提達摩（Bodhidharma 五―六世紀）の出自については、南天竺（南インド）の婆羅門種または国王の息子とする説が一般的である。彼をカンボジアの王子とする説については不明。

(9)〔高山寺13〕注(6)参照。

(10)チベット仏教に対するこのような見方については、〔高山寺13〕注(21)参照。

(11)梵語のyogaの音写語。

(12)羅公遠は玄宗の時代に一行とではなく、不空、または金剛智と法力を競ったと伝えられる術士。不空との角法説話は『酉陽雑俎』巻之三・貝編にも収録されている。

(13)中浜東一郎(一八五七―一九三七)。東京衛生試験所長などを務めた医学者。中浜万次郎(一八二七―一八九八、通称ジョン万次郎)の長男。明治十八年にドイツに留学して、ライプツィヒ、ミュンヘン、ベルリン等で学んだ。ベルリンではロベルト・コッホ(Robert Koch　一八四三―一九一〇)に師事して細菌学を学んでいる。

(14)吉備真備(六九五―七七五)。奈良時代の学者、政治家。

(15)『酉陽雑俎』巻之三・貝編。ただしこの引用は、記憶によったためか、正確さを欠いている。熊楠は三月三日付の〔八坂本23〕一六一頁に改めて当該箇所を引用している。金剛三昧は段成式が直接会った倭国の僧である。熊楠は以前からこの人物に興味を持っていたようであり(本書翰注(17)参照)、また後には"Discovery of Japan"(『英文論考［ネイチャー］誌篇』二七二頁)、"Footprints of Gods, &c."(『熊楠全集10』横組一二二頁)、「西暦九世紀の支那書に載せたるシンダレラ物語(異なれる民族間に存する類似古話の比較研究)」(『熊楠全集2』一三四―一三五頁)でも彼に言及している。その実像は今もって明らかではないが、『酉陽雑俎』を訳注した今村与志雄(『酉陽雑俎』4、東洋文庫、平凡社、一九八一年、八八頁)が指摘するように、高楠順次郎(一八六六―一九四五　梵語学者・仏教学者)は、「入竺日本僧金剛三昧伝考」と「法道和尚伝考」(『大日本仏教全書』第一一四冊「遊方伝叢書第二」、一九一七年、三〇三―三〇八頁)を著して、金剛三昧は内供奉安然の父法道ではないかとの見方を示している。ちなみに高楠は明治二十三年にイギリスに留学し、オックスフォード大学で五年ほどマックス・ミュラーらの指導を受けており、そのうちの約三年間は熊楠のロンドン滞在期と重なっている。彼は日清戦争に際して在英日本人会が行なった表誠醵金の明細表にも名を残しており(『熊楠日記1』三五四頁)、熊楠とも面識位はあったと考えてよい。

(16)慈覚大師円仁(七九四―八六四)は唐留学中に武宗による会昌の破仏(八四二―八四五)に遭遇した。これがここでいう「仏徒勦滅の難」である。彼が纐纈城に囚われる話は『今昔物語』巻十一の十一、『宇治拾遺物語』巻十三の十に見える。ただし、そこで彼を救うのは比叡山延暦寺の本尊薬師仏である。

(17)東京遊学時代に購入された熊楠の『酉陽雑俎』手沢本には「熊楠謂金剛三昧蓋空海弘法大師也」の書き込みがあり〔飯倉一九九七：五一―五三〕、この考えが熊楠年来のものであることを示している。しかし法龍は〔八坂本20〕でこれを否定し、「金剛三昧とは真如親王にはあらざるかと覚う」(一四二頁)と返している。真如親王については〔高山寺15〕注(30)参照。

(18)この時熊楠が見たのは弘法大師行状絵巻の一つと考えられる。

弘法大師行状絵巻には五系統が確認されているが、その中には高野山地蔵院本（『高野大師行状図画』六巻）のように、弘法大師の渡天説話（「渡天見仏」「渡天礼拝釈尊事」）を含むものがあり、その絵の中には熊楠の説明に大体において一致するものが存する。明治十五年（一八八二）春の高野詣は両親、弟常楠らとの家族旅行で、熊楠の目当ては弘法大師一千五十年の大遠忌（一八八四）を二年後に控えて青巌寺（現・金剛峯寺）で開かれていた宝物の展覧会にあったという（「水原堯栄宛書翰3」『熊楠全集9』四〇七頁）。南方熊楠顕彰館には、その目録「高野山金剛峯寺古器什物展覧会目録」を熊楠が筆写したもの（明治十五年五月二十三日付、『資料目録』自筆054）が蔵されている。しかしその中に弘法大師行状絵巻の記載はない。熊楠が絵巻を見たのは、地蔵院での開帳においてであったかもしれない。この旅行で熊楠一家は千蔵院に宿泊したという。同院（明治二十一年の大火で焼失し、後に小院として再建された）は、地蔵院とは表通りをはさんだ向い側にあった。

(19) 熊楠の大鳥圭介（一八三三―一九一一）批判は、大鳥がその講演録「印度古代宗教概論」（『東京学士会院雑誌』第十一之二、一八八九年、七二―八七頁）の中で、ジャイナ教を禅宗と混同していることに向けられたもので、〔八坂本7〕〔高山寺13〕〔高山寺14〕で繰り返される。大鳥は右の論文の冒頭に古代インド宗教の類別として「第一　婆羅摩教即ち温都宗門、第二　釈教附禅宗、第三　回々教、第四　事火（パルシー）教　シック教」を掲げる。問題は第二で、釈教（仏教）に禅宗が「附」されている。大鳥は、おそらくは種本にあったJain(s), Jainaあるいは Jainism の語を、音の類似から禅（禅那）と取り違えたか、あるいはその訳語のつもりで禅宗の語を用いたと考えられる。おもしろいのは熊楠の批判に対する法龍の反応で、〔八坂本32〕二三八頁では拈華微笑の故事（本書翰注（22）参照）を疑い、〔八坂本20〕一四〇―一四一頁では、日本禅は純粋な釈迦説ではなく、むしろ陳那（ジャイナ）教に近いと脱線気味の意見を述べている。また明治二十七年八月六日付の〔補遺2〕では、「玄奘上人の帯妻、または大乗のインド禅すなわち日本禅云々のことは、追い追い調査致すべく候」と述べており、同年六月に帰国した後も、重野安繹批判（〔高山寺10〕注（36）参照）と共にこの問題を気に掛けていたことが分かる。

(20) ジャイナ（Jaina）はジナ（Jina 勝者の意、開祖ヴァルダマーナの尊称の一つ）に関する、あるいはジナの信徒の意であることから、このように呼んだもの。

(21) 万亭応賀（一八一八―一八九〇）作の釈尊伝。五十八編二三二巻の合巻で、弘化二年（一八四五）から明治四年にかけて刊行された。

(22) ある時、釈尊が無言で一本の華をひねって大衆に示したところ、摩訶迦葉だけがその意味を理解して微笑んだので、彼に不立文字、教外別伝の法門を付嘱したという故事。宋代以後、禅宗立宗の根拠とされたが、その典拠とされる『大梵天王問仏決疑経』（大日本続蔵経第一輯第八十七套第四冊所収）は中国撰述文献と考えられている。

(23)『大梵天王問仏決疑経』のこと。日本にあるという三本は、〔八坂本29〕一九二頁に挙げられている。
(24)『碧巌集』第一則、第六十七則。
(25)〔高山寺13〕の中で熊楠は法龍をひょっとこ坊主と罵った。これに対して法龍は、〔八坂本32〕二三八頁で、ひょっとこの称を解釈してほしい、場合によっては別号としたいと応じた。以下はその答。法龍はこれを面白がって、熊楠への手紙に本当に別号として使い始め、後々までそう署名して、熊楠を喜ばせた。『熊楠全集6』一二八―一二九頁、『熊楠全集8』三三五頁参照。
(26)梅亭金鵞『妙竹林話七偏人』二編巻之下。金鵞（一八二一―一八九三）は江戸末期から明治初期の戯作者。

15　明治二十七年三月一日午後四時[1]

明治二十七年三月一日午後四時　南方金粟王如来
土宜米虫殿　　　　　　　　　　因縁逆流現身

華翰二月二十八日出正[2]に落手す。小生カシユミールを大乗と思ふは、此地は仏梵の久く混存せる所なるのみならず、紀元後七百年代には、仁者が天親[3]が本国といふガンダラ国と合一し居たればなり。又マタン[4]には太陽神の大堂今も存す。大日の名より考るもこんなことに非ずや。龍樹も西天竺の人とあれば、此辺の生れなるべし[5]。何にせよ大乗教中に紛雑草脱[カ]する明王、諸天、夜叉、等の輩は、多くはカシユミールとネポールにて仏に入りしことと思はる。又カシユミル国の本土人（日本で申さば蝦夷やうのもの）を那伽（龍種[6]）と申す。されば世尊が龍女を説法したなどいふは、此辺の酋長が釈種に擒にされ、又は誘はれなどして天竺に来り居りしものが説法に帰依したるほどのことと思ふ。（此辺の土民に今も亀、鶴、等を姓とするもの多ければ、天龍八部などいふは皆な梵種外の野蛮の酋長をいふことなるべし）カシユミルえ入ることは今日少々難事なれど、ネポールは難き事に非ず。小生帰朝の途上一寸往て見るべし。而して其近傍のダーザリング[7]迄は鉄道たしかにカルカツタより架り居るなり。此処より西蔵の首都ラツサえは甚近し。雪山にて多少の難はあるべし。小生序に事によれば直進してみるべし。

○緬甸は五世紀に錫蘭より仏教を伝え、それよりアラカン、琶牛[8]（ベグウ）等を経て七世紀に暹羅に入るとあり。又安南の主権者は十世紀迄は支那の刺史大守たるに過ず、大明朝頃に大にいばり出し独立せしものにて、今も儒教など盛なる位なれば、無論支那より仏教を伝しなるべし。柬埔寨の事はたしかならずといへども、其大乗なることはたしかに聞り。（誰がいひしか記せず）すなはち此事にて古来隣国の暹羅と争へるやうなことなり。シンネツト氏[9]の説には、仏教には密と顕と又は秘と公とあり。秘は釈迦より前からありしことにて、すなはち過去諸仏が説き行ひ、公部は時世に従てとくものにて、俗凡の道徳に関すれば、今の説く所は最終の仏すはなち釈迦師子が金口に出しなりといふ。此説反す反すも然んか。例のミユラー又ダーヴヰン抔、なにか我国学者がテニオハをいぢくり『古事記』の字をせせるやうな輩、大乗は龍樹等主として之を捏造したりといひ、又誰のかきしものにや、先年米国へ配布すべき為、渡部龍聖[10]が持来れる本願寺の引き札にも、公然としてそんなこと書きありしが、吾れ吾れ前人のしらべたる菌一つハイドパークで拾ひ還り、参考書、図譜座右に充ち居るに、之をしらぶるにはなほ一日一夜もかかること多し。然らば僅々の年寿をもてる、龍樹などいかに魔法作たりとて、かかるこみ入たる大乗説など作り出らるるものにもなく、又左様な見すかされるやうな法螺なことは、たれも信ずるものなき筈也。又南方の仏徒の説く所簡単なる故、釈迦の真に近しとのことなれども、釈迦より前に梵部中に随分今の南仏輩が説く所よりこみ入たる理論多く出たることなれば、簡単なる故、釈迦の真に近しとは、至極釈迦をば学問浅きものと見たるやうなことにて、何の証拠もなきことなり。中沢道二[11]抔の心学、又谷某[12]の『経典余師』、或は『実語教[13]』などいふものは至て簡単にて、いかにも孔子のいへる如く怪力乱神のこと少し。而して同じ儒教書中にも『左伝』には斉国の豕人の怪のことなどあり、又『易』にも多少妖怪がかつたことあり。今もし不幸にして心学の『経典余師』、『実語教』などの作者の名又年代を失へりとせよ。（応仁の乱様のこと、又は写本で世に出さぬ中に大火大水等にて）小生にただ其簡単なるを以ての故のみにて、『経典余師』、『心学手引草[14]』等こそ実に孔門の伝を得たるものなり。『左伝』は怪力乱神の事も多ければ、右の諸書よりは時代おそしといふべきや。且釈迦は貴人の子にて、所伝によるも、事情を聞等するも、随分学問はせし人なり。然らば当時以往の諸派の異論位は心得、其うちにてよき処は包蔵せしことあるや疑ひなし。秘密、禅那がかつたことは釈迦より前にもあるなり。然してなほ秘密、禅那は釈迦の関せぬこと、又（南部輩のいふ如く）きらひしこととならば、釈迦の金口中秘密を駁し、禅那を排せし一言一句なりとも承り度ものなり。尤も儒の流下て九となり、墨の流分て三となり、烏帽子は徘偕師の頭に留まり、八朔の白小袖は吉原の太夫に因て存するほどのことなれば、今の秘密法、今の禅法は釈迦の秘密法、又禅法と同一なりや否、これは随分六かしきしらべものなり。人間さえ七年立てば身体分子すつかり一改変すといへば、秘密法にも首羅王教などを混入し、又末輩の心得違ひよりとんでもなきことを入れしもあらん。禅法とても、釈迦の時代に江湖とか打棒[15]とかいふことありしともきかず。又今の禅には釈迦老子釈迦老子と并称すれば、仏老の混入にて、西晋以来清談の大に行はれしより、かかることの生ぜるならん。然しながら、釈迦は清水帯弘[16]の如く、朝からばん迄俗人相手に法螺演舌ばかりしたりとは聞えず。時月を定て説法し、又退て観念もしたるやうなれば、釈法を修る以上は、必ず禅と秘との二事は心に存せしなるべし。これは小生如きものもいつも閉居しおり候へば、悟入を求め、又秘密に入り、それと知りながら空を馳て徜徉する如く感ずること多し。殊に仏教は俗事のみならず、出世間第一にて心を修るものなれば、今のやうな儀式はなしとするも、必ず禅も秘もありしなるべし。小生はシンネット氏の説は至て当れりと思ふ。すなはち大乗の教は龍樹が捏造とか世親が強弁とかに非るは勿論、釈迦の発明でもなく、釈迦よりずっと以前より存せしことなり。（所謂賢劫の諸仏[17]）それを釈迦が道統をついで最後に（今日より見れば）説たるなり。（孟子の後久く絶て韓子、それより又久く混乱せしを周子といふ如く。）尤も其間に多少の伝受なければ、釈迦何んぞよく之を知んといふか、いかにも左様なり。それはかの儒教に『大学』、『中庸』を以て伝統の一人とせる如く、専門家はなんとも例のアララ仙人[18]とかなんとかいふ梵一黎志輩[19]が（恰も儒者が排し又は信ぜすといひながら『韓非子』や、『荘子』を持つ如く）博聞の一助として相伝せしなるべし。兎に角、大乗教ほどのこみ入たものを龍樹如き人が一人で捏造などとは、実にけしからぬ話しといふべし。当地の学者などいふものは、なにか字句の解や、古物の証拠位ゐで無形の事は一向分らず。すなはちよくよく仕上た所が、ただ外面に見えたる寺制の変化、僧制の改革、仏を宗教の学と心得居る。一体いへば学問甚だ浅し。而して教えてやっても分らず。これ哲学などやらかすものは、東洋の字義、語句などを学ぶの力薄く、又東洋の字などやらかすものは、なにか水夫の破船上陸か、ロンドンで食ひつぶして逐電三昧なる伝教師位なれば、『五車韻瑞[20]』と『文献通考[21]』のみで故事や物の名を記するのみ。哲学などいふことは、英字で書ても分らぬやうな輩のみなり。小生も仏器仏像の目録など作るも、なんとやら一大宗教を弄とするやうなものにて面白からず、相止め申候て、専ら各派の哲学を修め居り候。（哲学といふも誰の附た名やら、井上[22]が道を円了と名た例もあれど、或は今一人の井上[23]が己れの名に基て名しに非ずや。小生は取りも直さず諸子の学、すなはち子学といふことと存候）

右に述る所は悪口なしの包蔵論なり。すなはち金粟如来の『法華』なり。但し、例の『華厳』の中に舎利弗等五百の声聞あり。又『法華』中の持経者は男がよくて金持で、それで女がほれるとか、経を謗る輩は蛇身を受、又まら立ちどほしなどいふは、当今不相応の馬鹿げたことにもあり。又決して釈迦はかかることいひしとも思はれぬなり。故にかかる下らぬことは、ただ時代の異なるに随ひ、かかる所伝も有しといふに止め、尊旨と下らぬ所とを分たんことを望む。予は前状に仏者が従来不埒の行を多くせしことを述たるに、讒謗と呼ばる。[24] 決して讒謗に非ず。何となれば事実なればなり。而して今日我国の仏徒等よりエドウヰン・アーノールド[25]に至る迄、みな仏教が吾国に及せし功徳々々といふて、儒教の及せしことまでもとりこんで吹聴す。(エドウヰンのやつめは紀行に日本のよきことは悉く仏に出、悪きことは悉く儒に帰するやうにいへり)こいつは不都合ならん。何となればよきこともあつた代りに悪いことも甚多かりし。恐くは羅馬加特力も三舎を避るほどならん。而して彼輩、ただ仏教はよかつたよかつたといふは、前日寄送申せしバルメッツ和尚[26]がやつきになり強弁して、欧州の佳事は尽く加特力に出ると主張するほどのことなり。又日本がかりにたとえよかつたとても、時代も国風もかはること故、他の諸国民によくなきも知れずとの疑もおこるべし。すなはち男尊女卑のことの如きは日本にはよかつたが、もし仏者之をこのまま欧米に行んとせば、欧米の民甚不服なるべし。故に小生のいふ処は、かかるこぢつけなる、功徳ばかりありて害なかりしなどいふことに非ず。最大の理数に訴へて、社会の開進と一人の幸福は学理の応用と文物の発達にあり。而して耶蘇教如きは、其大主意とする神意説すでに学理と反対す。而して神意説に出る文物と学理に拠る文物は相容れず。すなはち雑糅して帰する所なき故、色々の奇怪危険なことを生ず。仏教は因果説を大主意とす。(転生のことに非ず。小生のいふ因果とは一因あれば一果ありといふに止る)已に学理と共に伴ひ進む。而して此因果の作用を基として発せる古来の文物は、微妙を極たる上、学理と相合すといふの一事にありて、すはなち、今後の人間社界を目的としていふものにて、たとえ仏教がこれ迄日本位の辺土に大害ありしとするも、なほ人間社界の宗教として事理無碍ならしむるは仏教の外になければ、宜く善き処を補ふて布くべしといふなり。而して其仏教とは今日の南方の小乗のなにかイソップ物語如き小児の御伽草子的のもの、又繁冗世に行ふ可らざる多大の戒律目等をいふに非ず、仏教大乗中の理論と道義法と合一なる所をいふなり。故に你米虫など如き小機分の者の思ふ所とはるかにちがひ、斯道とかなんとかいふ意にて、釈迦や龍樹如きものが一人一世でこしらへたるものとはいはず。今後も理に従ひ情を推し、俗を通し事に臨み仏教を作るべしとなり、決して、持経功徳や『阿弥陀経』の極楽土地案内記如き古けたものをこぢつけて今に行べきに非ずといふなり。你米虫はひよつとこなるのみならず、才識浅薄にして、しばしば如来の大智境涯際を見得ざるは歎ずべきことなり。

龍樹鉄搭の事、(27)是れは秘密にかくしおけるものをひよつとした手がかりから見出したといふことなるべし。たとえば舜の才子、八元八愷(28)の名は夔〔き〕(29)とか龍とか熊とか動物の名多きを、後に郭璞などこぢつけて、夔は牛に似て一足なる獣など作り出せるやうなことで、もと何れも何の意もなき人の名なるを、たまたま熊や龍は動物に同名のものあれば、終に何のこともなき夔なども亦動物とするに及べるなるべし。吾等議論するを、ロンドンの羆熊爪を以て巴里の蟠龍を裂んとせりなどかくとして、後に愚昧又は山師的の輩出で注でも附れば、随分凡俗士は熊と龍と戦た実事と思ふべきほどのことなるべし。一一後人の附会といふ人もあらんか、それは野蛮民などの間の事なれば然るべし。印度や支那は数千年前すでに心性上の開化、今の欧州の教授とかなんとか髯をひねくり、又大枚な金出してロンドンへ法律の講義聴にくるやつなどより千倍も開けて居たことにて、文物も右様の形容文など作るは毎日ありしことのやうなり。されば右等はただ文章の上の事にて、別に故意に法螺吹しには非るべし。『法華』の持経の功徳、謗経の悪罪等は之に異なり、これは右の如き形容譬喩といふよりも一時凡俗を威嚇す文章構造の一策なり。蛇身となる等はつまらぬものとなるといふたとえと今でも取り得べし。色慾盛にしてちんぼ立ち通しなどあるは、いかやうにこぢつけてもあまりに詳細にすぎて譬喩と説しやうなし）

金剛三昧〔こんごうさんまい〕は真如〔しんにょ〕親王ならんとは受られず。(30)真如は行く途上虎の餌食と為しにて、帰途上死に玉ひしに非れば、帰て段成式に語り得るはづもなし。其頃は真言大はやりにて弘法以後入唐の僧も多ければ、中に西天竺へ行しもあるなるべし。これほどのこと『元享〔亨〕釈書』などに見えざるは不審也。真済、真然(31)二僧が入唐の途上難にあひ引返せしことあり。又ずつと後にも明恵(32)が天竺に行んと企しことも『古今著聞集』かなにかに見たれば、随分日本僧で天竺へ行し人もありしならん。

仁者に前より予は、日本の宗族のしくみに蓄妾などいふことあり、又妻もちしものが芸妓女郎買などやらかし一向恥とせぬ者多きことを以て告たり。芸妓女郎などいふもののことは、何の宗教たりとも、日本在来の宗教又道徳に許さぬことなるのみならず、蓄妾などいふことも十の九は大小こそあれ相馬家(33)のやうな事を生じいざこざ絶ず。又実際純理より考へ専ら人情より推すも、かかることのあるべき筈なし。小生はたとひ古経典になんとあらうが、又一向無頓着で有うが、此一事だけは仏者主として之を僧徒中より取しまりてほしきことなり。而して従来我国仏徒の醜なりといふほどのことは、多くは此点にありし如し。すはなち道鏡、玄昉(34)等の事は外にして、徳川氏の頃毎々真言僧が将軍の思ひ物などに媚び、色々取り入て無用のことに人民を苦ませたること多きやうなり。婦人は定の堅きものなることは、仏経にもいへども、目今のスペンセルなどもいふ。されば仏教さえ弘れば（実は衰る）なんでもよいといふやうな心算にて、諸家の妾などに夤縁し乞ふがまにまに祈祷とか呪咀とかをせしことにや、いかにも似合ぬことなり。もし仁者など仏教も亦、社会保安の一具と思はば、かやうな蓄妾とかなんとかいふ不品行極り、不倫理大争騒の基元たることは、専ら禁止することを主張されたし。従来吾国の人はなにか古いものはみなよいと心得たるにや、実際大害あり、又甚だ醜きことをも国粋など心得、保全せんとする人多きが如し。実際は内に乱のみ生じて道徳壊敗するの基也。小生如きも至親の内にかかることを一生の規模と心得、ただかかることを目的として人を苦むるのみか、兄弟のもの迄ひつたくり、而して弦歌踊舞、正人の至醜とすることを至て開けたことの如く心得安んじおるものありて、小生も為に今の如く流浪し居れり。而して此地に小生の友は二人あり。其内の一人も亦右と同一の事件にて心配し居れり。なにか国粋連とかいふ輩の中には僧も多くありて、此輩は西洋人が妻にのろけすぎて傍人に無礼なりとて怒るとか、然らば妻を軽視して、吾一族の一向好まざるわけも知れず。又どんなものを相手にせしことあるやもしれぬものを家に引づり入れ、子女を気付けず、父母兄弟とも反目し、一市よりは悪まるるやうなもの続々出るは如何。それでも寺へ寄進したり、又右の女が意気な風で手拭を竹へでも附て奉加でもすれば、是れ実に大功徳也とて你米虫等は喜悦大踊するや。宗教、学問、巧技、工業、農事、商法、法令、財理いづれもいはば少にしては一国、大にしては天下万民を安じ楽ましむるの一助なり。決して他をすつかり押しつぶしても此中の一が拡張すれば可なりといふべきに非ず。もしそんなことといはば、道徳もなにもかまはずに春画を公示する巧技家、又財理もなにもかまはずに阿房宮を作る工芸者など出来るべし。されば一国の人民多く毎々苦困騒擾するの基因たる病根あらば、たとひ僧に縁なきことなりとも、主として之を刈蔓し去るべきなり。然るを真言僧は女房もたぬものなれば、そんなことにかまはぬとてほつておかんなどは甚だ不信切なことと思ふ。かかる必要なことにすら口を入れずに、ただただばくばくたる秘密法とかなんとか、たとひ之有るにした処が万民業を休で秘密を修し得るにも非ず。いはば夢のやうなことを主張し、ただただ分らぬことを幸ひに愚民より賽銭などせしめんとの心ならば、予は甚不埒なことと思ふなり。オーゴスト・コム(35)の語に、僧は社会人民の忠告者とすべしといへり。現に童寿、図澄(36)などの古きことは引かずとも、明恵上人が北条泰時を教て天下大に治りし如きは、仏教ぎらひの儒者といへども一言なきこと、なほ斉国の相、曹参[そうしん](37)が蓋公のすすめにまかせ黄帝老子の道で大に平治し、次に漢の孝文皇帝(38)も亦老子を主として天下を治め三代以来第一の治蹟を出し、儒者も閉口する如し。(羅馬のマーカス・オーレリウス帝(39)がストイクの子学を以て天下を治めしを今に及て耶蘇輩一言も出し得ざる如し)されば仏教者もよき注告をすれば、社会には大鴻益ありしことなり。然るに伱米虫等愚にして、なにか植物食会とか禽獣保護とか糞にもならぬことを、耶蘇徒やパーシー輩に倣て金粟如来の調査迄煩はすとは無礼ならずや。今日の吾国如きは、人体のつりあひ甚悪く、従て万事ろくな考えは出ず、故に肉食することを第一に務むべし。僧たるものも之を人にすすむべき也。

又前年印度のパーシーのやつ日本へやつて来り、大法螺を吹き、日本の学者は皆浅学也などいひ、又日本の開化甚欠たるは禽獣保護条案なきに因るといへりとか(40)。此パージー[シ]といふもの、其専門の輩に聞ば、理窟らしきことちつとはいふが、実に外道にて、其経とする『ゼンダヴェスタ』は京伝の善玉悪玉草紙位の事に過ず。又禽獣保存も仏の金口より出しやうな広大慈愛に非ずして、善神の宿る動物と悪神の宿る動物とありとて、人死するときは四つ目(目の上に又白点あるもの)の犬に屍を巡らしめ、これで魔がこぬと喜び、又父の屍をボンベー近処の寺[41]えもちゆき網の上にのせて鳥に食はせ、骨が網の目より落たるを拾ひ帰るなど実に馬鹿な輩にて、保護とか何とかいへど、鼠、亀鼈、蛇、等を悪魔なりとて見当り次第殺すなり。且児生るるときは、数十日間牛の糞を土に和して塗る等のこともあり。なにが回々徒に追出されやっとボンベー迄にげ来り、阿片など一手に作り、慾一方でくらすものなれば、米虫などそんなものの言を信じて禽獣保護など国会へもち込可らず。これは以前日本に五代将軍のときありしことにて、真言の何とかいふ坊主がいひ出せることとなるが、甚き弊害を生じ、所謂獣を牽て人を食しむるやうなことで、秋田藩とかの小児八才なるが燕一疋吹矢で殺して斬罪され、又本所辺で誤て犬を殺せしを少女が告たりとて銀三十枚とかたまひ、其男は斬られたりとか、奉行が江戸四方の鳶烏を生捕てうやうやしく伊豆七島へ配流したとか、家庭え鳥が卵うむときは届出るとか、江戸中の金魚を検して藤沢寺の池え護送するとか実に大害ありしことなり。人間は人間として動物などを殺すはやはり人間自愛に出、人間自愛は少くとも善の一端なれば、動物などは益々殺してよきことなり。故に汝米虫などかかる愚案を日本で新発明の如くいふ可らず。

寺制のこと、これは小生一書を編み差上べく候。但し前日一寸聞合したるが、其男[42]、タイフヲイド熱にて病院へ護送され、今に不復候故、出来次第可申上候。

小生或は二三年中に帰国するも不知、而して日本え帰ても一向世間狭くて不面白、もし帰らば貴寺へ置き被下度候。尤も他の用は出来ぬが、耕作がかつたことは致すべく候。又書籍など甚多く今もあり、且小生何事も顧慮する所なく躊躇せざる故、屢々完きこともあり。兎に角此上も多く聚め可申候。小生帰朝のときに成て此等運賃に差支え候節は、貴師之を払はれ度候。然らば小生は書籍等は皆な寄進し、小生其番人といふ義にて寄居すべし。吾国の耶蘇徒などいふものは銭もなく、又学問もなきほんの鼻先三分でマコーレーとかなんとか『文章軌範』やうなものを教理と心得、見れば書き、聞ば述べ、「夫れ然り。それ豈に」とか「予は断言す。然り予は尤も強く断言す」とか、！？こんなしるしで見えを張て、大ゐばりで愚をあらはすを知ず。又本願寺派もかかる浅学の輩を相手にすること故、やはり自分も浅学で一向見識らしきことなければ、事を行ふに方法も立ぬと見え、何卒吾真言徒は右に金粟如来がのべてやつた通り、あまりに教理を不変の規条と見ずに、理を究めて情に適はせられたきこと也。而して予帰国せば、なにか回徒の刺殺派[43]のやうなものを作り、今の耶蘇教徒又本願寺徒などの口さきばかりなやつを一一困らせやらんとす。西洋にはエクレシアスチカル・ヒストーリー[44]（寺史）甚具はり、史学の一半部となりおることとなるが、我邦には一向聞ず。いかなることに候や。『阿弥陀経』の梵本などひろげちらすよりは此一事甚だ必要なり。仁者など一つ手を附ては如何。

以上。

（1）本書翰は和久製の罫紙（縦二三・五×横三二・五cm）二葉、金清堂製の罫紙一葉に墨書されている。これは〔八坂本20〕に対する返書である。この日の熊楠の日記に「土宜法龍師より状一来る。返書を出す。専ら陳那教、禅宗等の論也」（『熊楠日記1』三三五頁）とあるうち、法龍の状一が〔八坂本20〕、熊楠の返書が本書翰である。これに対して法龍は「你の傲慢なる筆鋒、満面の乳臭面白し」で始まる強い調子の書翰を返している。これは、〔八坂本〕では〔八坂本26〕、〔八坂本27〕、〔八坂本28〕、〔八坂本22〕に四分割されているが、本書翰との対応関係、及び四枚の用紙の続き具合から見て、同一の書翰と判断される（このうち最初の三つについては、〔八坂本28〕注（1）も同一書翰である可能性を示唆している）。その順序は次の通りである。①〔八坂本26〕、②〔八坂本27〕冒頭から一八一頁下段十六行目まで、③〔八坂本28〕一八三頁下段六行目から末尾まで、④〔八坂本28〕冒頭から一八三頁下段四行目まで、⑤〔八坂本27〕一八一頁下段十七行目から末尾まで、⑥〔八坂本22〕。ただし、②と③、④と⑤の間には縦に幅三、四センチメートルの帯状の欠落があり、それぞれ数行が失われていると見られる。

（2）〔八坂本22〕を指す。

（3）世親に同じ。〔高山寺13〕注（7）参照。

（4）不詳。あるいはインドのヒマーチャル・プラデーシュ州のマナン（Manan）か。

（5）龍樹の出身地は、鳩摩羅什訳の『龍樹菩薩伝』（大正No.二〇四七）を始めとする諸伝に南天竺と明記されている。

（6）梵語のnāgaに相当。カシュミール土着の那伽については不詳。あるいはインド東北部の現在のナガランド州に居住するナガ（Naga）族と混同したものか。

（7）ダージリン（Darjeeling）。

（8）アラカン（Arakan）とペグー（Pegu）は共にミャンマー（ビルマ）南部の地名。

（9）アルフレッド・シンネット（Alfred Percy Sinnett 一八四〇―一九二一）。インドに住んだイギリスの神智学者。以下はシンネットの *Esoteric Buddhism* (London, 1883) における所説を熊楠なりに要約したものと見られる。日記によると熊楠は二月二十四日に本書を購入している（『熊楠日記1』三三四頁）。その内容は当時の欧州インド学の研究成果を神智学（Theosophy）の観点から換骨奪胎したものであるが、仏教の起源を釈尊以前に求めようとしていた熊楠にとっては、わが意を得るものであった（「此説反す反すも然んか」）。これに力を得て、彼は〔八坂本23〕で彼の仏教思想史論をさらに推し進めることになる。なお彼は本書を法龍に寄贈しようと考えていたが（〔八坂本30〕二二八頁）、法龍がロンドン神智学協会書記のW・プライス（法龍はプライトと誤記）に贈られてすでに一冊所持していることを知って（〔八坂本24〕一七四頁）、思い止まっている。しかし『蔵書目録』には本書は登録されていない。『熊楠日記1』三七二、三七八頁によれば、熊楠は村山清作（〔高山寺20〕注（18）参照）に二度にわたって「シンネット（氏）の書一冊」を送っており、本書は村山の手に渡った可能性が高い。〔八坂本24〕注（10）参照。

（10）渡辺龍聖（一八六六―一九四五）。教育家。熊楠は時々渡部と書く。旧姓加藤。越後国古志郡吉水村の真宗高田派正福寺に生まれた。東京専門学校卒業後、帝国大学文科大学を経て、明治二十一年に渡米し、ミシガン大学、ヒルスデイル大学を経てコーネル大学大学院で学位を取得。明治二十七年に帰国し、高等師範学校教授、同校付属音楽学校長、清国保定府教育顧問、小樽高等商業学校長、名古屋高等商業学校長を歴任した〔武内 一九九五〕。熊楠のアナーバー時代の友人の一人。熊楠が『珍事評論』第二号に書いた「与龍聖法印書」（『熊楠珍事評論』九八―一一一頁）は、現在確認できる彼の最初の仏教論とされる。これを熊楠が渡辺に宛てて書いたのは、彼が寺院出身者で、仏教の知識があり、本願寺の「引き札」（宣伝びらの意であるが、文脈から見て、真宗の綱要書のようなものか）を米国まで持参したことから推測されるように、布教にも何程かの意欲を持っていたからであろう。

（11）中沢道二（一七二五―一八〇三）。江戸時代後期の心学者。

（12）渓百年（一七五四―一八三一）。江戸時代後期の儒者。その著『経典余師』は儒学の古典の入門書で、版を重ねたベストセラー。

（13）平安後期から明治初年まで広く流布した教訓集で空海に仮託される。江戸時代には寺子屋などで教科書として用いられた。

（14）大島有隣『心学手引草』（文政四年刊）、または林元碩『心学手引艸』（天保十一年刊）か。

（15）江湖は禅宗の世界を指す用語。打棒は驚策のことか。

（16）不詳。〔八坂本23〕一五五頁、〔八坂本29〕一八五頁でも言及され、熊楠に目の敵にされている。大衆向けの布教活動で知られた当時の仏教者と思われる。

（17）賢劫とは仏教の時間論の中の現在の住劫を言う。住劫は成、異、滅の三劫と共に一大劫を構成する長大な時間である。その間に千仏、千五百仏などの賢者が出現することから賢劫と呼ばれる。ただしこの場合、熊楠の念頭にあるのは釈迦牟尼以前に出世して仏教を説いたとされる過去仏たちである。〔八坂本23〕参照。

（18）修行中の釈尊が訪ねた仙人。パーリ語でアーラーラ・カーラーマ（Āḷāra Kālāma）。

（19）梵志は梵語の brāhmaṇa（バラモン）に相当する訳語。梵一黎志はバラモン種の一黎民（庶民、人民）の意か。

（20）明の凌隆撰の類書。

（21）元の馬端臨（生没年不詳）撰の政書。

（22）井上円了。〔高山寺7〕注（28）参照。
（23）井上哲次郎。〔高山寺7〕注（21）参照。
（24）〔八坂本20〕一四一頁参照。
（25）エドウィン・アーノルド（Edwin Arnold　一八三二―一九〇四）。イギリスの詩人、ジャーナリスト。釈尊を主人公にした叙事詩 *The Light of Asia*（初版一八七九年）で知られる。彼は仏教徒によるブッダガヤー回復運動に先鞭を着けた人物であり、また明治二十二年から二十五年にかけて二度日本に長期滞在したこともあって、日本仏教界でもよく知られていた。彼の日本紀行に *Japonica*（1891　邦訳：『ヤポニカ』岡部昌幸訳、雄松堂出版、二〇〇四年）などがある。法龍は前年の十月二十九日、ケンジントンの自宅にアーノルドを訪ねて、ブッダガヤー回復運動について彼の意見を聴いている（『法龍日記』、『明教新誌』第三三七六号）。その際法龍も会ったアーノルドの三番目の妻は、日本から連れ帰った黒川玉（?―一九五六?）という仙台出身の女性であった。明治三十年に熊楠の世話で一時アーノルド邸の「学僕」となりながら、その不品行な振る舞いから玉とトラブルを起こして邸を追い出される高橋謹一（広島出身、生没年不詳）が、彼女に向かって切ったという啖呵（『熊楠全集1』五五五頁）からは、「ブラック・リヴェル（Black River）のお玉嬢」（「ロンドン私記」一七三頁）に対する熊楠自身の屈折した感情を読み取ることも可能であろう。なお熊楠の描く高橋は、ぐうたらで喧嘩早い人間であるが、ロンドン在住の骨董商の加藤章造（一八五二―一九三〇）と組んで古道具の売買で儲けるような才覚も持ち合わせていた。大英博物館を離れ、生活にも窮していた熊楠に浮世絵の解説を書く仕事をさせたのも高橋、明治三十三年九月一日、尾羽打ち枯らすようにして帰国の途に就く熊楠を最後まで見送ったのも高橋である。『知る事典』二四七―二四八頁参照。［中西 二〇〇七］は熊楠と高橋の関係について考察している。
（26）不詳。
（27）〔八坂本20〕一四〇頁において法龍が南天（南インド）の鉄塔に触れたことを受けたもの。真言宗では、両部の大経たる『大日経』と『金剛頂経』は、この塔内で金剛薩埵から龍猛（龍樹）が相承したものとされる。この塔を事塔（現実の塔）と見るか、理塔（理念上の塔）と見るかで古来異解があり、法龍自身は理塔説に傾いている。熊楠の見解についてはさらに〔八坂本23〕一六一頁を見よ。
（28）古代中国の伝説的な天子舜によって登用されたという十六人の才子。
（29）『山海経』大荒東経に登場する想像上の獣。東海の流波山に棲むとされる。
（30）〔八坂本20〕一四二頁において法龍が、金剛三昧とは真如親王ではないかと述べたことに対する答。真如親王とは高丘（岳）親王（七九九―八六五?）のこと。親王は平城天皇の第三皇子で、嵯峨天皇の即位に伴って皇太子に冊立されるが、藤原薬子の乱（八一〇）の影響で廃太子となり、出家して、やがて弘法大師空海に師事した。貞観四年（八六二）、六十四歳で入唐して長安で修学し、さらに天竺目指して広州から船出するが、途中、羅越国で没したとされる。熊楠が言うように、虎に食われたとの伝承がある。真如を先に話題にしたのは法龍で、それは真如親王（高岳王子）が死去した場所について何か異聞があれば教えてほしいというものであった（〔八坂本5〕三四頁）。法龍がこう述べた背景には、当時、北沢正誠（一八四〇―一九〇一、松代藩出身の官僚・学者）が、真如が没した羅越国をラオス（老撾）に同定する説を唱えていたことが刺激となって、日本の仏教徒、特に真言宗関係者の間に親王終焉の地を探索しようという機運が高まっていたことが挙げられる。『木母堂』八九七―八九九頁参照。なおその後、羅越国とはラオスではなく、マレー半島南端のシンガポール付近にあったという桑原隲三説がほぼ定説となって今日に至っている。

(31) 真済（八〇〇―八六〇）は空海の弟子、真然（八〇四―八九一）は孫弟子。承和三年（八三六）、二人は遣唐使に加わって唐に向けて出発するが、途中暴風雨のために船が大破して漂流し、九死に一生を得たものの、入唐求法は断念せざるを得なかった。

(32) 明恵（一一七三―一二三二）。鎌倉時代の華厳宗の僧。天竺行を二度にわたって計画するも、春日明神の託宣や奇病などによって思い止まったと伝えられている。『古今著聞集』（鎌倉時代中期の説話集）では巻二の「高弁上人例人に非ざる事並びに春日大明神上人の渡天を留め給ふ事」にこれに関する記事がある。なお法龍は、帰国直後の明治二十七年七月から明恵が開いた京都の栂尾山高山寺の住職（香川県の三谷寺との兼務）に就任する。

(33) 相馬中村藩の旧藩主相馬家。ここに発生した御家騒動（相馬事件）が、明治二十六年七月から、『万朝報』などによって「相馬家毒殺騒動」としてセンセーショナルに報道され、大きな話題となっていた。

(34) 〔高山寺10〕注（37）参照。

(35) オーギュスト・コント。

(36) 鳩摩羅什（〔高山寺10〕注（38））と仏図澄（〔高山寺10〕注（41））。

(37) 曹参（?―前一九〇）。漢の高祖の挙兵以来の部下で、斉の相国となり、蓋公の説く黄老の学を用いて政治を行った。

(38) 漢の文帝（孝文帝）（前二〇二―前一五七）。民力の休息を中心とする政策に黄老治術を用いたとされる。この場合の三代とは夏、殷、周の三王朝。

(39) マルクス・アウレリウス（Marcus Aurelius Antoninus　一二一―一八〇）。五賢帝最後の皇帝。ストア派の哲学者でもあった。

(40) この出来事については不詳。ただし明治二十六年にボンベイのパールシー商人、ジャムシェートジ・タタ（Jamsetji N. Tata　一八三九―一九〇四、タタ・グループの創業者）らが来日し、インド綿花の日本への輸入促進と、それに伴う日印航路の開設を政財界に働きかけた事実はある。

(41) マラバールヒルにあるゾロアスター教徒の墓所ダフマ（dakhma）、いわゆる沈黙の塔のこと。

(42) 福田令寿（〔高山寺5〕注（121）参照）のこと。福田は二月に腸チフス（Typhoid fever）に罹ってエジンバラ市立伝染病院に入院しており〔熊本日日新聞社編 一九七一：一七六―一七七〕、熊楠はそのことをエジンバラ大学に留学中の楢原（井上）陳政（一八六二―一九〇〇）からの手紙で知っていた（『熊楠日記1』三三四、三三五頁）。楢原は漢学に秀でた清国通の外務官僚で、『禹域通纂』二巻などの著作がある。熊楠は楢原とも文通しており、彼の手紙に記された北京の喇嘛教事情をそのまま法龍へ書き送っている〔八坂本21〕、ただし彼の名を陳誠と誤記）。後に楢原は北京の日本公使館に書記官として赴任し、明治三十三年、義和団の乱に際して北京の公使館区域に籠城し、日本義勇隊の一員として戦傷死した。

（43）暗殺教団（Assassin）。シーア派イスマーイール派の分派ニザール派の活動を「山の老人」とその楽園などの幻想的なイメージでとらえたもの。

（44）ecclesiastical history.

16　日付なし(1)

書籍の名は、
Humbolt Library（ハンボールト(2)ライブラリー）
毎月二号づつ出る。（大抵はよみ切りなれども、大冊ものは重号又は幾号も出す）十二号づつ一冊にせるもの小生米を出る頃（二年〈七―一〇文字不明〉計［カ］りありたり。然ば今は
〈この間三、四行不明〉
スペンセル、チンダル(3)、マークス(4)等の書は一冊どうしても二弗ならしのことなれば、そんな書物を右の二十冊中、凡そ二百冊前後包含せることなれば、すなはち四百弗程のものを四十弗で買へるなり。

　但し皆一時に買に不及。一冊づつもうり、又一号づつも売るなり。（前日此文庫数号差上たり。仁者より受取もきておれり。其尻に多少の篇目は有る筈なり）科学やらねば理論少しも実際に立ぬは知れ切たことながら、其科学というもの程の切れなきものなれば、先は此文庫にて一概覧し玉へ。高橋五郎(5)とて博覧めかす男あり。これらは屹度此文庫を買ふことを知りし故と存候。右売る処は、

The Humboldt publishing Co.,
19 Astor Place, New York City.

［此会社は時に移居す。蓋し人の板をぬすむやうなことなればなり。然し文庫は米国中到る処書肆に見之、聞合せば会社の有処直に知れるならん。］
又『エンサイクロペヂア・ブリタンニカ』は［数文字不明］
〈この間三、四行不明〉
トライブラ［リ脱カ］ー出板会社が其近所にて世話人なれば、それで買ひ得るなり。三十五弗のもので沢山也。少くとぢ、表紙悪く、字細きのみ。右一寸申上候也。

南方熊楠

土宜法龍様

（1）本書翰は洋紙一葉の表裏に墨書されている。これは二つ折りにされて『法龍日記』の中に綴じ込まれており、そのため現状ではどうしても読めない部分が二箇所にわたり三、四行ずつある。用紙の寸法は、縦が二一・〇cm、横が綴じ込まれた部分を除いて約二八・〇cmである。内容はメモと呼んで差支え

ないものであるが、末尾に自署と宛名があることから一個の書翰と見做すことができる。本書翰は日付はないが、法龍が二月二十八日付の〔八坂本20〕の末尾（一四二頁）に書いた、大英典（Encyclopaedia Britannica）ともう一つの叢書（Humboldt Library）の注文先、書目、代価についての問い合わせに対応する内容を有していることから、ここに置くことを妥当とする。これが〔八坂本20〕への返書である〔高山寺15〕に同封されていた可能性も考えられる。法龍がこれを他の熊楠書翰と別扱いにしたのは、書籍注文の便を考えてのことかもしれない。

（2）正確な綴りはHumboldt。

（3）ジョン・ティンダル。〔高山寺5〕注（89）参照。

（4）カール・マルクス(Karl Marx　一八一八―一八八三)。『資本論』の英訳がHumboldt Library of Popular Science, Nos. 135-138に収録されている。

（5）高橋五郎（一八五六―一九三五）。キリスト教評論家。『六合雑誌』等で論陣を張った。

17　明治二十七年五月十四日(1)

長谷宝秀様

大日本東京小伝馬町大安楽寺　　南方熊楠

拝啓、土宜法龍師在欧中毎度紙上に追随して多く教誨を蒙り、其節書信は尊師え向け可差出との言に候ひき。随て別紙（封は不仕）土宜師帰朝之節、直様御手渡し被下候様奉願上候。師は四月四日仏国を出帆、錫蘭山に向へるに、今に於て書信無之、当地二三友人共心配罷可在候。如し安著の上少問も有ば、不取敢小生迄一書出し被下候様、同師へ御伝達被下度、右宜しく願上奉り候也。以下は土宜師への状に候。

土宜法龍様　　南方熊楠

○以後は此通り

○の宛名にて御尊書を乞ふ。

K. Minakata

℅ The Yokohama Specie Bank,
84 Bishopsgate St., Within,
London, E. C., England.

其後は大に御無沙汰、定て只今は印度に迦文の遺址を訪はれ居ることと存申候が、一向書信無き故、中井、中村氏を始め熊楠も甚心配致居候。当地一同無事に御座候。扨袈裟の一儀(2)はフランクス氏へ話しも致したること故、御用済のもの一領御送り被下度、然る上は博物館よりは総長の手署にて館印を用ひ受取書（礼状）を送るべきに候。而して必ず返報に何にか上げたしと云しが、それは小生にて断り可申候。但し其代りには稽古の為小生なにか仁者の役に立つことをなすべし。小生自分のもあれど、これは仁者より小生にくれたるものなれば、決して手離し難し。但し大英博物館に袈裟一つなきも大闕陥の事ゆえ、右頼上るに候。又書籍少く手許に集めおけり。これは仁者帰朝の報ある上送り申上べし。［ママ］」

小生今月十日の『ネーチユール』え、段氏の宿の形を説るは全く驢脣仙人の説を基とせるならん、吾が尊友曇摩那伽阿闍梨は三月中に巴里より『大集経』の抜文(3)を贈られたるを見るに全く斯の如しといふこと一寸出し置申候故(4)、左御心得被下度候。尤も仁者の名に係はる様の事はなく、ただ小生は印度の事を支那の雑家の書(5)のみ引たるばかりでは他日疑ふ人もあるべしと思ひ、其真に出処正きことを示したるばかりにて、貴名も右の如く梵にて記したれば、別にかまふことに非ずと存候。［ママ］」

当地にて二週間計り前に一寸珍事候ひき。彼の望月小太郎氏(6)は無諍三昧(7)を取りはづせしにや、日本学会にて以前東京の英国公使館に附居たりしアーキ・ヂーコン某(8)が、日本は近時追々悪くなれり、政事も宗教も何もかも退歩せり、故に欧州各国聯合して救ふてやるべしとの主旨にて演舌せしを大に憤りて駁撃し、押し問答数回となりしときに、中井氏同伴の或る英人大音にて怒り立て云々。但し右の和尚は自ら論を退けり云々。此とき或る人青木周蔵(9)になにかささやきしも、青木はそれきりにて何をも言はずに閉会せりと。諸の仁者（といへば又金粟の口気なるが）之を聞ていかに思はるるか。日本の政治がどうならうがかうならうが、宗教が何であらうが、欧州人に世話を受くべきに非ず。然るを名義ただ日本に付ての学問を研究するとして立たる学会に出で、かかることを日本人の面前にいひ、又数百の洋人にも聴しむるとはあまりのことに候はずや。小生は当時望月氏一人のみ議論をしかけて、他の諸日本人が何もいはずにつくねんとして居りしといふを聞て頗る懊悩致し候。故に小生は、何とかしてかかる会合を解散せしめんことをつとめ度と存候。尤も右は学問もなにもなき人の話しなれば、委細は不知。然し大体は右の如し。小生は望月氏の志をかなしみ、他の日本人の学者として当地に居り、其夜出席したる輩を犬の如きものと見下げ候。（尤も小生は右の会に一向関係なければ、幸ひに当夜出席してつかみ合ひなどやることなかりしは一同に取ての大幸といふべし）［ママ］」

仁者、玄奘が女犯せりといふことは、重野が『学士会院雑誌』第十一編之九（二十二年十一月）四百十四枚にあり。「尤も法相宗は、唐僧玄奘から伝へ、玄奘は清僧でないから、此宗旨の方では、女犯は当然の事のやうに思ふ気味も有る哉に見えます」。玄奘が女犯とは今古未曾有の大奇聞なり。又児島高徳を烏有先生亡是公なりといへりとか。新聞などに氏の講釈を出せるを見るに、『太平記』に就て一一駁論せるにすぎず。而して氏の研究は「インダクション(10)」をとるとか。然らば『太平記』の外にも高徳の事書たるものあらば、一切之を論ぜざる可らず。況んや『太平記』と殆ど同時、若くは多分少々早き著作なる『吉野拾遺』に高徳が北国の雪中より南山へ書を寄たることを記したり。此書は南廷の朝臣が親く覧る所を記したるなりといふ。新聞にて見るに、重野氏『太平記』をばかたやぶりに打て『吉野拾遺』の事は一向論ぜず。いかなることにや。(11) 吾邦の仏僧又国学者などごろごろして居るに、これほどの事をも一人として問はぬは頗る其意を得ず。此二事小生より土宜へ（でも誰でもよし）序に問ふてくれと言てきたと何にかえ御出しの上、重野え御尋被下度候也。玄奘が女犯とは頗る珍事ぢや。鳩摩羅什の事を誤りたるにやと思へど、それにしても三百三四十年も違ふ様なり。重野氏は歴史で飯くふ人なれば、そんな間違はあるまじ。何にか確乎たる証拠を例の断簡零墨か、又は清朝輓近の雑家中にでも得たるなるべし。右二事御問被下度候。当地及び（小生の所聞を以てすれば）欧米の学者は一汎に玄奘の女犯せしことを不知様なり。小生はいよいよ確たることならんには、之を重野君の一大発明として『大英類典』の右の条書る人に教示し、次回の出板には玄奘は女犯せり、其弟子共が日本にても醜聞多かりしは職として之に是れ因ると大書せしめ度存居申候。

『仏教講義』の最末の仏耶孰優論(12)はよくよく諸友に御示し、御商量の上とくと、しかとしたる名説も有之ば、御送り被下度候。但し小生に於ては、今日の仏徒は事実上此返答は出来まじと存申候。何となれば教のよきは無論乍ら、仏徒の実際の性行は甚悪く候。而して之を弁護するとては、単に耶徒の性行の非を数るに過ず。然らば俗に申す乞食穢多が各々尊卑を争ふやうなこととなるべし。誠に残念なことなり。寺田師の『善悪之標準』(13)は小生一覧せり。感心致せり。然しただ口頭禅か。仁者幸ひに勉学せよ。

明治二十七年五月十四日

龍動城　金粟王如来　より

小生は色々書き居り申候。毎朝ハイドパークえ行き、「一心禅寂摂諸乱意、以決定慧摂諸無智」(14)。今月になりて短きもの三文(15)出し申候。

（1）本書翰は縦二六・五×横二〇・五cmの洋紙一葉を二つ折りにしてできた四面に墨書されている。ここには長谷宝秀（〔高山寺3〕注（5）参照）への手紙と法龍へのそれとが含まれている。これに対する長谷宝秀の六月十九日付の返翰が南方熊楠顕彰館に所在し（『資料目録』来簡3354）、〔上山 一九九九：二一七―二一八〕によって公表されている。

（2）熊楠は三月十九日付の〔八坂本30〕二二二―二二三頁で大英博物館に数珠と袈裟を寄付する話を切り出している。これに対する法龍の回答は発見されていないが、おそらくは帰国後に善処すると答えたのであろう。本書翰以後も熊楠は法龍に袈裟の寄贈を繰り返し要求している。法龍は明治二十八年一月二十六日付の〔補遺3〕で近日袈裟を送る旨を確約している。事実、大英博物館には同年法龍から寄贈された袈裟、空衣、石帯各一点があり、また同年熊楠から寄贈された袈裟も一点ある。

（3）〔八坂本14〕＋〔法龍来簡2953〕を指す。

（4）『ネイチャー』五月十日号に掲載されたばかりの"Some Oriental Beliefs about Bees and Wasps"（蜂に関する東洋の俗信）に付された「東洋の星座」（〔高山寺5〕注（17）参照）への注記を指す。『熊楠全集10』横組三五頁、『英文論考〔ネイチャー〕誌篇』三六頁参照。曇摩那伽は原文ではDharmanâgaで、法龍を梵語に翻訳したもの。

（5）『酉陽雑俎』のこと。

（6）望月小太郎（一八六五―一九二七）。政治家。甲斐国巨摩郡身延村（現・山梨県南巨摩郡身延町）出身。明治二十三年から二十八年にかけてイギリスに留学し、ミドルテンプルとロンドン大学で法学、経済学などを学んだ。『熊楠日記1』三四二頁から、熊楠が望月と「耶蘇坊主」との論争を知ったのは、この書翰を書いた前日の五月十三日のことであることが知られる。『法龍日記』によれば、望月は明治二十六年十一月二日に法龍の宿を訪ね、法龍及び熊楠と仏教について論じている。

（7）仏教用語。争いのない境地。

（8）archdeacon. 大執事。

（9）当時、青木周蔵（一八四四―一九一四）はイギリス公使（ドイツ・ベルギー公使との兼務）を務め、日英条約改正交渉に当っていた。

（10）induction. 帰納法。

（11）以上の重野安繹批判は〔高山寺10〕〔高山寺13〕と同じ主旨の繰り返し。

（12）『仏教講義』第十八講Buddhism contracted with Christianity [Monier-Williams 1889: 537-563]のこと。熊楠はこれを〔八坂本10〕九八―一〇八頁に自らのコメントを付して部分訳している。

（13）寺田福寿『善悪標準』哲学書院、一八九三年。寺田については〔高山寺14〕注（3）参照。熊楠は、中井芳楠に勧められて本書を読んだらしく、その書評の序品なるものを法龍に書き送っている（〔高山寺18〕参照）。それによれば、熊楠が読んだのは、寺田が中井宛てに送ってきた本である。なお寺田はこの月の三十日に急逝する。

（14）『維摩経』方便品。

（15）この書翰を書いている時点で、熊楠は、"Some Oriental Beliefs about Bees and Wasps"を『ネイチャー』五月十日号に発表しており、同誌五月十七日号に載る"The Earliest Mention of Dictyophora"（コムソウダケに関する最古の記述）の校正を済ませていた。また前日には、同誌五月二十四日号に載ることになる"An Intelligence of the Flog"（蛙の知能）を投稿したばかりであった。三文とはこの三つの短文を指していると見られる。『熊楠全集10』横組三四―三六頁、『英文論考〔ネイチャー〕誌篇』四七―五〇、六七―七〇頁、『熊楠日記1』三四二頁参照。

18　明治二十七年六月二十六日午後五時(1)（断簡）

〈前欠〉

人々は、仁者一一之を友人として扱ふべきなり。然しながらこれらは費用もかかり、土地にもよることなれば、始めよりはただただ仁者私蔵として、自ら之を右の如く排列して読楽まるべし。但し志士もあり、文庫も十分開き得る見込有んには、右の如くせよといふなり。すべて何事も興隆した人の志にかはりし法果の生ずるものなれば、予は始めからかかることを興して、仁者、山師の名など受んことは一切望まず。然しながら近代のことは不知、吾邦には古よりかかることはありしなり。中世迄のことは置き、又戦国の頃に上杉が足利学校を保存せしに、大椿とかいふもの筑紫より下野迄はるばる行きて、豆を日々若干かみて勉学せるなども兵馬馳駆の日には有難かりしことなり。

其後江戸に板坂卜斎(2)、脇坂(3)（なんといふか知ず。安治とて七本槍に名高かりし武夫の子とか）なども書多く集め、今に脇坂本とて古文の残れるなり。板坂は今の千束村に文庫を設け、やはり上述のカベンヂッシユ(4)の如く有志の人に遠慮なく入来らしめ、自ら之を以て楽みとしたりとか。誰がその蔭でえらくなりしかは知らず。さりながら、江戸に集りし諸国の士人、吉原に行かずして千束に往し人、年に少くも五、六十人はありつらめ、此輩文事の何たるを弁へ、分に応じて道を楽みたりとせば、今日の法螺ばかりで人の子をそこなひ、なにか天文学の講談に詩を吟じたり、芝居やら談義やら分らぬことする人々より小生は板坂といふ人の一向世に知れざる所をほめ申候。

もし大石良雄が江戸詰して一度も通ひ、小野寺秀和(5)も二度は通ひ、熊沢了介も通ひ、木下順菴〔庵〕(6)も通ひしことの一度もありとせば（必ずかかることは多人中にはありしなり）其功は大なることに候はずや。吾等は見しこともなし。寛永寺盛なりしとき文庫ありて、其発起人はなんとかいふ煉薬を売りしものなりとて今に其薬店はあり。此人は了翁(7)といふ人で、自分幼時の薄命なりしを歎じ、又薄命乍らも人間に生れしを喜悦のあまり、色々苦辛して金をもうけ此文庫を立たるなり。今の人は東洋の事と聞ては忽ち之を迂闊千万と笑はんか。扨其今の人々が信崇する西洋の文化といふ文化は、丁度此一事にあるなり。故に了翁を笑ふやうな小二才は人間に非ず、猫の眷属なり。兎に角絶対善は、発句作りても、花活けても、甚きは撃壌鼓腹、又烟草、飲酒して芝の上にねころんでも得るが、絶対善にして相対善の好縁を生ずべきは読書の外になしと知るべし。文事明ならずして相対善のたしかなものあり。『論語』にいへる郷愿[8]とはかかることにや。乃ちややもすれば俠以武犯法[9]、又小指斬らぬは首失ふより恥ぢや抔いふことになるなり。されば仙人隠者に非るよりは、処世するものは、絶対善のみなるも、相対善のみなるも、一は曹蜍李志、其人存すといへども九泉下の人の如し[10]くひつぶしなり。他は我意にまかせてふるまふといふほどのことで、其善も善に非ず、悪も悪に非るなり。無法者なり。

吾等少年のときより狂質のものにて、人も気つかふたり。今に至ては一も称するに足ぬことはないが、自ら反省すとか恥辱を弁るほどのことは、後れ馳乍らに有る様なり。なにか経験によるとでもいふか、悪いことの悪い位の事は今日の人間は少児でも知る。ただ自ら其悪の悪たるを処分するの能力を活用せぬより色々の事を生ず。経験とかなんとかいふたりとて、悪いことの悪いを知ん為にわざと悪いことをなんどもなんどもやつてみて而して後に悟るべしといふは、鳥の卵を堅くせんが為に鳥の親は毎度毎度卵を打ちつけて見たといふやうな僻論なり。卵の堅きはまことに卵中のものを保護する為なり。然しながら卵の堅きを欲して之をつぶし試る後に卵堅くなれりといふことあらんや。つぶし畢るときは其卵ははや卵に非ず、いかにして堅くなり得んや。されば文事は飛耳長目のみならず、予め未来を察し深く他の成敗に鑑むるの功を人間に与るなり。現に平井権八[11]や日本駄右衛門[12]の浄瑠璃文句などを引き言にして切り取追剥の言ひぬけし、『阿波鳴戸』の文句[13]を引て子を殺すものもあるなり。これほど分たことさえ、有り内ちぢや。ぢや、これもあれに比ぶれば軽き事なりなどいふて、兎角悪事もおこる。されば善事は人の自らも望み兼ては他も望むことなれば、一文一句たりとも之を得、之を誦するものには言外に其功は大なるものなり。（卵のことはスペンセルの進化論中にあり。それはただ科学上の議論、仁者予に教法として仏法は全く学理と合一なり、他教のなにか迂闊なる偶合の譬喩如きに非ることを証せよといふ故、これを論じて証す。ス氏の今一つの例に、亀の甲は堅し、これ敵に潰され又は岩石より落て痛まぬ為なり、然しながら甲を堅くせんとてわけもなく敵を挑み岩より落るやうのことあらば、身は裂れ命を失はん、何ぞ甲を堅くするの間あらんや、故に漸次漸次にあまりに堅からず又あまりに軟かならぬ処に身をあてるに生ずといへり。実に人間の道義も然ることなり。すなはち文事をしつけられて、扨世に処して、おっとここはあぶない、ここはこうだと理するなり）先ず是ほどにして止めん。

○仁者前日宣ひし袈裟は何卒送られたし。これは館へも通じたることにて、小生弟に命じ京都で作らしめんが、仁者の言右によりそれは止め、輪袈裟一つ寄せり。これと仁者の分と一処に寄附したし。而して仁者の分は大英博物館より仁者宛の礼状をとり、仁者迄送上ん。おっと忘れ居たり。南ケンシングトンの印度館の（仁者は不観）目録（工芸部のみ）二冊[14]安く買へり。これは明日出す（長谷師宛）故、受取被下度候。他の部のも又々送らん。武具部の目録甚美麗なるが、古本はなく、館にて買はざる可らず。然るときは少し高価なり。然し印度の武具は吾邦にて見ること少ければ、是非其内に一本を贈らん。小生は仁者小生と共に印度館を見ざりしを大遺憾とす。

扨これからは無心なるが、『論衡』（王充の）[15]、『和名類聚抄』[16]、『職原抄』[17]、『輟耕録』[18]、『呂氏春秋』[19]、劉向の『説苑』[20]、『風俗通』[21]、『白虎通』[22]、『拾芥抄』[23]、『古事談』[24]、『沙石集』[25]これらもし見当り玉はば、買求め小生え寄附被下度候。弟へ毎度注文致候へども、何分家業も多忙なり。又和歌山は今は書肆も昔とかはり古めいたものは多からずといふことにて、又兄弟乍ら達て申しかねることもあるなり。それ故仁者に願上候。但し決して仁者を要するには非ず。

又金剛界と胎蔵界のことに関せる経疏、あまり幾十冊もあるものに非るなら被送下度候[26]。当地にもあり、オクスフヲールドにもあるが、かかるものはとくと静坐閑居して、ちんぼいぢくる考えにて読ねば一向分らず。小生は此事にて曼陀羅の事を耶蘇の秘法の諸派と比較し、兼てはいよいよ真言はむちやかむちやでないか、を顕正したし。［汝道に志あらば吾れより何の返礼せずとも必ず此等の書籍を予に送りくれよ。返礼の多寡で事を左右すること多く見る。］

○中井君小生に寺田福寿氏の『善悪之標準』を評し寺田氏に呈せよと依頼さる。因て小生一と先夜をこめて彼小冊を抜抄し、扨一一例の駁論を加へて成れり。然しながら、是又無用のことかとも思ふなり。彼の冊子にて察すると、名は『善悪之標準』なれども、実は仏教の我慢法と下半は一向宗の引き札なり。総て文を草し書を著すに、題号に関することと多きものにて、「恋塚の碑」[27]なれば、文覚が若かりしとき橋の奉行して袈裟にほれしより袈裟が苦節に死せし迄を詳記す。又「文覚の伝」なれば、若いときに美婦の事に感じ僧となる云々、それより苦行せんこと、高雄の勧進、頼朝に尽して、六代を栖し、隠岐に流れし次第を主とするなり。寺田氏の著は右述の如くなれば一向標題に合はずと考ふ。

小生又何故に一向宗徒なりとて忽ちに一向宗義を以て下半を埋め、他宗派のことはややもすれば圧るやうなる風あるやを解せず。又其内には愚昧千万なることもあるにや。寺田氏は宇宙神教、唯一神教が万教の粋を包含すべしといひながら、猶太の古伝古先生を主として伝るをせめて、耶蘇教は悪を標準として徳を行んとすといふに至る。然らば寺田氏が長々しく、印度のわけもなき宝蔵比丘尼[28]などの前の世界にありしといふ怪詭の伝を尊奉固守せんとするにや。

これ伯夷、叔斉のどど一[29]にある、暴を以て暴に代ふ、非を以て非を伐つやうのことならん。又なにか今の大臣は菩薩なりとかなんとかは、僧人の語に非ずと考ふ。又なにか新刊の清国の本など引て儒仏一致を説く。然らば耶蘇教も亦仏と一致に説き得べし。且又人に交るに人をそらすこと勿れとさも名言らしくいはるれど、実にけしからぬことなり。尤も凡俗に示す書なりといはれんか、小生は凡俗に示す書故に殊にけしからぬと思ふ。すべて言はいかようにも解し又こぢつけて自分の意を果さんとするは人の情なり。されば人をそらすこと勿れといふ語を守るとて、幇間諛媚何とも知れす[ぬ]もの出来はせぬか。小生は寺田氏が書中已に人をそらさじとつとむるを醜事とす。凡俗に教る言は和容寛大にありたきことなり。かくいはずに誠実を以て人に交れといひては如何。誠実とは表裏なきことなり。すなはち方法を指さず、外見外聞を指さずして、自分の心の持ち様を指すなり。今の日本人はややもすれば人をそらさじそらさじとするより表裏千万、朝思ひ立て夕に変るやうのこと多きに非ずや。小生のいふ誠実とは、思ひ立たことはやり通せといふなり。而してやり通さにやならぬほどのこと故、沈重に思ひ立つべく、思ひ立た上は所作も心底も表裏なく一致して事を処すべしといふなり。

もし人の気をそらさじそらさじとのみ勉れば、人千化すれば吾も千化せざる可らず。何の事か挙らんや。小生は今の僧などややもすればかかるつまらぬことをいふを奇怪に思ふ。又念仏むしよつたに唱へて善になるなどいふこと、一向小生には聞えず。洋人輩には一人も感ずるものもなし。実に吾田へ水を引くやうなことといふべし。

又一向宗は他宗如き弊事なしといふ。徂徠は一向宗の人々肉を食ふに忌む日なしと聞て大に感ぜしが、祖師の命日に肉を禁ずると聞て大に蔑如したりとか。又今度死んだ本願寺の坊主抔(30)の戸籍帳を見るに、従妹が従兄の妾になりしもあり。いやはやむちやくちやぢや。你之を寺田に言ひおくれ。金粟王如来勅するなり。

○此評寺田氏望ならば小生はおくらん。但し左の序品の通り心得られたし。もし折角受けた気で居るに撃ち込まれ、你米虫が曽て憤りし如きこと又有んには、小生も甚不面白。故に先序品を示して右の評を頂戴するなら、其心得を知しむ。［予かく多く書籍注文するも実は東方に一廉の文化ありしことを毛唐人共に示したきにて、これが小生の一生の一事なり。仁者之を愍むこと、予が仁者を憐むが如くなるべし。］

読『善悪之標準』序品(31)、

金粟王如来過去因縁の逆流で妙喜世界に落付かず、法喜を以て妻と為し、慈悲心を母となし、作病を毘耶離〔びやり〕に構へて文殊、舎利弗に難題を吹きかけ、大乗を挙て小乗を倒し、折角無動物世界迄取寄せながら、其方も付けず、第十二品切りで忽然と影を隠すこと二千有余年なりしが、まだ逆縁の絡はるにや、今度は一番一切衆生を妙音天に仕上くれんと二乗を掲て三毒を抑ふる為め、二上り三下りのどど一なんといふことを法楽とし、無性に面白がり居たる因果は如来の手にも合はず、纔かな金も鉄の棒にふりてしまゐ、山も見えざる三界を流浪してもへらぬものは昔しとつたる不可思議弁舌、一切治生諧偶して雖獲俗利不以喜悦と受取た銭は其場で使ひ、入諸婬舎示欲之過して入諸酒肆能立其志と評判の宜しからぬ人々の厄介になり、「若在長者長者中尊為説勝法、若在居士居士中尊為断貪着〔著〕(32)」と何がな人より先きに口をたたき、又売物をねぎり倒して、独り悦んでぞ居玉ひける。如斯して金粟王如来南閻浮提〔なんえんぶだい〕欧羅巴州龍動〔ロンドン〕大城にたどりつき、一週間六志の借宅浄土に獅子宝台をすえ、非有量既無量と有ても飲み、無ても飲み、醒めての後の分別には、世は酔醒の薄茶なり、諸の仁者、此身は挑灯の如し、いつ消るか知れず、此身は蛙の如し、膨れば忽ち破る、此身は蟷螂の如し、争気あるを以て小児に怒らざる、此身は井戸堀りの如し、入ること進むほど闇くなる、或はちんぼの如く、或はきんだまの如し、触るに随て起り、常々隠るるによりて身の枢となる、夫れ別嬪は蝋細工、処世は穢多芝居、盛衰は野中の井戸の枯槔（はねつるべ）、栄辱は横町の薬店の天秤に非ずやと、如斯にあきらめ、何をするともなく又せぬともなく遊び居たるが、火を燃すがうるさくてとは世を忍ぶ仮の名にして、本名明すときは本来空無一文、木を買ふこと罷り成らず、因て七日も三七日も火食せず。噫々、吾も昔しは香積如来の飯を取り次で八千の菩薩五百の声聞に奢（おご）つてやつた[33]こともあるに、と浩嘆の折から、旧住毘耶離城の長者子宝積（ほうしゃく）、今又此龍動大城に吠舎[34]たりと聞及び、昔し一処に菴羅樹下に世尊を訪しときなどは、吾も彼も同じ旦那衆なりしが、えーい、仕様はないわと飯を食ひ倒しに往くこと頻りなり。或夕例の如く食ひ倒し畢り、大神通力を以て飛去んとするに臨み、長者子宝積何やらん一小冊子を取出し、匆体げなる顔付で言ひける様、此は是れ東方粟散辺土[35]の一菩薩、五濁の益々重くして正法の弥よ衰んことを嘆き、兼ては末世の比丘共のあごのひあがらぬ様との信功ありならがなと一と工夫して、幸ひカントの二著述に相待して色々の事を走書し、彼に大自在の力有りとも吾又降三世の威を奮ひ、天晴れ破邪顕正の積りで述たる一書也。評したき者は飛入り厭はずとのことなれば、一つやつて見るも止むに、優るの功は有んとそのかされて、金粟王、ここは一番、「善哉善哉、老驥伏櫪志在千里、烈士暮年壮志不止[36]」とかや。吾は斯の土は粗々見限ったが、今にそんな大士の出るも妙なり。

吾亦此志全くは已まず。いかにも批評を致すべし。但し甘言は疾にして貌言は挙〔華〕なり[37]。其のかみ吾れ飯を盛るによりて須菩提（しゅぼだい）を叱し、法を説くによりて富楼那（ふるな）を呵したる頃はさすがに忍辱、柔和、寛洪の量ある人の多かりし[38]。子路又百世の師とするに足れり、過ち聞くを喜びたればなりと宋人もいへり[39]。是を以て坐なりにほめてもらふは小人の小人たる所以にして、真実の誨えは大人の大人たる所以なり。唯夫れ曾て迦葉、目連、光厳、弥勒をさえやりこめたる此如来の批評は又格別なものと、貪瞋痴[40]を丸なげにして教受せられんことこそ彼菩薩に望ましけれとて、夜の更たるに末世なればこそ紫雲にも乗らず、韃靼[41]ならぬ膝栗毛に駕し、五哩の道をとぼとぼと犬吠に送られて別〔カ〕を帰りたるを此評の序とはなしけらし。

○西蔵の事は吐蕃（唐の）なること前状[42]申上し如し。又宋の頃の西夏国も西蔵の東部、支那の西部を兼しならん。（其主本姓[ママ]拓跋[たくばつ]とあればもとは鮮卑種なり。(43) 唐朝より李姓を賜はる。夏州に鎮す。梁太祖のとき李彝昌乱に死し、国人其一族夏仁福を立つ。其後宋の太宗のとき夏主李継捧宋に入朝して地を献じたるを族弟継遷憤り、先祖の像を戎に示すに戎みな泣く。それより一族中に大争乱を生じ、継遷は西涼六合[谷]の酋長潘羅支に殺さる。然るに其子元昊、(44) 支那の不平家張元の策を用ひ、辺に寇すること已まず、宋の史にはなにか范仲淹によく降を乞へりとかあるが、歳々宋より銀絹茶綵二十五万五千を賜ふとあれば、契丹の一件と同く、実は宋より和を請ひしならん。神宗のときに至り王荊公西戎を攻んとして大に失敗せることあり。其後もしばしば宋え乱妨を加へしが、千二百二十七年元太祖之を滅し、帝晛を捕へ帰る。此時耶律楚材、(45) 他人が争ふて女子、少年などを掠むるに異り、大黄両[カ]駝書数部をとり、大に益を軍中に加へしことあり。されば夏は先は三百十六年計りもつづきしものにて、実に珍き長持せし国なり。而して其地は漢の隴西郡なりとあれば、支那の西部より今のチベットの過半を支配せしならん。かかることにて夏の事も一向伝らず、其間に喇嘛の組織は大に備り遂に帝師迄も出しにや。而して『孟子』に、舜は東夷の人也、文王は西戎の人なり(46) などいふことも見え、又後漢迄日本一向支那に通ぜざりし如きにて察すれば、今の天津より一昼夜で帝都へ行けるとはかはり、昔の支那帝国の文明の大に開し所は主として今の四川、甘粛、陝西の辺にありしなるべし。

　乃ち今日繁昌する所は昔しの燕、代、斉などにて、福州の如きは実に閩越[びんえつ]などいふて一向取り合ざりし蛮地也。（支那の星宿の名三百計り数へたるに、海に関せる名、たとえば希臘星学の蟹、鯨、江豚等の如きは少しもなし。ただ東海、南海といふ二名あり。これはただ漠として海のある方の地方をさせしことなるべし。此事小生昨冬の『ネーチュール』に出せり）(47) 又夏禹のときに崑崙どうかうといふことあり、又鳳凰を称すること多し。(48) これは今日のアルゴス・フヰザン(49)と云て（日本にて鸞[らん]と申す。鸞鳳と通称して鳳の一種とす）西蔵のものなり。又ヂエリン(50)とて一角の獣あり。羚[かもしか]如きものなり。麒麟とは此事ならん。（これは小生の愚説なり）さればなんに致せ、昔の支那はよほど今よりは西南に偏せりといふべし。さればこそ犀などいふ印度の獣のことを早くより伝へたり。それ故西域西域と『漢書』、『史記』などにあるは、今の西蔵よりはまだまだ西の方なり。すなはち今のトルキスタンよりペルシアの間と存候。

而して此辺には罽賓[けいひん]、[51]于闐[うてん][52]等の国ありて、中々大なる寺院も多かりしことなれば、明帝[53]の頃仏法を伝しは主として此辺よりせるならん。現に羅什の例の亀茲[きじ]国如きは今のトルキスタンの内にあり。されば仏法は大月氏国(印度)、滇国(柬埔寨)[54]等の南方より渡れることは殆ど皆無にて、主として漢晋六朝の間は西域すなはち罽賓、于闐より涼(西蔵)を経て中国(今の四川、陝西のあたり。すなはち支那の西の方なり)に入しならん。而して実際其頃トルキスタンに仏寺宏大に仏僧多かりしことは、『西域記』にても証すべし。罽賓国僧仏教を弘ん為め扶桑に到るといふこともあり。扶桑は今のシベリアの辺と思はる。鹿の乳を呑む等のことあり。かかることにて、喇嘛出ざる前より此等の西域(于闐、罽賓等)より中国、蒙古、又欧州の一部へも已に宣教せしことと思はる。(今もトルキスタンに博洛迦[55]の大寺など遺址あるなり。中々宏大なるものといふ)又サマルカンド如きも、回徒に攻落され回徒文学の中心となる迄は罽賓国の主府にて、仏教尤も盛んなりし処と知らる。『西域記』など見るに中々今のトルキスタン如きものに非ず。よほど文化ありしと考らる。

仁者印度にて二三小生の為に菌茸を採れりといへり。これは如何したるか。可成は送り下され度候。前述の諸書物何卒宜しく見出し、御送り被下度候。書籍無きもの又あまり見当りにくいものは、決して尊慮を煩はすに及ばず。但し得易きは御送り被下度候。[代価一一附記を乞ふ。然るときは見積り、此方よりも可然書籍可差上候。]

明治二十七年六月二十六日午後五時記

金粟王如来　南方熊楠

米虫鳩槃荼[56]　土宜法龍師宛

15 Blithfield Street,
Kensington, London, S. W., England.

書籍着の上は一一書名冊数を記し、もし小生より送りし案内状ありて間立つに、其書籍は着せず等の事あらば一報を乞ふ。折角送るもの何とも知れずに終るは不本意なり。

仁者巴里立て後、長谷師[57]宛にて今日迄、送りしは『法王罪悪史』一冊[58]、『中世志怪篇』一冊[59]、天正十四年板カルヴヰンの『耶蘇教義論』一冊[60]、一二週中に送るべきは(必ず送る)『魔術史』二冊[61]、『風俗攷古篇』三冊[62]、『南ケンシントン博物館印度工芸品目録』二冊[63]。[汝の書籍目録可成早く拵えておくるべし。]合して六部十冊なり。此外にもなほ追々送るべし。

然し目下金貨頗る高価にて、小生随分食事さえせぬことあり。故に送ることもあり又送らぬこともあるべし。仁者よりは今回頼上たる書共［ども］は可成は被送下度候。而して心得の為一寸と代価被申越度候。

又『法華経』も予の所持のも館にあるも古冊にて分らず。たしかな紙、装釘、にて注入たものあらば被送度候。予の『維摩経』はさすが自述のもの故明白なるが、『法華』は敗紙目前の残欠なり。又洋訳[64]では何にやら浄瑠璃の如し。

（1）本書翰は和久製の罫紙（縦二三・六×三二・六cm）三葉に墨書されている。各葉には3から5までの通し番号が付されており、最初の二葉を失った断簡と見られる。

（2）板坂卜斎（一五七八—一六五五）。二世卜斎。徳川家康、徳川頼宣に仕えた医師。晩年、浅草砂利場に浅草文庫を設けて蔵書を一般公開した。江戸時代における最初の公開図書館とされる。［小野 一九四二：二四二］参照。

（3）脇坂安元（一五八四—一六五三）。江戸時代初期の大名。歌に秀でた教養人で、八雲軒と号し、和漢書数千巻を収集したが、彼の没後その蔵書（八雲軒文庫）は散逸した。脇坂本とはこの脇坂安元旧蔵本を指す。

（4）イギリスの物理学者、化学者ヘンリー・キャベンディッシュ（Henry Cavendish　一七三一—一八一〇）のことと思われる。

（5）小野寺秀和（一六四三—一七〇三）。十内の号で知られる。討ち入りした赤穂浪士の一人。

（6）木下順庵（一六二一—一六九八）。江戸時代前期の儒者。新井白石、室鳩巣らの師。

（7）了翁道覚（一六三〇—一七〇七）。江戸時代前期の黄檗僧。不忍池の畔で「錦袋円」なる薬を売って資金を作り、上野寛永寺内に勧学寮を興して、併設の文庫を一般公開したのを始めとして、各地に文庫、経蔵を建立した。［小野 一九四二：二七〇—二七三］参照。

（8）〔高山寺5〕注（109）参照。

（9）『韓非子』五蠹篇。原文は「儒以文乱法、侠以武犯禁」。

（10）『世説新語』品藻に「曹蜍、李志雖見在、厭厭如九泉下人」とある。静かでおとなしく、まるで死人のようだ、という意味。

（11）平井権八（?—一六七九）。江戸時代初期の浪人。悪事を重ねて磔刑に処せられた。歌舞伎・浄瑠璃の作中人物、白井権八のモデル。

（12）河竹黙阿弥作『青砥稿花紅彩画』に登場する盗賊、白波五人男の一人。

（13）阿波人形浄瑠璃『傾城阿波鳴門』八段目。

（14）George C. M. Birdwood, *The Industrial Arts in India, South Kensington Art Hand-books*. 2 Vols. London: Chapman and Hall, 1880 と思われる。本書翰一八四頁の『南ケンシントン博物館印度工芸品目録』二冊、〔高山寺19〕一八九頁の『南ケンシントン博物館印度巧技

品目録』二冊はこれと同じもの。
(15)後漢の思想家王充（二七頃―一〇〇頃）が著した雑家書。神秘主義や迷信に対して鋭い批判を展開する。
(16)『倭名類聚抄』。平安時代前期に源　順（みなもとのしたごう）（九一一―九八三）が編集したわが国現存最古の漢和辞典。
(17)南北朝時代の公卿北畠親房（一二九三―一三五四）が著した有職書。
(18)元末明初の文学者陶宗儀（?―一三九六頃）の著書。元代の史実、逸聞、法令、制度、風俗、文学、書画、医術などさまざまなトピックを筆記したもの。
(19)秦の宰相呂不韋（?―前二三五）が編纂させたと伝える先秦諸家の思想の集大成。
(20)前漢の学者劉向（前七七―前六）が編集した故事・伝説集。
(21)後漢の応劭（生没年不詳）が著した考証の書。『風俗通義』。
(22)後漢の学者班固（三二―九二）が編集した白虎観における儒教諸家の講論。『白虎通徳論』。
(23)『拾芥略要抄』。鎌倉時代中期に原型が成立し、南北朝時代に洞院公賢（一二九一―一三六〇）が改訂・増補したと見られる百科事典的書。
(24)鎌倉時代の源顕兼（?―一二一五）編の説話集。
(25)鎌倉時代の無住（一二二六―一三一二）編の仏教説話集。
(26)この要望を受けて法龍が熊楠に送ったものが印融撰『両部曼荼羅私抄』（〔高山寺22〕注（2）参照）である。法龍との交流を通じた熊楠の曼荼羅学習の過程については［神田二〇〇九］参照。
(27)文覚（生没年不詳）は平安末期から鎌倉初期にかけての真言僧。彼が横恋慕の末に誤って殺してしまった袈裟御前の首を葬ったとされるのが鳥羽の恋塚。その塚の由来を記したのが恋塚の碑。
(28)法蔵比丘（菩薩）のことか。法蔵比丘は阿弥陀仏の修行時の姿。
(29)伯夷と叔斉（共に生没年不詳）は殷末周初の賢人兄弟。周の武王が殷の紂王を討とうとするのを諫めたが、聞き入れられなかったため首陽山に隠れて餓死した。清廉な人間の代表とされる。ここで言う都々逸とは、彼らに帰される「采薇歌」（蕨採りの歌）を指す。所引の一行は、原文では「以暴易暴兮、不知其非矣」。
(30)この年の一月十五日に東本願寺二十一世厳如上人（大谷光勝、一八一七―一八九四）が遷化している。
(31)以下の文章には『維摩経』（鳩摩羅什訳『維摩詰所説経』、大正No.四七五）からの引用、及びその内容を踏まえた記述が多い。
(32)『維摩経』方便品。
(33)『維摩経』香積仏品。
(34)梵語のヴァイシャ（vaiśya）に相当する音写語。ヴァイシャはインドのカースト制度の理念的な枠組みである四ヴァルナ（四種姓）の一つ。熊楠は「与龍聖法印書」（『熊楠珍事評論』一〇〇頁）の中で「商賈」に「ヴヱイシア」の読み仮名を振っており、彼のヴァイシャ理解が知られる。ロンドンで商人をしている長者子宝積（『維摩経』の登場人物の一人）とは、中井芳楠を指している。
(35)辺地にある粟粒を散らしたような小国土。日本を意味する。

（36）曹操「歩出夏門行」。
（37）『史記』商君列伝。ただし原文は「語有之矣、貌言華也。至言実也。苦言薬也。甘言疾也」である。
（38）『維摩経』弟子品の記述を踏まえたもの。
（39）不詳。
（40）貪欲と瞋恚と愚癡。仏教の説く根本的な三種の煩悩で、三毒と呼ばれる。
（41）驒は背の黄色い栗毛馬、騠は騾馬の意。
（42）どの状か不明。『熊楠日記1』によれば、熊楠は〔高山寺17〕以降、六月十一日と二十二日の少なくとも二度、法龍に書翰を送っているが、いずれも発見されていない。
（43）西夏はチベット系タングート（Tangut 党項）が建てた国で、その王族は唐から李姓を受けるまでは拓跋氏を名乗っていたが、鮮卑系ではないと考えられている。
（44）李元昊（一〇〇三―一〇四八）は李徳明の子で、継遷から見れば孫である。
（45）耶律楚材（一一九〇―一二四四）。モンゴル帝国初期の契丹人官僚。『元史』耶律楚材列伝に「丙戌冬従下霊武、諸将争取子女金帛、楚材独収遺書及大黄薬材、既而士卒病疫得大黄輒愈」とある。
（46）『孟子』離婁章句下。
（47）「東洋の星座」（〔高山寺5〕注（17））のこと。
（48）『山海経』海内西経に、昆侖（崑崙）九門を守る開明獣の西に「鳳皇鸞鳥」がいると述べられている。
（49）**Argus pheasant.** セイラン（キジ科）。
（50）不詳。
（51）後出のように、熊楠は罽賓をサマルカンド周辺と見なしており、それは『和漢三才図会』に従うものであるが、正しくない。〔高山寺19〕注（18）参照。
（52）ホータン（和田）。西域南道にあったオアシス国家。
（53）明帝（在位五七―七五）。後漢の第二代皇帝。中国への仏教伝来説話の一つに、明帝が夢に神人を見て求法の使者を派遣したという感夢求法説がある。
（54）〔高山寺14〕注（7）参照。
（55）〔高山寺19〕注（19）参照。
（56）梵語の Kumbhāṇḍa に相当する音写語。人の精気を食らう鬼霊の一種。馬首人身で表わされ、増長天の眷属とされる。
（57）長谷宝秀（〔高山寺3〕注（5））のこと。
（58）*The Papal Criminal History: The Incubi of Rome and Venice*, 2 nd ed. London: J. Clements, 1864. 本書は現在、種智院大学図書館に蔵されており、熊楠による次のような書き込みが見られる。「法王罪業史　一冊　明治二十七年五月三十日　南方熊楠　土宜法龍師蔵中ニ寄附」
（59）〔高山寺13〕注（72）参照。
（60）Jean Calvin,*Institutio Christianae Religionis*（『キリスト教綱要』）の英訳 *Institutes of the Christian Religion*（『熊楠日記1』三四六頁参照）。天正十四年（一五八六）版とは英訳の一版種と見られるが、詳細は不明。
（61）〔高山寺19〕注（9）の『魔法史』に同じ。

（62）〔高山寺19〕注（7）の『古風俗攷』に同じ。
（63）本書翰注（14）参照。
（64）おそらくは次の英訳を指している。*The Saddharma-puṇḍarīka or The Lotus of the True Law*, translated by H. Kern. The Sacred Books of the East Series, Vol. XXI, Oxford: Clarendon Press, 1884（『蔵書目録』洋 180.18）

19　明治二十七年七月十六日(1)

魑魅の親方鳩槃多(2)の権化
土宜法龍殿

龍動大城金粟王如来
花川戸長兵衛事(3)
南方熊楠出

明治二十七年七月十四日出

『南ケンシントン博物館印度巧技品目録』二冊(4)、天正十四年板カルヴキン『耶蘇教義』一冊、『法王罪業史』一冊（これは絶板もの）(5)、『中世志怪』一冊(6)、右は客月已に之を你の一味の魍魎長谷氏気付にて出したり。

又今日便にてブランツの『古風俗攷』三冊(7)、ヂドロン、『耶蘇教聖像図彙』二冊(8)（この二は画入なり）、エンネモセールの『魔法史』（附ハウヰットの幻、怪戸、夢、神、定、観、占、讖緯、魅術、魑魅、媚薬、神符、蕩剤、仙、霊、の諸考）二冊(9)を大安楽寺え宛発送す。你受取の上、一一書名と冊数を記し、予に受領の旨一報あれ。すなはち計十二冊、仁者欧州去て後に送れるなり。而してここに一言するは、仁者之□〔をカ〕私蔵して真言徒の用に供し、あまりわけもなき人に見せるな。これらは皆な仁者の尤も喜悦すべき魑魅妖怪、幻夢泡沫、詐偽恐嚇のやうなことの材料を与るのみ。見様により甚き誤□〔破損、戒カ〕を生ずるものなり。故に仁者慎んでかかる不埒なものを人にふれちらすこと無んことを望む。李謐の語に、「擁書万巻何□〔破損、暇カ〕南面百城」(10)といへり。你仁者宜く斯の如く拮据して倦まざ□〔破損〕べし。但しかかる妖怪の語など取りて、又例の理外の理(11)など言ひ出す勿れ。右の『古風俗攷』巻之三に耶蘇磔せらるるとき人の門に休みしを、早く死に行けと叱りし故、罰として死ぬこと能はず、常に此世にありて百年毎に一び大苦病を受るといふはなしあり(12)。案ずるに、『雑阿含』に阿育王賓頭盧(13)、賓頭盧の語中、「復仏住舎衛国時、給孤独長者女、在富楼那跋陀那国、請仏及比丘僧、時諸比丘各乗空而往彼、我爾時以神力挑大山而往、時如来責我、汝那現如是神足、我今罰汝、常在於世不得取涅槃、護持我法、勿令滅也」(14)。何の国土何宗教にもかかる愚徒多きものなり。又右の同じ巻に、海狸がキンタマは媚薬に供し貴まる、海狸一びキンタマを失ふときは、再度猟師にあふて立てキンタマのあとを示すとあり(15)。

『五雑俎』(16)第九巻、「蚺蛇、其胆云々、取胆者云々、而蛇不傷仍可縦之、後有捕者蛇輒逞(のべて)腹間創示人、明其巳被取也」とあり。海狸は支那になく、蚺蛇は欧州になきが、似たる話しが偶ま生ずるなり。又右の一事を論じて人が金袋をおしみ身を殺すを戒る意とせり。これはたまたまキンダマといふ陰嚢の和名にも似たることなり。小事ながら斯の如く一一比較して読め。(17)

○西蔵の羌なることは前文にいへり。于闐、亀茲が西蔵よりまだ西、今のトルキスタン地なることもいへり。又罫[罽]賓は、『三才図会』には古の罫賓は今の撒馬児罕(サマルカンド)なり。(18) 撒馬児罕の史を案ずるに、いかにも回教の大文化ある市たりし以前巳に大文化ありし処なれば、どうも『三才図会』は本当らしい。又『西域記』に有名なる博洛迦(19)の大寺観如きは今もトルキスタンに存しあるなり。『西域記』に、「迦湿弥羅国旧曰罽賓訛也云々」とあり、罽賓と迦湿弥羅の字音の訛なるや否や、小生今之を知らず。兎に角『三才図会』に従へば今の撒馬児罕が罽賓国ならん。而して仏経中には或は迦湿弥羅国を称し、或は撒馬児罕を称せることもあらん。

涼。これも羌輩の一派の建国にて西蔵の一部ならん。御承知の如く西蔵語は全く支那語と同系統にて、殆ど同音もあるなり。(20) されば支那の一部たりしなり。「羅什之師取舎[耶]先誦曇無徳律、司隷校尉姚夾[爽]請令出之、与[興]疑其遺謬、乃試耶舎令誦羌籍薬方各四十余紙、一[三]日乃執文覆之、不誤一字、衆服其強記。(21)」

されば羅[カ、破損]什先後の支那の文明の中心ともいふべき符秦又姚秦の□[破損]人は羌語を一ととほり解せしなり。故に耶舎の強記を試るにも、羌籍の薬方を以てせるなり。又「道安伝」に、(晋におれり。其頃は晋も末にて支那の九分の一を占し位のことにて、南東の隅にがしゃばりしなり。)「道安名被流沙彼国僧衆皆称漢地有大乗沙門毎至燃者礼拝輒東向致敬」とあり。(22) されば流沙の西の方に其頃大乗盛んにありしこと知るべし。凡て国名は史を読に大関係あり。たとえばアラビヤ人の立た帝国といふもの、実は其文化アラビアの地にのみ発達せしに非ず。西班牙、波斯、北亜非利加に於て大に興起せるなり。

又希臘人勃興して印度迄攻入れるは、今の希臘王国の人に非ず□□[破損、してカ]今の土耳其(トルコ)の地に興りしなり。印度は帝国王国興亡幾百といふことを知ぬ大地面なり。又なにかトルキスタンとか何とか曖昧な名付たるが、西蔵の西、波斯に至る間には種々の古大盛邦勃興し、已に最な文化の一たるバビロニアの開化は、全く此辺にすめる黄色人の創始に出るならんといひ、其文字金石に存せるものと唐土の象形字と比するに、頗る似たるもあり、又同きもあるをブリチシユ博物館にも列示せり。又此辺のパルチア、バクトリア、シジア人種の強かりしことは（已に阿育王も此一派の人種にて、決して梵種に非ず。故にたとえば卒伍より出でてシーザルの後に非るコンスタンチン帝が耶蘇教を興隆せる如く、四民平同なりとの点より仏教に力を入れしなり。）羅馬三傑の一たるクラッシユス[23]が彼等の為に打死せるにても知るべし。このバクトリア、シジアの古大盛邦たりしことは、プロエッツの『宇内史[24]』に古史の諸民を人種にて分てば、

(1)東民

(1)埃及人（ハミチク族）

(2)猶太人、巴比倫〔バビロン〕人、アッシリア人、フヰニシア人（後にカルセージ[25]にあり。羅馬と大戦し、世界第一の武人ハンニバルをも出したり）

リヂア人（セミチク族）

(3)印度人、バクトリア人、メデス人、波斯人、（エリアン族）

(4)パルチア人、中国人、日本人及び米虫の一派、（黄色族）

(2)西民　希臘人、羅馬人、（あとに三種（ケルツ、ブリトンス、チユートンス）を挙たれど、これは自国民の古系を示んとして誇張せるのみ。今の欧米人の先祖は

〈図1〉

何の功もなかりしものなり）」

実はここにのぶる愚論目録の外に

(3)別民（他の諸民と全く別の）メキシコ人、ユカタン人、ペリユー人を加るを的当とす。

扨図〈図1〉を案ずるにバクトリア（図中赤塗す）は今のボツカラにて、すなはち于闐、亀茲なり。(26) 罫［罽］賓は撒馬児罕とすれば、それより少し北●の辺なり。扨支那の最古の文、たとえば『山海経』『禹貢』などを案ずるに、崑崙といふこと頗る多く見え、神人は大抵崑崙にあるやうなり。（道家の附会の法螺はのけて）これは吾邦の上代に史に日向辺の事や大和辺の事が多く見えるやうなもので、取もなほさず支那人は崑崙辺より起りし証なり。図の如く雪山、天山が扇の両方の大骨、崑崙は中の一骨といふやうにひろがりて、バクトリアが其要めの処なり。又支那より印度に行くに、多く流沙を踰ることが見える。（流沙は図中〈図1〉斜めに赤くぬれり。天山と崑崙の分度に少く不足なる位なり。決して崑崙より南にのびず。）扨今の西蔵は主として崑崙と雪山の間の高地をいふ。然らば西蔵の高地を横りて印度にゆくは近くして、頗る難きが為め、〈図中〈図1〉赤き○は高地すなはち西蔵〉わざわざ天山と崑崙の間を遠まはしにゆき、［ママ］て天山、崑崙、雪山が会せる、すなは

〈図2〉

ち要めの処を難儀ながら踰え、扨于闐又罽賓等え出で、それから又南のヒンヅクシユの山をこえて印度に出しならん。此要めの処、若くはヒンヅクシユを葱嶺[27]といふか。但し只今書に乏ければ言ひ得ず。もし、此輩が唐土より羌の地（西蔵）をへて印度へ出んとすれば、図中〈図2〉斜めに引る朱線の如き短途を取り得、別に北西の流沙を踰るに及ばぬことなり。故に西蔵の高地は中々急に渉るものもなく、又今日すら然ることなれば、漢晋の際にはただただ羌種の蛮族に打ちまかせ、しばしば支那え乱入などさるるのみで一向内部のことは分らざりしならん。而して今の喇嘛の都ラツサのある辺とかはり、其北の崑崙と天山の間、今カシユガルの辺は、中国と西域の丁度間にて、天山の北より南西に傾ける道の便りもあり、あまりな高地を踰るよりましなれば、迂ながらもづつと天山の落つく所迄ゆき、扨一つ踰て西の方于闐に出、又東南の方ヒンヅクシユを踰しなるべし。故に其頃の西域といふは、決して今の西蔵に非ず。西蔵よりは西なり。もし今のラツサの辺をこえて、それより又葱嶺をこえしこととすれば、到底つづきしことに非るべし。又そんなことなら罽賓、于闐辺えは行く必要もなきなり。其頃は支那の文化盛なる所何れも西の方にありしが、今は已に昔しの東海を踏んと、たとえに引し辺に主都もあることなれば、今の西域を蕩平す（乾隆帝）といふは、いかにもチベツトの事なれど[28]、昔しの西域といふは今のトルキスタンの一部なりと知るべし[29]。是れ大江匡房[30]頃は逢坂の関のあなたを東（あづま）などいひしが、今は美濃尾張さえややもすれば西方といはるるやうなことで、時勢の遷あり。

扨又印度といふは、ただ地理上この山より南、この山より東などと勝手に付けた人間の名目なれば、印度の内にも日本ほどの固有の風もあり俗も史もある国は数十もありしなり。されば其内に今絶滅し切たものもあらん。今の僅かなベンガル辺の印度人などの軽薄な史冊のみあてにして、印度の古い事は知り難し。それよりも支那の古書を見ること多ければ、反て分ることも多からん。何にとかして分らぬことに定たことはおいて、分り得る丈けの事は調べて、こぢつけなしに分ただけを地図に加へて変革をしめしたきことなり。すなはち印度の史を作るなどいふに非ずして、法顕のときの印度、玄奘の時の印度、回々教徒乱入のときの印度といふ如くに作るなり。其間の文献徴すべきものなきことは、こぢつけたりとて何の中る筈もなければ、欠如して可なり。

○又伱米虫は相場師のことなど引て理外の理を説く。何ぞ事を繞らざるの甚や。たとえばここに(1)(2)(3)の如き因果循環すとせよ。個々に行はるるときは、同一規則立たなりに一曲一突するのみながら、今二図の如く三者相交錯し、

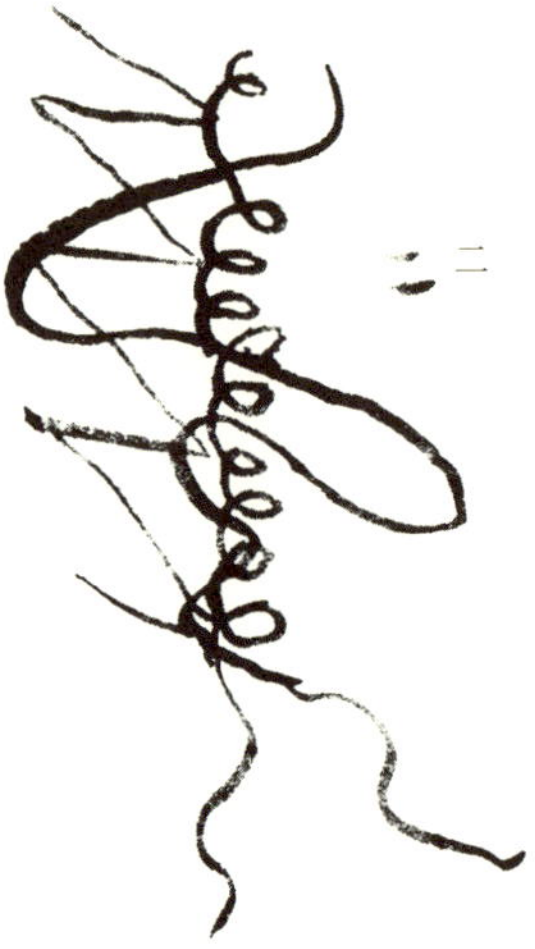

或は三者の中の二者相交錯して、更に其の結果を他の一に及し、或は三者偶ま一時に相衝きなどするとせよ。然るときは三者共因果は規則にくるふてくる。現に天文の如きは、古来同一の星が同一の軌を行くこと決してなし。それすら算定は大抵中るに非ずや。相場の因果は一社会に行はる。一人の察知は一人に止まる。故に老練の相場師に尋常平凡な見切りも、白人の相場師は神算と思ふ。又昔日交通不便のときに至て奇と思ひしことも、今は予め知り得て一向奇に非るが如は、是れ因果の理が昔しは理外にして、今は理内に入れるに非ず。ただ理を見ること今は昔より明かになれるなり。故に仁者もし、理外の理とは、知らぬとか、知り得ずとか、又知るを好まずとかいふこととせば、いかにもそんなこともあらん。然しながら、天下に理外の理と称すべきものは自然になきなり。又理外の理ありとして、それを何を以て研究せんとするか。たとえば音響のみ研究するものに光線のことは一向分らぬ。然しながら光線は光線で又理あるなり。分らぬ故理外の理といふ可らず。もし音響も光線も并せ学ばば、何の事なくそれぞれ一定の原則ありて行はるるを知る。されば仁者が理外の理といふことも、必竟は仁者之を知ざるといふほどのことにて、実は理外の理に非るなり。世界中の事、理の外に理なければ、理外の理といふ名も中らず。又、理外の事とあらば研究の手段もなければ、ただ呆れておれといふ意か。一向分明ならず。少く静座して筆をとり来れ。又なにか幽霊とかなんとか、小児のいふやうな馬鹿なことをいふ。たとえば幽霊は、父死ぬるときに夢にみるなどいふ。吾も之を見たり。然るに父死ぬると同一の時刻に夢を見るを奇といふか。い

かにもそれも奇なり。然しながら、地球は西より東に転ずるものなれば、日本で暁の六時に人が死に、其死ぬときの幽霊が英国と米州とにある子に見ゆるとせんか、東の方すなはち米国えはいつも遅参し、英国（西の方）えは早く死なぬ間に幽霊が見えるといふやうなことになる。然らばなにか大間違ひの笑草に過ぎず。奇とするほどのこともなく、全くのほら話しなり。又英国の人殺されしを夢に見てスコツトランドの人が訴へしに、盗は出たれども幽霊は何の語を話せしや。もし幽霊自身の語（英）を話さば汝には分らぬ筈なりと問はれ、原告大にこまり入りしことあり。かかることは分り知れきつたる虚話のみなり。然るをなにがな奇怪詭異なことをいはんとて加様の事を主張するは、実に匹夫而熒惑黔首者なり。かかる相談は以後御免なり。

〇之に反し予は実に大発明をなせり。仁者にのみ語るべし。人間死後の事は蓋し分るものに非ず。然ども理は一なれど、蓋し中らずといへども、三事に出ざるなり。三事とは何ぞ。第一には死者一向知ることなし。（此説によれば、到底生物又は少くとも人類の霊魂の知は到底因縁の妙を極むるの能なきもの）或は死者は知ることあり。これに一切知と一分知とあり。第二、一切知は人間死ねば直ちに至知万能と見るぢや。第三、一分知は人間死ねば別に一界に入り、此世にして彼世を知り得ぬと同く、彼世にて此世を知り得ぬぢや。但しこれに又二種の見あり。一は此世を知り得ぬながら、知りたし知りたしといふ望はあること、すなはち此世にありしことの記臆は存すると知れ。二は死者別に一界に生れてその界のことのみ思ひ奔走苦楽し、此世のことは一向忘る、すなはち吾等が生前のことを一切知らぬやうぢや。されば

第一　一切無知

第二　一切知 ｛（第一　知不応）　無喜憂
（第二　知応）　有喜憂

第三　一界知 ｛第一　一界知、他界記。
第二、一界知、他界忘。

仁者等いかに精研するとも、死後のことは此三を出ざるなり。而して輪廻などといふが、輪廻ありとも、一輪廻の遭遇毎に死者に取ては一界を現じ、決して一時に二界乃至三四等の多界を生ずるものに非れば、輪廻あるにした所が、死者の機能は全く右の三界四区を出ぬぢや。而して十界に徜徉する輩の如きはみな第三界の第二区、一界知他界忘に隷するやつぢや。尤も土宜法龍如き、なにか神怪のことを

唱へて前世のことを半分記しおる如きなまよひの言ふやうなことを述るものもあるが、それはただ空言推量のみなれば、やはり一界知他界忘ぢや。又第三界第一区、一界知他界記。これは古往今来一人一物たりともかかるものは出しことなし。但し金粟王は別物ぢや。すなはち今に衆香世界[31]のことも記しおれり。又第二界の一切知。これは随分ありそうなことにて、あらば必ず二つあるに相違ない。されど第三界の第一第二区は知の多少でかはると異にして、此二区は知の結果でかはる。即ち一切知にして、其知るが為に喜憂あるものと一向喜憂なきものとぢや。上帝、梵天などいふやつは一切知而有喜憂ぢや。而して仏は一切知而無喜憂ぢや。故に実際は第一界の一切無知と同じことなり。但し一切無知は知の有無のみならず、知の有無あるべき主人公もなきぢや。一切知無喜憂は、知の有無はおいて、自分で自分として存するだけの主人公はあるぢや。故に数学の極微は0、極大は∞といふやうなことで、いづれも極端の同一のことを主観客観により名のかはりしのみなり。但し一切無知は到底人間の霊魂みな宇宙真理に参することは成らぬものなるに反し、一切知無喜憂は宇宙の真理に十分参することは成るなり。故に無憂にして大喜を極むともいひ得べし。ここの処が一切無知とは大に異なり。扨一切知無喜憂は仏、一界知他界忘は吾等が前生の事一向何とも思はぬやうなことで、教たりとて馬の耳に念仏、法螺などといふこと故、他界にありて此世を全く忘れたるものはもはや詮方なし。故に此二界は丸で除く。

扨一界知他界記。これは此世には金粟の外に其例はないが、死者には普通のことかも知れぬ。故に道義上死者に対するの務めの標準は、第一、一切無知、第二の第二区、一切知有喜憂、第三、一界知他界記ぢや。此内第三の一界知他界記、すなはち死者の一界にありて其一界を知り、而して此世にありしことを記しながら、此世の事を（自分死後の）知り得ぬと考るが道義上尤も必要なり。此考えあればこそ、大廟に告ぐとか、先祖に赤飯をそなえるとかするぢや。而して人間は父母在其志を見、死せば其行をみるといふも、何分父母の存時に気に入たことを今もやってゐるといふことを、多少の知人が年々死にはてるに託して、彼界に在て此界の報を待望む亡者に告んとて、死だものを欺かぬぢや。もし第一の一切無知とせよ、無知なるが故に平気でなんのこともなし。故に死者の志を守るなどいふこと一向入らぬ。我我がたのしみを極め、運にまかせて無知に入ること、たとえば日中大騒ぎして楽しみ、夜は自ら安眠して起ざる小児の如くにして可なり。仏の説仏の説とて西洋人が解しおる寂滅の意、又ショッペンハウエル、ハートマン(32)の哲学などは、皆なかかることと見える。予は一向取らず。又一切知有喜憂とせんか、喜憂は交も交も起伏してつづくものに非ず。又つづくときは一向無味となる。もの多くやらんといいはるるときはうれしきが、一日貰ひ通しに貰ひ居れば何とも思はぬ如し。されば生て居る内こそ喜憂の為に身心を害することあれ、死だもの之が為に何の害を受べき。而して一切知ならんには、パノラマを見るやうな平気なことなり。事毎に一喜一憂するもそれは交替起伏す。且此世とかはり、心配の為に死るといふ憂なし。然らば一切知有喜憂は、此世に有るよりはるかに面白きことならん。故に道義上これも亦教を設くるに足らず。之をまちがふると人の難を見て神はよろこぶなどいふことも生ずるなり。されば今日の如き人情薄き世には、一切知有喜憂の耶蘇説、一切無知の俗伝の仏教説は決して教ゆ可らず。故に金粟王は一界知他界記の説を主張して、ただただ死者に此世の吉事、善を修て止ざることを報ずべしといふにあるなり。於是大天狗、人間の親の存日に心に違ふ者多きを愍み、憂心所逼、陰茎不起、高声唱言愚哉愚哉、云々、後大学士館於講論時、大天狗昇座集前五区説而作頌言、(これ金粟王欧州にて新義を唱べし発端ぢや、とても米虫など企て及ぶ可きに非ず)

不覚（ふかく）、解脱（げだつ）は因リ二郵便（ゆうびん）一

もし死者一界知他界記にして他界を覚らずんば、之を解脱せしむるは、他の死者に附し、又其他の郵便らしき方便を以て此世の善事を多く知しむる外なし。

無知と知覚と出ツ二平気（へいき）一

もし死者今日欧人の認むる如き寂滅一切無知なるか、又は梵王説、天上帝説如き一切知覚して喜憂有るものとすれば、一は全く皆空、一は此世に生て居ると少しもかはらぬ上に、死んだものは其上死ぬ心配もなし。故に此世の一善一悪を見ることとカラクリを観る如くならん。全く何れにするも頗る平気なことなり。

［もし仁者予の説に反すれば、平生追善などいふことは何の為にすることにや。ただ俗人を誑すの一方とするか。］

珍宝（ちんぼ）不レ起（ず）仮（たた）テレ声（ヲ）呼（ビ）

此の如く死者の一界知にして他界を記しながら、之

を覚知し得ざるを残念に思はば、ちんぼなど立つひまもなく、仮声而呼ほどの心配は生ておるものにあるなり。

是謂㆓如来真仏教㆒

如来とは金粟王のことぢや。弥勒は釈迦の後に出るなどいへど、弥勒などいふはなんでもなき坊主の名を誤伝したるなり。そんなもの出べきに非ず。全く釈迦の次は金粟なり。仁者、余右の如き見解にて一つ仏教を一洗滌せんとす。你是汝狂言非仏教などと言はずに一番に降参すべし。予は何分にも死者の一切無知、一切知無喜憂、一界記他界忘は一向教をなすに足ずと考す。ただただ追善回向料などせしめんとてみだりに無喜憂を説き、又理論のみ高くせんとて一切無知を説き、或は現前のことのみ例として一界記他界忘を主張するは、頗る道徳に欠くる所ありと思ふ。而して祖先崇拝などいふことは、未熟ながら金粟王の旨の一斑を得たるものなり。你あまりに新説なればとて目をまやかすこと勿れ。予の如きは半時間考ればこれほどの名案を出すなり。然るに你等の言ふことは、迂乱胡説千万年陳腐の糟丘ともいふべきことのみぢや。

米虫又「西行日記」など行々しく書き立て、毎度予にやりこめられたる腹いやしに、魔魅、深沙大将などと悪口する勿れ。既に毎々予のことを黒女天、閻魔天などいふ。予不解其意。予が『法華』の謗経の罪をとく所などを挙て非難せしは、あまりに不埒な文故、仏徒がややもすれば耶蘇教□［破損］一事一句をも大攻撃して荒唐とか何とか云乍ら、自宗にかかる十倍も不埒な文あるは不都合なり。故に外教を攻んとせば、先は内典を閲して不埒な文は削り去れとすすむる也。其譬喩なるは十分知る。但し今日に不合の譬喩也といふなり。而して法説のことを金粟は打ち得ずといふて米虫大に喜び悪口す。打得ぬもなにもなし。法説こそ金粟の尤も尊ぶ所にして、これは蓋し釈迦の法説にも何にも非ず。乃ち宇宙間法説也。故に打ち得ぬに非ず。予も亦此法説を持するなり。是を以て余も亦如来なるなり。予は此貴重の法説をば今日に不似合なる末派の輩の作に出る長冗なる譬喩などを汚さん［ママ］ことを大に憂る也。第一に昔しとかはり、今は譬喩を観るものは其威嚇の強弱を見ることなく、第一に整文の雅不雅をいふ。バイブルの「我為凡聞此書預言之言者為澄、若有加於此事者神将以此書所録之諸奮加於彼、若有删此書預言之言者神将删其分於生命之冊及於聖域及於此書所録之事」(33)之を彼の長たらしき、入阿鼻獄、それより又出で狐になり、小児になぐられ、亦無一目、於此死已み、更に五百由旬大の蛇となり、小虫に唼食され昼夜呻苦し、人とならば盲聾背傴口気常臭鬼魅につかれ貪究下賤為人所使、ちんぼ立ち通しにて禽獣をかまはずに婬乱すとあり。[34] これらは悪口の言ひ得る丈悪きことを集めたものなり。もし或盲或聾或背傴或口臭とするか、然らば人間はそれぞれ悪き所あるものなれば、世界中の人半分は『法花』を謗りしものの後進ならん。数にして合はぬことぢや。

又盲にして聾、其上に口臭の、其上に背傴し、其上に婬慾盛にて犬猫のおかまをほるなどいふか、予未だ左様に多く悪事ばかり一身に引き受た人を見ず。又実に無るべし。然らば『法華』を謗りしものは一人もなきならん。昔し呉道子地獄を画て市為に止むこと数日、然るに獄吏は之を参考して種々の刑具を苛酷にもうけしといふ。[35] 又彼の阿育王が耆梨山の兇子、（これは米虫の前身たりしこと疑なし）に地獄を設しめしとき、兇子沙門の地獄相を説くによりて色々の奇刑を備へたりといへり。[36] 凡て愚庸のものには恩を思はしめてこそ然らんに、加様の疥癩婬慾熾盛不撰犬猫などあまりに、小児の語としても親は頭をたたきそうなことをいひて、仏説とか謗経の罪とかいふは一向心得ず。それはなにか乱暴無残不文至極の蛮民には一時功もあらん。其功といふも、善に化し悪を禁ずるに非ず。ただただ今日のベヅウヰン人が、妻子を売ても経書は売らぬといふほどのことなり。それを仏徒の親分はみな本望としたる故、かかるきたなきことをいふぢや。今となりては、かかることいふて笑ふのみ。おそるるものなく、又吾等如きは人の前で仏説として語るに忍びず。仁者とても此卑穢なる文とバイブルの前に引る文の短くして意を尽せると比せば、おそらくはいびり小便をたるるならん。予猥りに前の仏の作たものをかれこれいふに非ず。右の謗経の罪業の所の如きは実に卑劣千万な言のみ。仏説に非ること明かなり。故にいへるなり。

又『法華』を読で、『法華』を難ずる所を知らぬとて予を笑ふ。[37] 余『法華』は持つが注なし。又文章みるのみで一向義を尋ねず。ただ翻訳の英書でよみし。いかにも法説は至極せり。但し外衆の名や右の謗経、持経の所は仏説に非ずと見る故にいひしなり。然して予一言仁者に問ん。右の仁者の予を笑ふ文によれば、なにか落語家がはやらぬときに、はなし相撲とか言ふて、わざと前から申し合せおきて、面白おかしく議論し、扨まけた方がおどけたおどりなどすることあり。仁者等仏経を講ずるに、これは一経中難ずる所とか又難ぜぬ所とかきまりて、それを口伝にでもさるるにや。然るときは、はや仏教はいよいよだめなり。学問といふもの左様なみばをはりて規式を立て、茶湯、香、花如くに難ずる所、難に答る句迄も定むべきに非ず。もしそんなことで徒らに先人の定しことをくりかえす様なことなれば、是れ講学でもなんでもなく、ただ芝居のやうなことなり。何の書なりとも難ずる所、守る所あるべきやうなし。どんな大著述でも根から打つこともなるものなり。又紙筆のことといへども、むやみに打つことのならぬものなり。然るをなにか手品師が伝授書を売る如きことと心得たるにや。まことに余は釈迦の代りに泣てやるなり。仁者など黔首を愚にするものといふべし。

○又仁者に問ふ。吾国は今日なほ頑愚なことばかりいひて、寺院の文庫にバテレンの画の付いた本を蔵するは不可なりとかなんとかいふに非るか。そんなことなら予西京の同志社に友人もあれば、それえ書籍をおくらん。仁者さえ毎々頑愚な論計りなれば、随分今日の僧徒にはそんなことといひそうな様子なり。然るときは外国の書など読まぬ方いつそよからん。もし又仏教を張んといふ一心あらば、いかなる邪僻奇陋卑劣下等な書物、乃至小児の化物話し迄も一ととほりみておかねば、外人と敵対は六かしからん。此事予頗る聞き置きたし。誰人なりしか（多分円了なりし）の愚論に、日本人には西洋のものも一び和漢文に直して読まさずば、愛国心を失ふとか、東洋の学問を立ること叶はぬとかありし。いかに勝手なことばかり通る日本なりとて、あまりにむちやな言ならずや。然るときは之を和漢文に直すべき人は、いかにしてそれだけの技倆を得ることにや。予は全く反対の見解を有す。予より先来仁者に呈せし書の中に、耶蘇教義の書十の七はあるべし。これらは何の防碍なく仏寺に蔵し得るや否、一報を乞ふ。もし仏寺にかかるもの蔵す可らずといふやうな一汎の風なら、予は以後かかるもの仁者に贈らず。予は何卒法場で対峙するとも、下た調べの為には、いかなる教義の書をも見られんことを望むなり。仁者、你客冬申し来れる仁者等の連中の出す雑誌[38]一つ小生に贈てみよ。予無名にて「螺声余響」と題し、図入りにて仏教に関する古器珍事、史伝、昔話、又一向仏教に因なくとも似たることなどちよいちよいと筆し集め、画は博物館で一一自ら写し来り、又時々ほらも雑へ出しやるべし。但し予かかることにて、庸人痴漢の掲〔喝〕采を博したき気なし。故に仁者決して予の名をいふ可らず。（予は反て一向人に知れぬを楽とすればなり）雑誌は名も聞ぬ故、評の仕様もないが、画を入るることは成るにや。もし画を入るれば費用高くなるとあれば、これ又考え物ぢや。吾国の小才あるものは大抵洋書はかぢつて居る。ただ実物を見ぬが残念と思ふぢや。然して之を見せるは、画の力を仮るの外無し。たとえば先日仁者の状を小生より『風俗画報』へ出せり(39)。定て出たならん。彼の如きも仁者の文言のみでは一向半分りなるが、予一一画を入れたる故、仁者の書ただけのことはたれにも分るやうなものぢや。

○仁者、你又予が男女の位置といふことを論ぜしに対し、家内不倫を行々しく述立るは不埒千万の沙汰といふ。余は仁者如き世道に益なき、ただただ世俗と泛浮したしといふ、謂はば僧中の馮道(40)ともいふべき難物とかかる大事を議するを好まず。你の如き根性のものは生ては愚俗の私慾を嗷伐誘導し、死ても亦極楽へ安案内す。定て無相好仏と迄無くとも無性好物とでもとなへて、俗人がりがり連より敬はるることならん。抱腹々々。

○又你ぢ毎度なにか説を争ふ毎に余を悪口して、耶蘇の手間取りなどといふ。なにを証として予の耶蘇の手間とりなるを知るか。必竟你等坊主連はなにがな耶蘇教をおそろしく、耶蘇教が打ちこまれたといふては、其打ちこみ手の何物なるを知らずに喜び、扨なにか正当の理窟で仏教の末者の愚説を破らるるときは、其打ちこみ手の説の反て真の仏説なるを知らずにさはぎ立てて、耶蘇の手先きといふ。それほど耶蘇教はこわいか。呉牛月に喘(あえ)ぐ(41)とはかかることをやいふらむといと抱腹したる。

○四十日計り前に一寸中井氏方に往り。氏話しに、仁者え状一本出せりとのことなり。日どりを聞くに、丁度仁者巴里立た後なりしかとも思ふ。或は仁者の手に着いたかとも思ふ。但し何の用談もあるに非ず。なにか寺田師の来状の旨を伝上たるとかいひ居れり。其後は予も一向行かず。又今後決して人と交らず、常に悠々として面白くやり居れり。今の世は馬鹿ものの世の中ぢや。而して金粟王も亦馬鹿たるを免れず。馬鹿もの相対すれば必ず馬鹿なことを生ず。故に予は今後幾年立つも日本人には一人にも見［まみ］えず。米虫のみは時々書を賜え。仁者巴里出立後小生より出せし書籍は、前述の如く七種にして十二冊なり。又其内安値なものあらば出すべし。蓋し予は銭常に乏しく、又有ても一文も猥りに費し難ければ、新き本などは買ふこと能はず。

右の十二冊はそれぞれ土宜師へと記しあり。故に紛失とか、仁者の手に入らぬ筈は無し。受取たなら受取たと一寸返事あれ。又仁者蔵中え寄附せしものなれば、其積り、（何れも大安楽寺気付土宜宛とせり）又仁者当国より及び巴里より積出せし多くの書籍は一切安着せしや。これは予に関することに非れども一寸尋上候。野村や又なにか軽薄の書生どものしたこと故、荷物満足に届きしや、十分之を疑ふ。是又一報あれ。正習為客て客を愍むといふものなり。

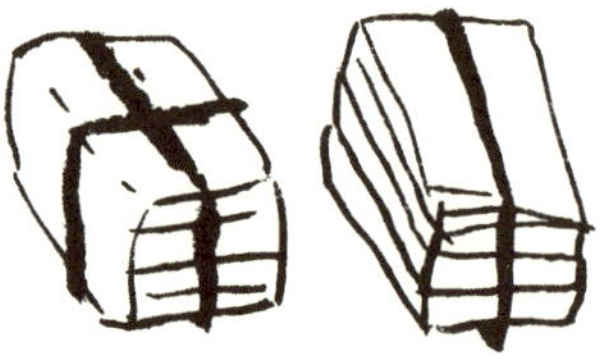

又其内に安本買ひ、少しづつおくるべし。而して仁者、予に左の書籍を買ひ一々代価を附して送られよ。（和書は郵送に先づ此の如くにしばり〈右図〉、其上に又厚きセンカなどいふ紙でおほひ、扨又十字を強き緒（お）でかくる〈左図〉。これほど丈夫にせねば、ややもすれば脱出して盗み去らる。（小生は幸ひに一度もそんなことはないが、先日中井氏え寺田氏が送りしなんとかいふ愚書の如きは一部もつかず）

劉向『説苑』『呂氏春秋』『風俗通』『白虎通』『香祖筆記』[42]　沈括（しんかつ）『夢渓筆談』[43]『輟耕録』『池北偶（ぐう）談』[44]『職原抄』『古事談』　康頼『沙石集』　無住『宝物集』[45]　一雪『新著聞集』[46]　山東京山『歴世女装考』[47]　柳亭種彦『還魂紙料（すきかえし）』[48]『拾芥抄』『声曲類纂』[49]『壒嚢抄（あいのう）』（『塵添壒嚢抄』でもよろし）[50]（及び金剛界胎蔵界の曼陀羅のことかける経［破損、疏カ］□及び『法華』の注の入たやつ。但し多巻ならばおくるに不及［ママ］）『西域記』も高価でなくば送てくれ。予は一一事物につき一条々雑考、図録を附して你に送らん。かかるものはあて推量で文面をのみ押し、又はからむちやに其地を踏だりとて何も分るものに非ず。遠まはしに色々似よつたことから推詰る外なし。）

尤も仁者も金は地より湧かず、且又加様のもの一度に探り出さば、わざと高価で持ちこまれなどすべき間、それとなくそろそろ買集め、一一代価附して被送か、小生国元にも多少はなほ小生の銭はありと申越たれば、国元より払はすか、又あまり高価でなくば、小生此地にて書籍を見積り買ふておくらん。兎に角予は常に孤棲するものにて、博物館などえ往ても常人と語らず唖の如し。又気に入らぬことあれば忽ち逃て来る。而して予日本人の尤も軽薄卑劣なるに飽呆たり。故に以後決して顔も出さぬ。你のみ時々書面やる故、你難有く思はば右の諸書早く送り来れ。尤も予の事ゆえ、ただやると思ふて寄進せられよ。心に待つことありて人に物を贈るは五逆の一罪なり。而して実は予も大将軍となりて、吾後進に俊秀を出し、なにがな欧米人を圧倒しやらんとするが、口で言ふ計りでは人は信ぜぬものぢや。又なにか従来の日本人、欧米で少し頭持ち上たのは皆な形以下のことで、なにかバクテリアとか卵巣とかいふことを顕微鏡の番をよくしおをせたとか、画が密なとかいふに過ぎず。然らば是又俳諧うまくやつたとか、五人がかりの相撲に勝おふせたほどのことで、いかにも你米虫のいふ如くなんでもなきことぢや。たとえば黒奴など音楽をよくやるやうになつたとか、又日本人も近頃は西洋料理うまく拵えるほどの事ぢや。又いかにも你米虫いふ通り、欧人の東邦の文事にくらきは可笑ほどにて、南ケンシングトン博物館の楽器目録に、彼の「三月不知肉之味」(51)を訳述して、孔子は音楽を聞て三ケ月間何んにも食へぬほど音楽に魅せられたる、ことほど左様に音楽ずきなりしとあり。かかる分り切たる読み易き文句すらこの通りなれば、他は知るべし。

又ユガ(52)を魔法、曼陀羅をなにか染物屋の紋切(もんき)り形(がた)こんなものと心得、秘密をなにか蔵匿しおくこと、大日は太陽え眼鼻つけた酒屋の看板様のものなど心得たる人多し。是れ無理もなし。それを言ひあらはす詞辞なければ、いかに想像するも、(想思は言辞を以てするものなれば)有る丈の詞辞を悉してこれほどのことに出ざるなり。又なにか東洋には抽象の語少しなどいふが、其之をいふ毛唐人どもの抽象の語といふもの、多くはなにか形容詞、動詞等に ity とか ness とかいふ語を附加せるにすぎず。決して陰陽などいふ如き全く始から抽象なる語なし。故に東方の語を西洋に訳せんには、二語三語を重ね用ひ、辛いが全く辛くない、(これでよいかげんの辛いとなる)又甘いやうで酸いやうで芳あり、(これで朱欒(ザボン)の味)といふやうなことぢや。それ故欧米人は東洋の事一も解する能はず。予は実に残念に思ふ。而して欧人が印度以東のことと一向知らずに、なにかあて推量で希臘とか羅馬とかいふ。これに模倣して吾邦人も亦欧州史の外に世界の史はないとか、甚きは米国人如きものを旧家古族(其話をきくに三代前の人の名は分らず、みな借金など倒して九死一生に逃来りしもので、父は妻を勾引し又は強姦しなどして生だものなり。費府、ボストンなどに吾家は此地に三代すむなどいふて大威張なるあり。

可笑々々）と尊び、又朝夕の挨拶さえ出来ぬものに聖書の講義、すなはち米国には夢想にも入らざるパレスタインの古事を聞て大喜悦するものあり。又何事も毛唐人の書たものを模倣し、若くは相対する故、依様葫蘆を画く(53)か、左無くば瓢箪がかつたマラの様なものを画くかぢや。毎度いふ通り西洋は羅馬頃になにかちよいちよいと一所一時について見聞せしことを記せしもの、又は空言虚言まじりのことを集めたる輶軒絶代語ともいふべきもの、又は四方の珍怪なことを一層吹き立てた詩賦、すなはち郭璞と曹植(54)の賦の如きもの、又は小説ともほらともつかぬものながら、いかに法螺でも見聞の外に馳る思想なければ、少々年代のちがひありとも今より大抵其時代頃の風を見るに足る、日本でいはば西鶴の『男色大鑑』、『一代女』、『一代男』様のものもある。然しながら一社会の制度を論じ、若くはならべたものはない。其後は例の暗黒世界で耶蘇教の為に圧倒されたれば、無論そんなものはない。漸く近代に至り、Comte仏国に出でて社会学といふことをとなへ、スペンセル之を述べ、又同時に人類学などいふことも出来れり。而してスペンセルは、政治するものを始め人間の人間として処世するには社会の学が一番必要ぢやといへり。又西洋古来の史はなにかえて勝手な推量で勝負盛衰を論じたものなれば、一向社会学に非ずといへり。有賀(55)などのベラボウ全く之に模倣して、其社会進化論に、支那日本には古来社会変遷を見るべきものなしと喋々す。洋人がなんといひたりとて、是非は洋人の私することに非ず。又支那日本の事は洋人の知ることに非ず。『史記』を始め『漢書』以後『大日本史』に至る迄「志」といふものがある。治乱興廃、一世の道義、教化気風の盛衰はすつかり分る。『文献通考』序に、「竊嘗以為理乱興亡[衰]不相因者也晋之得国異乎漢、隋之喪邦異[殊]乎唐代各有史自足以該一代之始終無以参稽互察為也典章経制実相[者脱カ]因　也殷因夏周因殷継周者之損益百世可知聖人[已脱カ]蓋　預言之矣(56)」。ここにいへるは、歴代の史はなんでもなき一人の英略等のほらばなしなれば、外に制度の遷りかわりを見るものあるを要すとのことなり。すなはち社会学ぢや。又杜氏の『通典』の序に、「夫理道之先在乎行教化、教化之本在乎足衣食洪範八政一食二貨夫子曰既富而教斯之謂也夫[矣]行教化在乎設職官設職官在乎審官才審官才在乎精選挙制礼以端其俗、立楽以和其心、此先哲王致治之大方也故職官設然後興礼楽焉教化隳然後用刑罰焉列州郡俾分領焉置辺防遏戎狄焉是以食貨為之首選挙次之設官[職]又次之礼又次之楽又次之刑又次之州郡又次之辺防末之或覧之者庶知篇第之旨也」(57)。これ実に社会組織の原則をよく序せるものといふべし。スペンセルの序する所と先後のかはりあるは、東西の社会もとより先後する所あればなり。楽といふを美術、戎狄を外邦民といふやうに少しづつ意味を弘むれば、万国に通じ得べきなり。されば社会の学といふこと少しも珍しき儀に非ず。日本、支那には十分ありしなり。ちと古臭いほどのことなり。西洋人がなにかいふと耶蘇主義に相対する故、結局耶蘇主義の外に出ること能はず。已にケプラル、コパルニカス等出でてより、地は宇宙の中に居るといふ迷は破れりとて欧人は自慢す。又ダーウヰン出でてより、人は万物と全く特異の創造にかかるといふ迷は破れりとて又自慢す。然るになほ欧州人は万国人の中に居り、萃を抜き終古先天万国民と特異の精神ありしものの如くいふ。おかしきは人類学者と自ら称しながら、欧州人は世界中の人の最上なり、英人は欧州中の最上なり、故に英人は世界中人の最々上々なりといふものあり。之と同時に独人、仏人も亦皆右の如くせり上げた論して自国民が最上と思ひおる。焉んぞ知ん。此輩の祖先僅かに千年前に何してをりしか、名は何といひしかもろくに知れず。而して現に四五百年前迄は毎々々々異種の民に蹂躙され居りしなり。故に右の如き愚論は妄語慢言の至極なり。

然るを我邦の馬鹿共、韓愈が其頃の儒者の無元気を説て仏に老に対してしかり、吾先人は仏を師とせり、吾先生は道を師とせりといへる如く、毎事毎事洋人に閉口し、甚きは吾邦語の文典をきたなき語ばかりつかふ毛唐人に頼んで「を」と「お」、「え」と「ゑ」の別もなき文典を作りもらい大悦しおる。凡そ一国の語は一国民の専有にして、決して外人と状の往復の便利とかなんとかいふことをのみ目的として猥りに改竄すべきに非ず。仏国の字の如きは米虫も知る如く、一寸一句かくにも ny à manger, ny à faire など â, á, à, l'Hospital などと ^、´、`、こんなもの夥く記する。これらは音のひびきを示すとかいへど、今は其とほりにひびかぬこと多し。語は活動するものなれば、牡蠣(かき)といふ語も上に広島とつくれば、広島ガキとカキは垣(かき)の音になる。又鶴といふ音も田鶴といふときは蔓(つる)の音に化す。されば右の仏字の前後左右に付るのしるしは一向あてにならず。されども之を記すものは其語の変化履歴を示すといふ。fête などと ^ の付た字は多くは以前 feste と st とひびいた。それを略して t とするときに ^ を付るといふことぢや。これ又俗人には一向無用のことながら、文物は俗人のみをあてにするものに非ず。文化の最大の目的は俗人をしてますます俗ならしめず、一週間に一時間でも文化といふことに浴するを覚え、人間に生れ其国の民となりしこと怡悦享楽せしむるにある。さればこそ仏国の俗人すら、状をかくに右のしるしを知らずまちがえなどすれば、掬児(ちぼ)をチンボとかき損ひしほどの大恥とするぢや。又文雅といふことは、はやりうたや小児守りの謡に止まらぬ。一国民の永くつづいたことをなんとなく脳にこめるぢや。故に右の仏語のしるし如きは、詩の韻など合すとき、又文を書くにあまり催迫の気なきやうにするに尤も必要ぢや。而して別に字にシルシを附する為に手間取る故、仏人の事業は英人に劣るといふことも聞ぬ。もし左様いふときは、英人の用る字にも sight; naught, などと僅か五字の内に二字迄一向実用なき字がある。吾邦の字にはカハホリとかいてカウモリ、ハハキとかいてホーキとよむことはあるが、無用の字といふは一字もない。英語には之がある。又独逸などに至ては uh などと h の字が一向ひびかぬ。無用なるに多くある。それも伝来のもの故、除かざるは、文字といふものは左様に古伝をすてて迄も改革して、ただただ毛唐人などに便利ぢやとてほめてもらはんことを望むべきに非る故ぢや。然るに右の洋人が日本の大学で大きな顔して作りたるものなどといふを見るに、「ゑ」と「え」、「ゐ」と「い」の別もなんにもなく、むちやぢや。弘法大師などが悉曇(しったん)[58]を述べて今の仮名を作りしは容易の事に非ず。

又今こそ何の別ないやうぢやが、古歌には「ゐもり」、「いぬ」といふ如く一一 i, wi を分ちある。甚きは「をかし」と「おかし」とで意味がかはる。wokashi, okashi. 又かかること間違へを一向かまふなと命ぜずとも、俗人が附(つ)け木(ぎ)え筆を揮ふて団子の注文するに、「ゐ」と「い」の差別を探索せんや。そんなことは別に欽定するに及ばず。よむものもよむもの、書くものも書くものなれば、なんでもなきことぢや。然るを万事々々毛唐人の便利のみはかりて、かかる大切な千古伝来のことをもむちやむちやにす。又「ヅ」と「ズ」、「ヂ」と「ジ」の如きは土佐人如きは今も立派に分つ。又東京の人は火をシとよぶ。非人か死人か主任か一向分らぬ。そんなことを聞た通りに筆せよといはば、一向むちやとなる。ブリチッシユ博物館にもなにか日本の文法を作てやったとかいふ男の筆でシヤクマンベンのジスとかかいてある。何の事かと思に、百万遍のジユズぢや。又不埒にもサケといふ語を sake と発音する日本人多い。これは日本に多き音を西洋人が発し得ず、酒も坂も同じ音で発する。それをなにか風雅なことと心得、日本人が学んだぢや。されば今日の日本の学者とかなんとかいふものはみな草賊如きもので、国家の蠹虫、先霊に対して言ひわけなき人物のみぢや。

又尾奇［崎］行雄(59)の語に、今日の日本人に外人に対して人間らしき体面あるもの一人もなしといへり。いかにも左様なることは、米虫も知れるならん。乃ち小胆卑劣、常に恐縮するのみを礼義とか足恭とか心得、洋人の家え召るれば首の座に直るやうな心持で、戦慄のあまり天井ながめて鼻屎などとり、反て礼を失する輩多し。又なにか洋語話すことならぬものの前で、小児のやうな語を以て小児のやうな事をはなし、下女、小童などと話して笑ってもらひ、真田安房守(60)が秀吉の一言を数十万石よりも悦びし如くに、夜もねられず喜ぶ輩あり。予かかる輩を慙死せしめやらんと思ふ。それには何卒して支那、日本の固有の文化を洋人に示したいぢや。凡て攻守は勢を異にするもので、日本で大言吐くよりは欧州に居て欧人と論ずるは千倍も難こと、恰かも長州人が数千で京に打入り数百の桑会人に破られやうなこと(61)で、穴にあれば人の指をもはさみ切り、外に出れば甲殻丸つぶれに踏殺さる。然れども予は此事をのみ目的として久く海外にあることなれば、你何卒前述の書を予におくれ。尤もなきものは詮方なし。館にあるものもある。然し予は日中かかる和漢書など読むひまなし。多くは夜中及日曜の休暇に読む故に右奉頼上候也。

○仁者の説、幽霊等はあるものとせずして、ただ人間がかかるものを迷想するは如何なる理といふことを求め、又巫祝の術などをなにも理外の理あるに非ず、ただ薬も拙きことあり、術もきくことあり、既にきくことある上は其術は由て来る所なかるべからず、キク理由あるべしといふならんには、予は頗る賛成也。たとえば『栄花物語』、『大鏡』などみるに、モノノケなどいふことありて人毎に之を病しやうなり。産する所毎々例のモノノケ出づとあり。然らば其頃の人は、中世の西洋人が魔をおそれし如く殆ど人間は魔の器とでもおもひ居たるならん。予はあまり強からぬが、熱疫に一度薬のみしのみ。八年海外にあり色々疾ありしが、一向薬を用ひず、ただ心性を修養すれば、常に得中医(62)で平治するなり。これは自分で心を修て病を治する方なり。故に心全く修らば、金創とか又は黴毒とかいふものの外は病なきことは、予之を保証し、已に二千年前毘耶離大城に阿難陀が牛乳を求るを見て、「止止、阿難、莫作是語。如来身者金剛之体。諸悪已断衆善普会。当有何疾〔疚〕当有何疾〔悩〕。黙往。阿難陀、勿謗如来(63)」と迄いひしなり。故に自分で心を修て病を去るほどならば、他より病をなほすの術あるも知れたことなり。現に今も薬で治せぬものを巫術にて治することは多くある。已に薬で治するすら、世間に藪以内の医は十の九、九九を占め、藪以上の医の少きは知れたこと。而してそれすら代診とかなんとか一向わけも分らず、又芸妓のことなど考え居り、少しも病人を気にかけぬ。脈をとり心を聴くもほんの形のみで、いはば僧が奇妙無量をお定りに唱へるほどのことなり。それすら医者は薬をなほすものと信じてかかれば、或は治することもあるぢや。予は少いときから歯が悪い。色々の永井とかなんとかカイルの油など売り、又居合(いやい)などつかふ人を香具師と知りながら行てたのむ。なにかよい加減の薬くれてどうかこうかそれで安心する。実際は何がきいたか分らぬが、安心すればそんなことを気にもかけぬ。是を以て千金の子は百金を費して疾常に癒えず、無一文の乞食は車前(おばこ)の葉で扇(あお)いで身常に健なり。されば此心を先にして身を後にする療治はありそうなこと。又予は疳積持ちで色々の奇症ありて、自ら経験もあるなり。小児の薬きらふものに薬のませば、ますます疳積もちになる。予は少きときから忍詬剛戻で、薬をのむを厭ふは男に非ずなどこころえ、いかなる苦いものも多くのんで平気な顔してほこる。今思へばそれが為のぼせてますます身を悪くしたぢや。況んや一向怯にしてきらふものをおしつけて薬などのませ、頭脹れなどするもの多し。それよりは亀の子でも買ひ、糸でくくつて渡しおけばなほるなり。而してこれらは何れも心理上の事で、心理の学といふもの欧州人は一向知らぬ。近頃迄はさつぱり其名も無つたことぢや。又なにかフヰジカル・サヰキックスとかいふて色々の平賀源内流のヘレキテルでもこしらえ、背の皮と指の皮をコンパスでつくに、背の皮は距離を知ること指の皮よりはるか鈍なりなどいふて悦びおるが、それはなにか皮の論、所謂皮想〔ママ〕論といふほどのことで、何の妙ありとも覚えず。いかにも小は大をなすもの故、小よりはじむれば大は分るならんが、今の進化論如きも原子からさきに解剖し、それから分子、それから一体、それから生力、それから生物一群、それから全群と研究せるに非ず。反て、大者（天文）より始めて、ラプラス(64)が例の星雲より星はなるといふことを唱へ、次に地の学になり、次に生物となり、今では化学元素の進化迄もいふに至れり。されば花火のくみもの全体を見るも、又一部一火をみるも、一点一斑のちがひあるのみ。やはり理を啓き、知るの一端を見るものなり。されば右のやうなことは其人に任せ、大機分のものは心理全体、すなはち、一人の心他人の心、一人の心と物との関係、すなはち人心が物に接して社会に顕する事相より押して研究したきことなり(65)。而して仏教の論中には、かかることは多くありしなり。ただただ後世之を習ふものが字ばかり習ふて其意をとらぬにより、色々のつまらぬこととなれり。すなはち式ばかりとりて法の精神を失ひたるなり。而してこれ又少しも妙なことに非ず。今の理窟いふものは、生物がアミーバ如きものに始まり、アミーバが物に接して形を変ずるが、すなはち心性の初発といふことは、あくまで記臆して誰もかれもいふ。予の如きはあまり古いことと心得ていはぬ。然るに学生学生といふ連中に実際アミーバを見たものあるかといふに、見た人はよほど奇人好事の輩の外はなし。生物学など其事に当りながら、一向見ぬ人もあり、多くは三伝四伝の師説又は書物の麁画により、えー加減にすいれうするなりと見ゆ。小生は少いときからかかること好むが、漸く四年前にフリロダ州の或る池の水を呑んとて顕微鏡で見しにアミーバを見たり。其以後は見ず。アミーバはどこにも水中にあるものにて、一寸探れば見易きものながら、とかく人は見ぬものなり。されば欧州の大学者で、万国の史籍一[ひ]とのみと大言する人も、孔子と思ふときは忽ち念頭にこんなもの〈図〉を想起する。これは丁度末輩の耶蘇連が、耶蘇といへば、なにか高帽、フロックコートで英語はなせりと思ふやうなことぢや。

現に宗川や菱川(66)がかきし画をみるに、源平頃の民人を徳川中世の風俗にかきある。これ考古の穿鑿足らず、左様に思ふ外なかりし故なり。又当国などにても人が死で像を作るに、羅馬時代の銭湯にあるやうな裸に浴衣如きものきた所に作る。是れも色々の思ひ違ひより、まさか昨日迄のしやれた洋服で極楽参りも出来ぬと心得てのことなるべし。今日すら、已に予の遭際履歴あるものの心を以て他人の事は推了し難きものなり。況んや昔しのことをや。故に古えに明にして今間違へることの多きは、今ですら、アミーバ見しものは一人にて、伝ふるものはただ知た顔するのみ。又色々の植物の生殖、卵子の分合等の論を見るに、見たものは一人にて、

其説を真正と固守して説を立て万人が服する。而してその見たものの内に正反対の論も多し。然るときはそれより立たる説もなにやら分らぬ。□[破損、分カ]らぬながら万人の見る事と大衝突なき故、立ておるなり。されば仁者如し右様の巫術、左道等を研究せんとせば、大体に付て公平なる判断をなせ。一事一事に微細なることを考ふれば、反て寸を以て量れば尺に及で違ふことがおこるなり。又理外の理とは今日に知れたる性力保存(67)、重力、万物化醇(68)等の原則の外になにか又原則ありとのことか。然らば其原則は一向知れぬもの故、「今日に知れたる性力保存、重力、万物保存[ママ]等一切人の知れる原則の外の原則」と解釈する外無らん。然るときは、いかにして之を知り得んや。もし又今日の科学、哲学の言はぬ所、究めぬ所といふか、然らばこれ科学、哲学の不全を訴るまでなり。理外の理に非ず。

○汝米虫も同志を糾合し、瑜珈[伽]などそんなたわけた魔術様のことに取合はず、一生懸命に真言宗中より吾邦に益ある豪傑を出せ。大工となりてよく励むものも小学校の教師して一村に一人の人物を出すも皆豪傑ぢや。空文を唱へ布施料などせしめ、又なにかえも知れぬ古物ひねくり、可笑従六位などを役者の看板の筆勢で五分板に記して門に掲ぐる輩の比に非ず。

○提婆火坑に落て死せるは釈迦が設けて提婆を誘殺せしなりとの説、平田篤胤いへり(69)。これは実説なり。故に釈迦如き下らぬもの、真の仏教には一向かまはぬことと思ふべし。すなはち大乗劫初より有りて、釈迦はただそれをかぢりかき、小乗の一部を作れるのみ。

○又世親が本国健駄羅[ガンダーラ]国は東臨信度河とあり。北印度境とあれば信度河は印度の最西なれば、其まだ西北の方故、今のベルチスタンの近傍か、又ベルチスタンの内ぢや(70)。信度は身毒と同くインダス河なり。凡て地理すら案ぜずに、なにかえー加減な中天竺とか南天竺とかいふ故、一向むちやぢや。山陰道を中国といふこともあり。又今日は東京近傍の諸県を中国といはば理論上、中る。されば中天竺とかなんとかいふは今の印度の地図の中といふことに非ず。仏徒の中心たりし地をいふなり。

○你帰国後寄附せし書は、多くは幻怪なことの書のみなり。予は仁者一人ひそかに之を読むのみに止り、かかることを世にひろげて又々仏徒の恥を醸さざらんことを望むなり。何の故かく理外の理などいふて怪物ずきなるか、不得其意候。

長谷氏え着し、それより又讃岐迄おくるは頗る面倒ならん。以後は讃岐へ送らんか。然し仁者讃岐に常住せずば、是又不都合なり。且つ易をおくに、近年讃岐の寺追ひ出さると見えたり。故に長谷氏気付にて発送せしに御座候。以上

龍動大城金粟王如来
南方熊楠

鳩槃多子
土宜法龍殿

（裏え）

附白　予明後日書肆に用あり。又なにか珍書有ば買て送らん。常に銭乏き故、新本は不購得、クラルクといふ米人の *Ten Great Religions*『十宗教概説』(71) といふものあり。二冊四弗ばかりした。これの奥の所に諸教に関する書及雑誌名多く挙たり。古本あらば購て送らん。但し仁者在倫敦の日書多く買ひ手代来りし彼の本屋の板なり。故に仁者或は既購か。又二年計り前に当国で『金条篇』*Golden Rod* (72) といふ書出たり。これは迷蒙頑冥の連中の、いやはや蟲螽（ばった）崇拝とか人玉まとか牛の明土いりとか身代りとか山婆とかいふやうなことばかり、すなはち原初の諸族の所信を比較纂彙せるなり。これは一磅計りぢや。古本は頗る少し（近年出たもの故）何にしろ仁者三十五弗出して彼の米板の『大英類典』(73)、又三十弗計り出してハンボルト・ライブラリーを購ひ玉へ。宗教外のことは大抵此二書に止むべし。而して他にボーンス・ライブラリー(74) といふもの千巻計りあり。これは英文第一の叢書にて、正篇三百四十一巻、史篇二十三巻、哲学篇十七巻、神学篇十五巻、考古篇三十六巻、画伝図譜七十五巻、古文辞百〇五巻、庠序用書十一巻、科学篇四十八巻、財政篇五巻、類書三十巻、小説十三巻、技芸篇九巻、外に猟遊篇十四巻、又名篇抄三十二巻、廉価本（伝道の中でよむ為の）四十巻、合計八百十四巻（慥たしかならぬ）、先は（此後も続々出れば）千巻なり。今度送れる『魔法史』二冊、『聖像図彙』二冊、又先年おくれるシユレツゲルの『歴史哲学』一冊は、すなはち此叢書、すなはち西洋群書類従の端本なり。予凡そ百余巻は持ちおれり。これは一冊五志を常とす。予が買へば新本にて割合し三志九片なり。（尤も誰でも書肆の内情に通じたものは其価でかひ得る。予に限るに非ず）又古本は大抵一冊二志九片をこえず、一志づつにても見出すなり。今度おくる所の端本の末にも全部今日迄出し丈の目録ある。仁者それを見て、入用のものあらば申し来れ。此群書類従みな揃んことは尤も望

ましきが、中には仁者に何の入らぬもの多し。且右のわりびきの価にて算するも百五十磅、すなはち七百五十弗を要することなれば、頗る珍事也。故にこいつは古本ある毎に今回の如く仁者に要事あるべきものを買ひおくるべし。而して伱ひまあらば目録作り、予におくれ。然るときは予百費を節して時々書をおくり、一書でも殖るを以て楽とせん。而して伱之を以て後学の輩に読ませやれば、其功は徒らに堆するよりまされり。あまり多きなことは望む可らざるも、前漢の時、劉向始て校勘し、(75) 子歆為七略、大凡万三千二百六十九巻といへり。それすらよく読みし人の中には、今日の学者よりも千倍すぐれたるもの多く出たり。予思ふに一万三千二百六十九位ゐの書を集むるはわけもなきことなり。智を以て覗ひ、銭を吝んで用をはぶき、古本を安くかえば忽ち集るなり。又予は口之を言ふのみならず、実に多く集めたり。故に米虫もなるべく書を多く集ることに志すべし。

○又言く、なにか『新報』みるに、東京市の野史台とかなんとかいふ所より続史籍集覧とかいへる者を出す。其中に『臥雲日件録（がうんにっけんろく）』と『義残後覚（ぎざんこうかく）』、外になにかまた二三の書を一冊に収入せるもの三四ケ月前に出たり。(76) 幾巻めか忘却せり。六十銭とかの事なりし。これを購ひ予に送り被下度候。

○『大英類典』の宗教といふ条々にチール先生(77)の語に、支那の開化は印度より古いやうぢやとあり。これは実に卑説ぢや。不幸にしてそんな文化を見るべき物は秦政の火、王莽の乱（王莽死するとき、なにか紂が宝玉を衣て自焚死すを気取りしものか、書を悉く焼く。故に劉向が殆ど同時代に述しだけの書は失へり。「王允拾[所]収而西者、僅七十余乗、道遠復棄其半(78)」とあり）を経、又三国から五胡の乱等によりいよいよ益々亡しなり。之に加るに董仲舒(79)の建白以後、縦横家、名家、墨家、法家の書は全く亡び、今存するものは『戦国策』、『墨子』残欠、『韓非子』位ゐに過ず。晋の時張華の語に、「太古之書今見存有神農経山海経或云禹所作周易蔡邕云 [記脱カ] 礼 月令周公作(80)」（此張華の文は羅馬時代の文と同く注を入るるに法知れぬ世に書しもの故、本文と注は混せり。すなはち太古書今見存有『神農経』、『山海経』、（或云『山海経』禹所作）『周易』、月令（蔡邕云々々）と読べし）これによれば太古の書、張華のときに存するもの已に『神農経』、『山海経』、『周易』、『礼記』の月令の四に過ざるにや。少くおくれては『詩経』あり。これほどの事ぢや。

然しながら、今日といへども太古、上古を去ることとあまり遠からぬ世に出しものを見れば、随分古伝ほどのこりあるなり。而して孔子の書に非るものは小説などと名け擯斥するが、実は『山海経』、『呂覧』[81]、『列子』、やうの小説といはるるものに支那の上古の伝多し。小説は小人之説也とあれば儒者よりの悪口也。今いふ作り物語りといふやうの義に非ず。其頃の輩より見れば、仏説如きも小説と云しならん。然らば小説なりと儒者がいへばとて、一概に斥くべきに非ず。ただ古いことほど訛伝多く又字もよみにくし。『山海経』の「東海之外大壑少昊云々少昊孺帝顓頊於此」[82]。これらは一向分らぬことながら、孺は小児のことなれば、生みしとか養しとかいふことなり。かくして古書をよむの外なし。（おわり）

湯浅元禎[83]の『文会雑記』附録に、「讃岐国□［ママ］谷には満谷悉く仏像を彫たり。数十仞の巌にも、一尺二尺の石にも、或は五丈六丈の滑かなる所にも、少し許りの石にも彫らぬはなし。仏像数万に及ぶべしといふ人の有しを、怪きことに思しに、近頃岩田翁に問ひしに、翁も此谷を覧られき。人の言しに少しも違はず。翁極めて勘弁有人なりしが、石工に詳く語て計られしに、数百人の石工を以て、三十年の力を尽さずば成可らずと。且つ数十仞の巌あしろたくむの料用費はかる可らず。如何なる人の為たることにや、更に心得られぬとて、詳かに其見たりしことを語られき。土人は弘法大師の彫たるといふなる。翁泛たることといふ人に非ず。世には怪きことこそ多かれ。」とあり。予の兄今を去ること二十一年計り、父の病なほりし礼に八十八ケ所順拝せしとき之を見たりといへり。□谷とはいや谷[84]のことなるに決せり。右はいよいよ元禎先生の書る如く、ただただ弘法大師が彫た位の俚話にのみ伝り、外に何にも分らぬことにや。今の日本人なにかいふと目を卑み、耳を貴び、埃及のピラミッドとかアッシリアの壁像などを喋々し、而して一向かかることを知ず。洋人が言はぬ故といふか、洋人が言はずとも有る物は有るなり。大なるものは大なるなり。仁者もし都合あらば、右の弥谷の仏像磊砢たる所写真せるものあらば求めて送られたし。予はそれほどのものなれば、今日は必ず近傍都市には写真位はあるべしと思ふ。又大和国高市郡益田池、天長二年（西暦八百二十五年）淳和帝碑を立て空海文をのす。『性霊集』巻之二に其文あり。写し予ももてり。此碑は失しが台趺現に存す。高さ二丈五尺余、前面の広さ三丈二尺、側面の広さ一丈二尺余、本邦碑の大なるもの之を第一とすと『工芸志料[85]』にありといふ。（予は不見）台石の高さ二丈五尺余もありとすれば、其碑石はよほど大きなものにて少くとも十丈はありしならん。然らば仁者も見たるニウヨルクの自由神の像（七丈余）よりはなほ大なるなり。これは今は如何したることにや。『工芸志料』は近年出たものと承ればまだあることか。

又神代字ありし証としてよく学者の引く和歌山の岡山仙人谷といふ処にありし仙人硯といふものあり。[86]  こんな風の石で中に曖昧なる  こんなものあり。何にしろ奇なものぢや。然るにいかなる鳴呼[おこ]の者がしたりけん。右を折りとり、中学校のせめて博物館に入るればよきに、入れずに蘇鉄を樹た庭の上えすててありし。吾等十二三の頃はその上にのぼり、右の碑をふみおるを側より攻め落し、勝たるもの又其上に立つをそばよりつき落す。毎日毎日かかる悪戯不断りしなり。まことに絶代の珍物なるをかやうの乱暴千万なことしてほつておくは惜むべきことなり。

又なにか近来の青二才の見もせずにホラ吹くを聞くに、英国の一部になんとかいふて石で殿堂如き麁末なものを立たりとて喋々す。予が所見を以てすれば、吉備津の宮に石の宝殿[87]といふものあり。鬼が作りしとかいふ何にしろ頗る可驚巧事なり。近来はなにか宝物取調べ帳とかいふもの作り大さわぎやる由なるが、すべて官にのみ一任して人民中に骨折るもの又精神あるに非れば、之によりて又盗を生じ、先年井上大臣が条約改正の賄賂として、いそのかみといへば屹度出る布留の社[88]の神剣一振を神主をだまし取りて外人におくれりとか。又朽木といふ華族[89]は無双の古銭家にて其泉譜目録も今にのこれり。然るに幕末にすつかり之をだまして魯国におくり、今はセントピータースバルクの博物館にあるなり。加様の事故、宝物取調はよいが、取調べの官吏などに盗まれぬやうに気を付ざる可らず。

扨又右の碑石等は当国にも前年迄はむちやなりしが、サー・ジヨン・ラツボツク[90]の発議で国会へ出し、古碑保存案成立せり。吾邦にもせめては無用の元禄、享保頃に立た寺の跡を立ること等は止めて、右様の弥谷の仏像又増田[益]池の碑の残欠、備宮の石宝殿等はよくよく保存したきことなり。外人追々入り来れば、例の中亜米利加の大壁、埃及、アツシリアの古趾如くむちやくちやに損壊して其かけなどを持去る。それもわけ分りてすることならんにはまことに結構なれども、何にも知らぬもののすること故、必竟は甚しき無用有害事なり。已に吾邦の東京辺の古窟へ洋人が色々の題図如きものをなし、為めに太古人の所為と洋人の所為と分つこと能はざるやうになれるもありとか。又近く吾邦の人『時事新報』などにおだてられ、ただただ実利々々といふ。されば弥谷の石像は沢庵漬の重しとなり、増田池の砆石は横浜の波止場の上り石に用らるるかも知れず。昔し明の太祖建業を修めしとき、呉晋六朝の名文名詩ある碑を悉く打ちこわして道路を築しとか。仁者等何とかしてこれらも保存の法を立られよ。今日の日本上流輩は蛮夷蠢民ともいふべき輩のみにて、西洋のものといへば十ぱ一とからげの油画、又裸神像などを大に尚び、吾邦の史伝履歴を示すものも其吾邦のものなるの故を以て一概に放棄毀損す。中には西洋で吾等も室内に備ふる尿器を以て口を洗ひ喜んだ雅人もありとか。内務省へ女の帽に風鳥附きしをかづき行し人を予も知る。又福地[91]如きは女の帽かぶり写真迄とれり。仁者等宜く後身輩を堅くかかることを戒めて可なり。よく思ふても見よ。此物価高く金銭饒なる所ですら希珍の品は上等人以下にはわたらぬなり。然るを何の機会ありて、欧州の珍物が日本などの遠くして貧なる所え行んや。されば吾邦の人、吾邦の史伝に益あるものを棄てて、縁も来歴も知れぬものを求れば大なる買ひかぶりあらん。

○仁者、你は已に男女の関係等内心に訴へて不埒千万なることをすら強弁して、其非を非とせぬ様にいふ。是れ你をばひたすら世俗に媚附せんとするなり。寺田の『善悪之標準』など見るに、世に媚従せんが為色々の醜語多し。実に可憫なり。昔し馮道[92]は五代十主に事へて増損する所なし。而してすきなやつもあるものなり。王介甫[93]は此人物を慕へりとか。予の如きは大に之に異なり、或ときは毘耶離成[城]中に現じて金粟となり、或ときは花川戸に住して親分[94]となる。要は微を明にして粗を圧し、弱を援ひて強を拆くにあり。是を以て秦帝となりて魯連慙づ。其言に曰く、「所謂貴於天下之十[士]者、為人排患釈難、解紛乱而無取也[95]」と。是を以て家康招て又兵衛[96]応ぜず。其言に曰く、大坂強ければ東に与せん、今の事の如きは大阪運已に迫れり、捨去るべけんやと。「宋世嘗目荘周為道家之儀秦、王通孔門之王莽[97]」。或人云く、米虫は是れ仏道之馮道、金粟は釈教之魯連。

○又仁者のはがきに三四の菌は取れりといふ。もし法螺に非れば早く送られよ。

○山東京伝の『骨董集』に熊野比丘尼の条あり[98]。『血盆経』とて、偽作にて、目犍蓮[連]が羽州追陽県にて血盆地獄に女人の受罪を見て獄主と問答せし趣を綴ると云々。予案ずるに

『水滸伝』第四十四回(99)、揚雄の妻潘巧雲淫奔にて僧裴如海の姦する所に、「教潘公説道、我的阿婆臨死時、孩児許下血盆〔経欠カ〕懺悔〔願〕心」、又専ら婬乱する所に、「賊禿(100)引倒地蔵菩薩面前、証盟懺悔、通罷」。然らば『血盆経』が宋元のとき已にありしならん。偽経にても古きものなり。此『血盆経』といふもの今もあることにや伺上候。蓋し決してかかるもの見たくはなし。惟今日もあるかなきか問申上るなり。

○予和歌山の家内へ書物など申しやるに随分面倒、且は東京より取よせ又おくる等のことで冗費も嵩み、又一向そんなこと知ぬ人々故、誑され又は異な物を贈来る等の事あり。故に前記の諸書仁者の力に合はば合ふ丈御送り被下度候。又米虫の寺の近所に菌生ぜば時々は被送下度候。

○又仁者、『阿育王因縁経』(101)に歯印〔カ〕といふことあり。（阿育死にざまに念言、我今以此閻浮提州施与三宝、随意用之。以此語〔尽欠カ〕書紙上而封減〔緘〕之、以歯印印之云々」。又『西域記』咀叉始羅国の下無憂王妻太子を盲にする所に、「継室弥怒詐発制書。紫泥封記、候王眠睡竊歯為印(102)」。これはいかなることか。歯印とは王の歯で印すること、たとえば指に蝋墨をつけて印する如きにや。自分の歯をぬすまるるほど眠睡するといふこと心得ず。又なにか特異の歯（龍の歯とかなんとか）を印にすとのことか。愚見を申し来れ。

○仁、『西域記』は当地に持つ人若干あり。唐本にて、いやはやむちやぢや。かかるものを正本として訳する故、何度したりとて同じやうなものが出来る。もし仁者『西域記』の板のしつかりした、あまりに字の転倒なきものあらば贈られよ。五円もすれば予の弟より代を払はさし、又一二三円ならそれきりにしてなにか書物でもおくらん。『西域記』は日本で板行せしことなきにや。如何。かかるものはよくよく事情に通じ、又東西の文にも通じ、又一国一国の方言から地勢、山河、風俗、古諺、獣鳥、葱韮、什器迄もそれぞれ分らねばたしかなことはいへぬ。故に仁者一本予におくれ。予は日中はかかるもの見る暇なければ、夜分又日曜に之をとくと見、其外の折り折りに一事一物につき古今東西を比較して図をそえ仁者に呈すべし。今日の仏者中西洋で色々しらぶるものは僅かに一向宗よりしか出ぬ。それも末輩千万な奴ばかりで、かの目録博士(103)の翻訳などは、先朝你と倶に往〔カ〕しとき予に議論吹きかけに来た愚人(104)に直してもらえりといふ。本人左様いひおれり。実に実に奇怪なことなり。此者は英国に居て支那の音を英字でつづること出来ず、仏字でつづるやうなことぢや。予深く真言徒の為に慨するなり。故にかかることはほんの諸余、金粟の本事に非れども、已にまさること故、時々集録して仁者に呈すべし。然して仁者も亦大に憤発して、かかる優婆塞以下の末派の輩に仏道を一任せず、頗る全体について前仏以来の凡ての仏説を研究拡張せよ。

右申上候也。

明治二十七年七月十六日

金粟王

鳩槃茶〔荼〕化身

如来　南方熊楠拝

土宜法龍様

［なにか人類学とかかぢりかいて、近世迄人は動物と別のものとせりなど鼻ひこつ輩たれありと見ゆ。張華の言に、毛羽鱗裸の四虫あり、聖人為裸虫之長。又仏説には無論人を胎生の動物とせり。なにがな西洋の外に学問なしと心得る故、かかる馬鹿なものも出る世也。］

（1）本書翰は縦二六・〇×横二〇・三cmの洋紙七葉からなり、各紙を二つ折りにしてできた二十八頁に墨書されている。この書翰は、冒頭部に「明治二十七年七月十四日出」とあるものの、末尾には同年七月十六日の日付があることから、十四日から十六日の間に認められたと解される。ところが『熊楠日記1』三四七頁では、「プランヅ〔ママ〕、アンチクイチイス三冊」（本書翰注（7）参照）等の書籍と「状一」（明かに本書翰を指す）の送付記録が、七月二十三日の欄に記されており、〔高山寺20〕にもこれを追認する記述が見られる。何らかの理由で送付がこのように遅れたか、十六日頃の出来事を一週間遅れで日記に追記したかのいずれかと思われる。

（2）鳩槃茶に同じ。〔高山寺18〕注（56）参照。

（3）幡随院長兵衛（?—一六五七）のこと。江戸時代初期、江戸の浅草花川戸に住んでいた町奴の頭目で、侠客の元祖とされる。

（4）〔高山寺18〕注（14）参照。

（5）〔高山寺18〕注（58）参照。

（6）〔高山寺13〕注（72）参照。

（7）John Brand, *Observations on popular antiquities: Chiefly illustrating the origin of our vulgar customs, ceremonies and superstitions*, arranged, revised, and greatly enlarged for this edition by Sir Henry Ellis, 3 Vols. これにはいくつかの版とハズリット（W. Carew Hazlitt）が再編集した三巻本（一八七〇年初版）があり、熊楠の言う『古風俗攷』がそのうちのどれに当たるかは分からない。顕彰館には一八八八年刊行の一巻本（『蔵書目録』洋373.05）と一九〇五年刊行のハズリット本（同、洋373.17, 18）が所蔵されている。

（8）Adolphe Napoléon Didron, *Christian Iconography; or The History of the Christian Art in the Middle Ages*, tr. from the French by E. J. Millington. 2 Vols. London: Henry G. Bohn, 1851.

（9）Joseph Ennemoser, *The History of Magic*, tr. from the German by William Howitt. To which is added an appendix of the most remarkable and best authenticated stories of apparitions, dreams, second sight, somnambulism, predictions, divination, witchcraft, vimpiress, fairies, table-turning, and spirit-rapping, selected by Mary Howitt. 2 Vols. London: Henry G. Bohn, 1854. 本書は現在、種智院大学図書館に蔵されており、熊楠による以下のような書き込みが見られる。「エンネモセール氏　魔法史　二冊　土宜法龍師蔵中ニ寄附　明治二十七年六月二十九日　ロンドンニテ　南方熊楠」。

(10)『魏書』巻九十、逸士伝、『北史』巻三十三、李孝伯伝。

(11) 普通の道理や常識では判断のつかない、不思議な道理。この言葉は、現存書翰では、法龍の〔八坂本5〕二七頁に初めて現われる。科学主義の立場を取る熊楠は、宗教家のこのような言い分が単なる言抜けに思えて我慢ならなかったのであろう。本書翰の後段でもこれを念入りに批判するばかりでなく、〔八坂本7〕四二—四三頁、〔八坂本23〕一五九—一六〇頁、さらには後の〔八坂本46〕三一三、三一六頁でも、これに批判を加えている。「心内の妙味」についても同様のことが言える。〔高山寺13〕注(37)参照。

(12) J. Brand の前掲書(注(7))第三巻所収の "The Wandering Jew."

(13) 次になだらかにつながらないが、このままとする。

(14) この文は、『雑阿含経』(大正No.九九)中に平行文が見られるが、字句の変更や欠落が目立つ。〔南方二〇〇一：一八六、参考原文(a)〕参照。

(15) J. Brand の前掲書(注(7))第三巻所収の "The Beaver biting off his Testicles when he is pursued."

(16) 明の謝肇淛(在杭)の百科事典的随筆集で、熊楠が頻繁に利用した書物の一つ。『知る事典』一五〇—一五二頁参照。

(17) この段は、翌明治二十八年(一八九五)四月に大英博物館の図書館への入館証を得てから本格化すると見られている彼の東西説話の比較研究の方法と発見をより早い段階で述べたものとして注目される。実際、さまよえるユダヤ人の話と賓頭盧譚との類似性の指摘は、同年十一月二十八日付の『ネイチャー』に掲載される "The Story of the Wandering Jew" に始まる一連の「さまよえるユダヤ人」論考(『英文論考［ネイチャー］誌篇』一六二—一八五頁参照)の先駆をなすものである。ただし本書翰に見られる「何の国土何宗教にもかかる愚徒多きものなり」や「似たる話しが偶ま生ずるなり」との説明は、彼がこの時点では、東西に類似の説話が見られる理由を、伝播説ではなく、独立発生説の観点からとらえていたことを物語っている。

(18) 熊楠のこの説は『和漢三才図会』巻第十四外夷人物の撒馬児罕の項に記された「古は罽賓の地にして即西番之内也」に略対応する。この記載は、おそらくは王圻の『三才図会』地理十三巻に見える「撒馬児罕其地不知古何国或云漢罽賓国」に基づいているが、正しくない。漢文史料に現われる罽賓は梵語の Kaśmīra ないしその派生形の音写語であるが、この語が実際に指していた場所は時代によって異なり、前漢から晋初にかけてはガンダーラ、南北朝時代、特に四世紀から五世紀にかけては、ガンダーラを中心とし、カシュミールを含む西北インドからアフガニスタン北部にかけての地域と考えられる［榎本 一九九三］。

(19)『大唐西域記』に博洛迦という地名は出てこない。これはBalkh（バルフ、アフガニスタン北部）の音写のようである。熊楠の当時から『西域記』巻第一の縛喝国はバルフに同定されており（例えば、［Beal 1884: 43ff.］）、熊楠もこれに従ったと見られる。玄奘は縛喝城外に納縛僧伽藍という文字通りの大寺観の存在を報告している。

(20) チベット語は中国語と同様シナ・チベット語族に属しているが、その中のチベット・ビルマ語派の言語である。

(21)『出三蔵記集』（大正No.二一四五）巻第十四、『開元釈教録』（大正No.二一五四）巻第四、『貞元新定釈教目録』（大正No.二一五七）巻第六の各仏陀耶舎伝にほぼ同一の一節がある。

(22) 不詳。

(23) マルクス・リキニウス・クラッスス（Marcus Licinius Crassus 前一一五頃―前五三）。共和制ローマの将軍、政治家。羅馬三傑とは第一回三頭政治を行なったクラッスス、ポンペイウス、カエサルを指す。クラッススはシリアでパルティア軍と戦って敗死した。

(24) 不詳。

(25) Carthage. カルタゴの英語表記。

(26) バクトリアは現在のバルフを中心とする王国であったから、ボッカラ（ブハラ。［Beal 1884］はBokhâraと表記する）とは離れている。東方のタリム盆地の于闐、亀茲とも別である。

(27) 葱嶺はヒンドゥークシュ山脈ではなく、パミール高原を指す。

(28) 乾隆帝が征服した「今の西域」とは現在の新疆ウイグル自治区であり、西蔵ではない。

(29) 西域の地理に関する熊楠のここまでの説明をまとめると、「昔の西域」、つまり中国史料にいう西域は、カシュガルを西端とする中国領トルキスタン（東トルキスタン、現・新疆ウイグル自治区）の西にあって、「今のトルキスタン」に含まれるということになる。この「今のトルキスタン」とは、当時、西トルキスタンのほぼ全域を覆っていたトルキスタン総督府（帝政ロシアの軍政機関）領を指すと考えられる。しかし「昔しの西域」は、中国領トルキスタンを含むものであり、これを除外して西トルキスタンのみを西域とする説明には問題がある。

(30) 大江匡房（一〇四一―一一一一）。平安時代後期の公卿、文人。以下の言は『十訓抄』第三所収の歌「逢坂の関のあなたもまだ見ねばあづまのことも知られざりけり」を踏まえたもの。

(31)『維摩経』香積仏品に登場する香積如来の住む世界。

(32) ドイツの哲学者エドゥアルト・フォン・ハルトマン（Eduard von Hartmann 一八四二―一九〇六）か。

(33) 今のところ『聖書』中に該当箇所を特定できない。

(34)『法華経』譬喩品。〔八坂本17〕一二七頁、〔高山寺13〕一三一頁参照。

(35)『仏祖統紀』（大正No.二〇三五）巻第四十に類話がある。呉道玄（道子）は八世紀、唐代の画家。

(36)『阿育王伝』（大正No.二〇四二）巻第一。

(37)〔八坂本31〕二三〇頁参照。また熊楠が読んだという『法華経』の英訳については〔高山寺18〕注(64)参照。
(38)『伝灯』であろう。〔高山寺27〕注(3)参照。
(39)五月十二日の日記(『熊楠日記1』三四二頁)に熊楠は「風俗画報へ庚申の猿の事を投書す。画を添え、土宜師の状を抜萃し出す」と書いている。しかし『風俗画報』にこれに該当する記事は見当たらない。
(40)馮道(八八二―九五四)。五代の政治家。五朝八姓十一君に仕えた。
(41)呉牛喘月。思い過ごして取り越し苦労をすることの喩え。
(42)清朝初期の文学者王士禛(禎)(一六三四―一七一一)の雑記集。議論得失、名物源流、時事、怪異などを談ずる。
(43)北宋の学者沈括(一〇三一―一〇九五)の雑記集。自然科学と科学技術に関する記述を含む幅広い内容で知られる。
(44)王士禛(本書翰注(42))の雑記集。故事、文献、芸文、怪異などを談ずる。
(45)平安時代末期から鎌倉時代初期の仏教説話集。平康頼(生没年不詳)著とされる。ここで熊楠は『沙石集』と『宝物集』の著者を取り違えている。
(46)江戸時代の説話集。俳諧師椋梨一雪(一六三一―一六八〇)の著『続著聞集』を紀州藩士神谷養勇軒が再編集したもの。熊楠が大英博物館に寄贈した蔵書の中に本書も含まれている。[千本二〇〇四:七二―七三]参照。
(47)山東京山(一七六九―一八五八)の女装に関する考証随筆。
(48)柳亭種彦(一七八三―一八四二)の風俗考証随筆。
(49)斉藤月岑(一八〇四―一八七八)編の音曲書。
(50)室町時代の百科事典的書。金剛仏子行誉(生没年不詳)編。
(51)『論語』述而篇。
(52)瑜伽。yogaの音写語。
(53)〔高山寺5〕注(46)参照。
(54)曹植(一九二―二三二)。三国時代の魏の詩人。曹操の子。
(55)有賀長雄。〔高山寺7〕注(22)、〔高山寺13〕注(84)参照。
(56)馬端臨『文献通考』自序。
(57)杜佑『通典』巻一。
(58)梵語のsiddhamの音写で、この場合には梵字の字母表を意味している。弘法大師空海がこれを基に仮名文字を作ったという伝承を述べたもの。
(59)尾崎行雄(一八五九―一九五四)。咢堂と号す。明治・大正・昭和の政治家。法龍とは慶応義塾の同窓生。
(60)真田昌幸(一五四七―一六一一)。安土桃山時代の武将。
(61)禁門の変(一八六四)のこと。
(62)常に中程度の医師にかかるのと同じだ、の意。『漢書』芸文志に典故がある。
(63)『維摩経』弟子品。
(64)ピエール＝シモン・ラプラス(一七四九―一八二七)。星雲説で知られるフランスの数学者、天文学者。
(65)熊楠のいわゆる「事の学」へ触れたものとして注意される。「事の学」については[橋爪二〇〇五]参照。

（66）菱川は菱川師宣（?―一六九四）。宗川は山本宗川（一六七九―一七六〇）か。

（67）エネルギー保存の法則。

（68）進化論。

（69）平田篤胤の『出定笑語』中之巻に「トウトウ（釈迦と調達（＝提婆達多）の）争ヒガ募テ、コレ（調達）ハ釈迦ノ神通デ焼殺サレタデム」（括弧内引用者）とある。

（70）ガンダーラ国は確かに「東臨信度河」（『大唐西域記』巻二、健駄邏国の条）であるが、バルチスタン（Baluchistan パキスタン南西部からイラン南東部にかけての一帯）とはかけ離れている。

（71）〔高山寺8〕注（13）参照。

（72）『金枝篇』（*The Golden Bough*）の誤り、またはもじり。〔高山寺20〕注（7）参照。

（73）Encyclopaedia Britannica.

（74）Bohn's library. イギリスの出版人ヘンリー・ジョージ・ボーン（Henry George Bohn　一七九六―一八八四）によって創始された叢書。

（75）前漢の学者劉向（前七七―前六）は宮中の書物を校訂して、解題書『別録』を編み、目録学の祖と目される。

（76）前年十月に三冊本の『義残後覚』が、この年の六月に二冊本の『臥雲日件録抜尤』が共に近藤瓶城編で『続史籍集覧』（近藤活版所）の一部として出版されている。

（77）オランダの神学者ティーレ。〔高山寺4〕注（4）参照。

（78）『後漢書』巻一〇九上、『続博物志』巻四など。なお「道遠」は原文では「道路艱遠」。

（79）董仲舒（前一七六頃―前一〇四頃）。前漢の儒者。武帝に建議し、百家を排斥して、儒学だけが尊ばれるようにした。

（80）『博物志』巻六、人名攷。張華（二三二―三〇〇）は西晋の文人、政治家。

（81）『呂氏春秋』のこと。〔高山寺18〕注（19）参照。

（82）『山海経』大荒東経。

（83）湯浅常山（〔高山寺8〕注（10））に同じ。元禎は名。弥谷の話は『文会雑記』附録巻之二にある。

（84）四国八十八カ所七十一番札所弥谷寺（香川県三豊郡三野町）。

（85）黒川真頼『増補訂正　工芸志料』宮内省博物館蔵版、一八八八年。この益田池碑の台趺とされるものについては同書巻二に記載がある。いわゆる益田岩船である。

（86）『紀伊名所図会』巻之一（歴史図書社版（一）、一九七〇年、一五五―一五六頁）に図入りで紹介されている。場所は和歌山城に南接する現在の和歌山市吹上一丁目付近と見られ、熊楠の生家があった橋丁からも遠くない。ただしこの石の現状は不明である。

（87）生石神社（兵庫県高砂市）の石の宝殿のことか。

（88）石上神宮（奈良県天理市）の別名。

（89）元丹波福知山藩主の朽木家。第八代朽木昌綱（一七五〇―一八〇二）は古銭の大収集家で、『和漢古今泉貨鑑』などを著している。セントピータースバルクの博物館とはロシア・サンクトペテルブルクのエルミタージュ美術館と思われるが、朽木家のコレクションがここに入ったかどうかについては未確認。

（90）ジョン・ラボック（John Lubbock　一八三四―一九一三）。イギリスの銀行家、政治家、博物学者。建築物の保護・保存を定めたイギリス最初の法律、古記念物保護法（Ancient Monuments Protection Act　一八八二年）の成立に尽力した。

（91）福地源一郎（一八四一―一九〇六）。桜痴と号する。明治のジャーナリスト、政治評論家、劇作家。

（92）本書翰注（40）参照。

（93）王安石。介甫は字。〔高山寺6〕注（13）参照。

（94）幡随院長兵衛のこと。本書翰注（3）参照。

（95）『史記』魯仲連鄒陽列伝。魯仲連（生没年不詳）は戦国時代の斉の雄弁家。秦王を皇帝とすることに反対した。

（96）後藤又兵衛。〔高山寺5〕注（97）参照。

（97）『何氏語林』巻十八。

（98）『骨董集』上編下之巻「勧進比丘尼絵解」。熊野比丘尼は「熊野観心十界曼荼羅」の絵解をし、女性を救済対象とした『血盆経』信仰などを説きながら全国を遊行した。『血盆経』は十世紀以降に中国で成立した民間仏教経典。

（99）正しくは第四十五回。

（100）『水滸伝』中（人民文学出版社版、一九八五年、六三〇頁）によれば、原文は「海闍黎」。

（101）『雑阿含経』（大正No.九九）第六四一経『阿育王施半阿摩勒果因縁経』。以下の引用は同経、もしくは『法苑珠林』（大正No.二一二二）におけるその引用（大正新脩大蔵経第五十三巻六二三頁中）にほぼ一致する。

（102）無憂（アショーカ）王の太子拘拏浪（クナーラ Kunāla）が、父王の継室（後妻）の奸計によって両眼をえぐり取られる悲劇の一部。

（103）『大明三蔵聖教目録』の編者である南条文雄を揶揄的にこう呼んだもの。ただしこの「称号」を二人の間で最初に用いたのは法龍の方である。〔八坂本8〕九五頁参照。

（104）不詳。ただし、南条の目録作成の協力者として、その序論に名前が挙げられる人物の一人に、法顕の『仏国記』などの英訳で知られる中国学者、ジェイムズ・レッゲ（James Legge　一八一五―一八九七）がいる。

20　明治二十七年九月二日[1]

金粟王

南方より

土宜法龍様

米虫事

客月六日出芳翰昨夜着、正に拝誦仕畢ぬ。先以て無事御安着之段、欣喜此事に御座候。日清合戦の儀御一様甚心配罷在、然し昨今の模様は、清人の武勇とては、例の宣教師を殺し、又婦女を強奪する位のことに止り、戦争は全く吾邦の捷利の様相聞え、甚欣び居申候。当国には色々と虚報多く、殊に保守党はなにがな今の内閣を悪口せんとの目論見より、口を極めて吾邦の事を圧し、清国を楊〔揚〕げ申候。又色々と奇怪無根の通信多きには、実に実に驚き入申候。前日豊島の合戦、又牙山の営落ちしときの如きすら、清兵大勝利の報あり。又平安での大合戦、二千の清兵に打悩され日本軍二千六百人とか戦歿とありし。然るときは一人前に一人と十分三、乃ち三人の清兵にて一寸四人の日本人を殺せし様の事なり。あまりな法螺の吹き方と笑ひ居り候。小生も清国公使館え何にか乱坊（ママ）してやらんと企しが、吾邦勝利の中は左様の事も止め申居候。中井氏への御状は正に回送致候。同氏には六月来面会せず候。小生近く一向閉居読書致居候。一昨々日独逸の男爵オステンサッケン[2]（前紐育（ニューヨーク）駐在総領事。魯西亜の）小生を訪はれ申候。七十近き老人なり。これは小生の書しもの、独逸ハイデルベルヒにて同氏出板せし礼に来りしなり。[3] 博物館にて聞しに、此人可往訪、不容屈致ときき、遂に来りしとのことなり。陳平言く、吾をして天下を宰らしめば、又此肉の如くならんと。[4] 熊楠は吾外交官人が小生の如くならんことを切望するなり。

○四部書籍送下され候由なるが、『白虎通』二冊は已に受領、他三部は未だ受取ず候。多分次週に受ることと存居申候。小生よりは尊者御帰国後、今回御返事の諸書三部、次に七月二十三日頃便にて『考古風俗篇』三冊、『魔法史』二冊、『基督前基督教』一冊、[5]『耶蘇教聖像図彙』二冊、『西蔵紀行』二冊、[6]『ケンシングトン印度巧芸品目録』二冊、〆六部十二冊発送申上候。多分何れも著せし事と存じ居申すに候。其内又安本多く贈るべく候。又『金枝篇』とて二冊、比較宗教学の傑作一昨昨春出たり。[7] これは例の下等諸族の八兵衛教とか吉六教とかいふものの総括比較なり。少く高価なれども随分必要のもの故、今冬中には一部購ひ可差上候。然し小生目下頗る貧なれば、あてに不為様願上るなり。予は何分仁者万事を打捨てて、『大英類典』の彼の米板安本とハンボルト・ライブラリーを購はれんことを望む。もし二の中一つ取りにせば、宜しく『大英類典』を購はれよ。何となればハンボルト・ライブラリーにあるほどの事の骨髄は、已に『類典』中にあれば也。学問に大綱目の見きはめなくしてするときは、色々と奇術無用の事にわたり、而して自ら知ざることの多きものなり。

○寺院維持等のことは、其内諸処より答参り次第色々可申上候。一寸したことは今年中に可申上、詳きことは小生自分調査可申上候。

○仁者袈裟はサー・ウヲラストン（フランクス叙爵してサー・ウヲラストンと申す）に約したこと故、可成は贈られ度、博物館よりの謝状を可差上候。又仁者もし安つ物を購へるものなら、小生に法衣上下送り被下度候。予衣服悉く破れ乞食の如くなれども、買ふは銭惜く、因て文庫に法衣預け置き、衣れば六かしきことも銭も入らず。因て予に送り被下度候。下え着るものは予持ち居る。此事宜しく願上候。他の輩の宗教文庫などえ入るものは多く例のガウンといふもの着し居れり。小生のみ俗衣にて、然も三年もき通したるもの故、わけ知らぬものは嘲り色々と事を生ずるなり。右送りくるれば、其礼になにか宗教上のこと調査可申上候。予近く一向人と言語せず、又酒烟等は丸で止めたれば、法衣位ゐ着たりとて少しも如法に背くに非ず、安心して送り被下度候。然らば新衣作る丈の銭の半を析きて、なにか書籍買ひ送り可申上候。大に経済にも又それぞれ益にもなるなり。此事宜しく頼上候。予衣服きたなく色々嘲るものなどありて、今何処へも出ずに居れり。

○前月当国のオクスフヲルドで英国科学奨励会(8)ありし。人類学部にて有名なる人類学元祖タイラル先生(9)演舌有し、其言に米国の旧開化(10)は亜細亜開化の風化を受たること多しとて、墨士哥[メキシコ]国のアヅチエク種(11)が冥界を四種かきたるに、第一は河を渡る、第二は二大山圧倒する間を跋る、第三は鋭き烏石[オブシヂアン](12)の刀を樹たる山を登る、第四は大風吹き到て烏石の鋭刀を空中になげまはし[ママ]処を歩む。（亡魂が河を渡り、二大山の間を過ぎ、刀の山を攀ぢ、大風刀を飛す野を過て、然る後冥界に達す）然るに日本国の仏画に之と同きものあり。第一に死者三途の河を渡り、次に二大鉄山の間を過ぐ魔ありて、此大鉄山を推し倒さんとする処なり。第三に亡霊刀山を攀、第四に空中刀を飛す所を過ぐ。因て思ふに墨士哥の冥土図は東亜の冥土図より伝たるならん云々とあり。小生例の如く一撃を問んとせしが、なにさま名高き学者にもあり、又自分一向知らぬこと故止めたが、扨止べきに非れば、仁者に一寸伺ひ置く。右のタイロル先生の説にては、メキシコのアヅチェク宗教にはパーゲートリー(13)、即ち地獄とも極楽とも付かず、此世とあの世との間に一の地ありて、それをうまく過ると過ぬとにて、或は地獄行或は極楽行に決する地ありと見えたり。小生はメキシコのことは知らず。但し仏教には左様の地はなきことと思ひ居れり。羅馬加特力教には、地獄は永久不断の苦処にして、極楽は永久不絶の楽処なりと説き、其間にパーゲートリー（浄罪地）ありてさしたる善もなく、又極悪をもなさざりし輩を容れ、其縁属が僧を供養する次第に之を極楽におくるとのことなり。然るに仏教の説く処にはそんなものはなく、ただただ例の百三十六地獄又孤独地獄等ありて、それぞれ年限もあり、又一向年限なきもあるが、其年限あるものとても、地獄の苦を年限だけ受れば極楽へ行き、天部に生れ、人間にもどるに非ず。地獄を過て畜生に堕るあり、阿修羅に生るるあり、又餓鬼になるもあり。然るときは決して浄罪所とは云ひがたし。何となれば地獄過て天に生れ、人間にでも生れかえるならせめては浄罪ともいふべけれ、畜生、阿修羅、餓鬼に堕る様なものは、決して地獄のみにて罪浄して去れりといひ難ければなり。且つ一の地獄過て又他の地獄に落ることは聞く。然しながらなにか試験（撃剣の）を通すが如く、針の山うまく踰え、三途の河を上手に泳ぎ渡り、刀飛ぶ所を早く過ぎたれば極楽え行くなど、左様の説は仏教になきことと存候。即ち、右の墨士哥人の第一に河を渡り、第二に二大山圧倒の間を走り、第三に刀山を攀ぢ、第四に空中飛刀の間を過れば楽土に達するとは、なにか旅人が出羽から親知ずの艱処踰て越後に出る如きとは事かはり、日本の仏画の俗人おどしに画けるは、鉄山の間に苦めらるるも一の地獄、刀山に追ひ上らるるも一の地獄、空中刀刃飛ぶ地に生ずるも一の地獄なりと存候。決して河渡り、鉄山間を走り、刀山に登り、空中刀刃飛ぶ地を走り過ぐを極楽え行き得るなどいふことに非ずと存候。

又地獄とも極楽とも何ともつかぬものは中有といふこと仏教にはあり。然しながら中有にある内に何の界に生ずるといふ象を現するは聞く。されど中有の地にて苦めらるるとか、試験さるるとかいふやうなことは無きことと存候。耶教にパーゲートリーは極楽え行くか地獄に堕るか決せぬ処なると事異り、仏教に説く中有は、六界より他の六界に生れかはる中有の地、乃ち人間なり餓鬼なり畜生なり、死するときは、それぞれ中有に入り、それよりもとの人間なり餓鬼なり畜生なりに戻るか、又は他の五界に生るるかの中間の地なり。故に総計していふときは、中有は三十六の庶幾数の決する地なりと存候。但し極悪極善のものは中有を経ずといふは、耶教の極悪極善のものはパーゲートリーに入らずといへるに似たれども、仏説には加様な落語にある如き、河うまく渡り、刀山を走りこえ、空中刀刃落る所も難なく過ぎ、鉄山圧倒の間も事なく走り過れば極楽へ行け、走り過ること能はずば地獄へ行くなど、左様なおどけ如き珍説は一切なきことと存候。一体仏教説に、一の地獄うまく過れば又次の地獄にて試験するなどいふ説もあり候事にや、伺上候。洋人どもなんにも経説もなにも分らず、ただただ吾国の俗画師などのかけるものを見て、早速に経説と心得、かかる早計の考えを出すにやと存申候。小生御返事次第、とくと博物館にてしらべ、右の先生へ一論難致し度候間、これらの事は何々の経論見れば分るか、御申し越被下度候。

○勝教[14]の事なにやら一向曖昧千万なり。但し錫蘭山が全く仏教国となりしは、南天竺の輩（タミル人）勝教を奉じて錫蘭を撃しより、錫蘭の輩仏教にて一致して是と戦ひ、特立を全くせしによるといふ。以前に今程盛なものなりしと相見え候。これはプラクリット語[15]にて経文を書けり。小生其語を学び経文をよんで報ずべし。又経文を一と通り写し、吾邦へ保存する様可致候。小生多種の語学を修め、それぞれ調べ可差上候間、何卒小生宗教の事調べるときに限り、自用の為、例の法衣御送り被下度候。俗体にては色々と故障も有之、自由に秘奥を極め難き事もあるなり。又小生酒烟を用ひず、うそ言はず、借金せず、争闘せぬなどの戒律をもいつも持し居れり。故に法衣くれたりとて、ただ文庫にて用るのみ。町をきてあるくに非れば、決して差し問えなき儀と存候間、何卒被下度候。悪きこと例に引くに非るが、吾邦のなまぐさ坊主などが法衣きて白昼に肩張りて歩むよりは、小生如き者が法威を示し、自力を堅固する為に用るは、頗るましと存候。余の衣服已に三年になり、甚汚れ何となく、公だつた所へ行くに事を生ずるなり。さりとて今日新調せしに又五磅はかかる。入らぬことなり。

然し文庫などはそれぞれ風のあるものにて、あまりきたなき風にては何となく気の毒なことも多く、又不自由なることもあり、世話人も大に迷惑の事少なからず、故に右願上候。小生吾邦人が小胆にして、吾邦の衣きて外教の書籍を自由に読し輩一人もなきを愍れむ。みな姑息の輩のみなり。小生右法衣にて耶蘇、回々等の経文を自在によみ、一一評してやらんと欲す。

右頼上候也。

明治二十七年九月二日　　南方熊楠拝

土宜法龍様

法衣は一度用しものにて宜しく候。小生ただ宗教及哲学文庫内にてきるなり。

長谷師序あらば図書館にて『日本野史』（飯田忠彦の[16]）武士列伝の中、小西行長、小西如安（内藤如安の事）、高山長房、（友祥〔ともなが〕ともいふ、右近といふ人）右三人[17]の伝写し被送下度候。それぞれ巻数と何枚めより何枚めといふことも記され度候。

○村山清作氏[18]来牒に、彼の疱瘡神実に錫蘭にあることはあり。但し錫蘭土人に非ずしてタミルス人之を奉崇すと申し来れり。

○又其内宗教書多く送るべく候。且彼ボーンス文庫、即ち群書類従如きもの千余巻あり。随分安本も古書肆に多ければ、（已に『魔法史』、『歴史哲学』、『聖像図彙』等はおくれり）見当り次第買ひ集め、集め得るやつより先に送り可申上候。千余巻もあるもの古本一冊二志ならしにした処が、百磅を要することにて、所謂蝦蟆欲喫天鵞肉、雲にかけはし、霞に千鳥[19]なれど、是又久くかからば成らぬことにも非ず。少しづつにても送り申上べく候。何様書籍は散乱しては一向其用を為ぬ者なれば、可成は人に貸し倒されぬ様銘じて置れ度候。小生、英、独、仏、西、伊、希、羅、梵、此上に波斯、亜喇伯、プラクリット、ヘブリュー等も修め、それぞれ精究と迄なくとも、せめては有用の古文、文献を一通りに写し、吾邦の然るべき所に保存し置度事と存居候。御存知の如く色々の事にかかり居る小生頗る事も多く候。仁者書籍多く持つとのこと。『本草綱目』[20]は無きか。小生此地に和漢書四百六十五部持つが、『綱目』は大部にて取寄ざりし。其内の夷果の部か若くは灌木の部に斎墩果（『酉陽雑俎』には斎暾樹[21]）といふもの何にかの条に附載しあるなり。目録見れば桜桃〔斎墩果附〕といふぐあいに附記しある故、直ちに知るるなり。其条一寸写し被送下度候。夷果部又灌木部は何巻めといふことは、総目にて（首巻）見れば分り申候。扨それぞれの部にて又目録を見られ度候。もし『本草綱目』に無くんば、『植物名実図考』(22)の果部に有るべくと存候。然し必ず『本草綱目』にありしと記臆罷在り候。

○仁者彼の有部小乗の論(23)は、小生はとくとしらべて、仁者の論に注を附し出すべし。不幸にも錫蘭文と日本にある有部の経文と同一なりといふ証拠一つも仁者は挙ず。又仁者の友にて錫蘭に九年ありし律師(24)の名も此地には一向知らぬ人なり。かかる場合には其確証を要することなり。故に錫蘭にある経典の名と吾邦の有部律の経典の名と列記対照して、これはこれと同じ、これはこれに同じと一一確証され度し。然らずんばかんじんの論拠なき故（日本に名高き律師にても、此地の人は例のミユラー、ダビウズ(25)位ゐを神の如く思ひ居る故）一向此地の人はさほどに思はぬなり。

○今日の新聞見るに、安南にて清国の土寇仏国の官吏を暴殺し、其妻子を擒へ去れり。此期をはづさず安南境界を議すべし、とて仏国人大に騒ぎ居るとのことなり。案るに、支那之が為に又々大不幸を生ずるならん。唇亡て歯寒く、魯酒薄くして邯鄲囲まる。(26)小生はただただ東洋には事の少なからんことを希ふなり。○前日魯国にて沙門教（シヤマニズム）の事を詳くしらべたる人ありし。小生魯文を解せぬ故、今は出来ぬが、魯文少く分らば訳して可差上候。但し外人どもが宗教の論は、なにか皮想のことのみにて一向あてに不成と存じ候。

右宜しく頼上候也。

南方再白

土宜法龍様

（1）本書翰は二つ折りにされた縦二六・五×二〇・五cmの洋紙二葉八頁と、その半分の大きさの洋紙一葉二頁に墨書されている。これは前日『白虎通』二冊と一緒に届いた八月六日付の法龍からの書翰〔補遺2〕への返書である。両者の文面から見て、法龍の書翰は、六月二十九日に彼が帰国してから初めて熊楠に出したものと見られる。

（2）カール・ロベルト・オステン＝サッケン（Baron Carl Robert Osten-Sacken　一八二八―一九〇六）。ニューヨーク総領事を長年務めたロシアの外交官、男爵。昆虫の膜翅類の研究家としても知られた。彼が熊楠の下宿を訪問したのは、熊楠がこの書翰を書く二日前の八月三十一日のことである。これを含む二人の交流については、『知る事典』二五五―二五六頁、『英文論考［ネイチャー］誌篇』六〇―六四頁参照。

（3）この出版とは C. R. Osten-Sacken, *Oxen-born Bees of the Ancients (Bugonia) and Their Relation to Eristalis Tenax, a Two-winged Insects* のこ

と。本書には、オステン＝サッケンが熊楠の書翰から得た知識が披露されている。『英文論考［ネイチャー］誌篇』七一―七四頁参照。

（4）『史記』陳丞相世家。陳平（?―前一七八）は高祖劉邦等に仕えた前漢初期の功臣。

（5）Charles Stone, *Christianity before Christ, or Prototypes of Our Faith and Culture*. London: Trubner, 1885. 本書は現在、種智院大学図書館に蔵されている。書き込みは確認できない。『熊楠日記1』三四七頁参照。

（6）M. Huc, *Travels in Tartary, Thibet, and China, during the years 1844-5-6*, tr. from the French by W. Hazlitt. 2 Vols. London: Office of the National Illustrated Library. 本書は現在、種智院大学図書館に蔵されており、熊楠による次のような書き込みが見られる。「韃靼、西蔵、支那紀行　二冊　土宜法龍師蔵中ヱ寄附　南方熊楠」

（7）ジェームズ・フレイザー（James Frazer　一八五四―一九四一）が『金枝篇』初版を出版したのは一八九〇年である。本書は〔高山寺19〕二二一頁では『金条篇』として紹介されている。

（8）British Association for the Advancement of Science. 英国科学振興協会（一八三一年創立）。一八九八年に熊楠はこの会において代読で発表している。〔高山寺28〕注（15）参照。

（9）エドワード・バーネット・タイラー（Edward Burnett Tylor　一八三二―一九一七）。イギリスの人類学者。文化人類学の父と称される。

（10）マヤ、アステカの文明、そしておそらくは南米のインカ文明も視野に入れられている。

（11）Aztec. アステカ民族。以下に述べられるのは、死者の魂が地底世界を旅する間に経験するとされるさまざまな試練。

（12）obsidian. 黒曜石。

（13）purgatory. 煉獄。

（14）ジャイナ教のこと。

（15）Prakrit. インドにおいて正典の言葉であるサンスクリットに対して俗語を意味する。ジャイナ教の正典用語はJain Prakritと呼ばれる。

（16）飯田忠彦『大日本野史』。飯田忠彦（一七九八／九九―一八六〇）は江戸時代後期の国学者、歴史家。

（17）いずれも安土桃山時代のキリシタンの武将であり、熊楠の興味の在りどころが窺われる。小西行長（?―一六〇〇）は関ヶ原の戦いに敗れて処刑され、内藤如安（?―一六二六）と高山右近（一五五二―一六一五）はキリシタン追放令によってマニラに送られて、そこで客死した。

（18）村山清作（一八六九―?）。伊予今治片原町（現・今治市）出身の居士で、四国にちなんで四洲、あるいは三一学人と号した。著書に『病床所感』（私家版）がある。村山は明治二十五年（一八九二）から二十八年までセイロンに留学して、パーリ語などを学んだ。彼は法龍とは以前からの知り合いで、法龍がこの年の四月下旬から五月初めにかけて二週間あまりセイロンに滞在した折に、真宗本願寺派の留学僧徳沢智恵蔵（一八七一―一九〇八）と共にその世話をしている。この頃の村山の住所は、『熊楠日記1』三四八頁にある通り、コロンボ南方のWellawattaにあるMadam Pamankada Weerakoon宅であった。村山と熊楠との文通は、法龍の紹介によって始まったと見られ、書翰の他に、村山からはセイロンの菌類などの標本が、熊楠からは洋書が一時は頻々と贈られた。南方熊楠顕彰館には村山からの来翰が十通（『資料目録』［来簡4918-4927］）保管されている。その最も早いものは明治二十七年六月二日付の［来簡4918］であるが、文面から見て両者の交流はそれ以前に始まっていたようである。熊楠が紹介する村山の疱瘡神への言及は七月二十日付の［来簡4919］に見られる。二人の交流は、村山が明治二十八年二月に帰国した後もしばらく続き、村山が熊楠のために漢籍を調査するような協力関係があったらしい。その成果は、熊楠が同年十一月以降に『ネイチャー』と『ノーツ・アンド・クエリーズ』に発表する一連の「さまよえるユダヤ人」論考に生かされている。そこにおいて熊楠は村山を「日本の篤実な(あるいは優れた)パーリ語学者」と讃えているが（『英文論考［ネイチャー］誌篇』一六九、一七一頁）、村山は帰国後銀行業界に進み、パーリ語関係の研究業績は残していない。

(19) 到底叶わないような高望みの譬え。

(20) 明の李自珍（一五一八―一五九三）が編纂した本草書全五十二巻（一五九六年刊）。十七世紀初頭にはわが国にも伝来し、江戸期の本草学の発達に多大な影響を与えた。本書は熊楠にとっても重要な参考文献の一つであった。彼はすでに中学時代に貝原益軒の『大和本草』、寺島良安の『和漢三才図会』などと共に本書の抄写を完成させている。なお熊楠邸には松下見林訓の重修和刻本（寛文九年刊、『蔵書目録』中610.05）が蔵されていた。

(21) オリーヴのこと。南方熊楠「オリーヴ樹の漢名」『熊楠全集3』五―八頁参照。

(22) 清の呉其濬（一七八九―一八四六）が編纂した本草書全三十八巻（一八四八年刊）。呉其濬には他にも『植物名実図考長編』全二十二巻（一八八〇年頃刊）がある。熊楠邸には小野職愨重修の和刻本『植物名実図考』（明治十六、十七年刊、『蔵書目録』中610.04）が蔵されていた。

(23) 法龍が〔八坂本15〕「南北仏教の辨」で展開した南方に伝わる「小乗教」は薩婆多宗、つまり説一切有部であるとの論。

(24) 釈興然（一八四九―一九二四）。真言僧。神奈川鳥山（現・横浜市）の三会寺の住職。明治十九年（一八八六）に戒律の研究のために日本人で初めてセイロンに留学し、最初はゴール近くの僧院に入ってKozen Guṇaratanaの名を得、後にはコロンボの仏教学院Vidyodaya Piriveṇaで修学した。明治二十三年に具足戒を受けてセイロン上座部の比丘となり、翌年一月、ダルマパーラ（〔高山寺5〕注（46）参照）らと共にブッダガヤーに参詣したことを契機にブッダガヤー復興運動に従事。明治二十六年九月に帰国し、以後は日本に上座部のサンガを移植することに腐心した。旅行中の法龍は、興然の帰国を知らず、明治二十七年四月二十日にコロンボに着いて初めてその事実を知らされて驚いている。『木母堂』六七六頁参照。

(25) トーマス・ウィリアムス・リス＝デヴィッズ(Thomas Williams

Rhys-Davids 一八四三―一九二二)。イギリスのパーリ学者。セイロンで植民地行政官を務めながらパーリ語と仏教を学び、一八八一年、ロンドンに Pāli Text Society を創設。当時はロンドン大学でパーリ語と仏教文献を講ずるかたわら、Royal Asiatic Society の書記兼司書を務めていた。当時の西洋の代表的インド学者の一人で、法龍もロンドン滞在中に訪ねている。

(26)『荘子』外篇胠篋篇。原文は「脣竭則歯寒、魯酒薄而邯鄲囲」。

21　明治二十七年九月五日(1)

土宜法龍様

［郵便は悉皆以後正金銀行へ御出被下度候。］　南方拝

明治二十七年九月五日

拝啓　今晩『呂氏春秋』五冊、『風俗通』二冊、劉向『説苑』六冊正に拝受致し候。一昨日着の『白虎通』二冊共に四部十五冊に御座候。而して小生より今日午後ハックルイト学会出板の『白露国発見報告』一冊(2)、『印加儀礼法律記』一冊(3)郵送仕り畢んぬ（長谷師方宛にて）。二書共只今は絶板にて希覯の物に御座候。御存知之通り白露(ペリユー)国には大文化ありしを、十四世紀に西班牙人ピザロが乱入して蕩平したるが為に、万般事物悉く其跡を絶し、今日僅かに其万一の古物遺伝を不十分ながら保存することに御座候。右報告は其乱入軍の総大将ピザロ及其書記の手に成りしものに候。又インカ族の『儀礼記』も亡滅の前後直ちに見たる人の口より取りしものなれば、頗る拠するに足るものに御座候。甚吾神道に似たることと被存候。随分希有の書に候間、御愛蔵被下度候。

○扨小生今夜只今家卿［郷］より書を得候に、家兄(4)なるもの株式のことにて日清談判破裂等より随分灼然たる損亡を為し、随て一族大迷惑とのことにて、小生も平生通信せぬ人のことなれども、一家の事ゆえ決してほってもおけず。因て小生も十分金子を減ずることに致し候。其上は万事不如意のことのみ多かるべければ、多く書籍送ることは当分不成候。因て仁者え先日頼上候書籍、已に送り被下たる分は措て、送るに不及ものは決して送り被下るに不及候。但しサー・ウヲラストン（フランクス氏叙爵の名）え已に言たることに有之候間、彼の袈裟だけは何卒送り被下度候。又小生も泛世［うきよ］の茶なるにうんじ、予［余］日仏界に入り、せめては報傚［効］の為に宗教上のことを色々調査もし、後進を利して死に度も存じ候間、可成は小生宗教書庫に入るときに用る為、法衣御送り被下度候。これほどの御礼は一志二志の安本を買てでも可致に御座候。梁武帝の言に、吾より之を得て、吾より之を失ふとか(5)。小生の家族の為に成れる世間にも非れば、小生は決して何とも思はず。ただ吾之を得たるに非ずして之を失ふ。其失ふ所以のものも亦ただ僥倖多慾のことのみ

を期せるに出、又は終日何の為に尽すともなく目前を楽むことに先人の苦辛せしものを消する人を咎むるなり。人間よきことのみ続くものに非ず。ここに宜しく、かしこに宜しからず。ここに宜しからず、かしこに宜し。然る故に世によきことの種は断えざるを得るなり。難に臨で安んずるは徳の最美なるものなり。小生は何ともなし。然らば則ち其美なる所以を知ずして、而して自ら美なるの域にあらんか。孔子の言に、貧にして諂[へつ]らはざる男よりは富で傲[おご]らぬものよしと。(6) 富で傲らぬものは少いかな。

○今日の処は小生の金は小生の金なれば、小生別に究迫といふやうなことはなし。然しながら一家の内に加様のことあるに、遠慮せざるの理あらんや。故に到底小生は彼人々の休戚に随伴せざるを得ず。人々とかはり、小生は御存知の如く、いつも弊衣を着し、いつも糲[粗]食を食ひ、寒灯氷褥に安じ居るものなれば、いかなることあるも、一朝今更めきて人より評判されず。又自らも何のことなきがせめてもの得分なり。

何でもかまふことに非ず。但し小生の室に目下もある和漢洋の書籍は、中には『大英類典』原版のものもあり、又色々の奇冊も多く、又植物標品如きは実に小生の精力を半消せしものにて、中に北米の大家ケログ(7)及カルキンス(8)が集めたるものも三千種近くあり。小生はこれらを売らずとも、何しても自分は究阨[ママ]に安ずるを得、又此学術家多き地へ残すよりは吾国へ残す方、其益も鴻大なることなり。故に此上予[余]日小生右等を維持するの目的なきに至らば、全く仁者へ(又は誰かえ)寄附可致候間、其運賃及色々の費用に事欠かぬやう、此丈は今より願上置候。但し目今の処まだまだ左様の事は有まじけれども、古人の言にも、寧ろ真有るを信ずべし、君子は其無きを信ぜずといへり。(9) 小生は予め後日に至り、とりかえしのならぬやうな後悔を吾邦の学者に残さぬやう、今より右は仁者に頼上置候。小生一身は何にてでもくらひ過ることを得べし。これは安心被下度候。小生は毎年冬痛風にて到底手足は利かぬことと結着すべしと存居、然しながら致し方もなく、なほ又勉学自楽罷在候間、何卒法衣及約束の袈裟被送下度候。又家事も少く落着候はば、又々書籍等も送可申上候也。

以上。

(1) 本書翰は二つ折りにされた縦二六・五×横二〇・五cmの洋紙一葉四頁からなる。これはこの日に法龍から届いた『呂氏春秋』等の受け取り状で、翌六日に出された。

（2）*Reports on the Discovery of Peru*, translated and edited with notes and an introduction by Clements R. Markham. London: Printed for the Hakluyt Society, 1872. 本書は現在、種智院大学図書館に蔵されており、熊楠による次のような書き込みが見られる。「白露発見報告　明治二十七年九月四日　土宜法龍師蔵中へ寄附ス　南方熊楠」

（3）*Narratives of the rites and laws of the Yncas*, translated from the original Spanish manuscripts, and edited, with notes and an introduction, by Clements R. Markham. London: Printed for the Hakluyt Society, 1873. この日の熊楠の日記（『熊楠日記1』三五〇頁）に「印度礼律記」とあるのは本書で、「印度」は「印加」の誤り。

（4）兄弥兵衛のこと。

（5）『資治通鑑』梁紀十八等。原文は「自我得之自我失之」。

（6）『論語』学而篇に「子貢曰、貧而無諂、富而無驕、何如。子曰、可也、未若貧時楽、富而好礼者也」とある。

（7）アルバート・ケロッグ（Albert Kellogg　一八一三―一八八七）。アメリカの医師、植物学者。

（8）ウィリアム・ヴァート・カルキンス（William Wirt Calkins　一八四二―一九一四）。アメリカのアマチュアの菌学者、地衣学者。熊楠は、明治二十三年（一八九〇）頃から帰国後までカルキンスと文通及び標本の交換による交流を続け、研究面のみならず、生き方においても彼の影響を強く受けたと考えられている。『知る事典』二三三―二三五頁、［松居 二〇〇九：二一〇―二一四］参照。

（9）不詳。

22　明治二十七年十月十八日(1)

拝啓　仁者益御健康奉賀候。九月中御出し被成下候『曼陀羅私鈔』(2)及び『和名抄』(3)合して七冊は前日（二日計り前）正に拝受、誠に難有御礼申上候。扨当方よりは最後に御受有りし三冊の書の次に『魔法史』二冊、『考古風俗篇』三冊、『耶蘇聖像図彙』二冊、『南ケンシングトン館印度巧技品目録』二冊、『西蔵紀行』二冊、『基督前基督教』一冊、『秘魯国発見報告』一冊、『印加族教制志』一冊(4)、バトラル『アナロジー』一冊(5)合して九種十五冊長谷師方に宛、仁者へ寄附、又別に中村錠太郎氏方に預け在りし『教学争闘史』一冊(6)、『人種学入門』一冊(7)、三四日前に中村氏に頼み、是は長谷師え寄附仕り候。一一御受け被下ず候ては甚だ心元無く、元よりかまはぬこと乍ら、一向小生の志さぬ人の手に落など致しては、小生は甚本志を失ひ可申候」[ママ]

袈裟は小生サー・ウヲラストン（フランクス氏叙爵後の名）え約束し有之。然るに今に仁者より着せず。為に彼の仁者の依嘱による寺制史一斑を調べかけしが、小生いささか館に往くに面目を失ふやうのことにて近来行き得ず。それ故、仁者の袈裟は途中失ひしとでもいひ黒め、別に弟より『西清古鑑』(8)を送らせ、それを以てサー・ウヲラストンに特に秘籍を見ることを許可の儀頼まんかと存候所、去る月曜日（今日は木曜）弟よりの状には『西清古鑑』は売本なしとのこと。大に小生は二重にこまり居り申候。

加様の儀故、仁者より前年頂戴せし袈裟を仁者約束の品と称し送らんかとも存候へども、他の品とかはり、小生は自分拝用せしものを左様の偽言いひて人に転ずることは不成。随分行きづまり困り入居候。なにか小生あられもなき、えー加減なことを言出せし様にて頗る困却に御座候。もし仁者の辺に古けたる、袈裟有ば、御送り被下度、受領書は館の赤印附きの礼状と共に出させ、而して兎に角小生の一分も立申し候。

小生は今夏家兄大失敗し(9)、為に一向只今関係なきこと乍ら、昏失ひて歯寒く、魯酒薄くして邯鄲囲まる(10)。随分吝く暮し居り候。然し右の袈裟の御礼位ゐは（仁者尤も之を望まざることながら）古本でも買て容易に送り得ることに候。右宜しく奉願上候。

○村山清作君は実に篤実の人と拝見し、一面識なき小生え過日来夥く菌茸被送下、小生希[ママ]覯又は絶て見しことなき品のみにて、甚欣喜仕り居候。(11)

○小生二三日前当地にて支那人は北方より入りしといふ説(12)を出し申候。(『ネーチユール』とて日本へも多く往く科学雑誌也)これは支那の古教には北方を玄冥といふ。玄冥は入冥也とあり、(『白虎通』)又北方の山を恒山といふ。万物北方に蔵まり隠し恒ある故也。(『風俗通』)又道教の極楽は張華、段成式共に北方にありといふ。(『博物志』、『酉陽雑俎』)又北斗注死南斗注生の古話もある。(『五雑俎』)曼陀羅教には、北方は不空成就如来が賢劫の二百五十仏を支配する所として之を万物成就の方故に入涅槃の方と云へる。(『曼陀羅私鈔』)但しこれは印度よりの伝来説か又支那風の作り替か、予、秘密教の当路人に非れば言ふべきに非ず。次に孔教には、司馬光の復制は屋根の上に登り死者に衣すべき新衣を持乍ら北方に向ひ「返り玉へ」と三回呼ぶなり。又『白虎通』によるに、孔子死して魯の城北に葬れり。尸を北首せしめて、北方の郊に葬るは三代の通制なりし。尤も支那本来の人に非る族は此制に違しもあり。魏の王子沮渠(匈奴の後)の塚を発せしに、男女の尸共に東首せりとあり。(『続博物志』)今日に至る迄もダマラ人族(13)は北方より祖先入り来りし故、死すれば祖先の元のすみかに帰るなりとて、尸を北面せしむ。又古印加族は東方より入り来りしことを忘れぬ為とて、尸を東面せしめて葬るなり。本来の秘魯土人は然せず。此等の事を考るに、支那人はもと北方より入りしこと疑なし。[ママ]」

又支那の哲学には陰と北方を一に合せたること多し。たとえば水も冬も北方なり。(『白虎通』)孔子は北声を殺伐なりとて季路をせめたり。(『説苑』)北方の天を玄天、西北の天を幽天といふ。(『呂氏春秋』)これらの事も主として死者を北方の土に葬ることより始りしならん。然る所以は死ほど陰の諸性に宿るものは考え及ばざればなり云々。此論を草するには、仁者より送り被下し『白虎通』、『風俗通』、『呂覧』、『説苑』、『曼陀羅私鈔』悉く間に合ひ、まことに仁者の御蔭によることと甚だ悦び居り申候。

○近く西蔵にて唯一の秘書を見出し、基督の伝を全く打滅したる珍書著はせる豪傑あり。(14)印度北部の婦人とマクス・ミユレルと、例の基督に阿諛する卑劣心より之を駁せり。然るに右の男一向服せず、之を再駁せるを、不正邪弁なりとて諸新聞共に掲載せず。因て右の男は直接に右記の印度婦人と面晤の上面折すとて印度へ出発し、それより右の古記を写し取る為、西蔵に入ることに決せり。小生は此事委細知り日本の雑誌へ出し度と存じ居るが、何様右の袈裟の事大に長引きし為、甚だ館員と面白からぬことにも有之、惜い処ながら見合せ申候。

○仁者へ小生より贈りし書籍は何卒散逸ばらばらに成ぬやうに纏めおき、他日文庫の為の梜子とされたきに候。小生は貧を極め居り、此程の義醵軍人に送る相談会にも一度は断りしが、中井氏切に乞るる故行きしに、昨年仁者に面せるときのままの旧衣古服にて、望月氏の外は語をかはすものも無りし。(15) かかることなれども、これは人間の常態なり。此内には六道の果も因も具はり居ると見れば、一切衆生憐むべし。何にしろ小生は貧乏は益々貧乏ながら、前日約せし吾教を大に張る一事は終始忘れず。否な其外に小生の結局の楽もなきなり。故に今後も賛協の為少しづつは極廉の価ある書などは贈るべき間、仁者は何とかして彼の文庫のことを確と見とめ、つきとめられ度候。小生の方には目下書籍だらけなる上、住処悪きが為、中村氏の世話にて保険百磅丈つけんとせしも断絶されたり。彼様の事ゆえ、確たる目とめの上は一先仁者の方へ追々預けたし。而して小生は三年計り立ば、一先帰国すべし。此広い龍動ですら内外罕なる変物なれば、日本に帰らば足容るる地なし。それ故帰国せば何卒、仁者方へ置き被下度候。其返しには小生夥く筆録を持ちかえり、仁者の徒を翼助すべし。

○仁者所遺[遣]の『曼陀羅鈔』は三回通読し畢れり。(16) 博物館には一切経あれば、それぞれ対照して見たく、又西洋中古の回徒、猶太徒、基督教及今日の仏教の退化せる一派沙門教（これは近日詳きもの出たり）と対照して卑見を呈せん。鈔の示す所はただ画解きに過ざるが如し。然し小生は此秘密儀にはそれぞれ深意のあることもあり、又一向つまらぬことも混入せることはよく知る。故に一一分解して見たし。又仁者の言はるるオカルチズム。これは従来如き見もせぬ例を多く貪り集め、又詐偽がかつた工夫でやることは一向価なし。然しここに一ついふべきは、人間の精神も亦一の力と見る。たとえば、小生今眼を定めて腕肩を見つめ、扨忽ち肘に目を転ずるとすれば、多少はそれと同時に腕肩と肘との間に筋の力の入りやうがかはる。光、電、引力等の力は規則通りに物を隔てて物に及すこともあるなり。然らば精神力も亦物を隔てて物に及すことなるまじきといふ証は少しもなし。現に人の東向て立るを後より久く見つめおれば、何となく其人気が付て西を見かえることもあり。尤も息の音が少く高いとかいふことに出るなるべし。然し精神力に従て息の音が少しにても高くなるといふが即ち一の力なり。而して其力がなんとなく空に伝はりて、他人に感るなり。極微の電気を液に通じ、液中に胆礬を入るれば、久後には遂に銅を分出する如し。されば此精神力のことは、従前の如き例多く集る風の研究にては一向たしかならず。何にしろ頭から理窟を推さざる可らずと小生は考え候。故に幽霊、幻等の実否を正すに非ずして、かかることのあるべき道理、若くは無るべき道理を考ふべきなり。　右申上候。匆々頓首

明治二十七年十月拾八日午前十一時　　南方熊楠拝

日本国京都市東寺にて　15, Blithfield Street,

土宜法龍師行　Kensington, London W.

England.

正金銀行は随分多忙なれば、小生への御状、以後右記の小生住所へ御出し被下度候。中井氏話しに、三月の晦日頃仁者へ宛巴里へ向状一出せしが、右は他分仁者の手には入ざりしならんと申し居られし。

（1）本書翰は縦二四・六×横三二・四cmの罫紙一葉に墨書されている。これは十月十日に法龍より届いた『曼荼羅私鈔』二冊と『和名抄』五冊の受け取り状である。

（2）印融『両部曼荼羅私抄』（『蔵書目録』和古220.09）。本書は三宝院流によって釈された両部曼荼羅の解説書で、特に空弁による冠註本（一六七四年初刊）がよく読まれた〔甲田一九八六〕。法龍がこれを贈ったのは、熊楠の「金剛界と胎蔵界のことに関せる経疏、あまり幾十冊もあるものに非るなら被送下度候」〔高山寺18〕との要望に応えるためである。著者印融（一四三五—一五一九）は戦国時代の真言の学僧。晩年、武蔵国鳥山（現・横浜市）の三会寺を拠点に活動した。三会寺は日本最初のセイロン留学生釈興然（〔高山寺20〕注（24））が住職を務めた寺でもある。

（3）『倭名類聚抄』。〔高山寺18〕注（16）参照。

（4）〔高山寺21〕の『印加儀礼法律記』に同じ。

（5）Joseph Butler, *The Analogy of Religion, Natural and Revealed, to the Constitution and Course of Nature* (1736). 熊楠の蔵書（『蔵書目録』洋160.03）はHenry Morleyによる序論と付録付きの第三版で一八八七年にロンドンのGeorge Routledge and Sonsから刊行された。

（6）不詳。

（7）不詳。

（8）乾隆帝の勅命によって編纂された清朝宮廷所蔵の古銅器類の図録（一七四九年成立）。

(9) 兄弥兵衛が日清戦争勃発の影響による株式の暴落で大損害を被ったことを指している。〔高山寺21〕参照。

(10)『荘子』外篇胠篋篇。

(11)『熊楠日記1』によれば、村山清作（〔高山寺20〕注（18）参照）は明治二十七年から翌年にかけて熊楠に頻繁に菌類などの標本を送っている。この時も十月十三日に村山から「菌類十六種斗リ」が届いたばかりであった。

(12) "On Chinese Beliefs about the North"（北方に関する中国人の俗信について）のこと。『ネイチャー』一八九四年十一月八日号に掲載された（『英文論考［ネイチャー］誌篇』一一一―一一六頁）。

(13) ナミビアのダマラ族（Damara）を指すか。

(14) ロシア人ニコラス・ノートヴィッチ（Nicolas Notovitch　一八五八―?）。彼が、ラダックのへミス・ゴンパで見たという『聖イッサ伝』（Life of Saint Issa, the Best of Sons of Men）なる秘書を、その発見譚と共に *La vie inconnue de Jésus Christ*, Paris: Ollendorff として出版して話題となったのは、まさにこの年であった。この書はマックス・ミュラーらから手厳しく批判された。熊楠のいう「印度北部の婦人」とはミュラーに一報してノートヴィッチの「嘘」を告発したレー在住のイギリス人女性と思われる［プロフェット　一九九八：三三二］。熊楠が直ちにノートヴィッチの肩を持ったのは、彼のミュラーへの反感を割り引いても感心しないが、この聖イッサ伝、つまりイエス・キリストの外伝は、その後もラーマクリシュナの高弟アベーダーナンダ（Abhedānanda　一八六六―一九三九）や芸術家のニコライ・レーリヒ（Nicholas Roerich/Nikolai K. Rerikh　一八七四―一九四七）などの神秘主義者たちを引きつけて止まなかった［プロフェット　一九九八］。

(15)『熊楠日記1』三五一―三五二頁によれば、熊楠が出席したのは九月二十六日に林領事宅で開かれた日本人会の戦捷祝賀会で、彼は同会を通じて一ポンド表誠醵金している。望月小太郎については〔高山寺17〕注（6）参照。

(16) 後に熊楠は「馬に関する民俗と伝説」（一九一八）の中で「在英中土宜法龍僧正から『曼陀羅私鈔』を受け読み噛」ったと回想している（『熊楠全集1』三〇六頁）。

2 和歌山・那智時代

明治三十四年（一九〇一）―大正十一年（一九二二）

明治三十三年（一九〇〇）十月十五日、熊楠は神戸港に上陸した。明治十九年十二月二十二日にアメリカに向けて横浜港を旅立ってから、十四年近い歳月が過ぎ去っていた。この時、熊楠は数え年三十四歳であった。

彼が法龍に帰国の挨拶状と思われる書翰（未発見）を出したのは、翌月中のことだったようである（〔八坂本〕二四二―二四三頁）。この頃の熊楠は、和歌山市湊紺屋町の弟常楠の家や和歌浦の円珠院に寄寓して、親戚知人を訪ね歩いたり、酒を飲んだりの日々を送りながら、「隠花植物」（花のない植物の総称で、シダ類、コケ類、藻類、菌類などを含む）の採集を始めていた。

京都から転送されたと思われるこの書翰を、法龍は東京の滞在先で読んだ。当時、真言宗は「分否問題」（真言宗各派の分離独立を巡る分離派と画一派との紛争）で揺れに揺れていた。この時期法龍が東京にいたのも、画一派のリーダーの一人として、政府内務省から提示された調停案を巡って分離派と渡り合い、画一派の代表者を全国から糾合して対応策を練るためであった。

久しぶりの熊楠からの手紙は、厳しい折衝の毎日を送る法龍をいたく喜ばせ、また慰めたに違いない。彼は早速返書〔八坂本34〕を認め、その中で熊楠に京都来遊を勧めた。こうして二人の文通は、ほぼ五年ぶりに再開された。〔高山寺23〕はそれからおよそ一年後に認められたものである。これを書いてから十八日後の十月三十日の夜、熊楠は和歌浦から一人船に乗り、南方酒造の販売店のある勝浦に向かった。彼が那智村市野々の大阪屋旅館に落ち着いたのは、翌明治三十五年一月のことである。

彼の眼前には熊野那智山の深い森が広がっていた。

23　明治三十四年十月十二日夜十時(1)

［雨にて大白五盃飲下の上筆し候。麁筆は御免。仁者病篤(2)くば侍者に読ませ被下度候。］

明治三十四年十月十二日夜十時書始め。南方熊楠拝

土宜法龍様座下

時下秋冷相催し、蟋蟀［こおろぎ］堂の椽［えん］に上り、油虫は袋戸棚に入り、故郷秋風の涙、旅館暮雨の魂と吟ぜしこと十幾年を経て、又帰りこんとは思ひきや、命ち也けり佐夜の中山、さよなかにこんな状認め得るも善か悪かは知らねども、前世の因縁づくならんか。其後いつか参上謁見せんと存居る内、色々と家事多く「思ひすつれどはなれざりけり」と例の植物採集と書籍整理の事のみにて多少有る閑暇は塞がれ、ろくろく不成眠底の事に候処、又一書を忝ふし感謝多く候。

○小生は多分今一度外国（欧州）に趣き申候。これは私蔵の文庫可相建［目脱カ］論ろ見にて書籍買ひ出しにゆくことに御座候。一昨夜偶然『続日本紀』を見しに、延暦の御世に石上宅嗣（大納言正三位兼式部卿）は宅を捨て寺となし、寺の内隅に外に芸亭［うんてい］と名けたる外典の書院を設け、好学の徒に縦覧せしめたる規則書に、「内外両門本為一体、漸極似異善誘不疎［殊］僕捨家為寺帰心久矣為助内典加置外書地是伽藍、事須禁戒、廣［庶］須［以脱カ］同志、入者無滞、空有兼忘物我異代来者超、出鹿［塵］労帰於覚地(3)」。此人は万事に費少く、薄葬を遺言せし由、龍動大城の旧金粟大居士も女は一寸もやらぬが酒はちとやりすぎ、又自家も酒家なれば事業拡張の為之を廃する訳にゆかず。彼の『一年有半』の著者(4)の如きやり方では、仁者が曽て言へる(5)、死に様まに屁を放て少しく臭が残るほどのことにて、桓霊宝(6)は万代に臭を伝へよといひしが、臭は永く留らぬ。おかしな言ひ分ながら、予は世にすぐれて孝心が深い。然るに父母共在外中に死亡し、兄弟は例の当世紳士で識者の慕ふべきに非ず。なにとぞ双親の功名の伝はるほどのことをして、吾教徒に残したきなり。まだ少々黄白は嚢中にあるから、それにて来年あたり渡欧し、珍篇奇冊三墳九笈頑説僻目の書、予はそんなことは、洋人の眼をぬく位い熟し居るから、彼捨て我掇［と］り、沙を披いて金をほじくり、一切網羅して帰り、現存のものと合

した上、仁者及び仁者の心腹を得し一二の人と之を一館に蔵し、少く流がわりながら、真言徒及び真言を好むものに限り見すること、いはば真言文庫を作り、そこが例の小生大猖介大偏執のある所で、政府の干渉を未然に防ぎ、吾徒のみで大我慢を主張して、永世といふてもならぬことだから、先づ五十年もふりまわし、大に仏教でなく、真言を弘演増益して、其功は仁者の徒と小生の双親に帰したきぢや。只今は植物の顕微鏡標品作り居る。頗る金銭のかかるものにて、又実に美事なものなり。これも爾来書物で読んだことや、博士とかなんとか肩書きのある奴輩の言は多くは再三伝の受け売りにて、百聞不如一見、聞くものは見世物のはなしを承はるほどのことに過ぎぬ。扨之を知悉しおかぬと、例の進化論といふ奴が別らぬ。実際は此動植の進化といふことの内に仏教に背いたことも多い、会ふたことも多い。又仏教上で合ふ合はぬの外に、大観察して徹悟するに足ることが多い。（これは他人の知らぬこと。仁者なども知らぬ）況んや又下愚の人、生いきな論客を感服降参無言ならしむることが多い。

七日で天地を創始せりとか、男の脇下の肉を以て女を作れりとかいふ耶蘇徒にしてなほ進化説出るに及び、それを攻撃して敗却のあまり、厚顔にも之を全竊皆略して恥とせず、「心のとはばいかが答えむ」そんなことは西洋にはないから、所が日本には仏教仏教と賛成らしくしながら、万空説、万有説、真如説[7]以下のことは置て、進化説位いを丸で洋人（其十分の九は耶蘇徒中の獅子身中虫）よりぬすみいひちらすは可歎々々。

予は如斯熱心に致し居れり。仁者は肺病とか[8]。予などは随分病意ありしが、（即ち仁者にあひし時の如きは病驢の如く痩せ居りし）医薬を不用、精神のみを治めて、今は甚だ健全なり。四十にして不惑とは支那人の狂言。予の如きは毎日平常、ただあんなこと、そんなこと、思ふのみにて何の事もなし。仁者の病もし金創とか切疵とかならんには、小生不知之。もし心腹の病ならんには、日を期して五日予と対談しくれずや。然るときは予は十分仁者をして愈え、且つ健かならしむべし。敢て日を尅して及び場所を期して言ひ来玉へ。[日を剋するのみならず時をも限てほしき也。それから京は一向知らぬから迎へに車夫でもよこされ度候。予は迎へに来る迄わかる様な所にてこしかけて居る、フロックコートなり。」予は京都のみへは往きたくなし。ただ仁者の前で生の健全にして古えに十倍する（例の）博学を示し、又色々の不平談から面白いこと、面黒いこと等やつて見たいぢや。

予が末弟なるもの[9]今十一月に結婚する。然るに予は女人の方を見ぬといふほどの頑物にて、俗物は婚席の取り扱ひ等に甚困り居る。当国熊野には支店ある故その支店へ之んと思ふが、この近辺に故中島信行の縁あるものにて、小生に金銭上の累をなし、何とか協会にて大法螺演舌をなし、支那等をあるき、小生と旧友ながら小生を避けて小生方へ来ずに逃込み居るものがある。（岸和田辺の大名の聟也）[10]殺人剣、活人刀を随分つかふた小生のこと故、なにか打殺しにでも来たやうに思はれては其近辺甚動揺する也。（熊野は山多き故、小生行けば従者二三人、雇人の五人もつれ、器械など負はし往く也）まことに不面白事故如何と思ひ居りしが、仁者死にかかつて居るといふから、死なぬ間に一寸五日ほどあひにゆきたい。（十一月に限る也）外にも前同志社長の広津友信氏[11]も極懇意也。又例のブリチシユ博物館の縁にて、道具屋抔は京に多く知て居る。それらも一寸まわりたき也。それはそれながら何様仁者死なぬ内に一寸逢ひたく、又稲村尊師英隆公とも知音と成り置き度きに候[12]。兎に角十一月の何日頃より五日間都合よしといふこと、一寸御知せ被下度候。

小生は貧人に無之候間入費は一切自弁ながら、例の寺に宿料を置く等のことは出来不申候。

如し御返事晩くならんには、小生或は熊野又は吉野へ之く[13]。然るときは京都へは避寒でなく迎寒に冬中に可趣に候。

又仁者に乞ふは、小生米国の或る雑誌へ投書するに入用にて、元の陶宗儀といふ人の著『輟耕録（てつこうろく）』、誰かに探させ早速被送下度[14]、代価は書肆より申し越次第迅速可逓送候。

仁者と仁者の第一弟子、（これは小乗の方からいふ）又仁者の第一親方たる（大乗の方）小生の会合快談は面白かろうと楽んで居る也。

熊楠

土宜中僧正宝座下

（1）本書翰は金清堂製の罫紙（縦二三・五×横三二・五cm）一葉に墨書されている。これはこの日に法龍から届いた高山寺来遊の誘い〔八坂本39〕を受けて書かれた。この頃、熊楠は和歌山市の常楠宅にいた。本書翰に対する法龍の返翰が〔八坂本40〕、これに対する熊楠の返翰が〔八坂本41〕である。

（2）この頃法龍は気管支を患っていたようである。〔八坂本39〕二五三頁参照。

（3）『続日本紀』巻三十六。
（4）中江兆民（一八四七―一九〇一）。中江は食道癌に罹り、この年の四月に医師に余命一年半を宣告されて、手記『一年有半』を書いた。これが九月に博文館から発売されてベストセラーになっていた。
（5）〔八坂本5〕一一九頁参照。
（6）桓玄（三六九―四〇四）。一名霊宝。東晋の武将、政治家。
（7）一切万有は真如との縁に従って生滅するという真如縁起説を指すものと思われる。
（8）本書翰注（2）参照。
（9）南方楠次郎。西村家の入り婿となった。西村家は母すみの縁者か。
（10）佐藤虎次郎（〔高山寺5〕注（66）参照）である可能性が高いが、「岸和田辺の大名の聟」という情報は確認できない。
（11）広津友信（一八六五―一九三七）。同志社英学校出身のキリスト教徒、教育者。ただし同志社長を務めたことは確認できない。明治二十三年に渡米して、ハーバード、イェール両大学に学び、三十二年に帰国。熊楠とは三十一年にロンドンで交遊し、その後も書翰のやり取りをしている。〔高山寺30〕注（7）を参照せよ。
（12）これは法龍が〔八坂本39〕二五三頁に「栂尾隣山槇尾山には、稲村英隆と申す遁世僧住居有之候。随分話せる人に御座候」と書いたのを受けている。稲村英隆（一八三八―一九一〇）は真言僧。武蔵国播羅郡八ツ口村（現・熊谷市）に生まれ、同郡妻沼村の歓喜院で出家し、同院の住職を務めた。明治二十六年、セイロン・インドを旅行し、翌年から高山寺の隣の槇尾山西明寺の住職となっていた。法龍は若い頃一時歓喜院の副住職を務めたことがあるらしく、英隆との縁は深い。
（13）熊楠は十月三十日に船で和歌山を発して、翌日勝浦に上陸し、那智での生活を始める。彼が法龍を京都に訪ねることはついになく、二人の再会は十九年後の大正九年（一九二〇）の熊楠の高野登山まで持ち越される。
（14）『輟耕録』については〔高山寺18〕注（18）参照。熊楠は〔高山寺24〕でもこれと同様の依頼を繰り返している。なおここで言う「米国の或る雑誌」とは、アメリカ科学振興協会発行の学術雑誌『サイエンス』（*Science*）と見られる。ところが熊楠は、翌年二月頃、知り合ったばかりの小畔四郎（一八七五―一九五一、小畔については『知る事典』三二〇―三二三頁）にも同様の依頼をしており、その書翰では『輟耕録』は『ネイチャー』に投書するのに甚だ入用と説明している（『熊楠・小畔往復1』一〇頁）。実際、彼の論文（〔高山寺24〕注（16）参照）は、最初は『ネイチャー』に、次には『サイエンス』に投じられており、熊楠は、論文の構想段階から、投稿先をこの両含みで考えていたことが窺われる。

24　明治三十五年三月十七日(1)

拝啓　小生昨年十一月一日より只今に、熊野にて山海の植物採集罷在、実に無尽蔵にて発見頗る多く、一と通りの調査に二三十年もかかるべくと被存候。これはみなブリチシュ博物館えおくり、一と面目を我国に加へ候上、彼『つれづれ草』に見たる通り(2)、技芸、学問一切を挙て去る積りに有之。早晩いよいよ金粟王となり畢り、大に外道非法の輩を破り、又例のなまかぢりの大乗非仏説(3)とか、経文の梵字が違ふとかなんとかの輩を弄殺しやらんと存じ居候処ろ、宿業にや、さしも多年の間艱苦多事の間に何の注意も加へず残り居りし歯、纔にのこりし分一本、労に耐て安に逸すとでも申すべきか、柔かな米飯を食ふうちにぬけ来り、不得止当地へ上り只今療治中(4)。それ畢れば又引還して熊野へ趣くつもりに有之候。

扨折よく当地に来り合候内、昨日突然高藤師(5)来訪、御招聘の指令書(6)は正に受領。然る処小生少々一身上の都合有之、只今と申しては御受けは全然とは致し難く候。此委細は高藤師にも遠廻りに一寸申上置候が、其中一度上京の上親く申上べく候。小生は帰国後全く跡を韜まし、山野の然も樵夫木人も入らざる境に孤居し、当市人とても小生を識ず、帰国せりとは思も寄ぬほどの事にて候。但し例の円位上人(7)も風流情裏に身を遊せながら、心はやはりたてだてしき処ありしと申す如く、山中宰相(8)の目ある小生の事とて間々勧誘する人も多く、前田正名(9)前日来山の節も大学へ出べしと勧られ、又大隈伯よりも高田[カ]を以て招かれ候が、小生は、今日の日本にありふれ、然も小生従前得意の智識にほこるとか多聞を衒ふとかは人間の所志に非ず、今少しなにか骨のあることを致し度と存居候。

彼孫逸仙(10)如きは躬ら当地へ下り、色々とすすめられ候へども、今日の東洋の改革はそんなものの言ふ所は何れも山事のみ多く、何んとも東洋人士の意向一向小生には夢幻同様にて分り兼申居候。何に致せ、しつかりせる人物を一人も多く養成せんこと目下の急務と被存候て、此事は宗教上にも何の上にも然る事と存居候。扨之をなすには身を挺[ぬきん]でて一代の標準とならざる可らず。言ふことは八才の童子も言ふことながら、行ひにかけては小生共初め中々懸念の至りに御座候。とても一筆一毫の尽すべき所に無之れば、何れ其中彼栂尾の上人の快談に日の更りしを知らざりしやうな[11]御面会を期し可申に候。

　吾国には随分名前の大なる学者にして、然も専門専門とて飯食ひ居るもの多く候。近くは藻の学問など申すは中々の専門にて、其専門さしたる急務に非る上は、其専門の学者の任も亦等閑視すべきに非ること万々也。小生は藻の学問などはほんのものずきにて、素人のうわまえとりほどのことに候。然るに過る三十年間に多大の学者かかる目前不急の事に人民の血税をくひちらしながら、海にすむ藻が淡水にすむやうになりしもの一族しか見出さず。漸く一昨冬又一族見出し候。小生は此度単身何の準備もなく、熊野にて右等二族の外に今三族を見出し申候。又従来熱帯の米大陸の外産せずと言伝たるものにして小生在米の頃熱帯外に見出せしものを、当市附近にて復び見出し、すなはち右のものは西大陸にのみ限らぬことを証し申候。僅かなことだに如此に候。

　兎角に学問の一事は、多人にてわやわや噪ぎ立て、又いやな人にすすめこみ、いやいやながら不得止するといふやうなことは、社会に取ては大害のあることと被存申候。吾宗の方にもここらの事をよくよく弁へ、やはり従前如く学侶、非事吏、行人[12]といふやうに俗なみなみの通考にて分ち、あまりに学問の一事にこらぬことと被致ては如何。

　又一事考を要すべきは、小生真言宗の学校に尽力するとならんには、真言徒のえらいものは多くは在家のものとなり畢るべく候。これは真言宗の弘隆の本旨には甚だ合ふことながら、例の円顱の人々には目前の利害上甚面白からぬことを生ぜずやと懸念仕り候。小生の所志は僧を多くするに非ずして、在家に真言を奉ずるものを多くするにあり。僧は非常の人物を割り多くして、不都合のものを減殺するにあればなり。

　今日仏徒の大不得手は、仏説を今の智識に合すのみか、今の智識どころか今後出べき智識をも仏説より出さんことにあり。小生は漸く仏説の一楷梯たる羯磨の相を説くのみか、ちと理学者などに指導しやらん為め、昨今なほ数千の顕微鏡標品を作り居り候[13]。而してこれらもやはり其人を見て説くべきが真言の真言たる所にて、とてもとても教育など申すことは思ひも寄ず。信の一事に至ては物の形に見るべきに非ず。何とも目前詮方なきことながら、先は徳行を以て見はすの外なし。此徳行といふこと亦羯磨の支配を免れず。今日の持戒とかなんとかの徳行は已に時代に後れ居り候。されば吾より先んじて一己一人の少徳行を慎むは勿論の事、その上に社会弘済の事功といふことを励まざる可らず。之をなさんには俗人よりも一層俗事に通じ俗業に熱すること、天主徒僧が南米に国を作り、モルモン輩が鹹地に大都[14]を建し如くならざる可らず。此等の事に身を入るべき僧今日に在りや甚心元なく候。

近く妻帯の事の如きも、実に僧徒に取て醜事に在る也。其醜たる所以のものは、醜事に非ることを自ら醜事として忍び行ふに出づ。現に僧の妻たるものにろくなものなし。此事全々穢多非人よりも劣れり。然らば何ぞ今日に於て其事を公けにし、公けの前に其制裁を建てざる。もし妻帯の禁を厳行せんと欲せば、往古羅馬に五十才を踰ねば僧にならね[れ]ぬ制ありし如くすべし。又妻帯の禁を除んとせば、宜く妻帯の方制を建て其制裁を作り出すべし。言行相違一日を苟安すること、債務多きものが債促者の行先を気使ひながら飲酒放逸して一時を安んずる如きは、虚言の製造元なり。其言ふ所虚にして何ぞ其行の実なるを期すべき。況んや比較的己れ等よりは実多き俗人を訓化するを得んや。是に至ては富楼那[15]の弁天熱の智も、必竟は落語家が食ひ逃の妙案を演じながら自ら行ひ得ざるよりも拙にして、其害毒は大なり。

何れ其内亦珍事あらば、思ひ付次第可申上候。

小生只今米国の科学雑誌へ投寄の文を認め居るに、陶宗儀の『輟耕録』甚入用也。これは和板もあるものにて、さして罕有のものに非る由ながら当地にはなし。代は直ちにおくるから、貴君一つ見出し送り被下ずや。又御知人の中にあらば、三日間貸し被下ずや。郵送中に失はば、小生相当の弁償するなり。又貸すことも購ふことも不得ば、東京の御知人へ頼み、図書館に就て右の書の内王万里とか申し人を売買せしものの条を写させ被下ずや。（この売買の事小生は委くは不知が、なにか人肉を売買せしとか、人を売買して殺せしとかいふことと被存候[16]）

小生は今日大乗教諸菩薩の伝（文殊、観音等）の多少見るべきもの及び其遺趾はアッサム[17]に現存すと信ずること深し。小生の研究に出ること故、例のこじつけやまけおしみに出ることに非ず。至極公平無私の見に出ることなり。仁者其内小生と共にアッサムに詣るの意なきか。アッサムは

印度と申すものの、緬甸境にて人間も黄人種多く候。　先は匆々

　高藤師へは、小生これから歯医へ之き、夜分は色々調ること多く、又日間は植物採集の為、別に状差上ず。わざわざ御来山の段は宜しく御礼被申述候様万々奉願上候。小生其内高野へも採集にゆき度が、然るべき宿坊、及御知人の内小生の尋ぬべき人名御知せ被下度候。山間無一書為め、学術上色々調ぶることも有之。当市には当月末迄居り可申候。それ迄は当市、その後は

　紀伊国東牟婁郡勝浦港南方支店にて

　　　　　　　　　南方熊楠

と認め御通信奉頼上候。

　土宜法龍様、

　　明治三十五年三月十七日午後二時

(1) 本書翰は縦一六・五×横一二〇・〇cmの和紙の巻紙に墨書されている。［雲藤 二〇〇五：一七一―一七四］にその翻刻文が掲載されている。

(2)『徒然草』第七十五段に「生活、人事、伎能、学問等の諸縁をやめよとこそ、摩訶止観にも侍めれ」とある。

(3) 大乗仏教は釈尊が説いたものではないという説。このような説はインド以来あるが、わが国では江戸時代中期の学者富永仲基（一七一五―一七四六）が初めて実証的に唱えて、大きな影響を与えた。明治維新以後、わが国の仏教研究に西洋インド学の方法論が導入されるのと相俟って、西洋の東洋学者たちが唱える大乗非仏説論が、日本仏教の基盤を揺るがしかねない大問題として再び意識されるようになった。そしてこのことは日本仏教徒に仏教、就中、大乗の源流の探究という新たな課題を突き付けていた。

(4) 熊楠が左の犬歯の治療を受けるために那智を出て和歌山市に来たのは三月十一日のことである（『熊楠日記2』二四八頁）。彼を治療した開業歯科医師中村好正（一八六四―?）は、『歯科研究会月報』第十七号（三九頁）に掲載された広告から、明治二十五年五月に和歌山市丸ノ内十番町（丁）三木橋西詰で開業したことが知られる。十番丁は湊紺屋町の熊楠の実家からはさして遠くない。なお中村には来患者を対象にした涅歯（お歯黒）に関する調査報告がある［樋口 二〇〇五］。

(5) 高藤秀本（一八六八―一九一七）。真言僧。備後沼隈郡郷分村（現・福山市）出身で、備中吉備郡の阿弥陀寺で出家し、同郡の照寂院、作州の木山寺などの住職を歴任する傍ら、真言宗の教学振興と制度改革に尽力した。当時の秀本は、法龍の擁護の下、明治三十一年に開設された真言宗高等中学林（現・種智院大学）の事務員として、その経営に当たっていた。彼が三月十六日に熊楠を訪問したのは、三月八日付の法龍の熊楠宛書翰［八坂本42］にも書かれているように、熊楠を、この年から古義真言宗

聯合高等中学と改称されるこの学校に教授として招聘するためであった。この就職話の淵源がロンドン時代に遡るだろうことについては〔高山寺10〕注（21）を参照。しかしこの話は、熊楠が煮え切らない態度を取っているうちに立ち消えになってしまったようである［安田二〇〇九］。このことについて法龍はこの〔高山寺24〕への返書［法龍来簡2976］に、「当代之『ソクラテス』とも称すべき。熊楠先生は。矢張り京都の□□学校へは来らずとのこと、誠に困たことに候。併ら先生よ。気に向きし時は来れ。京都は隠遁之場所は多々あるぞ」と書いている。法龍の変わらぬ厚情が胸を打つ。

（6）〔八坂本42〕を指すか。この「指令書」は高藤が持参した法龍の状（『熊楠日記2』二四八頁）と同じものに違いないが、〔八坂本〕二五五―二五六頁はこれが〔八坂本42〕かどうかの判断を保留している。

（7）西行（一一一八―一一九〇）のこと。

（8）陶弘景（四五六―五三六）のこと。陶は中国南北朝時代の道士、医師。山中に隠遁生活を送ったが、梁の武帝より常に諮問を受けたので山中宰相と称された。著書の中に『神農本草経』を整理増補した『本草経集注』七巻があることも熊楠の注意を引いたか。

（9）前田正名（一八五〇―一九二一）。経済官僚として明治政府の殖産興業政策を推進し、下野後も地方産業の振興に力を尽くして、「布衣の農相」と呼ばれた。熊楠は、明治三十年八月に米欧視察でロンドンに来た前田に会い、彼を大英博物館、キュー王立植物園などに案内している（『熊楠日記2』二九―三〇頁）。前田は明治三十四年十月に和歌山市に来ており、「前日」の「来山（和歌山）」とはこの時のことと思われる。ただし、熊楠はこの時には前田に会わなかったようである（『熊楠日記2』二一八頁）。

（10）孫文（一八六六―一九二五）。逸仙は字。ロンドンで交際のあった孫文が滞在先の横浜から和歌山まで熊楠に会いにきたのは、およそ一年前の明治三十四年二月十三日のことである。その状況を含む二人の交流については、［飯倉二〇〇六：一三〇―一三六、一五九―一六五］、［田村二〇〇七］、［武上二〇〇六、二〇〇七］を参照。

（11）栂尾の上人とは明恵（〔高山寺15〕注（32）参照）のこと。明恵が高野山から訪ねてきた遁世僧たちへの法文の講釈に時を忘れ、一夜二日にわたって話し続けたという話が『沙石集』巻第三「栂尾上人物語事」にある。

（12）学侶、行人、聖（非事吏）は高野山教団を構成していた三派で、高野三方と呼ばれる。

（13）この記述から熊楠には、羯磨（karman 業）の理論のような仏教教理の説明に生物標品を用いるというアイディアがあったことが窺われる。〔高山寺33〕注（6）参照。

（14）アメリカ合衆国ユタ州のソルトレイクシティのこと。

（15）富楼那弥多羅尼子（プールナマイトラーヤニープトラ Pūrṇamaitrāyaṇīputra）。説法第一とされる仏弟子。

（16）この記述から、熊楠が『輟耕録』を必要とした理由が、差し当たっては、食人の記録にあったことが分かる。熊楠はロンドン時代から食人に関心を持ち、明治三十三年、すでに「日本人太古食人説」なる草稿を執筆しており、本書翰から一年後の明治三十六年三月には、その第二稿とも言うべき"The Traces of Cannibalism in the Japanese Records"(『熊楠全集別2』二五二—二四三頁、『英文論考〔ネイチャー〕誌篇』二八四—二九七頁)を完成させている。ただしこの論文に言及される『輟耕録』巻九「想肉」には、王万里なる人物の話は含まれていない。なおこの論文は、最初は『ネイチャー』に投じられたが謝絶され、その後、ニューヨークの『サイエンス』に送られて、再び謝絶の憂き目に遭ったようである〔安田二〇〇九〕。本書翰及び〔高山寺23〕に言う「米国の(科学)雑誌」とは『サイエンス』のことであろう。〔高山寺23〕注(14)参照。なお熊楠の「食人論」については〔松居一九九七〕及び『英文論考〔ネイチャー〕誌篇』二八〇—二八三頁参照。

(17) インド東北部の一地方。現在のアッサム州。

25　明治三十五年三月二十三日(1)

明日予弥々歯を填める日にて今夜は眠らねばならぬが、今迄読書し、(夜二時)これより暁迄少々筆し遣はすは、三拝して白することを粛めばなり。扨先刻は芝居を以て霊魂死せす[ぬ]ことを証せしが、(2)末輩は声をのみ尚ぶもので外面七ち六かしきことを書けば書くほど分らぬ所を分ったふりで大首肯すること大流行の今日なれば迚も分るまいと思へ

ど今度は前言ふ所よりは小六かしく言んに、先づ你米虫等の用る珠数の水晶今は僧徒安物ののみを考るから偽品のガラス作のみ多きが、希れに真物はありとして、真の水晶は図中(イ)の如き正式のものなり。然るに範囲が自在に正式通に結晶するを許さぬときは不得止(ハ)の如きものとなり、又一種の事情、即ちあまりにこみあふときは押し合ふのあまりホの如くなり、又は(ヘ)の如く無結晶体となりて一部は不正純の(ホ)如き群結晶を現することあり、又(ヘ)如き不純の無結晶体塊も再び溶けて正に帰すれば、少いながら(ロ)如き正式の結晶を生化し出す。故に正式の(イ)に不純入ること多く、又事情が常に変ること大なれば(ヘ)如き丸で無結晶のものとなり、然らざるもハホ如き不正式のものを生ずるなり。(尤もここには結晶形上のことのみをいへど、此外に大さ、色彩、光輝等にも色々の変化、等差あるなり)然るに(ト)(チ)の如く欠損せる結晶も、之を水晶成分の溶液中に置ば、図中点線もて白画せる如く、損処を補ひ再び旧全晶を復することあるなり。又は都合により(ト)図の如く全形を

復旧する代りに（リ）の如く更に多数の群晶、不全なるものを多生することもある。これから考て、例のスペンセルは生物体には破損処を自ら補ふ性質ありといひ、更にダーウヰンは、生物の原子には先祖代々の原子の幾分を伝へ具せずといふことなく、又生れて以後自身経歴の間の形相を悉く具へ、又先祖代々の箇々の経歴せし形相をも悉皆具せり、故に子は父母に似るのみか、三四代前の先祖に似ることと父母に似ることより多きあり、又驢馬がずんと古い花驢[3]の旧を現して虎斑を現じ、家鴿が山鳩を生むことあり。人間が水母同様のあほうを生むことあり。何れも幾代ふるとも先祖代々の経歴せし形相を一切身体の原子中に存するによるといふ。ミヴルト[4]之を駁して、そんなに多く一小原子毎に具し得るものに非ず、原子には大さに限りあれば、一代毎に其父祖の一生の経歴形相を具し得んには、子孫長くつづくほど原子の大さも亦増ざる可らず、原子の大さ已に増すときは是れ原子に非るなり、又原子に大小あるに至ては、小者は到底先祖代々の形相を写し持つこと大者に及ばぬに至らん、是れ原子或は先祖代々の形相を具し或は具せずといふに等しとて、之を駁せり。金粟謂く、是れ例の科学者の言なるかな、予を以て考ふれば、此議論撃つものも撃たるるものも諸共に原子、祖先代々の原子を悉皆小写しにして含有すといふに外ならず。此の如くんば、已に自家撞着の論といふべし。何となれば原子は、これより下なきもの、これより小きものなきの謂なればなり。これ科学者は此娑婆世界で昼間見る所のみを脱すること不能、時と空を必須不可免のことと思ふによる賢こらしき謬見なり。予にいはすときは、生物現身の原子には先祖代々の業を積めりといふに止まる。業は何物にして何の形ぞといはば、吾れ吾れ一生の事をいかに忘れたりとも、機に応じて思ひ出し又夢見又は熱病中に現する如く、別に更に少さき原子もなにも有するに非ず。原子には個々先祖伝来の経歴事相を再現するの力あるものと説くをよしとす。

扨右の如く科学者の説く通りに、吾身は人間にして、吾身一身の生涯（今日に至る）の事相を記し、原子には父祖から遠く人間前の生物の事相迄も存し居るなり。尤も遠いほど記することは麁なりと知るべし。（人間、古へ鳩の如く牝牡代る代る子を育てし業果として今も無用の乳房を男児にそなえ、更に古は大海に住し、業果としては月水が潮候に従ふて出来る如く）而して原子より分子、分子より大分子、部分、一部、全躯と小より大に到るほど組織がこみ

入るのみ。実は全躯より原子に至る迄大さが小くなるのみ、大小の別なく何れも現時の全躯及び現時迄の全躯の経歴を印し居りて、機に応じ現出し得ることと知るべし。

図の中の（イ）の体の何れの部にも（ロ）あり。（ロ）の体にも何部にも（ハ）あり。それに亦（ニ）の在ざる部分なきが如し。扨これは現身の体中に現身の小写し弥蔓せるを画ける計りなるが、実は此外に祖先来のそれぞれの猫の経歴一切、又第一祖の前の諸動物が経歴事相一切を現出し得るやうに印しありとしるべし。そこの処は画にてかくとくだくだしいから略之。

○扨先刻いひしアナロジー（相応合）に依て論ぜんに（此論は相応合ながらも芝居の例よりは事実に近い。即ちホモロジー（符合）に近い。但し真の符合といふもの此世になきは前書已に言之り）、胎蔵大日如来の身内に一切の相を現するが取も直さず右の猫の図ほどのことぢや。大日の体に有らざる所なし。吾れ吾れは其小原子なれば、大日の体より別れしとき迄の大日の経歴は一切具するのみならず、実は大日体中に今も血液が身体中を循環する如く輪回し居るものなれば、只今迄の大日の形相事相も今後発生すべき形事相も皆具し居るが、自分が大日の原子として、他が大日の原子たる所のものより、自分が自分たる特徴が専ら多きを知ることは、猫か犬に異なれば犬の原子亦猫の原子と特異なるが如し。されど大日の大日たる所、乃ち仏性（霊魂）も亦多少を存し、他に取て之を助長、盛満せしむるを得ること、血中の白球が循環中に滋養分を取て自ら肥るが如し。されば右の結晶の如く、吾れ吾れ大日の原子は何れも大日の全体に則りて、或は大に或は小に大日の形を成出するを得。是れ其作用にして即ち成仏の期望あるなり。又猫の分子いづれも猫の形あるが如く、吾れ吾れ何れも大日の分子なれば、雑純の別こそあれ、大日の性質の幾分を具せずといふことなし。されば吾れ吾れの好む所なるのみならず、吾れ吾れ身体の分子、原子迄も静止と動作との二をはなれず、何れも生々して止まぬにて、死後も亦静止動作の様子こそ此世とかはれ、生々して止まぬものと知るべし。

　これは死して直に大日の中枢に帰り得るものと見ていふなり。迷ふものは直ちに中枢に到り得ねば、死しても静止を得ず、動作亦自在ならずと知るべし。

然らば吾れ吾れ衆生、何れも何の必用ありて此世に生れ出しかと問んに、これはこれ大日中尊の楽みの為めといふの外なし。実は中尊楽むが、取も直さず吾れ吾れの楽みになることながら、業感[5]既に生じて障碍に軽重あれば、前書にいふ通りちと芝居に身を入れすぎて苦み居るものもあるなり。されど実は苦楽一処にして、現身に苦をなし居るも亦解脱後の楽と知れ。涙流してとうがらしかみてもうまきが如し。大日何を苦んでかかる楽みを仕出すやと問はず[ば]、大日に何の苦みもなし、其楽みといふも吾れ吾れの楽みを推して楽みと名付るのみ、等差も種類も大にかわれり、せめて金粟位いにならずばとても分らぬと答えん。人死して（これには死してとは、迷はずに直に解脱する場合を説く。前後皆然り）死を悔ずやと問はば、已に身辺に在て活戯を現せし原子が、自ら中尊のさじきに入て他の活戯を見る、何の悔か有んと答えん。もし夫れ大日には楽みをなすの必要ありやと問はば、已に自ら楽む、何の必要といふことあらんと答えん。大日已に善悪趣[6]を現ず。分子たる人間善を好むは楽みに向ふなり。之を以て全部たる大日は善を好み楽を好むといはんに、分子たる人間に随分悪をなし苦を求て顧ぬものあり。

　故にその全部たる大日亦時として善を好まず、楽みを厭ふことありやと問はんに、予は大日は善にして楽を好めばこそ、暫く之に反するものを悪の苦と見るなれと答えん。

実は善悪共に芝居上の事にして、吾れ吾れくたびれをおぼゆれば、早く中さじきに之き、大日の心臓に入んと欲して善をつとむる迄のことなり。悟たものにはいかなる苦も楽なり、死の如きは楽に入るの大門といふべし。昔しエピキユルス(7)は愉快を人間の大眼目として訓え、其徒に色々の放縦、奢侈、自暴のものを生ぜしは弊ながら、本人の旨は左には非しこと、其難病至苦をも最楽として往生せしにて知るべし。何に事もこんなことと思はばそれですむものにて、人間には犬猫とかわり妻子を気づかひ後日を思ひ子孫を慮り、又うぬぼれにて你米虫なども自分が死んだら向ふの後家が定て力を落すだろう抔と入りもせぬ心配する故、死といふこと甚恐れらるる様なれど、そこは入酒肆ては則ち酒の過を示し、毎度酔つぶれ玉ひし金粟のこととて、何をしても至苦の極と見えることは、自分には至楽なるものなり。已に下等動物は子を生むと死と同時に現する。又人の男女相会して至楽の域に入るとき死ぬ死ぬと喚くとか、『道鏡法王因果経』(8)に見へたり。犬を急に殺すとき、人の経死するものは男根立ちきりて虹梁の如く遺精し、犬は尾を揺すこと恰も交合して魂飛魄散るときの如し。故に死は楽の甚きものにして、死だ後はさして此世とかわることなく業に応じて矢張り苦楽あり。金粟などは苦といふこと此世からなければ、何にして死後に苦あらんや。其方等は罪重き故定て苦もあらんが、何にさま連類多いから、鉱毒事件の犯者(9)の如く、焚き出しにこまるから忽ち免訴となり、再び堪忍界(10)え追ひ出さるること受合ひなり。其時に至ては、定て驪姫[りき]が最初の涙を笑ひし如く(11)、娑婆に出るをうるさくて代人でも傭ひたきほどのことならん。何ぞ三衣を纏ひし身(12)の霊魂の安否、死不死を問ふことあらんや。

予先日八貫目ほどの荷を負て谷へ暗夜にまくれこみしに、成る様になれと思ふのみ、何の事もなかりし。たとひ骨を折り頭を拆くとも、自分のせしことは詮方なし。高が死ぬ迄の事なり。世の事は多くは案ずるより産むが安い。ミル(13)曰く、今ここに一大自在主ありて、自ら吾れを拝せよ、拝せずば地獄にやらんといはば、予は拝するの理由なき限りは慎で地獄に往んと。左様な非理なことでやらるる地獄は正きものに非ず、懼るるに足ぬをいふなり。汝等、死後霊魂死せず大楽あることは金粟の受合ひなれば、死後のことを懼るるなく、万一事起らば金粟の教え方が悪いからだと予一人にぬりつけてしまへ。

右眠たくなりし故一寸分るまいが、大旨は分ると思ふ。

一覧していかやうとも問ひに来れ。　以上。
『輟耕録』の代価は速かに申し来られ度候。(14) 貴君等に物もらふては気味悪く候故也。

明治三十五年三月二十三日

朝三時前　南方拝

土宜師　坐下

金粟の筆鋒九年前に比して如何。

(1) 本書翰は縦一六・五×横一三〇・〇cmの和紙の巻紙に墨書されている。これは、三月二十日付の［法龍来簡 2976］中で法龍が「霊魂の死不死に関する金粟王如来の安心承り度」と求めたのに対して、三月二十二日付の〔八坂本43〕に続いて応えたもので、三月二十三日の日記（『熊楠日記2』二四九頁）にも「朝四時臥中土宜師へ状一認め、霊魂死不死の事を論ず」とある。この「霊魂死不死」とは、「霊魂・死・不死」ではなく、「霊魂の死、不死」の意である。なお本書翰の翻刻文が［雲藤二〇〇五：一七五—一八〇］に掲載されている。

(2) 〔八坂本43〕二五八—二五九頁における所論を指している。

(3) シマウマのこと。

(4) セント・ジョージ・ミヴァルト（St. George Jackson Mivart、一八二七—一九〇〇）。イギリスの生物学者。『熊楠日記2』二四八頁によれば、熊楠はこの月の十四日に彼の著作 *On the Genesis of Species*, New York: Appleton and co., 1871（『蔵書目録』洋434.09）を読んだばかりであった。

(5) 業の報いを受けること。

(6) 善趣（阿修羅、人間、天）と悪趣（地獄、餓鬼、畜生）。

(7) エピクロス（Epikūros　前三四一頃—前二七〇頃）。古代ギリシアの哲学者。エピクロス学派の祖。精神的快楽を最高の善にして人生の目的と説いた。

(8) 不詳。

(9) 足尾鉱毒問題に関連して逮捕、起訴された人々を指す。折しもその三月十五日に、明治三十三年に起きた川俣事件の二審判決が下され、被告の渡良瀬農民側が事実上勝訴したばかりであった。

(10) 娑婆界に同じ。

(11) 『荘子』内篇斉物論篇。驪姫（?—六五一）は春秋時代の晋献公の寵妃。献公は驪戎を討って彼女を手に入れた。最初は泣いてばかりいたが、宮廷生活に慣れると、泣いたことを後悔したという。これと同様、死者は最初に生を求めたことを悔いるのではないか、というのが荘子の言いたいことで、熊楠もこれに則っている。

(12) 僧侶のこと。

(13) ジョン・スチュアート・ミル（John Stuart Mill　一八〇六—一八七三）のことか。

(14) 『輟耕録』は三月二十一日に法龍から届いていた（『熊楠日記2』二四九頁）。

26　明治三十五年三月二十五日(1)（断簡）

［貴下昔日より予の言を比説、譬喩説多しとせらる。これ大なる誤りなり。前日言し如く、今日ホモロジー（符一合）といふことあることなし。せめては予の説は在来の譬喩品などよりは深き譬喩にて、なるべく事実に近きものと知られよ。］

貴書(2)拝見。先づ一寸『輟耕録』は已に為予に購はれたものなら代価申越れ度候。又一時貸与ならば、用事ははやすんだが全部中抄出すべき箇処多ければ、今少し借されよ。返事如何(3)。

今回の貴問「予が霊魂、死不死の安心を問ふ」とあり(4)。此数語中に題から間違ひ居ること多きは、死不死とは箇々死か箇々不死をいふか、何れとも問ひには無見。動植物の原始ともいふべき変形菌（ミセトゾア）は此問と同一の疑を科学者に起さしむるもの恰好なれば、ここに説んに（へ）なる如此朽木等に付く菌様のものあり。其頭毬破るればイイ′如き胞子（たね）多くあり、イイ′破れて中よりロロ′如き簡単なる生物少し水中に遊泳し、遂に鎔合してハとなる。混沌たる痰（たん）の如きものなり。種々に変形自在にしてニニなる餌物を接食し、だんだん大くなる。扨終には光ある方に向ひ行（ある）きゆきホの如きものとなり静止し、漸次柱状を生成し、下にある部分がだんだん上に上に攀ぢのぼり（攀ぢらるる部分はじつと

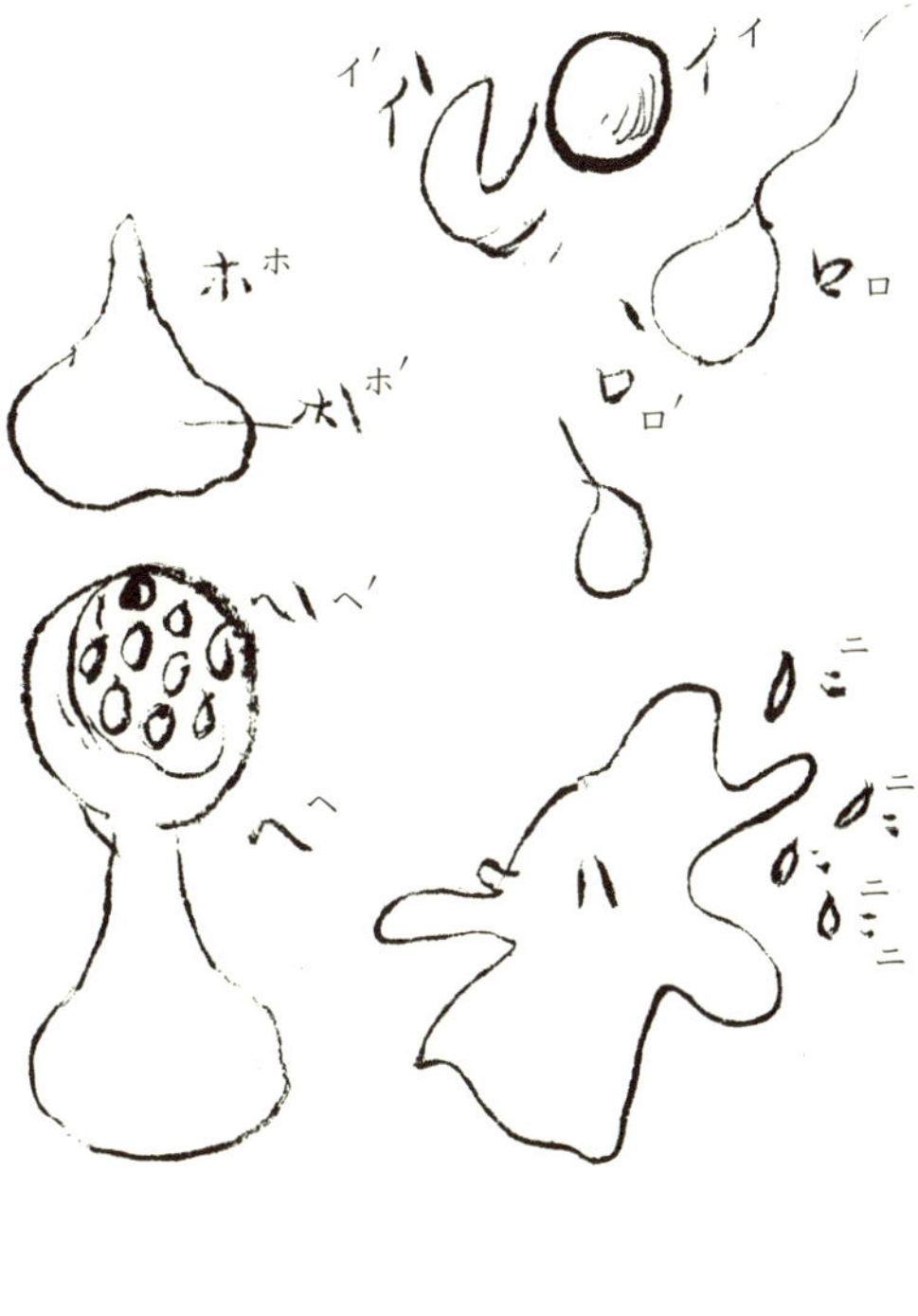

して居る上を、かたまり後れたる分が攀登り、遂にヘ′なる胞子室及其中にある胞子多数を成すヘ′を合して一個の変形菌となる。但しハ一つよりヘ′一つを生ずるもあり、又多くはハ一つよりヘ′如き箇体を多く生ずるなり。

一寸申さば伱米虫などには、イの胞子破れて（胞子死）ロロ′出でロロ′合溶して（ロロ′死）（ハ）となり（ハ）行動を止めて（（ハ）死）（ホ）に静止す（ハ死す）。扨ハは死に乍らホ全体は位置を静止するものの、其分子、原子は一部静止して土台ホとなり、他は行動して上へ上へと攀登りへとなり、ヘ′の一体として生存暫時なり。但し全体は生し居るなれども、土台となりヘ′毬頭となりし分子は静定（死）す。

人間の血毬が心臓を出、身体各部に滋養となる瞬間も亦此の如く血毬に生死あるなり。然し此変形菌ほどに分子と部分、部分と全体、全体と新胞子間に生死の蕃雑なるに非ず。

扨予の所説大日も（先は有形のみと見て）如此、細微分子の死は微分子の生の幾分又全体を助け、微分子の死は分子の生の幾分又は全体を助け、乃至鉱物体、植物体、動物体、社会より大千世界(5)に至る迄みな然り。但し此細微分子の生死、微分子の生死、乃至星宿大千世界の生死は一時に斉一に起り一時に斉一に息まず、常に錯雑生死あり。又生死に長短の時間あればこそ世間が立ちゆくなり。ここに一つ云ひ置くは、汝米虫は動もすれば悟り悪く、金粟王の言を言のままに取りて比較譬説のみなりなどいふが、此世界の言語といふもの、［此世の言語の不都合なることは在昔予ビヤリに在しとき説きやり、それが為め香積大士を促し、手品せしこと伱も知る所なり(6)。］已に麁野極まり微細智を述るに足ぬ所ろか、吾国の如き世話焼き政府にしてなほ電信にLとRの別さえ立て得ざるほどのことなり。

fragrant（フラグラント）（馨香）flagrant（極悪）電信に打んに、いかに力むるとも吾国音又字にては何れとも解することならぬ。

ど一にも「ヰ（医者）しやと　石屋は　本字でかきな　おまえと　ごぜんはかなでかけ」

されば今日少く微細なことはまさり居る欧州にすら無之き心界の顕象、本性の諸機能を一一名目を付て悟しやることがならぬなり。強て為んには、まことに自家撞着（心には分子あるべき筈なければ）ながら、心極微子、心微子、心分子、心部分、心体［箇人身に相応］、心団（物体上の

〈貼り紙(7)〉

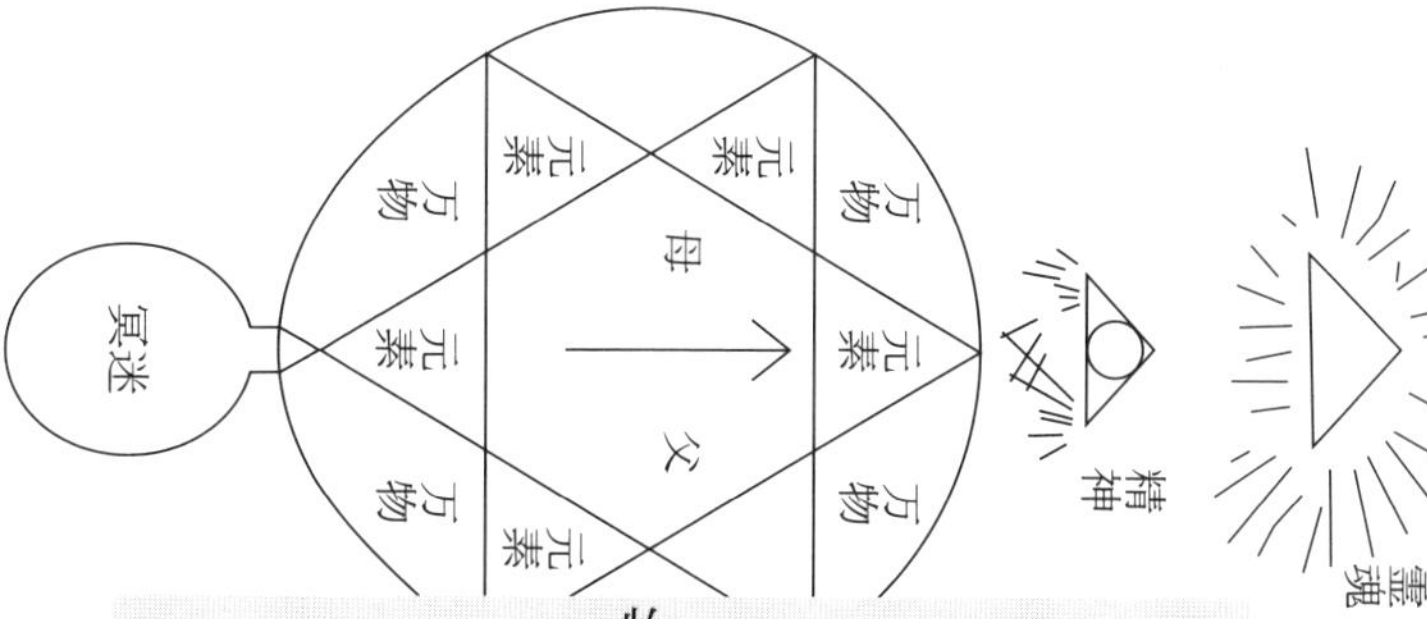
霊魂
精神
万物
元素
元素
万物
母
父
元素
元素
万物
元素
元素
万物
冥迷

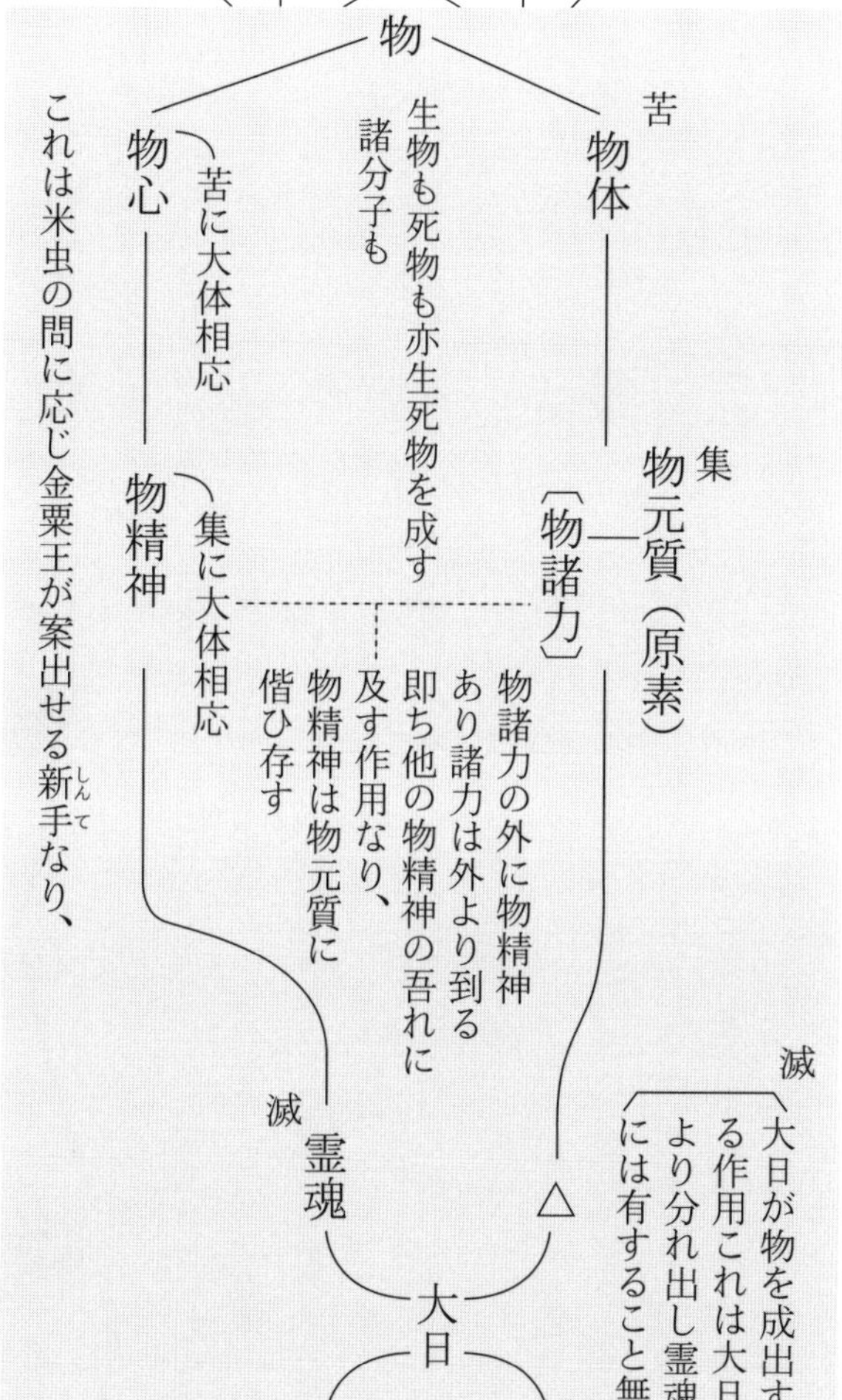
物
苦
物体
集
物元質（原素）
〔物諸力〕
滅
大日が物を成出する作用これは大日より分れ出し霊魂には有すること無し
△
物諸力の外に物精神あり諸力は外より到る即ち他の物精神の吾れに及す作用なり、物精神は物元質に偕ひ存す
生物も死物も亦生死物を成す諸分子も
滅
霊魂
大日
道
道
物心
苦に大体相応
物精神
集に大体相応
これは米虫の問に応じ金粟王が案出せる新手（しんて）なり、

社会に相応す）といふを要す。これにて大体右の変形菌体の生死不断なるに比して、予の講ずる心の生死の工合ひも分るべし。取も直さず右の図をただ心の変化転生の一種の絵曼陀羅（記号（シンボル））と見て可なり。而して箇心不常、心心合離、一心死他心成、衆心死一心成、一心死衆心死は、予ほどには委く説ぬが、西洋にも理窟づめから、万有は心の顕象なり、煉瓦石にも心あり、其分子にも亦心分子あり位のことは分りかけたる輩多く科学者にもあるなり。

○扨上述の心（マインド）といへるは、精神（スピリット）が物体に映じて成出せるものなれば、決して精神に非ず。況んや霊魂Soul（ソール）に非ず。

これは猶太教の密教の曼陀羅ぢや[8]。像画をかかず、又泰山府君とか黒女天[9]とからちもなきものを入れぬだけ日本の真言よりはよい。扨無終無始の霊魂が精神に化し、精神が諸元素に接して父母の体より人の体と人の心を生ず。それがいはば地球はも［ママ］月も日より分れながら、已に分れた以上は日と別にして日蝕を生ずる如く、迷途幽冥を生じ色々とさまよふこともあるなり。（これは例の予の手製のたとえ）扨一寸解脱して心を脱して精神界に上るも、なほ霊魂の沌に復せず、（所謂天部位いのもの）一躍霊魂に復すれば至楽至聖といふなり。（密教に至ては何の宗旨にも上帝などと馬鹿なことはいはぬ。真言に別に釈迦をいはぬと同じ）

右の如き故、人体のみか人心も亦（乃ち人の体心相偕ふてといひたいが、心健に身病み、身健に心曲れるも多き故、上の如くいふ）業によりて善悪動静す。終て、無終始の大日金界に復するの見込みは之れなきもの一つもなし。これ迄は○○の処多少違ふのみ。貴問に同じ。

扨安心を問ふとあるから、芝居を引く、又結晶体生物体の分子が全部の幾分を伝え十分に之を拡張する力あることをいひしは、決して譬喩説に無之、法説又せめては真如説なり。乃ち分子に全部の幾分を伝え云々とは、吾れ吾れ煉化石のかけに至る迄仏性あり、多少はあるが、境にふれて十分之を拡張して仏となり得るをいふ。又芝居を引きしは、吾れ吾れの苦といふも実は楽なり。（乃ち顔しかめてとうがらしを食ひ涙こぼせしを、後にうまいことをしてやったといふ如く）世に苦の真に苦なるものはなしといふ。予は随分一寸したことながら、此世で色々の（人の所謂）苦を吃し今も吃するが、心中此苦も亦面白しと安じて苦を受るなり。これは金粟にならねば知れず。但し苦も亦楽なることは、近くかくの如く安心して何の害なきのみか、甚身心健安なるにて知るべし。ここに至ては信の一事あるのみ。到底分らぬ人に説くべきに非ず。然らば同一の口調にて楽も亦苦なりといはんか。楽は積極（ポジチブ）、苦は消極（ネゲチヴ）のものなれば大にちがふなり。（龍猛の説に此事くわしくあるを見しと思ふ。今は記せず）（此積消極のことは口さきばかりのことのやうなれども、実は然らず。+1 +2 +3と −1 −2 −3とは数量は同じながら、実際一は加はり一は減じゆくことにて大差異あることとなり）

又10を3除してわりきれぬながらも、3・3333xの3を一つでも加るほど10に近くなるといひしは、此世の衆生が愉快の一より二、二より三多からんことを望むは、則ち霊魂の至楽なるに近きものにして、高山は仰ぎ景行は往ん、到ることならぬとも、心がいよいよ歩のすすむに随て之に嚮ふ如く、霊魂至楽の本性を証するものといふ。蛙は水性（みづしやう）たしかにて、挙動常に水に向ふが如しといひし也。（前状の結晶を復旧する望み多きは、小結晶体みな大結晶体幾

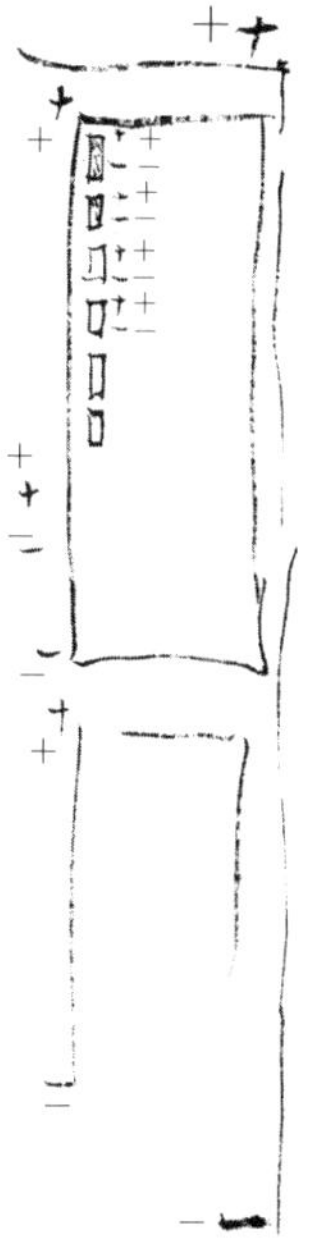

分の結晶力あり、それを拡張せんとするに外ならざる如く）

全体と同く磁石の分子に、何れも＋－陰陽性ある如し。然らば人の心に善悪ある故、霊魂も善悪あらんといはんか、（善悪を安動、好悪等一切の反性の総指号として）磁石の北を指すはたしかにして、南を指すは北を指す力の余響に過ず終始不定確なるが如く、善悪は人心に両存すればとて、決して平等同量に存するものに非ず。善常に悪より多きは人間に得手勝手多きにて知るべし。これ取もなほさず、近い処から自分の善のみを懸念して止ざるに出るなり。万一苦を好むこと楽を好むより多きものあらんとするか、然ば其人又其物は一種の事情に迫られて苦をば楽と心得たるものなり。乃ち受苦を受楽よりも一層大なる楽又は楽の後地をなすと心得たるものなり。要は一部は少さいながらも全部を代表すといふことより、人間万物楽、静を楽むよりして霊魂の至楽至静なるを知る。言はばなにも知ずに狼狽周

章又は其日ぐらしは冥途に迷ふものにして、新聞の論説でもよみ分り、自分えらいと気取るが此世界に安するもの、又一派の学問よみになり、人に仰がるるを喜び、相応に世をも益し世話もやくは精神界にして、一向何事も頓着せず、学問自慢せず、静坐自安が霊魂界といふたとへは、少々足ぬか不知が、先はそんな比例なり。右の猶太のマンダラに図する如く、霊魂は不滅不生にして常照光明なり。但し之に入りて後目下の吾れ吾れの箇人相なほ存するや否やは、第一図のロロ′の二体合してハに混一してなほ活動すると、ヘヘ′及其諸部分は静止（死）ながら全体は活き居ると、を見て分るべし。人間は微物なり。人間目前を標準としたる小安心、乃ち死後も箇人として安逸し得るやなどのまちがふた見解、冀望は夢にも起さぬがよし。已に之より大にして之より楽なること至れるの境に生れんに、何を苦んで此穢土の小にして汚なるものを慕はんや。芝居を好むものは見るべし。尤好むものは自ら演ずべし。日晡れ安を思ふに至ては、早く場を出でて家に帰るに止まる。

附白　没同梵王説(10)、又西洋の上帝極楽説(11)などには、上帝は已に有しことを無にすること不能、一度有しことを二び起すこと、過去りしことを現存せしむること不能等の難が生ずるが、これらはなま分際の科学もて、今の科学で分らぬことを分つたものと見て生ぜし愚説也。現に己れが二十、女は十八で心中死にそこない、女のみ水死に己れは永生して八九十に成りても、やはり其女が十八で当時の現況をそのまま夢に見ることさえあり。

故に時間と空間は云々といふもの、之を定りて動かすべからずと心得るも、そは科学上のことに止り、狂人などにはそんなことなし。遠きを思ひ昔を忍ぶなどいふこと、なんとなく人間に悲を与へ無常を悟らすにはよいが、之が為世間死後一切つまらぬといふ考を起さしむること大なり。霊魂界にはそんなことなし。無終無始なるのみならず、過現未来の差も無しと知り、心強く養生じ[ママ]て成るままに成すの外なしと知れ。

日光は強大なり。方広仏を大日と比称するにて知るべし。然れども特に此世界の為に出来しものにも又此世界のみにて仰賛するにも非ず。此地球にとどく日光は遍照の僅かに二千六百万分の一ほどなりとか。你米虫穢[カ]少にして能化権者の意を悟らず、「然ば霊魂とは何物ぞ。有名無実の人体凝集より起る力のみ(12)」とあるが、嗚呼悟らざるも亦甚し。自らかほどの大事を問出して自ら解題に苦むとは。一寸い

はば、

人体凝集より起る力　　人体凝集に先ち身分をまとめて身を作り維持する力　　精神の基因たる精霊

相ともなふ
心（マインド）——精神（スピリット）——霊魂（ソール）
身——身已亡——精神已亡

故に身のみか精神すらを解脱し了れる精霊を霊魂といふこと故、此世界みな考え極め得る至楽の少くとも二千六百万倍の楽を具するものにして、其楽みは伱等如く口に味ひ臭に怡ぶほどのことを楽と心得たる輩には到底此処不可言ぢや。

なんと分つたら、身分の限りあるを嘆じ、金粟の至聖なるを仰ぎ、ますます降参して、到底そんな至楽は分らぬとならば、今少し手近きことを聞きに来れ。以下は高藤氏(13)へ此処より切て渡されよ。

明治三十五年三月二十五日(14)

〈以下、一部切断〉

追加(15)。［予昨夜天理教会にゆき立ながら其儀を見たり。実に其盛んなるには故有ることと感服せり(16)。汝等も今一と奮発せよ。］

本書いふ処変形菌は、生死の定なきを示す最好例なれば特出せり。但し微分子の死は分子の生、分子の死は体の生、といふことは万物同一［カ、虫損］なるも、此物を好例として出せり。故に本書いふ処の変化輪廻は此物にのみ止る狭き法に非ず。実は宇宙間の事相皆な此の如くなるを出ず。

○本書いふ所ろ積極、消極は数量同じながら性質に大差異ありとは、代数式にて論理を説くことあり、それによれば委く分る。予先年此事を中井菩薩方で説き大喝采なりしことあり。委くは其内申述ん。

○磁石の北を指すは定り南をさすは不定は、北極地に磁力強きによるといはんか、然り。善は強く悪は弱きも、善には大日中心已に定り、悪の方は善に向ふの多少により悪を生ずるのみ、悪の大日中心といふものなければなり。

○シエリングなりしかシユレツゲルなりしか、人は理想あり、天は理想なしといへり。甚だ天に対して無礼なる申し分の如くなるが、実は人は智不足故に理を推して漸く物を解す。又解し得ぬこともあり。天は智充盈せり。故に理想なしに、無為にして視て自ら解すればなり。大日何の為めに此擾々たるものを生じて自ら楽むかといはば、何の為めといふことなしといふの外なし。衆生の苦楽すら已に一なれば、大日に何の苦楽有ん。これ予が世界は芝居にして其苦はみな楽の種子、又観じ来れば至苦中にあるも現に至楽なりといふ所以なり。単に世の中が仮り物、世界は風吹けば舞ひ上る故芝居の如しといひし譬喩に非ず。

○前日高藤氏に面晤の節、今の仏僧は対手が一派の哲学、一門の科学などの金言、原則などいふものを引き攻にくると、此方は何も知ぬからそれを直ちに実在するものと心得て受身(うけみ)に成て戦ふの不可をとけり。今回の問[17]の如きも、例の中江の『一年有半』[18]（予は未読）位より起りしことにして必ず、題号から不解の語に基るものならん。故に心と精神と霊魂と（英語には分れ居り、西洋の神学にはちやんと区別ある）の別を説くこと本書の如し。今日は日本も西洋も箇々の人身死するを悲むのあまり、箇々の心死するを憂るものの如し。洋人など下根のものは勿論あるべきことながら、吾仏徒がかかることを懸念するは可笑。卑猥乍ら夫婦交接し、又は男子と美童と交はり、女子と婦人とはりかたをやらかし、それより上は一種社会中に種々の結社団体生ずるなどすら、多少箇身箇心を損して箇身箇心とより大なるものの為に尽すは、箇身箇心を安ずるよりも楽みの大なるものなり。第一図のロロ′箇身箇心を失ふてハの一体をなすに、何の憂る所か之有ん。実は此擾々紛々たる小憂を去て混沌たる大楽に就くものなり。吾れ吾れが日々胃腸に化成して局部に肉化する血毬の生活の蜉蝣然たるを愍れむほどのことなり。然るに你米虫など此穢土に着するのあまり、いつ迄も豕の如く吃し、猫の如く眠んと欲する心より、箇身の死を悲み、推して箇心の滅を危むと見えたり。

曾て孫逸仙とキウの王立植物園に遊ぶ[19]。帰途アールズコールト[20]の楽園を望み逸仙謂く、明日は倫敦を立つから先は見収めなり、彼中に入て迷路(メーツ)を見るべし。予曰く、是れ心身を労するのみ、何の益なし、酒一盃やらかすの優れるに如ずと。逸仙しきりに請ふまま一所に入る。入口で金払ふて中央の亭に到んと歩するに、二時間も歩して到らず。又入り口に出るを得ず。足疲れ精衰ふ。逸仙曰く、どこぞ牆を破りて中央に到るべし、現に人の吾れ吾れと同く迷ふて牆を破れるあと多しと。予曰く、不然と。巡査の立て笑ふものに銭を与へ、導しめて出口に帰り去る。吾れ吾れ自ら好んで此世に到り、巡査に銭やることに気つかず、又つとめて中亭に到るの根気もな

くして、他人の悪にならふて牆を破んと欲するものの何ぞそれ多きや。

今回高藤氏の問にある『華厳』の一も十なり十も一なりといふ如き説[21]も、必竟はこれほどのことと存候。一体予は大日がかかることを現出して一大迷路（メーズ）を興し楽むを若輩の挙として笑ふものなり。然れども予も亦勧進元の丁人にして、大日何事をなしても、他より反報を受ず無事にして晏然たるより、博奕でも打てと魯国の仲尼も言たれば[22]、華佗の態、猿のまねして自ら按摩導引するを咎むる[23]わけにも往ぬなり。所詮は天行は健なり[24]。大日すら活動して不息ること故、米虫などますます勉強せよ。善より悪趣を生じ、安を楽んが為に動揺を起すは、汝が猥りにまじめな状の尻に金粟王如来と書し来り、扨金粟王その心得で汝を米虫と唱すれば、忽ち無明の業火を起上して又々金粟王米水虫如来などと書き来るは、最初無用の語を書きし其方の謬りなり。これ少く楽んとして大苦を自受するに同じ。汝如きは実は米粒做宇宙米水為大空的微虫とこそいふべけれ。大噱の至りに堪たり。

（1）本書翰は、縦一六・五×横一二〇・〇cmと縦一六・五×横四七・○cmの和紙の巻紙二枚からなり、後者は前者に対する追加（追伸）である。また本書翰注（14）に述べるように、本来この両者の間には高藤秀本に宛てられた書翰（未発見）が認められていたが、現在は切り取られている。本書翰はこの三月二十五日に届いた［法龍来簡2977］への返翰である。その翻刻文が［雲藤二〇〇五：一八〇―一八七、一九二―一九九］に掲載されている。本書翰に描かれた諸図を熊楠は「曼陀羅」と呼んでいる。それらといわゆる「南方マンダラ」との関係については、［松居二〇〇五］［Matsui 2008］参照。
（2）［法龍来簡2977］を指す。
（3）結局熊楠は四月十四日に『輟耕録』を法龍に返送している。『熊楠日記2』二五四頁参照。
（4）これは、［法龍来簡2976］の「霊魂の死不死に関する金粟王如来の安心承り度」との言を指している。熊楠は〔八坂本43〕〔高山寺25〕ですでにこれに答えているが、法龍が［法龍来簡2977］でこの答に疑問を呈したため、ここに再説することにしたのである。
（5）三千大千世界。須弥山世界が千の三乗個集合した極大の世界。
（6）『維摩経』香積仏品において、維摩が衆香世界に住む香積如来から香飯を受けて、それを大衆に食せしめたことを指す。
（7）「これは米虫の問に応じ金粟王が案出せる新手なり。」まではここに貼られた長方形の洋紙に書かれている。
（8）貼り紙の図はカバラーのスフィロットの図に酷似している。熊楠はつとに〔八坂本3〕二一二頁において「ユダヤ人にカバラという方術あり」として、カバラーに対する興味を語っている。

(9) 黒闇天女のこと。太(泰)山府君と黒闇天女は、ともに焔摩天の眷属で、大悲胎蔵生曼荼羅の最外院南方中に位置する。

(10) 万物が死後ブラフマンに帰一するという考え方。〔高山寺5〕注(181)参照。

(11) キリスト教の説く神(上帝)とその栄光の座たる天国に関する教え。

(12) 〔法龍来簡2977〕に見える言葉。

(13) 高藤秀本。〔高山寺24〕注(5)参照。

(14) この行の左端を切り落とす形で用紙が切断されている。切り離された部分には高藤宛の書翰(未発見)が認めてあった。

(15) 以下の文章はこれまでと同じ巻紙から取られた別の紙に記されている。従来、われわれはこれを独立の一書として取り扱ってきたが、冒頭に「追加」と明記されている一方、末尾には日付も宛名も自署もなく、単独の手紙の形式を備えていないこと、〔高山寺26〕の本文を指して「前書」ではなく「本書」と呼んでいること、さらに熊楠自身、これを独立の一書に数えていないと見られること(〔高山寺28〕注(3)参照)から、〔高山寺26〕の追伸と見なすことにする。熊楠は、高藤への手紙を書き終えた後、本文への補足の必要を感じてこれを追記したのであろう。

(16) 以上は、明治三十五年三月二十四日の熊楠の日記(『熊楠日記2』二五〇頁)の「帰路、雑賀屋町辺にて天理教会に男子五人斗り扇持おどるを見る」に対応する。このことから、「追加」は、本文と同じ三月二十五日に書かれたと判断される〔神田 二〇〇五:一六七〕。

(17) 本書翰冒頭近くの「今回の貴問」を指している。

(18) これは前年九月に刊行された『一年有半』(博文館)ではなく、その翌月に刊行された『続一年有半　一名無神無霊魂』(同)を指している。この中で中江兆民は、神の存在と霊魂の不滅とを否定し、世界の無始無終、無辺無限を論じ、道徳の基礎としての「自省の能」を説いている。中江の所論は宗教界に大きな反響を呼び起こしており、法龍のみならず、熊楠も無関心ではいられなかったと推察される。

(19) この出来事は、熊楠の日記(『熊楠日記2』二四頁)から、明治三十年(一八九七)六月十九日のことと考えられる〔田村 二〇〇七:一六〇〕。

(20) Earls Court. ロンドン中心部の西に位置する交通の拠点。その楽園(おそらくは遊園地の意)とは一八九五年に開かれたオリエンタル博覧会の跡地かもしれない。そこには博覧会で呼び物となった大観覧車があった。

(21) 『華厳経』に説かれる一即多多即一の教えを指すものと思われる。

(22) 『論語』陽貨篇。

(23) 後漢末の伝説的な名医華佗(?―二〇八)に帰される五禽之戯という導引功法を指す。『蒙求』華佗五禽参照。

(24) 『周易』上経、一、乾。

27　明治三十五年三月二十五日(1)

啓者　前刻歯医へ之くに迫られ、状文多少錯乱を免れざりし故、今又追加する所左の如し。

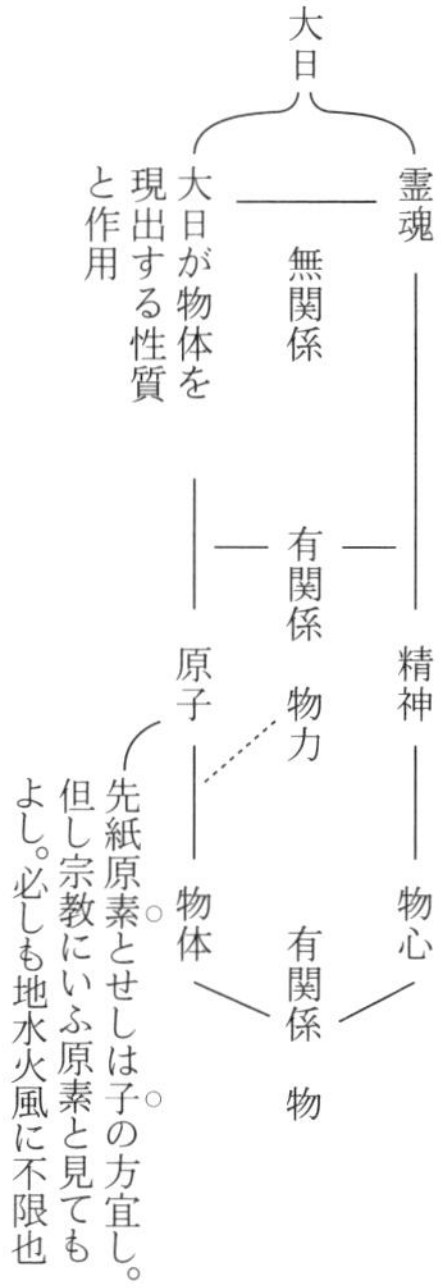

注　霊魂は大日中心内のものなり。然れども大日が物体を現出する性質と作用とは集合霊魂（大日中心）（全部）にありて、一部霊魂（われわれ霊魂となりて大日中心に帰り、特に吾れ吾れ自箇の過去、現在、未来を記臆し出すとき）にはなし。故に無関係。況んや又再度自ら好んで大日と分れ物界に現出せんとするときは、無関係は知れたことなり。

精神の作用原子に加はるときは、物力生出す故に有関係也。物心と物体に至ては密着して不可離故に大関係あり。

抅精神が原子（げん）にふれて物心と化し、物心が物体と合して物界を現す。原子は精神とふれて物力を生じ、物体を顕出す。霊魂は、大日より物心を化成する順序として、大日の一部が大日の物体を現出する性質と分立して出るなり。人心も物心の一種、特に秀英なるものと見るべし。人心の外に物心ありやと問んに、上等動物は勿論微虫、植物にも物心あるは、多少の意識及所謂動植の活力あるにて知るべし。（エンドウの巻鬚、牽牛子（あさがほ）の蔓が絡ふべき竿を求むる等）死物（土石又は人造の煉化石、かなくそ等）の物心はといはば、前書の結晶復成力、又は重量、引力、抵抗等に応ずる感覚（此事はスペンセルよくいへり。乃ち椅子に一貫目の板をつむより二貫目の板をつむよりも重きとは、椅子自ら之を感ずるに非れば、重いといふことがならぬ也）等にて知るべし。ここにいひ置くは、物にも生物と非生物あり。生物は物心作用勝れ、非生物は物力のはたらき勝ることなり。植物に（メキシコ産の）商陸（やまごぼう）電気を発し、又ナイル河には電気出す魚多し。然れども人間等の体より電気多く出すこと顕著ならざる如く、非生物が結晶復成力等は見はるること徐々たるものにして、上述重量、引力、抵抗等に感ずる物心の覚は生物の如く顕著に外に見えず。

〇物界と精神界と通ずることは、智を待つて然後になし得べし。電気（物力）など無尽蔵ながら、琥珀吸塵位ゐのことで数千年立ちしに、一朝智を開くに及び物力頻繁に応用さる。これ多少人智（物心）を以て精神界に通し、それをして原子を衝て物力を生出せしむるなり。それと等く精神界より霊魂に到るには悟を用ゆべし。人心（物心）悟を生ずるに及べるは、これ取も直さず此人心に精神を通じて、霊魂に復する幾分の道を開けるなり。たとえば金粟如きは物心、精神、霊魂三者を収めて身に存するなり。故に死するときは（原子及物体とはなる）物心忽ち踴躍して霊魂に復するか、それがいやなら直に大日体にかえるなり。

図の如く（イ）なる風船にのりて船中会議して（大日）、ハハ′なる大将（精神）に旗にて信号し、ニニ′なる物をして戯闘せしむ。（ロ）は本船（大日）員と同員ながら、一層近く視察せんとてハニホに近く下れる船なり。視察を専らにするが為に（霊魂）、信号を執るの挙（大日が物体を現出する性質作用）を省けるものなり。

〇問　悟のなき精神は霊魂に復し得るか。曰く、物心が物体と密着離れ難き如く、物力との往復繁多なるを以て、多少の悟を生ぜずには復し得ず。［箇身死をかなしむは、小児をすぎて体質全変して大人となるをかなしむに等し。］

金粟王常に、世人が箇身死を悲むの余り箇身死して箇心存し得るやを慮るを笑ふ。これ箇身死して箇心存するも、其作用を演ずべき物体なき以上ははたらき成らざればなり。又自己の箇心存するも、他の箇心と偕存せずんば面白からざればなり。故に箇身死して箇心存するときは、楽みどころか悲哀に余りあらん。何となれば物の生死は一同斉一時に起らざれば、己れの箇心存するも他の箇心一切に伴ひ存すること不能ればなり。故に死後の箇心同く物体をはなれきり精神界に入るも、其楽みは霊魂界、況んや大日に復帰するに及ざること遠し。訕闍耶梵志死に臨で笑ふ。目蓮［連］、舎利弗の問に答て、「我見金地国王死、其大夫人自投火積求同一処、而此二人行報各異生処殊絶」と[2]。されば精神界もただ物界に比して物累少きといふのみ。到底大日に復帰して徐かに他を見下すの楽に如ざるなり。

物界と精神界の関係、それより精神界の性質を明にせんと欲せば、心理学以上の学を作り、諸物力の学色々ある如くに心力の学を色々と作らざる可らず。而して今の心理学といふもの実は脳作用学とか人心機能学ほどのことなれば、とてもそんなことは出来ぬ。これ心に形なく、之を研くは自箇の心に求るの外道なきによる。予は精神界が物界に及す原則の一として只今羯磨を研究し居れり。これはそれぞれ物を以て示さねば到底你米虫等に分らぬから、其節物を持ち行き、ははあなるほどと呆れ感ぜしむべし。科学者の唱ふる進化論などは羯磨論に対しては実に浅はかなる説と思ふ。予早晩欧文に綴り広く天下の士に問ふつもりにて、材料多く集り居れり。然し卑猥なること迄も記せざる可らぬ故、一種の秘密として你にのみ伝えやるに止るかも知れず。

予は今回説く如く説かば、真言儀は甚よくとけると思ふ。又苦も楽の一途なることを説は、従来の仏教は多苦教なりなどと小乗の一部を見た洋人などの説に惑ふ吾邦の新聞かきなどに惑はされ、ますます此世を軽く見て放佚し、或は世をはかなみ蚕亡する徒を懲すによからんと思ふ。（たとえば回徒が、いかなる苦も天主阿刺（アラ）の意なれば、それに忤くは不敬と信じて、自殺などするものなき如く。但し予の教は苦も亦楽の種なるのみならず、此苦が乃ち楽にて、之を為ん為めわざわざ出かけ来れるなりと平気に考るなれば、其志は一層高し）你米虫の愚見如何。

『輟耕録』は返却することならば、小生之を抄する要す。故に購ふたものならば代価申し被下譲受度候。又貸与のものなら早速申越れよ。早速抄抜し畢り返却の上、もはや歯医の方も二三日ですむから、又々熊野に之き、先生の徳、鼻高く意地強しと孤遊徜徉せん。

『伝灯』とかいふ瓢箪物（もの）えなにか書けといふ[3]。書くことは多くあり。然し其雑誌見ずば書けぬなり。郵税のみ丸損と思ひ、十冊計りつづいた分送り来れ。［これは直に返付するなり。］六かしきことは分るまいが、一寸した博識がかった『文海披砂［沙］』又『五雑俎[4]』様の随筆如きもの出しやるべし。

太秦の広隆寺の本尊像の左右に立るもの異様にして常の

仏菩薩に非ずとて、例の太秦寺の事を引き、景教（今のヤソ教）の寺を唐朝にまねして建たるならんと太田錦城いへり(5)。右の如き仏像今も有ることにや、如何。（太秦寺は唐朝に立し耶蘇寺一派の名）仏僧にして経を学習せず、のらりくらりと暮せしものはヒラタケ（くさびら也）となるといふこと、『唐代叢書』(6)又吾朝の『宇治拾遺』(7)かなにかに出たり。かかること経論中にありや。あらば教てくれ。又博識にして左様のことのみせせるホンムシの僧あらば、聞き出し被下度候。

又頼上おくは、那智山の旧神官に中川喜代美（きよみ）といふ老人六十一になり、還暦の祝ひに寄滝の祝といふ題にて歌を求む。たしか知人の中に歌ずきの人あらば、短冊にかき一枚にても小生へ贈り被下度候(8)。礼には小生蘭の珍き品多くとりたれば、少々送り申さん。但し相場などする蘭に非ず。マメツタラン、ムギラン、カヤラン、ムカデランなど申す蘭類中の珍種を申すなり。以上

明治三十五年三月二十五日　南方熊楠拝

土宜法龍様

［極簡単にいへば「人心は体死ると共に死す。それより精神、神又は鬼となる。此世の事を記せず。但し人心悟あらば、又精神も悟あらば霊魂となる。此世の事を記す。大安心なり。万物みな霊魂になる見込あり。人の如く見込つよからぬのみ。扨霊魂特存して復び下世し、又大日に入て静止行楽するも勝手也。故に安心也。」］

（1）本書翰は縦一六・五×横八八・〇cmの和紙の巻紙に墨書されている。これは同じ日に書かれた〔高山寺26〕への追加の追加（「又追加」）であるが、独立の一書としての体裁を備えている。〔雲藤二〇〇五：一八八―一九二〕にその翻刻文が掲載されている。

（2）『大智度論』巻第十一、『経律異相』巻第十四、『法苑珠林』巻第五十三。訕闍耶は六師外道の一人に数えられる懐疑論者サンジャヤ（Sañjaya）。梵志はbrāhmaṇa（婆羅門）の訳語。目連、すなわち大目犍連（マハーマウドガルヤーヤナ Mahāmaudgalyāyana）と舎利弗（シャーリプトラ Śāriputra）は釈尊の二大弟子で、大目犍連は神通第一、舎利弗は智慧第一とされる。二人とも釈尊の弟子になる前はサンジャヤの弟子であったと伝えられる。この話は明治四十五年に『牟婁新報』に連載された「西説婦女杜騙経　序品」（『熊楠漫筆』四四頁）でも、『大智度論』を典拠として触れられている。

（3）法龍は［法龍来簡2976］の中で熊楠に『伝灯』に何か書くように勧めている。これはそれを受けたもの。『伝灯』は京都で発

行されていた古義真言系の雑誌で、『六大新報』の前身。法龍は、明治二十三年の創刊時からこの雑誌に関わり、第二号からは丸二年間主筆を務めている。法龍の遺文集『木母堂』に収録された文章も、そのほとんどは『伝灯』に掲載されたものである。

（4）共に明の謝肇淛の随筆集。『五雑俎』については〔高山寺19〕注（16）参照。

（5）太田錦城『梧窓漫筆拾遺』。太田（一七六五―一八二五）は江戸時代後期の儒者。景教はネストリウス派キリスト教の中国における呼称、大秦寺は景教寺院のそれである。なお太田は太秦広隆寺の本尊薬師如来の両脇侍について「仏家のものとは努々思はれず」と述べ、「波斯大秦などの天教を奉ずる家の像設たること明白なり」と即断するが、この両像（日光菩薩と月光菩薩）は特に異形とまでは言えない。

（6）『唐人説薈』ともいう。清の陳蓮塘編の唐代の伝奇小説集。

（7）『宇治拾遺物語』巻一ノ二「丹波国篠村平茸生事」に「不浄説法する法師、平茸に生まる、といふ事のある物を」とある。

（8）「寄滝の祝」の題で歌を集めて贈るというこの行為は、翌明治三十六年に熊楠がディキンズ（〔高山寺36〕注（4）参照）のバス勲位受爵を祝うために行なったことと同じであり（『熊楠日記2』三五六頁、〔八坂本〕二八一頁参照）、中川喜代美の還暦祝いがその先例であったことが分かる。熊野那智大社の資料には、この年、中川が同社の信徒総代の一人として記録されている。この点については熊野那智大社のご教示を得た。

28　日付なし(1)（断簡）

以下は土宜師へ此処より断ちて被渡下度(2)。

土宜師宛　　　　　　　　南方拝

霊魂死不死の安心に対し已に四通計り状(3)出せり。大体は御分りならんと存候。分らずば幾度にても問ひに来れ。

ここに一つ申しおくは、世人かかる問をかくるに自分（提出者）何の気もなく人の云ふままに題号を附ることあり。（否なそんな奴のみなり）霊魂といふこと已に不死を意味し居るは前状にて見るべし。次に死不死といふも、此世界の万物一も死して無に帰するものなし。他に転生するといふ迄なり。［分解といふか、分解の間には又二体をつづける空間ありて二者とつらなる故に、分解といふこと亦なし。実は換外見といふと迄なり。］物の動くは動力 Force による。動きやめばとて力無くなるに非ず。Energy 潜力と化する迄なる如し。而して今日の人は、心界のことをいふにみな物界の用語（実は思想）を用ゆ。故に物界已に無といふことなし。何ぞ心界に無の想を及し得んや。されば死といふは無に帰するといふに非ずして、生形が滅して生力が他の力に変すといふ迄なり。扨此死といふことも、（加様のこと解して）決して一時に死ぬものに非ず。そは首刎れし後も体漸く冷却するのみ、一時に冷畢るに非ず。又亀などは首刎られても心臓二昼夜も動き、一昨年南非の合戦(4)に首を失ひ乍ら剣を揮ひ、馬を駆し兵卒ありしにても知るべく、又医者などに拠るに、死と生とほど分ち難きものはなしと呆れ書けり。故に生死の涯は漸にして成るものにして、決してそりや死んだ人体も死に分子も死すといふに非ず。

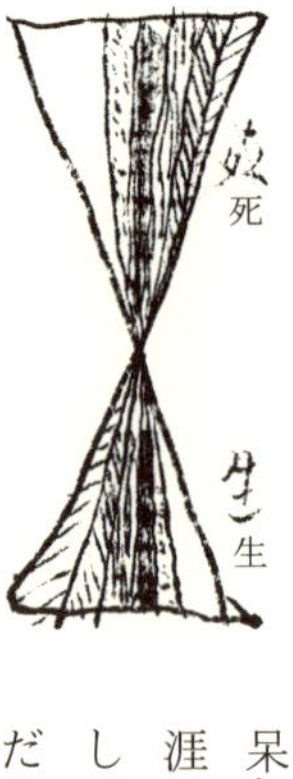

図中の生のの一画漸く死して、死のの一画漸く生出する也。

他の諸三角形内の画々も亦然り。乃ちいもむしの内に未来生の胞子あり。それがだんだん長じていもむしが死に、

及び胞子は蛹（にしどち）となり、その内に又蝶成りて、

漸次に蛹死して蝶飛び、卵をのこす如し。人間の体七年毎に一変すること実は蛇の蛻するに同じとは、吾れ吾れ幼時

福沢先生に聞し所なり。人も蛇も常に変じゆくは同じことながら、其垢を常にすりおとすと［蛇に近きトカゲは人と同く皮をすりおとすのみ。］一時に落すの別あるのみなり。心の変化亦如此、吾れ吾れ今にして一才にして生れ、二才にして歯生じ、三才にして歩し出し、五才にして戯れ出せしを自記することなし。乃至其頃一大事と心得て怒り怨しことも、今になりてはただ笑を催す種となるのみ。一向未生怨王[5]如きことあることなし。死の生を見ること亦此の如し。霊魂が精神を見ること亦如此と知るべし。霊魂は他の力加はるが為渇ること幾分にして精神となり、精神亦体に属して心となるが為、又暈障を生じ居るなり。暈障に安んずるも一興なり。もし飽き来らば一悟して霊魂に帰せよといふのみ。而して霊魂と大日とは作用に大小の別あるのみ。実は一如なり。

　次に貴下はややもすれば予の説法を譬喩多しといふ。世に同一のものあることなし。故に何事もみな実は譬喩なり。但し日を「行灯の如し」（第一）、炬火の如し（第二）、大火団の如し（第三）、大瓦斯球に火の付し如し（第四）といはんに、何れも譬喩には相違なきも、第四は第一、第二等にまさること万々なるは、少しにても実状に近ければなり。世俗の外相等にて法を譬ふるは麁なり。科学にて譬ふるは密なり。而して今日の人心已に科学の密なるを認可する以上は、なるべき丈之に相応して科学の譬をとるの外なし。此外に科学の用は宗教になしと知るべし。ハミルトンの説なりしと覚ゆ。法相は壁上の影なり。真如は灯と壁間の箱なり。実際は灯なり。吾れ吾れは壁の影と僅かに箱の壁に向へる側面を知るのみ。真の灯をば見る可らず。然りといへども、箱の形と壁上の影を参照して灯の変化だけは察し得るなり。

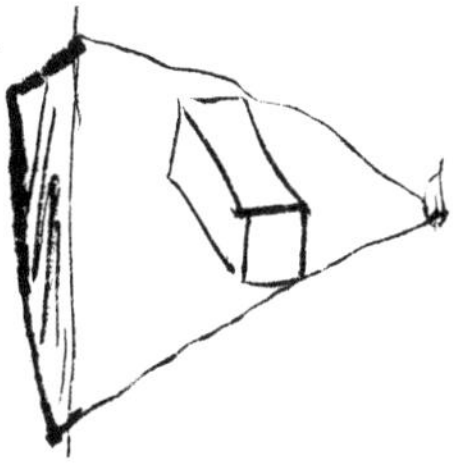

以上の義を心得呑み込で、今一度最初から予の状を読下されよ。

　次に予の第一の状[6]に関して起るべき一疑問は、人のみ大日より出しか、人と動物のみ出しか。（推して人と動物、植物のみ出しか、又土石も出しか）これは安心を問はるるから、他のものはさしさき［おカ］、人には必ず大安心あるとの答なり。万物悉く大日より出、諸力悉く大日より出ること第二以下の状にて見られよ。万物みな大日に帰り得る見込あり、万物自ら知らざるなり。人のみたしかに安心あるは、人は他の諸物より物体の障碍はるかに少く霊魂の発揮多ければなり。但し深くいへば、人よりは精神の方はるかに安心多し。これ物体の累をのがれたればなり。然し例の凡人根性から、然らば箇人として死し、箇神として生ずればよしといはんも、そは（凡人根性は此箇身にあるときを追想し得る箇神を望むから）五十歩百歩なることは、前書にいへる訕闍邪[耶]梵志が金地国王夫婦を笑ひし如く(7)、箇神となるも必しも箇身たりしときを知らず。（之を知るに必用なる他の此世の諸箇身と必ず一斉に神と生じ、必ず一団に生じ得ずんばなり）則ち此世の梵志が冥途に入て児の霊を覓るに、児の霊はや此世の父たりしものを指して、寇賊来て吾れを掠るものとなし、鬼の背陰に逃かくれし如きなり。されば芝居を見るもの、ぞくこん役者にほれ乍ら、場を出るに及で役者と伴ひ歩し還ること成らぬ如し。独歩してかえるのみ。他人の障碍なきのみ。役者と共にひつそり楽むことはならず。之をなすには頓悟して霊魂に帰するを要するといふなり。此安心のたしかなるは人間のみなり。蜂蟻又螱(はあり)などは社会をなし、多少の倫理もあり、或は安心を生ずるも知れず。されど人の見た所にては、今はまだそんなことなし。又動植の別定かならず、人獣の別亦然れば、人みな安心ありとも一概には言はれぬなり。是れ天下のものみな漸次に相順序す。其間髪を容れざればなり。

『伝灯』といふもの見たら、なにか世間むきのもの送らん。予先年英国にて雑誌の問に応じ「仏足考」(8)を編せり。洋文にて凡そ大紙に十二三頁の長篇なり。これは活板考訂する人なく、今に草稿のみほりてちらかしあり。それから唐の黄巣の乱にあひし大食国人の記行文(9)、又例の元世祖に奉仕せしマルコ・ポロの記行の内宋元の際の事を見るべき処を東西を参照して注解しおけり。これらは側面から乍ら、吾国の僧如き世界の事に麁なるものには甚入用と思ふ故に出しやるべし。又耶蘇徒の古話なる「漂泊猶太人考」(10)、これはこの古話は吾賓頭盧のことをまちがえ伝しものなることを証し、『ノーッ・エンド・キーリース』（現存英国雑誌の尤永くつづき居るもの）の巻首に出で、次回板の『大英類典』には必出る予の考証上の傑作なり。板権あるものながら少々増補改竄してかかる教法の末なることは科学者なまものしり等にいはれぬ内に此方からさらけ出す方宜しからん。又現龍動大学校長の嘱(11)に応じ「東西天下古今陰茎陰門崇拝考」(12)あり。これは甚重大なる長篇にて、『砂[沙]石集』(13)に見えたる金界胎蔵の大日を和合陰陽のこととしたり。元末に行はれし大喜楽仏定[14]のことに大関係あり。然し猥りに人に見す可きに非ず。貴下望みならば貴下のみに示すべく候。此他著作は甚多し。追ひ追ひ機を見て出すべし。

　四年計り前に英国科学奨励会にて予「日本斎忌考」を読り[15]。此ときの会長テレパシー（神通、乃ち人の思ふことをそのまま知る法、又他に伝る法）は今後望みあり、尤も験究すべしといひ居たり。又催眠術などにも、熊楠の心作用を貴下の心に伝え、一人を他人に、他人を一人になし畢る方あり。これらは決して一笑に附し去るべきに非ず。研究せば物心以上、乃ちせめては精神界の原則を知る端緒ならん。

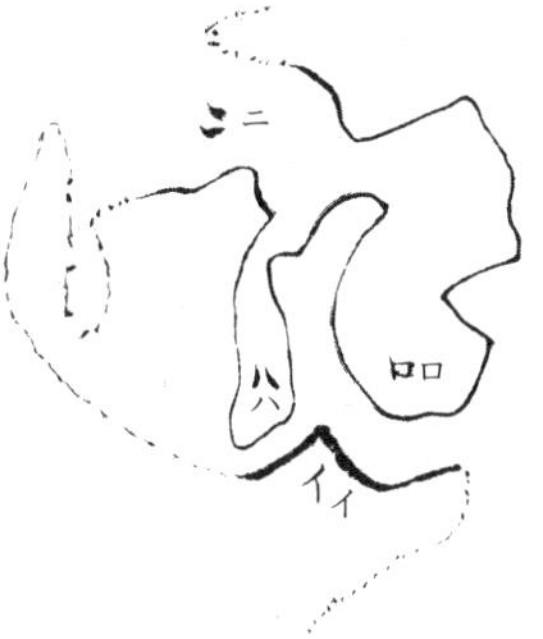

　不可知を唱導するは科学者なり。その不可知なるを何を以て知るや。已に不可知といはば是れ知るなりとは、之に対する耶蘇家の特一の難なり。予曾て鈴木大拙と此事を論ず[16]。予は不可知は知るべからず。されど人智にてニよりロハの間の黒線なるを知り、其黒線の凸凹角度を知ればニロハ間の図の広袤だけは分る。

　況んや又之とはなれたる（イ）の黒線の処だけにても分り、推して他の虚線にて画せる所の外形を知らば、不可知のその部分だけにても分る。かくして広げゆかば、不可知の外形だけは分るといへり。大拙はこれは不可知を完全の一境と見たる論といふ。然り。デカルツなども不可知を完全にして確性（ポシチイブ）のものと立論したるなり。小生の大日説亦之に同じ。実は科学すら何れも不可知を完全確性として立論し、よい加減に勘定を合し居るに過ず。故に地質学で地のこと分り、天文学で天のこと分るが、二者立ち合ひで地球の年齢を議すれば、さつぱり合はぬほどのことなり。宗教を笑ふべきに非ず。

（1）本書翰は縦一六・五×横七三・〇cmの和紙の巻紙に墨書されている。これに日付はないが、〔高山寺27〕までに展開された霊魂論を受けたものと見られ、また〔高山寺27〕を指して前書（本書翰注（7）参照）と呼んでいることから、この位置が妥当と考えられる。次注参照。

（2）この言葉から、これより前には法龍とは別人、おそらくは高藤秀本宛の書翰が認められていたことが分かる。三月二十六日の熊楠の日記（『熊楠日記2』二五〇頁）には「高藤氏へ状一出す」とある。この状がこれであれば、本書翰もこの日に出されたことになる。

(3)熊楠は霊魂の問題を〔八坂本43〕〔高山寺25〕〔高山寺26〕〔高山寺27〕で連続的に取り上げているから、これらがここで言う四通であろう。

(4)南アフリカ(阿非利加)の戦争の意で、第二次ボーア戦争(一八九九—一九〇二)を指す。

(5)アジャータシャトル(Ajātaśatru)の漢訳名の一つ。他に阿闍世がある。釈尊と同時代のマガダ国の王で、生まれる前(未生ajāta)の怨みから父を殺害したと伝えられる。

(6)〔高山寺43〕を指すか。

(7)〔高山寺27〕注(2)参照。

(8)"Footprints of Gods, &c." これを熊楠は「神跡考」、「神足考」、あるいは「足跡考」と呼ぶ。現在では「神跡考」が邦題として定着しているが、相手が法龍であることを考えれば、熊楠がこれを「仏足考」と呼んでも不思議はない。なおこの論文は『ノーツ・アンド・クエリーズ』(*Notes and Queries*)に都合五回(『熊楠全集10』横組一〇七—一二二、一三九—一四〇頁)掲載されているが、本書翰が書かれた時点では、一九〇〇年の号に本文が三分載されただけで、二度の補足はまだ出ていない。また熊楠は明治四十四年(一九一一)の柳田国男宛書翰(『熊楠全集8』九五頁)の中で、中井芳楠の出資を得てこれをイギリスで刊行、頒布したことがあると述べているが、その事実は確認されていない。

(9)『シナ・インド物語』(Akhbār al-Sīn wa al-Hind)のこと。二巻よりなり第一巻は著者不詳、第二巻はシーラーフのアブー・ザイド・ハサン(Abū Zayd al-Hasan、九—十世紀)によって書かれた。本書には、黄巣の乱(九世紀末)の際にハーンフー(広府=広州)でイスラーム教徒、ユダヤ教徒、キリスト教徒、ゾロアスター教徒が大量虐殺されたとの記事がある〔藤本 一九七六:三三〕。本書翰が書かれた時点で、本書のフランス語訳が二種類出ている〔同:一〕。

(10)"The Story of the Wandering Jew"〔高山寺19〕注(17)参照。

(11)ロンドン大学事務総長を務めていたフレデリック・ディキンズのことか。〔高山寺36〕注(4)参照。

(12)不詳。

(13)『沙石集』巻第一太神宮御事の中に胎蔵に陰、金剛界に陽を配当する考え方が述べられている。

(14)詳らかにしないが、チベット仏教によって伝えられた無上瑜伽タントラ系の父母仏に関係があると見られる。

(15)一八九八年九月にブリストルで開催された英国科学振興協会(British Association for the Advancement of Science)における発表、"On Tabu in Japan in Ancient, Mediaeval, and Modern Times"(『熊楠全集別2』二六五頁)のこと。熊楠はこの会に原稿を送っただけで、実際には出席しなかったため、原稿は代読されたらしい。『熊楠日記2』七一、七二頁によると、熊楠はその後、九月二十日になって改めて「日本タブー論」を草している。以上のようにしてできたものが熊楠邸にあった The Taboo-System in Japan

（日本におけるタブー体系）の草稿二種（abstractと未完の本文）であろう。これらには翻刻［松居・橋爪・田村編 二〇〇四］と和訳・解説（『英文論考［ネイチャー］誌篇』二五九、二六三―二七〇頁）がある。

（16）ロンドン時代の明治三十二年に熊楠は、アメリカのラサルにいた大拙鈴木貞太郎（一八七〇―一九六六）と手紙のやり取りをしている。「不可知」を巡るこの議論は明治三十七年三月の〔八坂本51〕三九七―三九八頁にも「不可得」に関する議論として紹介されている。〔八坂本43〕二五六頁に「不可言」とあるのもこれであろう。

29 明治三十五年三月三十一日(1)

明治三十五年三月三十一日　　金粟王如来

土宜米虫様

此粟散辺土(2)の弊風として、他人の説に服従した時、服従したといはずにやりながしに返事出さぬこと多し。貴下も其流と見えたり。前書予の説に疑あらば何回なりとも申来れ。

予が前書に申のこせること数条ここにいふべし。

第一に予が説の如くなれば、加持祈祷等の事は物界にある人間が霊魂界ならずともせめては精神界を動かす一方便たり。尤も汝等がやらかす如き無信心のおどけ同然なる五鈷踊り、輪宝舞ひなどは一向役に立ぬが、これとても一方便の端緒とはいはれ得べきなり。科学者は、此洪大なる宇宙諸象が人に及す力大にして、はてしなきと同時と、人又いかなる物なりとも（微物が）が宇宙全体に及す力の妙をいひて、未曾有と称歎す。人一挙手するも一息するも、太陽其他に大影響あり、又大影響を止め印するをいふ。然らば人誠心を以て祈らんに、（人心の力動く）精神界に其功少しもなからんや。（人心より精神界に及す、及其反動として精神界より人に及す作用）

（劣等の諸力すら其宇宙に及す力無辺なるに、上等の力、乃ち人心の力が身内にのみ屈留する理なければなり）

問　たとえば愚夫愚婦何のわけも知ずに念仏又祈祷せしに、（たとひ口に出さずとも心中に）其功ありや。曰く、有り。ここに至ては科学界に少しもなき念又名といふこと一の機関となること、鉱物に因て電気を起し、木に因て機械力を生ずる如くならん。信の念及び仏の名をいふなり。信念は精神界に、仏名は霊魂界に通ずるなり。予は真言曼陀羅に名又印を形、影、言行等と等き相とせるを喜ぶ(3)。此名は決して公孫龍などが争ひし名家の論弁上の名にも非ず。又何の意味もなく勝手に付し八公熊公の綽名にも非ずとしるべし。

先日高藤師にもいひたる如く南楽(なら)に箜篌(こうこ)存せり(4)。これは今竪琴とか俗訳せる西洋のハープなり。西洋には乞食などこれを弾じてすら甚古雅なるものなり。弦は鉄なり。故に其音錯雑繁冗淫乱ならず。嘗つ英の聖人アルフレッド王衰へ

しとき、之を弾ぜしこともあり。又拘拏羅太子が眼を抉られて弾ぜしもたしかこれなりし(5)と思ふ。兎に角宗教上の音楽として吾邦人にむくは此外なからん。予は何とかして大日始め、諸尊の為に馬鳴の和楽伎(6)如きものを作り出し、僧俗共に粛で之を歌ひ、諸尊を賛唱するを以て宗教の一大事とせんと思ふ。吾邦のへぼくたれども、五七五七の外に歌ひやうなきやうに思ふから、何を歌ふても船唄の如きものとなる。五七五七につづりたるものにても、いかやうにも歌へるは、川柳が俳諧と同字ながら別によみ得るにて知るべし。又浄瑠璃かたりなどにも鑑よ。これ吾邦の音楽歌唄は西洋になきコロガシといふことあり。洋人には分らぬ故、吾邦人も必要なきものと大呑込し居る大馬鹿事なり。

　次に懺といふこと、今日はCrime法律上の罪は法律之を処し、Vice徳義上の罪は世に公評あり、Sin宗教上の罪といふこと、耶蘇教には吾れ吾れの祖先禁菓を食ひ、此世に堕し、罪いまに纏はるといふ。これは吾れ吾れの罪に非ず。遠き祖先の罪なり。予を以て見れば、此宗教上の罪といふことなき以上は宗教の何の用なきなり。然して大なる宗教上の罪、吾れ吾れいかにするも脱し得ざるものあり。乃ち此堪忍界に居り、自衛禦他、又自営殺他（動物、植物を食ひ土木を損ずる等）の為に不得止明日も昨日も今日も多少の物心を害し、物体を損ずるの罪なり。朝夕に其罪は止を得ずとして懺し、これほどの罪を犯すから、犯しただけの功徳は必ず立てて償はんとの誓ひを忘れずに念ずるが、宗教上必用なる儀式と思ふ。そんなに気の毒に思はば、明日より止めては如何と言はんか、之を止ては身が亡るなり。懺しながら不得止として復た行ふは如何の様なれど、「ろんごよみのろんごしらずはうれしやな、ろんごよまずのろんごしらずは」で自ら罪を識るものは、多少罪をかさねぬやう、又罪を増さぬやう少しにても扣え目になるなり。故に祈祷でも報恩でもなく、懺といふこと甚宗教の誦経に必要なり。

　次に汝米虫等少しも知らぬことは秘密灌頂の大必要なることなり。

　之を言んには、希臘の諸聖賢が斉口同音に之をほめたこと、又之を秘密に附せし理由必用を言はざる可らず。これは西京に之き你米虫に親く口伝せん。

昔し馬鳴を第二仏といふた。予は第三仏(7)として現はれ、極大乗乃ち苦楽同境の義を建て、即身成仏を遍普ならしめんとす。宜しく降参して其播もなげなし、此苦楽同境即身成仏義は、例の欧人の誤解より出る、仏法は厭世教たりとか。而して其結果として人間が浮いた浮いたで現世の事功を奄そかにすること頻りなる今日の弊を大に矯るの功あると思ふは如何候。

予は当地の用事すんだが、まだ六日計り当市にあり。それから那智へ之く。那智より状出す迄は当市へ宛状出されよ。

敬具

（1）本書翰は縦一六・五×横五〇・〇cmの和紙の巻紙に墨書されている。法龍の返書を得ないまま、〔高山寺28〕に続いて認められたものである。

（2）辺地にある粟粒を散らしたような小国土。日本を意味する。

（3）翌明治三十六年夏に展開される熊楠の曼陀羅論につながる記述として注意される。

（4）東大寺正倉院御物に含まれる箜篌（くご）のこと。

（5）『大唐西域記』巻三、呾叉始羅国の条。

（6）不詳。

（7）〔高山寺32〕注（30）参照。

30　明治三十五年四月四日朝(1)

明治三十五年四月四日朝　　南方熊楠

土宜法龍様

小生貴問(2)を再読するに、大乗の生滅即不生滅（予の身拡霊魂窄、身窄霊魂拡はこれを細説せしに過ず）と小乗の無余涅槃を究竟とする義の撞着あり。余の之に対する答え仁者に明かならざりしと見るに付き、仁者の聡已に気付たることとは乍存、左に明答すること如下。

小乗にいへるイーサー Æther(3)如き微幺の霊魂気、万物に瀰漫融通して五蘊の集散に因て苦楽昇沈すと。これは予の所謂精神に候（Spirit）。即ち漢人が、鬼神の徳たる洋々として満る哉といへるものに候。故に精神界（鬼神等）又は物心界（人心を包む）より霊魂界を見れば、精神界又物心界が外物外力に摂して紛紛擾々する上より見れば、寂滅如灯之消に候。而して此寂滅と見るは、此世の紛々擾々を厭ふものが、霊魂界の外執寂滅なる点をのみ見て欲せるよりの語にして、実は寂滅と同時に霊魂には大活に地の運動不断なるは前書に申上し如し。（故に大小乗は所期の大日復帰と無余涅槃との外相の別あるは、所期するものの念の大小高下あるによる。東京を見んとて東上すると吉原を見んとて東上するとの異の如し。吉原を見んとするもの已に東京に着かば、吉原のみならず東京をも十分娯覧し得）故に小乗立計ならば、大乗にて涅槃は大日相の一貌を見た言なりと教るを要す。

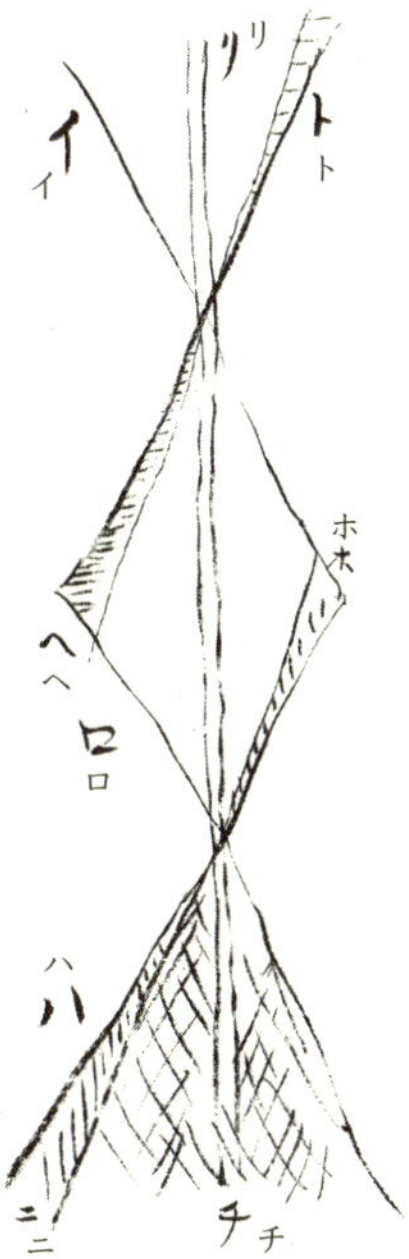

如図〈右図〉（イ）は霊魂界、（ロ）は精神界、（ハ）は物心物体界なり。（ニホ）は物心より精神に入る道也。試に（ホ）を拡張して見よ。（ニ）も拡張す。図〈上図〉の如

く（ハ）物心物体界は大に減ずるに及ぶなり。之と同く（ロ）精神界に映ずる（ヘ）無余涅槃を拡張して見よ。（ロ）精神界の場面は大に減じ、（ヘ）と相映する霊魂界の（ト）無余涅槃所は拡張す。（チ）（リ）の狭して通徹せる一道は頓悟なり。これに因て物心より直に霊魂に通ずるなり。これは人間よほど心のすんだとき、寂静而大活動なる境のあるものなり。取も直さず之が霊魂界の人心に於る多少の反照也。此事米虫には無きか不知、金粟などは常に有り。

　次にいふは此世にある善といふこと（善事善業の善の感）は、霊魂界の一少相を僅かに此世の業因中に現出せるに過ず。故に相対のものにして、羯磨(4)作用司配下のものなり。されば霊魂界が純善なりといふ、その善とは大にちがふと知るべし。乃ち金界大日体内に入て見る善より見れば、此世の善ははなしにならぬつまらぬものにして、悪に非るといふだけがましなり。乃ち純善にかかるほんの微少なる糸ぐちといふに過ず。

　耶蘇徒は目前の利害に関係せぬ善行を純善といふ。たとえば昨日の状(5)に見える蟻の兵卒が身を忘れて一斉に獣舌にかかり死する如し。いかにも善行の（比較的に）純なるものに相違なきが、これにはなほ此の如くせずんば、女王蟻、嬖童蟻死して一窠中の蟻悉く死するに及ばんことをおそるるといふ相対あるなり。故に霊魂界の純善はかかるものに非ずと知べし。セント・ジョルヂ・ミバルト(6)其他の学者が科学者を討ちこんで、人間は他の動物に異り純善あり。（乃ち此輩耶蘇徒の所謂の）故に上帝より特創されし御おぼえめでたきものなりといへり。之に対して科学者は右の蟻卒のことなどを引くが、それは人間の外にも上帝の御おぼえ目出たきものありといふを示すのみにて、純善は他の諸善と一切隔絶す。いかにするも科学者は諸善が進化して純善に到る道筋を構成すること能はずといへる駁雑を打かえす反証にはならず。此利害に関係頓着せぬ善は羯磨作用によらず、その外のものなりといふことすら欧州の科学者は答え得ぬを金粟は笑ふなり。

　実は羯磨といふことも欧人には分りおらぬ。之を分りかけながら分り得ぬは、例の耶蘇教薫臭の深きによると可知。欧人はよし、吾邦人等何の耶蘇教に関係なく、或は耶蘇教を一と飲込に排しながらなほ欧人の語に迷ひ、世界は進化すとかなんとか羯磨がかつた不羯磨なことをいふは可笑。

一昨々々年の冬ハーバード大学及エール大学の神学大博士を二つ有す広津友信（前同志社長）と博物館に遊ぶ。(7) オダマキの紫花艶麗たぐひなきを見て同氏曰く、君は進化の極をこれに見、僕は上帝創化の微を之に見ると。余曰く、第一上帝創化と見れば此花ほど不出来なものはなし。又科学者は何といふか、此花に少しも進化といふことなし。

附　オダマキの花は図の如く一種の花弁曲りて鉤状をなし、其底に蜜（みつ）あり。それを吸にきたる蝶が此花を媒して種子をならすなり。此花或は紫或は赤きは、それぞれ媒介にくる虫をよばん為の広告なり。又萼（うてな）ありて苞（つぼみ）を護し、副葉ありて幼時萼と苞を共に護し、又蟻等の上り来るを扞ぐ。

　広津氏問、其わけ如何。予曰く、你は真に皮想漢なるかな。上帝といふ勿れ、進化といふ勿れ。ただかかる你如き皮想漢にも一少点の美を感じて瞬時も悪にはなるるの妙心、上大日の金界体内を動かし、下你等が陥るに極りきつたる泥犂（ないり）(8)獄中に聳するを感賛せよ。（以下は弁明也）

　夫れ植物葉には葉緑素（クロロフイル）あり。一葉毎に之を以て日光にあひ、空気を分解して炭酸を吸取し、一葉も各活き全植物も之が為に活す。然るに此世已に業果あり。植物又命期あれば種子をのこさんが為に花あり。花は何より成るぞ。花弁、蜜槽、雄蕊、雌蘂、子宮、卵巣何れも葉の変状に非るはなし。萼、副葉に至る迄何れも或は大さを縮め、或は自活活他に必要なる葉緑素を失ひ、以て紫を呈し紅を銜ふて虫を引んとするなり。されば此花の美なるは、大日の美の纔かに一渺点をここに印映せるのみ。実は葉が自活力を失ひ、或は大を滅し、或は色素を滅して、衰態の極かくの如く見えるに過ず。故に葉枝の活々進歩たるに引かえ、花の諸部は何れも自活せる葉の大退却せるものと知るべし。是に於て広津大に悟り曰く、花の進化は葉の退化にして、諸部の退化は全部の進化なり。なーる程、謝氏が北京に乞食多きをいひて、不如斯不足以為帝都也といひしやうなことぢや。世に進化なし。退化なし。ただ退が即ち進にして、進が即退なるはあり。是れ何等の象ぞや。予曰く、是之を羯磨の相といふ。家乱て孝子現はれ、工女醜にして芸妓尊ばれ、はきだめに鴫（しぎ）が下（お）りても鶴と見え、乃至你等如き馬鹿物相応に科学とか耶蘇神学とかはやるも同じ理窟ぢやと。

事の序なれば、予は耶蘇徒の所謂純善なるもの決して羯磨作用を脱せぬを証せん。たとえば彼徒はチヤスチチー[9]とて、許嫁せし女が夫と婚せぬ内に夫死たるに空閨を守て長生して死するをほめる。（純善とて）これは賞金もらはんとてするもの（利害に関係ある）と懸隔すといふなり。然れども世にかかるものをほめずんば、何んぞかかることをなさんや。乃ち一夫に別れて他夫に見えぬものあればこそ、そのほめらるるを羨み、なほ一層ほめられんとてすることなり。然ばほめることは後にして貞行は先なり。何にして先此貞行を生ずるやといはんに、これ亦羯磨作用を免れず。実は利害に関係ある貞行より、漸次なき貞行に移りしものなり。たとえば一夫婦あり甚中よし。人も之を知り、己も素より知る。扨夫用事にて他出し、九年、十年も立つが空閨を守り夫をまつ。これは利害に関係ある故なり。乃ち不在中に乱行ありて夫帰り来らば、真っ二つなればなり。然るに十年が二十年、三十年とのびるとせよ。利害の念薄きものはよい加減の風説など信じ、あきらめた顔して他の夫にそふが、利害の念厚きものは、死んだ生きたの風説中にも夫はまだ世にあると信じて又十年空閨を守るなり。かれこれして二三十年も立て夫は死んだと定っても、もはや色気をも失ふた己れなれば、「なき人をゐますが如くたままつり」で久くつづけたこと故習慣性で、昨日迄永々世にあることと楽んだ人を今日定説聞たればとて丸で無いものと思へぬから、無いものと知りながら、今迄有るものとまちうけた心得でとうとう一生をおくるなり。之を世人が貞節と、始めから利害の関係なき純貞の如くにいふてほめるなり。実は利害の関係大有りより、業のまわりあはせにて、なんとなく利害の関係なきに至るなり。されば此例が万事にわたり、此世に無対無因の純善などいふことなしと知るべし。

予昔し前書にいへる美少年[10]に「七月七日長生殿[11]」といふやうな誓約をし、今迄ぢやない、十年十五年もその通りで他の男女に一切ふれざりし。然るに後に聞ば、此男大乱行にて、その為に病になり、はやとくに死せり。予は此ものまだ生き居ると心得、まじめに独身なりしに、久々のこと故習慣になりて、右の男の死をききても、そんならとて乱行を始める気もなく、それこれする内終に頓悟して全く無色定[12]中の人となれり。自身覚えあること故、此辺の論は中々うまいうまい。

（1）本書翰は縦一六・八×横九五・〇cmの和紙の巻紙に墨書されている。『熊楠日記2』二五二頁によれば、熊楠は四月二日に法龍から書翰〔法龍来簡2978〕を受け取って、即日〔東京翻字1〕を返し、翌三日にも一状（未発見）出し、この日さらに本書翰を認めている。

（2）法龍が〔法龍来簡2978〕で縷々述べたことを指す。

（3）エーテル（ether）のこと。古代ギリシア時代から二十世紀初頭の西洋に至るまで全世界を満たす物質と想定されていた。

（4）梵語のkarmanに相当する音写語。

（5）四月三日付の法龍宛書翰（未発見）を指すと思われる。「蟻の兵卒」云々の話は〔東京翻字1〕には見られない。

（6）〔高山寺25〕注（4）参照。

（7）『熊楠日記2』七八頁によると、熊楠は、明治三十一年十一月十二日に広津友信（〔高山寺23〕注（11）参照）と福島行信（ロンドン大学留学生、のち貿易商）を大英博物館に案内している。この時彼らは、同博物館地質学部助手のバサー（Francis Arthur Bather　一八六三―一九三四）の案内で「水族室」を見ているから、彼らが訪れたのはケンジントンの自然史分館（現自然史博物館）であったことが分かる。なお熊楠とバサーとの交友については『知る事典』二六六―二六八頁参照。

（8）梵語のnirayaに相当する音写語で、地獄を意味する。

（9）chastity 貞操。

（10）羽山蕃次郎（一八七一―一八九六）のこと。和歌山県日高郡塩屋村（現・御坊市）出身で、三才年長の兄繁太郎と共に青年時代の熊楠の恋愛の対象であった。蕃次郎との交際は「ロンドン私記」一八〇―一八四頁にも述べられている。

（11）白居易「長恨歌」末尾の一節。「夜半無人私語時　在天願作比翼鳥　在地願為連理枝」と続く。

（12）本来は物質的条件を超越した境地における禅定の意。仏教の説く欲界、色界、無色界の三界のうちの無色界に対応する。

31 明治三十五年四月十八日(1)

〈封筒表〉
京都市東寺法務所
土宜法龍様
〈消印〉紀伊和歌山　三十五年四月十八日
〈封筒裏〉
南方熊楠
〈消印〉山城京都　三十五年四月十九日

華翰(2)拝承仕候。畑［稲］村英隆師寄滝祝玉詠一(3)正に拝受、宜しく御礼御伝言奉願上候。小生は目下西京島津製作所より顕微鏡用品、薬剤等着をまち受、右着の上、当国田辺に趣き採集、それより熊野那智を常住所と致し、本宮、十津川、大台原山迄到るつもりに候。其後貴地へ可趣候。

過日来の霊魂不死論はほんの貴問に対する口塞ぎに候。其状に申上候如く、霊魂死するといふことはいかに論ずるも思ひも寄らぬことに候。（小生なほ友人より中江氏の無霊魂論を借り念の為一読候所、実に浅薄なるものにして、知らぬ人の言を彼是申すは如何ながら、例の科学説を読みて万事可料となしたるより出候見解にて、それにては宗教に所謂霊魂なるものの名義すら解し得ざることと存候。即ち例の仏教の第七意識(4)を霊魂と心得たるものの如く相見え、末那識、又それ以上の如来識(5)とも可申ものは一斑だも心得ざるに似たり）実は貴問はただ中江などの議論に対する問と存候て其外の事には言ひ及ざざりしが、小生は定て霊魂不死霊魂死の論よりは霊魂不離散霊魂離散の問ひ、必ず貴下より出ることとまち受居りしなり。

人間の問ひには外相甚気のきいた様なことに聞えて実はつまらぬこと多し。これは人間の得手勝手多きと（これは中江氏も自ら尤も之を言ふて他を駁す）一つは名義の字句に拘泥するに因る。今吾死して霊魂死不死といはんか、是れ吾一人の上に取ての一大事ながら、他人他物に取て何の関係なきこと、知らぬ隣人死して吾れ生き居るに於る如し。されば吾れ死するは吾にのみ止りて、他は生々息々して止まず。昔し程子(6)が舟中に大波濤起り一同弱り果しとき、徐かに豈に天地一時に滅するの理有んやと言ひしといふ。されば世は無終無始なることは、中江氏も自ら之を認む。科学上より申すも此渺たる一地球の死滅はあり。然しながら森羅万星［ママ］悉く一斉に滅するものに非ず。

科学者の説に、諸星熱を失ふて冷却せるの極引力にて相引き相打ちて大熱を生じ、再び劫初星雲を生じ、それが又冷却して漸次諸世界を現出すといふ。空間の無尽なるこの冷熱も亦一斉に起伏するものに非るは明けし。

故に近頃は此世界に死せる衆生、他の世界に生じ得るなど申す議もあるに及べり。これは彼衆香世界に香積如来の諸菩薩生存し、梵王の天に梵天衆蕃殖すといふ如き説ながら、例の科学から出た説故甚浅はかなる申し分なり。

空間といふ観念は、動物が歩し視聴する、又植物は枝をのばし葉を生じ散らすより生ず。必しも空間といふもの有るに限らぬは、舌を動かさずに空気を味ふて見よ。空間といふ念生ぜず。時間といふ観念は全く動植物の如上の行作ありて後に生ず。静止せる瓦斯体（たとえば太古に水晶の中に閉込られし瓦斯体今に存せるもの等）には時間なし。万物みな時と空を脱する能はずといふ。その手近き万物すら実は空も時もなきこと如斯。況んや物以上のものに於てをや。

近い火星、金星等の諸星には生物の存すべき理由多く、又隕星、流星の中にも生物の遺趾あるを知る。尤も空気、水等の量にも大差異あること故、かかる星体の生物は此世界のものと大に異なるべしといふ。

此世界の動植は何れも炭素を基とす。これ炭素は此世界如き範囲にありては尤も多状多形に変じ易ければなり。恰かも黄金よりは土の方多く、且つ刻み易く溶け易き故、瓦工、壁工、陶師、建築師之を用ること手広く、功挙ること多くして易きが如し。もし原素が今日此世界に知れぬ他の諸星より光線分析にて知れるだけのものに限りしとすれば、炭素の次に多形多状に変じやすきは珪素なれば、他の世界には珪質の衆生乃ち玉婦人、鉄腸丈夫といへる如くガラスより成れる衆生あるべしといふ。かかるものあるべきは、此世界でも大海の表底又那智川などは、丸で黄色に見えるほどヂアトム[7]（珪藻）といって全体多量のガラスより成れる植物多きにて知らる。（如図）

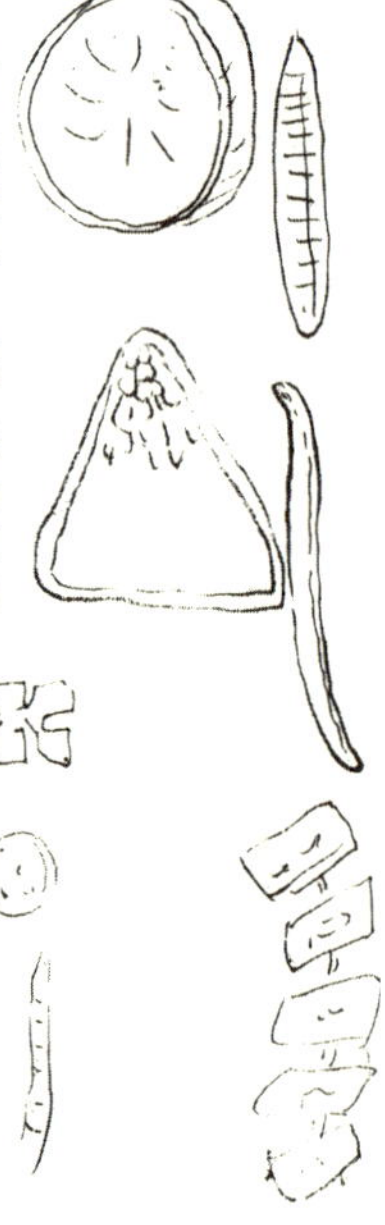

これは此世界の最下等動植物

右様のものと比匹すべきほどのものながら、此世界にて此等最下等のものが人体迄も進み成たりとすれば、都合により他の世界にては人体以上のこみ入たものに進み成ること知るべし。

哀しきことには、今日の人智は此世界、（地球に止り）最近の諸星にすら及ばず。故に科学科学といふものの、その専門当然に引き受くべき他の諸星の衆生にすら及すこと不能。他の諸星に衆生なしといはんか、光線分析にて太陽にすら此世界同様の原素存するを知る上は、なしと断言するも不可なり。之有りといはんか、その描象は一に詩人、落語家と同く空言語に止まる。

扨いよいよ科学進んで他の諸世界の衆生、衆物を知り得るに至らんか、精神界以上のことに何の益する所なし。是れ隣りに家あるを知る上は、其家にいかなる人物存し存せざるを明らむるとも、家はやはり家に相違なき如く、視聴の及ぶべき世界は、いかに宏遠なるも、やはり原素より成たる物質に外ならざればなり。故に耶蘇神学徒又は仏の譬喩品にある如き、他の物質世界に幽霊、鬼、大士等の精神以上のものが住むべき道理なければなり。されば科学の研究いかに進むも、精神界以上のことは何の知り得ることなきこと今日と同一なり。此見易きの理を見ずして、ややもすれば霊魂死して他の空間に生ずるや否といふ如き問あるは笑ふべし。何となれば吾れ吾れに現存する霊魂已に空間時間中のものに非ざればなり。もしその空間時間中のものに非るは之を感知せぬによるといはんか、（上にいへる味識(8)が空、時に感ぜざる如く）然らば霊魂の死不死といふよりは霊魂の散不散を問ふべし。予は中江氏の論は半時間ほど読流せしままなれば、其一句一言迄も記せず。然れども一句一言迄も記せざるは反て大体大意を明めし所以なれば、見たままの結着をいはんに、（或は氏自ら気付ずとして）数を素とするに似たり。其文中にも衆生蕃殖して息まず、此衆生の霊魂は何処よりふえ来るかといふ如きことありしと覚ゆ。

印度に古へ数論（すろん）[9]あり。予は未だ其詳を聞ず。然しながら察するに、其論は一は全きもの、二は夫婦、陰陽、三は単子葉植物（稲、百合、葱、ギボシ、サンキライ、等）の花弁の数の基、四は結晶体及星体に行はれ、五は双子葉植物（牡丹、木犀、茄子、梅、山吹等）の花弁の基数、六は衆生の元素の主分たる炭素の原子力、七は人獣の頸の骨数又蟹蝦の関節の基数、八は衆生に尤活力を与る酸素の原子力にして水母（くらげ）類の基数、九は樟（くす）の花蕊の数、十は動物の指趾の数又海盤車（ひとで）に行はると近来天然に数の存することを説くやうなこと（これも十一以上は其詳を聞くを得ず。又二は夫婦、陰陽といへども日本にも西洋にも実は一夫妻は極て少なければあてに成ず。九は樟の花に行はるなどは、他に比して其行はれやうの少なく弱きに呆れざるを得ず）乃至支那の易理を八八で説くこと、今日の博奕のやうなことに止んと思ふ。もしそんなあてじまいなことでなく、万物一より進んでどこ迄到るといふ微細なる論、又万事万物一として数より成らぬものなく各物各事各々定数ありといふことを明証し、又は全駁せしならんには始て首肯すべきも、そんなことはなかりしことと覚ゆ。

即ち近く申さば、一つとや一人行く道云々とか、二つとや二た又（また）大根がはなれてもと児童が謡ふやうな間に合ひのしやれなり。

氏の説一寸聞ゆる如きが、又大早計の見なり。何となれば数も亦無量なることを知らざる可らず。而して其上に数に定標なきことを知ざる可らず。近く迄海中の動物は甚多きに比して海藻は甚少なく、即ち日光の届かぬ所には生ぜず、故に此無数の動物は何を餌として生息するかとの疑ありしに、追ひ追ひ調査して、海面に無数恒河沙[10]より多き微幺植物あり、常に生死して其死骸は恰も雨の如く海底に落下して泥濘をなし、その中に動物がすむことを知れり。されば箇体としては、此微幺植物とても海底の動物に比すべくも非ず。然しながら分量にしては実にはるかに之に過るものあるを知れり。此世界には同種間又異種間に生物の競争断へず、現に人間蕃殖の為に以前未開の地追ひ追ひ開かれ、人よりも大なる動物が絶滅し居るもの日々引きもきらず。其上に右様の微幺の動植物丸で無量恒沙数に存するを見ば、人間いかに蕃殖するとも（人間とても必ず蕃殖のみするものに非るは未開の民絶滅するもの甚多きにて知るべく、又餓荒に疫疾、世間の迫逼等日として絶ざるにて知るべし）天地間の定数に於て何の増減なきなり。而して以上はこれ物体にあらはれしことをのみいふなり。精神霊魂界のことに至ては素より数を以て量るべきに非ず。白痴とて殆ど植物に手足動作ある如きものより、三人よりて文殊どころか三百寄りて何の知恵も出ぬ無用の議員さえあるなり。近街に外郎（ういろう）といふもの作るを見るに、トコロテンに麁末なる蔗糖を和して煮るに、素より過不及あり。之を茶碗二三十箇に澆ぎ入れ、扨あとより香料を加ふるに念入れて加へし外は、ほんのまねほどを一点下滴する。少しにても下滴さえすれば外郎になるなり。決して数ではかりて平分に入るるに非ず。さればたとひ数で論ずるとも人毎に霊魂の量等きものに非ず。ここに足ればかしこに足ぬから、幾人ふえるとも全体に於て増減あることとなし。況んや此外に数はただ数なるのみ、数に定基なきをや。

一宇宙も一なり。蟻一疋も一なり。定家の短冊も定めは二歩にして富人之を弄すること、はなくその如く梅川がつかひ果して、これより大事のものは色男忠兵衛あるのみと哭せしも二歩残りしなり。(11) 天下の学者吾れ一人と、一人らしく誇る人も実は半ん人分んも智恵のなきこと多し。故に分量にて精神界以上のことは論じ得られぬ。

今日の科学者、科学の精細に誇る。これ音楽といひ電力といひ光線といふ、何れも数にて量り得ればなり。されども香、味に至ては広言吐くこと成らず。是れ数にて量り得られぬ故なり。光学中の色すら数にて量り得ぬから萌黄とか枸橼色とか混雑千万な語を用るのみ。十分なことはいへず。況んやこれらの数たとひあるものにしてからが、工芸とか製作とか実用上にのみ限り、感応以上のことには用られず。たとえば牛乳をひびの入りたる茶碗にて腐らせ、扨洗ひ清めて臭なきに至り、之に塩を盛らんに臭甚くなる。これは臭の素がふえるに非ず。顕微鏡にて物を廓大視する如く、臭を廓大にするなり。顕微鏡にて物象を大にするは物象が大くなるに非るが如し。されば精神以上のことは数にて論じ得ぬなり。現に洋人は音楽に譜調の細くして大数なるに誇る。然るに予の得意のどど一一つ合はすことがならぬ。故にどど一は音楽に非ずといはんか、其見解笑ふべし。ハーバート・スペンセルは十九世期第一の哲学者とか。其社会進化論に宗教も少より多に進化するとて僧の階級のふえたことなどをいへり。これは宗制宗儀の進化とこそ言ふべけれ、宗教はかくて堕落するなり。文章などは力鬼神を動すといふものなるが、単簡なるもの考え過ぎたものより宜きことは、東西とも定論あり。洋人の詩や『万葉集』の長たらしきより希臘の短句、又「枯れ枝に烏のとまりけり秋の暮[12]」などは短き所がよきなり。これ其意味無量なればなり。無量とは数の外なるをいふ。（希臘なども歌は長きよりおひおひ短くなりて改良せしこと、吾邦の万葉が古今になりし如し）

さればやたらに物の数多くなるを開化が進むなど思ふは大誤謬なり。

「ゼヴラン[13]」言く、蟻が論理を応用すること人間に優るの日は、人は蟻に屈下せんと。然り。そんなこともありなん。但しこれとても数にて量を得るものに非じ。人間頓悟して菩薩位、如来位に至ること亦然り。原子量の多少や体重の大小によらぬこと明かなり。自覚自証は顕微鏡にて物を大くする如し。顕微鏡は物なり。故に度数あり。心を以て心を証するには物を離れたり。故に度数なし。或は苦で之に抵り、或は一頓悟して到らんこと疑なし。ヒューム[14]言く、一に二を加へて三になるといふやうな理窟は到底宗教家を屈するに力なしと。これ宗教家を愚弄せる句なり。予は之に向て言ん。天下の事物一とも見れば見え、三とも見れば見ゆる（一幹三柯の梅如く、又もちつとよき例を引ば、前書にいへる変形菌如く一体ながら多体、箇体より全体の成るもの）といふやうな理窟は世の所謂哲学者に無効なりと。されば精神界より霊魂界に、霊魂界より如来位に進んとせば、別に脳の原子量多くせん為に蛋白質多く食たり、牛肉や山の芋多量に用たり、茶多く飲んだりするに及ばず。ただ霊魂を発揮すること純にして専らなれば足れることなり。［是れ霊魂不離散の要法也。］

近く此世界に付ていはんに、礦物より植物に至て生命生ず。植物より動物に至て物心生ず。人に至て人心生ず。人集て社会をなして風儀生ず。而して一切諸物みな精神あり。人に至て此精神人心の主分をなす。諸精神みな霊魂あり。人の精神には霊魂尤も根基たり。これ諸他の物に比して翳障少なき、即言はば之を発揮するの暇（ひま）多きによる。他のものに比して量に多少あるに非ず。自動の機会多きなり。

右はこれほどにして擱筆せん。

○先日高藤師に頼上置る『愛染経[15]』といふもの、見当らば御貸し被下度候。予はこれより又例の方便にて、昨今仏教に対する難問たる夫婦愛の一説を造出し御目にかくべし。

真言宗の学林[16]の学生洋服を用ひ度とのこと。予以為ふに、洋服は一定のものを作り、扨それか又は従来の僧服勝手次第とし、宗教に関する諸課を僧侶にて受持つ人々は、成るべく必ず宗制の服を従来通り用ることとせば如何。実は米国は不知、欧州にはかかること要求する宗教学生はなきやうなり。然れども人の望を塞ぐは宜しからぬ極なれば、此程の事にしては如何。課目定らば一覧表如きもの送り被下度、小生は自分の了見を可申上候。貴状は小生より転地知せ申上る迄はやはり当和歌山宅え願上候。

明治三十五年四月十八日　南方熊楠拝

土宜法龍様

小生は馬鳴、龍猛等の事[17]、又欧米、吾邦のことなど考合すに、外典より入りし仏学者は信心堅固に智恵聡明也。内典より始りしものは、多くはつまらぬ外道に畢世す。今日法華といひ真宗といひ頑迷千般なことを罵るのみ、宗旨風義壊敗せり。これみなあまりに法を守り法を守しめんとするの極、法さえ守ば何事を言行するも可なりといふやうな見解に任すより出しと覚ゆ。故に体裁上入用の誦経、説教の下げいこの外宗教の学理は二にまわし、壮年記臆の失せぬ内に可成多く本人銘々所嗜の外学を自修せしめたら、それ以上の事は自分で発生せんこと、浴ずきが浴場にて悟りし如く、鍛工好きが鍛室にて了りし如くならん。故に図書室建ること一番必用なりと存候。

（1）本書翰は縦一六・五×横一三五・〇cmの和紙の巻紙に墨書されている。これは四月十八日に届いた法龍来簡（未発見）への返書である。封筒には南方酒造の専用封筒が用いられている。

（2）この書翰は未発見。

（3）この日の日記（『熊楠日記2』二五四頁）によれば、その歌は、「いつまでも雲井の空にわきいでゝ天地までもあらふ滝水」。これは三月二十五日付〔高山寺27〕の熊楠の依頼に応じて法龍が英隆に詠んでもらったものであろう。

（4）唯識派の説く第七識。末那識。

（5）阿（菴）摩羅識のこと。唯識派の説く第八阿頼耶識が迷いを捨てて悟りの姿に転じた清浄な境位。

（6）北宋の理学（儒教哲学）の創始者である程顥、程頤兄弟を二程（子）と呼ぶ。

（7）diatomite. 珪藻土。

（8）正しくは舌識。

（9）インド六派哲学の一つであるサーンキヤ（Sāṃkhya）学派の漢語名。

(10) 恒河（ガンガー、ガンジス河）の沙の数の意で、無数であることの喩え。
(11) 近松門左衛門『冥途の飛脚』。
(12) 芭蕉『あら野』所収。
(13) 不詳。
(14) イギリスの哲学者、歴史家デイヴィッド・ヒューム（David Hume 一七一一―一七七六）か。
(15) 熊楠が求める『愛染経』とは愛染明王の本軌と思われるが、そのようなものは発見されていない。
(16) 当時熊楠が招聘を受けていた古義真言宗聯合高等中学。法龍はこの学校の教育方針などについて熊楠に相談していたことが窺われる。
(17) 馬鳴も龍猛（龍樹）も外教（異教）から仏教に転じたと伝えられている。

32　明治三十五年五月三日(1)

［下文に見る『ネーチュール』雑誌は取りまとめ三ケ月分毎に中学林へ寄贈すべく候。小生の用る筆甚わるく十分に毎度の書信を認ること不叶、其地の精好なるしんがき五六本おくり被下度候。なみなみのものは当地にもあるが、此通りにて役に立ぬ。］

明治三十五年五月三日

和歌山市

西京東寺真言宗法務所にて

南方熊楠拝

土宜法龍様

拝啓　御状一(2)及恵贈之『白隠広録』一冊、正に領受御礼申上候。

書籍は、はほんに相成候ては詰らぬ故、次の冊も出候はば、しまい迄御送り被下度候。

○貴校には只今書籍何部ほど有之候哉、又其内洋籍は如何程有之候事にや奉伺上候。

霊魂論之事は前回数度之書面にて大抵御分り相成候事と存候。四日前に小生常々投書する英国の雑誌『ネーチュール』受候に、大佐ハッドン(3)と申す人の進化論を載せ有之。それに、例の科学者の称道する勢力保存説（コンセルヴヱーション、オヴ、イナルジー）は無機物体に行はるるが生物の生命を得て子孫にのこす段に至ては其功なし、又心性にも其功なしといふ論相見え申候。抜書にて委細は分らねども、大体を察するに左の如き主意と相見え候。

たとえば一の馬力を蒸汽に変ぜんに、事情上多少の増減は免かれぬが、理論上は一馬力に均量の蒸汽力を生ず。之を又電気に化せんにも、それと均量のものを生ずること物理学を習へる者の知る所也。然るに同じ分量のものを食はせても、鶉（うづら）はきたなき羽を生じ、孔雀は美なる翠眼の尾羽を生ず。之を抜きても亦前の如く美きものを生ず。されば同一の食量の外に、羽を生ずるに精麁の異あるは、孔雀と鶉の稟質の異なる也。此稟質何より来るか一向分り知れぬ、といふが如し。これ取も直さず小生が前文に申上たる心性上の事、又心性ならずとも生物界のことは数にてわり出し論じ得ぬと申せしと同一に候。孔雀の羽が精にして美に、鶉の羽がきたなくして麁なる如く見ゆるは、人間の見様次第ぢや。実は麁も精もなしと言はんか、然らば数といふものも人間の見様次第にして、数に定量あることなし。一里も一なり。一寸も一なり。一匁も一にして、一人も一なり。一里は一人より大なりといはんか、然らば綿一里と金一町と何れか大なりや。綿は一里なる故に金の一町より大なりといはんか、勘定中らず。綿一里を化するも金一町に成すこと成ねばなり。故に数といふもの、寸法とか坪数とか立方とか容積とか密度とか、一種の事体を定めての上に非れば、大小を比較し難し。今何億万とも知れぬ人間の生死を算して、人間年々ふえてゆく、此ふえる人間の霊魂何処より来るなどいふは、他の生物を一切無視したる論なるのみならず、人間の霊魂は数にて算すべきものに非れば、（箇人毎の霊魂均等大と視ぬ上は）不成立の論といふの外なし。況んや人間に長命のものは至て少なく、多くは幼齢にして死亡し、早年にして即世するをや。又此世界は神代の昔より一滴の水一杯の土の増減なしと福沢先生の『訓蒙究[窮]理図解』にて見しものの、実は毎夜見る通り隕星、流星などいふもの夥く此天地外より墜下すれば、随分此地球はふえて行くなり。（宇宙に取ては何の増減なく、彼に損じて此に得するもののの）扨此地球の外の事は今の科学で一向分らねば、地球外の諸世界に生物なしといふ実証あるに非る上は（仮りに他の世界に人と対等にして霊魂を融通すべき生物の高等なるものありとして）霊魂は箇々動物に均等賦与されたものと見るも、なほ此地球で人がふえるは霊魂といふものなき理由とはいひがたく、反て霊魂といふもの盛んに且つ滅せずに宇宙に瀰漫する証左といふの優れるを覚ゆ。

次に今回の貴問(5)に答へんに、予は生死一如なればとて、寒も暑も感ぜぬとか、食物食はずに生きて居る法とかいふことの出来ることと思はぬ。又これらは最上の悟りに比しては実につまらぬ吝嗇奴などの望むことと思ふ。然しながら已に悟りたる上は、例の「論語よみの論語知らずはうれしやな、論語読まずの論語知らずは」で、少々の餓とか暑とか寒とかいふことに泣たり怒たり、乃至七顛八倒するやうのことはない。閙境に接して忽ち不動智を失ふなどいふ歎は予には分らず。反て不動智有ればこそ、閙境に接して閙を一々処理するの量あることと存候。

予は常に無上の法楽を攫取して放さぬことを企望する人が、腹へらぬ法とか物にかまはぬ法とかいふことを熱心らしく冀ふをおかしく思ふ。これらは外形に関することならば剛情でおし通して可なり。昔し希臘のヂヲゲネス(6)は寒中に雪に臥して大理石像を抱き、熱中に沙中に伏して腹を慰め、又アゼンス第一の美妓来り挑むも聞かず。而して市中稠人の間に立て手淫を弄し、其徒クラテス(7)は妻も哲学者ながり[ママ]が、満人中に白昼交合してかまわず。これらは頓悟したやうで実は世評を大に懸念する人物といはざるを得ず。彼恵春比丘尼(8)が丸裸であるきし如き亦然り。(予はかかることは尤もよくす)心已に悟らば、かかることしたりとて衆人に害ありて己れの道に益なしと知りてさしひかえるべきことなり。又外形のことに非ずして内相上のこととあらば、此身已に業苦の果ざる以上は、心如何に悟るとも即死解脱の外は外事の刺衝に相応して感覚興奮せずに可ならんや。但し已に悟れるもの日々食事はせねばならず、ならぬが食物の味を(たとひ心中にでも)議したり、庖烹の可不可を恨んで龍王を頭痛せしめたりするやうのことはなかるべし。

太宰純(9)の語に儒教の礼のことを説て、聖人は外を以て内を制すといふことあり。これは人の妻の美なるを見て美と思ふても、上も下も着た上はまさか一ち物つも袴をつきあげず、芸妓がゆもじ一つで踊るを見ても見ぬふりすれば人が賢人と云ふて通すから、先づ社会の風儀維持は内心は兎も角、外をつつしめばよしといふことにて、今日の西洋人がつとめて外を粧ひ内をかくすも此に外ならず。吾徒が頓悟頓悟といふをなにか無鉄炮に物にかまはぬやうに心得るは、支那に儒の右様の外粧見盛んなるを嗤ふのあまり老荘杯よみそこね、周顗(10)が満座中にまらを出したり、李卓吾(11)が白昼に女と同浴したりするに至れると其途は異にして、其帰する所は一なり。予は仏教の所教他と異なるはこの点にあることにて、心已に解脱せる以上は、外相には威儀を保ちて衆人を和し、内心には事物を一にして一向迷乱拘泥なく、内外共に融和円通にして、此業苦の諸相にひっかけられざらんことを期するにありと思ふ。かく申す金粟は尤も物にかまはぬ男にて、馬陰蔵相(めおんぞうそう)(12)どころか須弥峯如き大物を持し人中に出して憚らず。又目がさむれば昼、睡くなれば夜といふやうなことで、馬厩の二階に下宿し(13)といふと藤原仲文卿(14)が馬と同宿して馬の監護に懈りなく勤忠せしやうなことと思はれんが、実は左様に非ず。ただただ世に拘泥せぬこと甚き為、何れの宿にもおいてくれぬなり。かかることのみして世を送りしが、実はつまらぬことにて、自分は何とも思はずにせしことながら、世評をかまはぬの至極世評を大にかまひしに出づ(好奇のあまり人聴を驚す一種の広告手段として）とのそしりは免かれ難し。昔し雅典の大賢ゼノクラチス(15)は「参也愚〔しんやぐ〕」(16)といへる如く鈍き人なりしが、プラトーの下にありて勉学し、遂に其師の一貫の道を得たり。当時の高尾ともいふべきライス（此女は美麗限りなく、画工も彫工もヴイナス女神を像するに必ず此女を乞ふて写生し模型とせり。老後自らヴヰナスに鏡を捧ぐ。銘に曰く「ますかがみ底なる神のたえ〔妙〕なればしらぬおうな〔嫗〕と吾身をぞみる」）此人を淫せんと友人と賭して、半身を丸裸にし可憐可掬の態を粧ひ鼻息あらく其室に入りて、盗に追はれたればかくまひくれといふに、戸を開いて内に入れ牀に昇り関係せぬを、女の方より其臥内にもぐりこみ両腕中に之を抱き逼りしも、何の事もなかりしかば、大に怒て去り其賭を失しとき、嘆じて曰く、妾は人心を蕩するの術を尽せるものながら、土偶心を動かすの技は有せずと。これらは実に達者の達者たる所にして、馮道(17)が雪夜に軍陣に捕れし女を誘ひ来りて同臥して犯さざりしといふ少々自慢好事の所為にまされること万々なり。西洋にもカエイスト(18)といふ一派の基督教学者あり。日本にも闇斎などの学せるものは、孔子が大将で孟子を副将として攻来らば日本人は如何すべきやとか、子が母の父を弑する所に居合せたら母を殺すべきや否や等のことを議せりと聞く。仁斎なりしか東涯なりしかに此事をいひしに、先はそんなことはなきことなりと答へしとぞ。今米虫など飯くふ銭はあり、衣をきる位置はありながら、空腹に成らぬ悟りとか衣を着ずにすむ法とかいふことを金粟王に問ふは此類の事ならずや。平生の悟りよくば、食ふものなきときは三四日迄も食はずに居ながら正当に食ふ法を見出し得。衣も亦然り。身体弱くてそんな間がまてぬといふか。それは幼少よりのしつけが悪いからの事にて、一は父母の遺伝にもよれば、いかに心計り悟るとも詮方なしと知れ。但し詮方はない乍ら、人を恨んだり人の物を横奪して食ふやうなことは悟りたる人はする気にならぬものなり。霊魂の悟りを求るもの此世の事に放佚にして、空腹にならぬ法とか、香積如来(19)から香飯の仕送りを求むるとか、獼猴の供養(20)を受たいとかいふやうな根性なら、此世に用はないから早く死して小野篁〔おののたかむら〕(21)の非職を幸ひ閻王の庁で受け附けでもし、虎の皮のふんどし連の上は前えでもはつるの外なし。仏国のサン・エーヴルモン(22)の辞に「徳を愛すれども固ならず、楽を欲すれども淫せず、又生を楽んで然も死を畏るることなし」とあるは甚美なことぢや。你米虫已に小我即大我を知らば、何ぞ小障碍にあふて忽ち大通暁を生ぜざる。又力及ばざるの場合には、王子猷[23]が「諸共に月見んとこそ出しかど必ず人に遇んものかは」。小障碍にあふて力足らざれば、障碍をおしのけず他に道を転じて可なり。一事一事毎に猛進破通せんとするは労のみ矣。朝来弁当こしらへて花見に行んとするもの、万障はさしくる心得なるべし。但し急に風雨到らば力及ばず、半日の閑をそのまますごすも如何なれば、読書でもして可なり。必ず坐してあてもなき風雨の止むをまたんやは。一体吾国の仏徒の所言をきくにおかしきこと多し。此等も其一例也。又なにか万世不抜不動の法規を立るとかなんとか、よく仏僧の口より聞くが、有為転変刹那も移動せぬものなきは此輩の金科玉条なるをや。伱もちと、どど一にても稽古し、金粟の如く実境に際して智見を励精研磨せよ。

次にいふべきは、吾国の仏僧は仏法僧法を尊ぶことを知らず、ただただ王法に随順するを最専務とする如し。故に宗教に自立自尊の風、蕩然として地を払へり。随て万事依頼主義にして、学校建るに教課書迄文部省の俗吏の眼付を甘受するとか。教義の中にも政府当局者猫の目如く変りつつあるものの気を伺ふて、色々と枉る如きこと多く見ゆ。吾国近来仏徒にして社会主義を唱るもの多し。欧州にも社会主義よりして仏教を称美するもの多きは予之を知る。予はかかることを全くよしといふに非ず。然れども僧たるものは世人の指導者にして忠告者、忠告者にして介抱人たることを忘れずんば、今少くかかる世間の事にも意を用られ度事なり。近く西班牙、伊太利、其他南米の諸邦を見よ。僧たるもの民人の為に対捍の気風を張ること少しもなかりしあまり、自分の肉を食ふ人の如く、肉尽ねば腹満ず、腹盈て身仆る。然るを僧正とかなんとか俗人にすらなき位階などのことを云ひつのり、政府の法律に制せられて、昔日の如く児童を姦すること少きだけはまだましながら、其外に世間に取てどころが[ママ]、同宗の信徒に対してすら何の功もなし。「雲ならばうれしからましかりそめの泛世にそむる紫の袖」要するに伱等は一切俗僧なり。

学校の事は、年を期して功の見るべきものを作んとならば、学生中に機分に応じてそれぞれ世間に功の有るものを出すを期すべし。即ち学校にては主として教義、威儀、経説を一と通りおしえ、所謂僧が僧らしくなればよし。その上は本人の得手得手が有るから、今の省令の如く何にもかも万人に一様におしこむは、小児に餅をすすめて喉を塞ぐと同じ。それよりは本学（教義等）の外の事は、書籍館を作り一同に少しも秘する所なく、（予大学にありしときなどは、教員が色々と故障して学生に見すべきものを見せぬ等の弊有し）何の学の書なりとも不都合なき限りは（淫猥の書等）十分に縦覧せしむべし。然るときは学生の方口まめになりて教師が困るといはんか、そんなことでは到底吾宗の隆興は覚束なし。善無畏、不空、一行、其他空海、智証に至る迄、何れも経説の旧套なことのみで所信を衆人に得拡しものに非るなり。又況んや今日吾国仏僧の尤も後れ居るは智識の一事に在るに於てをや。法説は不転なり。前来金粟の霊魂に関して述し如き、大日の金口を一辞を増減せしに非ず。法説の説き様見様は万人万口なるべし。或は法律に仮り、或は物理に仮て説く。そろふた上は粲然の文章を増す彬々として見るべし。何ぞ学生の為に此一事（図書館拡張の事）を急務として設けやらざるか。

　序に申す。徳川頼倫[24]（家達公の実弟にて紀州侯の世子たり）龍動に在し日、予をしばしば招き色々話しさせて聞れたり。予も始めは固辞せしが、色々と請るるから往るなり。此人学問は嫌ひなりといふ。予思ふに指導其法を得ざるに出ることにて、総て貴人は愚昧の黎民よりは性質の優れたるものありと思ひ、諸処の文庫、博物館等へつれゆき、分りやすく大体の道理を条立（すぢみち）て話せしに、中々呑み込みよく早さとりの人にて、一つかどの智識を得たりと悦ばれぬ。予言ひしは、欧州ただ見て雲烟過眼で帰たりとて何の益なき夢かパノラマ見しと異なることなかるべし、所志を貫き一事を成すとか、終夜不眠して発明して世を益するとかは貴人のなすわざに適せず、一番此行を無（む）にせぬことは書籍多く買ひ来り、人に見せてやり、其得たる話して聴きて自ら楽まれよと申せし。果して其通りに多々書籍を買ひ入れ、旧来の蔵書と共に飯倉町の邸に南葵（なんき）文庫といふを公開し、旧臣の子弟を集め縦覧せしめ居る由新聞にて見たり。これは施餓鬼や奉捨などにまさること万々にて、実に貴人の相当の楽みなる上、自来旧臣の子弟より人物多く出ることは期して待つべし。其開文庫式に鎌田栄吉[25]もいへる由。今日は人間自ら分際と機根とを料り、自修自研の世に候ぞや。昔しシラキユースの暴主ヂヲニスス、忠臣ヂオンの勧に随ひ哲学者プラトーを招き説を聴きしが、忽ちあきが来てプラトーは去れり。後国事艱難にして妻は姦せられた上殺され、女は素を破られた上海に投られ、一文なしになりてコリンス市上に徉遊せしを、例の犬儒ヂヲゲネスが「嗚呼王も亦市に乞ふに到れるか」と言ひかけしに、「予の如き不明のものに賢哲が言葉かけらるる辱なさよ」と答しをヂヲゲネス嘲笑して、「扨々耳ざとりの鈍き男かな。予は汝如き不埒奴は永く王位に在て苦むべきを天いかに見遁して今の乞丐境に楽むを得せしめたかが分らぬ、といふことをいひしのみ」といふ。又人ありて、汝昔し「プラトー」如き大学者の説を聴ながら、かく零落せしは偉人の説も功なきに似たりと言しに、王「是れ何の言ぞや。予の如き重罪多過の身にしてなほ安く此世を聊し日をおくりて、自ら齷齪顛倒過を重ねざるを得る所以のものは、実にプラトーの法の一片を窺ひしによる」と言し由。[26] 人の為に謀るには、何にか後日に思ひ出らるるやうなことを一言は言ひおき度きことなり。予は今後右の世子と会することを好まぬが、自分の言の聊も用られて、公益済世の資ともなりしを喜ぶのあまり、今度熊野で集し植物を一切一と通り集め調へ、右の文庫へ喜捨するつもりに候。兎に角你の学校の図書室の部数（和漢を一、欧米を一として）言ひ来れ。其上予又謀り事あるなり。

你米虫も十地[27]位いにはいけるが、惜いかな今日の智識に乏い。もはやぼれだから道安[28]、支道林[29]如く死に瀕して読誦甚力むといふわけにもゆくまいが、其内西京に之き、第三仏[30]の一切智の一斑の材料だけは授けやるべし。

以上、

（1）本書翰は縦一六・五×横一〇六・〇cmの和紙の巻紙に墨書されている。これは四月三十日に届いた四月二十七日付の〔補遺4〕への返翰と五月一日に届いた『白隠広録』の受書を兼ねている。

（2）〔補遺4〕を指す。

（3）イギリスの科学者キャプテン・F・W・ハットン（Captain Frederick Wollaston Hutton　一八三六―一九〇五）と思われる。

（5）〔補遺4〕における法龍の「この閙境に対して泰然不動なりや」との問いかけ。

（6）シノペのディオゲネス（Diogenēs　前四〇四頃―前三二三）。古代ギリシアの犬儒派（キュニコス派）を代表する哲学者。『哲学者列伝』のディオゲネス伝に以下のような記述が見られる。

（7）テーバイのクラテス（Kratēs　前三六五―前二八五頃）。その妻はヒッパルキア（Hipparchia）。『哲学者列伝』所収のヒッパルキア伝に以下のような記述が見られる。

（8）華綾慧春尼（?―一四〇二）。室町時代の曹洞宗の尼僧。

（9）太宰春台（一六八〇―一七四七）。純は本名。江戸時代中期の儒者。

（10）周顗（生没年不詳）。東晋の名臣。『世説新語』任誕、劉孝標注に「顗於衆中欲通妾、露其醜穢、顔無怍色」とある。

（11）李卓吾（一五二七―一六〇二）。明末の思想家。儒教に反対するその思想が危険視されて迫害を受け、獄中で自殺した。彼を弾劾する文の中に「妓女を挟んで白昼同浴し」とある（溝口雄三『李卓吾』日本アート・センター、一九八五年、一六五頁）。

（12）仏の三十二相の一つ。男性器が腹中に蔵されて外に現れないことを言う。

（13）ロンドンのブリスフィールドの下宿を指す。

（14）藤原仲文（九二三―九九二）。平安時代中期の歌人。

（15）クセノクラテス（Xenokratēs　前三九六／三九五―前三一四／三一三）。古代ギリシアの哲学者。『哲学者列伝』所収のクセノクラテス伝に以下のような記述が見られる。ただしそこでは、このやり方で彼を誘惑するのは、ライスではなくプリュネなる芸妓である。熊楠はこの話を明治四十五年に『牟婁新報』に連載された「西説婦女杜騙経　序品」（『熊楠漫筆』六七―六九頁）にも再説している。

（16）『論語』進学篇。原文は「柴也愚、参也魯」。

（17）〔高山寺19〕注（40）参照。

（18）不詳。

（19）『維摩経』香積仏品に登場する如来。維摩詰の求めに応じて大衆に香飯を提供する。

（20）仏伝中の「獼猴捧蜜」説話を指す。

（21）小野篁（八〇二―八五二）。平安時代前期の漢詩人、歌人。彼は閻魔王宮の臣であったという伝説が『今昔物語』巻第二十第四十五話などに載っている。

（22）不詳。

（23）王徽之（?―三八八頃）。子猷は字。東晋の文人。王羲之の子。歌は『蒙求』（唐の李瀚撰の故事集）所収の「子猷尋戴」の故事を踏まえたもの。

（24）徳川頼倫（一八七二―一九二五）。紀州徳川家第十五代当主。明治二十九年から三十一年にかけて欧米に遊学した。彼の随員の一人であった斎藤勇見彦（?―一九一七）の随行日記『欧州御巡回中日記』（稿本、個人蔵）によれば、頼倫と熊楠が初めて会ったのは、明治二十九年七月七日夜、Regent Street の Verrey's Café にロンドン在住の和歌山県人を招いて開かれた頼倫夫人久子の懐妊祝賀会の席上であった〔吉永 二〇〇五〕。帰国した頼倫は斎藤らに家蔵書籍を整理させ、麻布区飯倉の私邸内に南葵文庫を設立して、明治三十五年四月から紀州徳川家関係者の子弟並びに篤志家に開放していた。その後この文庫は、蔵書数の増加に伴って書庫と本館が増設され、明治四十一年には公開図書館として発足することになる。本書翰の記述からは、熊楠が頼倫に対して、法龍に説いたと同じような文庫設立の理想を説いたことが窺われる。このことを通じて熊楠もまた南葵文庫の設立に一役買ったと言えるかもしれない。なお同文庫の蔵書は、大正十二年の関東大震災の後、焼失した東京帝国大学図書館を再建するために同大学に寄贈された。〔小野 一九四二：三六六―三六八〕参照。

（25）鎌田栄吉（一八五七―一九三四）。慶応義塾の塾長を長く務めた教育家。和歌山出身。徳川頼倫の欧州旅行に教育係として随行し、ロンドンで熊楠と交流した。

（26）以上はシラクサの僭主（tyrant）ディオニシウス二世（Dionysius

II　前三九七頃—前三四三）の物語。典拠はプルタルコス『対比列伝』「ティモレオン」並びに「ディオン」。

（27）悟りに向かって進む菩薩の境地を十段階に分けたもの。『十地経』（『華厳経』十地品）などに説かれる。

（28）〔高山寺10〕注（42）参照。

（29）支遁（三一四—三六六）。道林は字。東晋の代表的な仏教僧。

（30）熊楠の自称。馬鳴は第二仏、金粟王如来たる熊楠は第三仏であるという。〔高山寺29〕二八二頁、〔八坂本46〕三二五頁参照。

33　明治三十六年九月六日(1)（断簡）

明治三十七〔六〕年九月六日

南方熊楠

土宜法龍米虫様

拝啓　孤児院の写真一枚(2)受候。前はがき(3)にて伺上候太陽に三尊現するといふこと、なにか御見当りならば御教示被下度候(4)。俗説なら何国辺に行はるるといふこと聞たきに候。これは埃及の基督徒は今に基督生れし日の朝日を見れば、父、子、聖魂の三尊現はるるといふ説あるに比較上のことに御座候。（父子は兎も角、聖魂現らはるるとはおかしき云ひ様に候）

〇次に御地四条木屋町南に島津製作所といふあり。小生毎々器械薬品等取寄しことあり。然るに昨年十三円ほどの勘定の間違ひ生じ（小生より送金は受取乍ら物を送らざりしなり）御地大学生徒に談判せしめ取返したり。其後は勘定の間違再生をおそれ一向注文はせず。只今研究上入用の品は一切帝国（東京）大学の医学生へ取次せ、同市よりとり寄せ居る処、右の大学生目下学位受る試験にて、小生よりり注文の品一寸送りくれず。もはや秋日にも相成り事業さしせまり居る際甚迷惑するが、他の品は大坂等より取寄せ間に合ふやうにせるが、ここに封入する如き昆虫学用の針は調はず、甚困却罷在候。因て両様封入するから、それと同様又類似の（あまりちがはぬ）針二百本づつ合して四百本右製作所にて買ひ、至急郵送被下度候(5)。小生より頼みやらんには又勘定違ひなど生じ、若くは毎々の例の如く遅延しては甚こまる故、誰か使はして御求被下候はば事早くすみ申すべく候。代価ははがきにて一寸御申越被下度、品受取の上早速郵便為替を以て返上可申上候。

右書畢りし処え右の学生より返書来り、大多忙に付当分右様の用事断はる旨申来り候。因て貴下何卒事情御洞察の上、右件宜しく御頼申上候。代価は分らず候へども、凡そ三円内のことと存候間、一時御立替被下、一寸御知せ被下度候。右は小生貴下等に例の曼陀羅の事、物、名等を解釈の為示すべき昆虫、擬似、驚動等の作用を示すに入用の品に付き(6)、尋常無目的の殺生事にも無之。もし御差障りあらば、誰か僧家ならぬ人に頼み買ひ、早速為送被下度候。御地に小生同郷の学生一二人あり候へども、ややもすれば金銭上の間違生じたることあり、なるべくは貴下に御頼上候。又万一不浄のこととて貴下難色ある様の事ならんには、是亦早速御返事被下度、素より其道に取ての事、小生少しも怨む所なし。他に可然方便を可求に御座候。

〇前日南贍部州に対する某師のこぢつけ云々の事[7]申上し。之を難ずるもの非なるは申す迄も無く、かかる説を構造する人の無用弁を始む者たることも御分りのことと存候。小生追考するに、これらは俗に申す贔[カ]負の引き倒しにて、俗物少機輩が己れの卑劣心に比して物知らぬを恥と心得るよりのことと存候。及ち博識の乏きを恥と心得よりのことに候。昔しソクラテス大道に踞して道を説く。一少年あり、常に来り之を妨乱す。衆に語て言く、此石工は分り切た尋常のことを大層そうに説いて己れの名を高くせんとするものなりと。ソクラテス之に問ふ、予が説く所悉く分り切たことならば、汝も亦之を説き得んや。少年答、然り容易のことなり。ソクラテス問ふ、友人を殺すは善か悪か。少年答ふ、知れ切たことなり悪なり。又問ふ、然らば一の極て親き友人秘かに国家を顛さんと計り、其事頗る危急にして国民の大患目前にさし迫れるに臨み、之を殺して億兆を救ふは善か悪か。答ふ、それは其場合による。一概に一寸答るわけには往かぬと。世上の事は此類なり。昔し小生シェリング（シユレッゲル？）の『歴史哲学』を読しに、天人と人と異なるは、人には道理の力あり、天人には之れなきにありとあり。小生之を以て甚く天人を黜(おと)せる談となせり。後考ふるに、氏の言は、人には判らぬこと多いから道理力の必要あり、故に道理力あり、天人は見れば即ち解すること庖丁の刀の如し、故に別に道理力入らず、故に無用のものは無きなりとの意なり。今日如き齷齪として法螺、こけおどしが盛んなる世にこそ博識を衒して人をおどすの要はあれ、釈迦の頃はそんな多識は入らざりしことと見ゆ。又已に此世の衆苦を解んとするほどのもの、何を期して小さき識などを穿鑿せんや。（日蓮大士の書しものに、西行法師の作なりとて「ほのぼのと明石の浦の」といへる人麻呂の詠を引く。おかしきことのやうなれども、其之を引し用事の目的は此詠の作者の穿鑿には非ずにして、ただかかる詠が世にありしといふ証のみに引しなれば、間違ひは間違ながら何の玭にならぬなり）又仏に法身、化身等あり。今人仏の釈迦は人なり。其所為を小乗の経に書しを見るに尋常の人なり。後世其身長、神異等をかれこれ附会虚誕せるは大乗の徒[カ、破損]に始まれるに非ず。小乗の徒率先して之をなせり。（今もセイロン等には色々の法螺談あり。大乗は為にする所ありてのことなれば方便ともいふべけれ、小乗自ら梵徒の神異説を駁するが仏法といひながら、自分の開祖にかかるつまらぬ伝を附せしは小乗の徒の大矛盾なり）人間いかに異大なるも、自分の時代に行はるる外の識を有せざるは知れたことなり。たとひ人に異なる識あるも、其世の人悉く之を解せぬときは世に出すも功なし。故にそんな識有るも無きも同く世に分らず候。

　釈迦が末世の僧は児の臂をとるといひ(8)、陳博[摶]が宋の後を論じて一汴二江三閩四広(9)といひし如きは所謂事の大体に通ずるもの彼基督、回々の徒の所謂予言や天王寺の未来記(10)があまり微細に中り過る如きに非ず。小生の亡父は無文の人なりしが、死するとき、吾死して五年にして吾家は亡ぶ、十年にして和歌山に正行謹慎の商人地を掃ふに到んといひしを、よく中れりとて同地の人今も喋々す。これらは亡父いはずとも知れたことにあるなり。阿部彦、磯野(11)の輩も多少、これほどの予言は出来たるなり。別に妙に非ず。今日の識といふものは切れ切れの識にて其事知らずもすむ。知りたりとて何の益なく、ただ面白いといふほどのことのみなり。人仏の釈迦、そんなこと悉く未来を察して知たりとて一種の見世物に過ず。何のえらきこと少しもなし。英国博物館などには何を問ふても識て居る、類典字典を悉く合して足二本はやした如きもので、目前糊口にこまるもの多し。宋濂(12)はさしもの大博識なりしが、明太祖之に、汝如きものは世に用なし、ただ朕の顧問に備ふべきのみといひしとか。徐鉉(13)といふは南唐の大博士にして、主人の子が猫と戯れ、猫ランプを落して駭[おどろ]かせしより死したるとき、猫ランプを落せしに駭き死せし孩児の例五十余を目の前に引き出せしほどの博覧也。然るに南唐亡るときおめおめと宋に降り、主人毒殺さるるもかまはず、何となく老死せし無用の人なり。

　又件のソクラテスが少年に問し例と同く至細にぎんみせんに、識といふこと、博ありしとて必ず其識ある人の名誉ともなり難し。其故は薬を盛る法を知たものは知らぬものよりえらいかと問んに、答知れ切たこと也。薬を盛ることを知たものは、自分に益あるのみかは友人にも施し得る故えらし。問、然らば毒薬盛る法を知たものは知らぬものよりえらいか。答、毒薬は毒を以て病を攻るの功あり、薬といふものも多くは毒なり、又微細の病原虫菌など毒を以てせねば退治出来ぬもののみなれば、無論害もあるが功の方はるかに多いから、毒薬法知れるものはえらい。又問ふ、いかに豊肥白膚膩の如き美女も、子を産む毎に腿と腹の限界にスヂ一つづつ引くものなり。故に子生し証として必ず分るなり。之を分に［らカ］ぬやうにする薬法（カラス瓜の根の粉をのむなり）古羅馬の婬乱時世に大にはやり金儲になれり。今此方を知れるものは［ママ］知れるものよりえらいか。答、これは濫用すれば已婚婦、又早く男に許せしことある婬女などを未婚の処女といつはる手段ともなるから悪いこと、又別にそんな筋の穿鑿する必要もなきに之を穿鑿するやうのことならば、必ず多少後闇き性質の用事といいはざるべからず、大分悪いことなるをその悪いことを助けんとする法にてよきこと一もなく、僅かに本人の虚偽を長ぜしむるの具となることとなれば、かかる法知たとてほむるに足ず。又問、巴里などには処女のみを破膜するを好み、為に大金を投ずる乱行の人士多く来る。（吾国にもあるは小生知之）粉陣素より孫呉多く、之に対する秘謀といふは、処女らしき小作りにして円顔の女を撰み、処女らしき音声と言行を教え、扨キニーネ根を夥くのます。然るときは処女膜如きもの出来る。扨ひそかに小き蛭を陰穴えかけるなり、扨闇中にて処女同様の艶羞を粧ひて淫を売ぐときは、右の膜如きものを破ると蛭がつぶれて血出るから、之を真に破膜せりと心得、大に喜悦する馬鹿あり。但し馬鹿は馬鹿ながら、又之を看破る方法もあるより大争闘口論の基となることも多し。かかる秘法を知りしものは識らぬものよりえらいか。答、これは実に飛んでもなきことで、尋常の人に無益なるのみならず、全く虚偽姦謀の濫行なれば、有害壊風のことなり。かかることは知らぬ方がえらいといふに至らん。然るに今日の多識といふこと、十の七八は父兄をねぢこめやりこめ、老長の人を凌ぐの具となるのみで、甚きは謀判とか虚喝とか教唆とか濫姦とかを助け、何の徳にならぬことのみなり。故に之より推していふときは、無益無害のことながら、釈迦が欧州あることを当時に識りたりとて、本人の何の美讃にも誉れにもならず。況んや釈尊の盛徳に億分の一を加ることとならざることと思ふ。もし実際そんなことを知たりとせば、現今正確といはるる学識千万無量なるを一一釈迦が知たりといはざるを得ず。又今日の学識にして議論摸稜にして何れと決せざるもの多く、双方共相応の議論立おるもの多し。これらは釈迦一一其説を双方共知り居たりとせざる可らず。又今日の学識にして人間、(14)〈以下欠〉

（1）本書翰は縦二四・五×横三二・五cmの和紙一枚と縦二四・五×横二五・〇cmの和紙一枚に墨書されている。この二葉に続く第三葉が〔東京翻字3〕である（本書翰注（14）参照）。原書翰の日付は明治三十七年九月六日となっているが、他の熊楠書翰、熊楠の日記その他との関連（本書翰注（2）（4）（5）（14）参照）から、七は六の誤記と判断される。翌九月七日の日記（『熊楠日記2』三七六頁）には「朝多屋昌、土宜師、喜多幅氏へ状一各出す」とあり、この法龍宛の状が本書翰と見られる。

（2）明治三十六年九月四日の日記（『熊楠日記2』三七五頁）に「土宜師より讃岐真言宗育児院児写真一葉おくらる」とあるのがこれに当たる。このことは本書翰を明治三十六年九月のものとする理由の一つ。

（3）この葉書は未発見。

（4）『ノーツ・アンド・クエリーズ』一九〇三年十二月十二日号所載の熊楠の投書“Trinity Sunday Folk-lore”（『熊楠全集10』横組み一三一—一三二頁）は、冒頭にこの「太陽に三尊現するといふこと」の湯殿山（出羽三山の一つ）における事例を法龍（Atcharya Hôryû Toki, the illustrious Mantranist Bishop of Togano-o, Kyoto）からの通信の引用として掲げている。法龍のこの書翰（未発見）を、本書翰や「前はがき」による熊楠の要請を受けたものと考えれば、辻褄がよく合う。これもまた本書翰を明治三十六年九月のものとする理由の一つである。なお法龍の手紙で湯殿山の事例とされるものは、実際には、同じ出羽三山の月山における御来迎信仰に関するものである。その場合、阿弥陀三尊は、旭日上にではなく、それとは反対側の斜面を這い上がってきた霧の上に出現する。要するにブロッケン現象である。この点については出羽三山神社のご教示を得た。

（5）この依頼は続く〔高山寺34〕でも繰り返され、ピンの受書である〔高山寺35〕につながっている。これもまた本書翰を明治三十六年九月のものとする理由である。なお島津製作所とのトラブルは、熊楠によれば、明治三十五年四月に注文して代金を支払った物品のうち価格十三円の対物マイクロメーター（objective micrometer）が届かなかったというものである（『熊楠日記2』二五三—二五四、三一四頁参照）。そのための本格的な交渉は三十六年一月になされたようであるが、問題が発生したのは三十五年中であり、熊楠がこれを「昨年」としていることもまた本書翰が三十六年のものであることを裏付けよう。

（6）この記述から、熊楠には、前月の〔八坂本47〕で展開した自己の曼陀羅を昆虫標品を使って図解しようという企図があったことが窺われる。〔高山寺24〕注（13）参照。

（7）これは、釈迦が説いた南贍部洲（須弥山の南方にある大陸、われわれの住む世界）とはヨーロッパのことであるという珍説で、帰根斎という人物が説いたとされる（〔八坂本45〕二七七頁、〔八坂本49〕三五〇頁以下）。熊楠は〔八坂本45〕から〔八坂本49〕の間で彼を執拗に批判している。それによれば帰根斎は彼が自分の庵に付けた号である。本人は和歌山県の出身で、天台宗から禅宗に転じて大僧正になった著名な僧侶で、法龍の知人でもあるというが、今のところ特定できない。

（8）典拠はおそらく浅倉了意著『東海道名所記』一の「末世の僧ハ。児の臂をとるると、経文にゆるされたれども」（朝倉治彦校注『東海道名所記』1、東洋文庫三四六、平凡社、一一頁）である。同書のこの箇所の直後には真雅が業平に懸想した話も出てくる（同、一二三頁、注四〇）。〔高山寺13〕注（59）参照。

（9）『宋史』巻六十六など。ただし原文は「一汴二杭三閩四広」。陳摶（九―一〇世紀）は、陳希夷の名で知られる五代宋初の道士。

（10）いわゆる「聖徳太子未来記」。中世に流行したさまざまな予言（未来記）のうち聖徳太子に仮託されたものの総称である。『太平記』巻第六には、楠木正成が四天王寺でこれを読んだ話が出てくる。［小峯二〇〇七：一五七―一六二］参照。

（11）阿部彦は阿部彦太郎（一八四〇―一九〇四）。堂島で米穀商を営み、大仕掛けな相場を張って活躍した近江出身の相場師。磯野も同業者と思われるが不詳。

（12）宋濂（一三一〇―一三八一）。明初の学者。太祖に仕えて、『元史』を編纂し、制度典章を定めた。

（13）徐鉉（九一六―九九一）。五代、宋初の学者。『説文解字』の校訂で知られる。初め南唐に仕え、後に宋に帰服した。

（14）ここから〔東京翻字3〕の「頗る有益に大功を奏せしもの多し」（一七四頁上段）以下に続く。〔東京翻字3〕として翻刻された『資料目録』［書簡 1778］は、3の丁付のある縦二三・五×横三二・六cmの罫紙に墨書されている。従来この断簡は、明治三十六年八月に書かれた〔八坂本48〕との関連が想定され、また誤って明治三十九年のものともされていたが、内容の連続性から、〔高山寺33〕の第三葉と判断される。その中に「今日は盂蘭盆にて小生も三日間殺生を止め精進致し居り候」（〔東京翻字3〕一七五頁下段）の一文が見られるが、明治三十六年の旧暦七月十五日（盂蘭盆の中心日）は新暦九月六日に当たり、本書翰の冒頭の日付に一致する。これに対して、明治三十七年の旧暦七月十五日は新暦八月二十五日で、これとは大きくずれる。

34　明治三十六年九月十日(1)

明治三十七[六]年九月十日

南方熊楠

土宜法龍様

前書(2)虫さす針見本入れ頼上候。目今期節も既に迫り小生方には此類の針全くつかひ果し、毎日茫然閑苦に堪ざる事に候間、然るべき人にたのみ宜しく御買入の上送り被下度、代価の儀昨日勝浦へ使あり、送り申上んと思ひしも、一向いくらほどするものか不知。（これ迄は英国より持来りしをつかひ居り候）因て当分御立替の上、一寸御申越被下度候。小生濫りに殺生するにも非ず。又此虫等は早晩貴方の学校え寄附することにて、いはば大に経費をもはぶき、僧侶殺生の罪も犯さずに標品を得ることなれば、不悪御了解の上一日も早く右の針御送り被下度候。

○前書孤児院の事申上たる序にここに申すは、随分遠まわしの話し乍ら、精神上の快楽高まるときは凡下卑根の淫慾等の楽は多少薄ぐものなるは、小生親ら之を永く経験して[去カ]□る。図の如く、十五箇の下等淫念分子あらんに、なる外被に三箇なり五箇なりつつむ（外被は精神上の快楽）此外被は淫念自身より生ずるものなり。（たとえば淫猥のはやり唄の嗜好）然るときは淫念の量が外被に投資せしだけ減

ず。それより淫念の箇に活動中止して（三）の如く三淫念分子合して僅かに一淫念の動力あるに至る。外被は（二）のときより大になる。（恋の和歌でも妬みの歌、失望の歌等楽む嗜好、女とあひたるときの歌、後朝の歌等）なほ此曼陀羅が転化して三個五個固定の淫念が外被の拡張に従ひ減量して（四）の如くなる。（僅かに最初の恋といふ名のみ留めて、実は淫念に関係なき寄松恋、寄浪恋　老後恋のるい）それより（五）に至りては恋の名も滅却して、純粋の美観美想となる。（六）（七）（八）と順序して此観のみ

増大す。而して前書いふ如く、人間の妙想は数に関係なきもの故、いかに増加するといふも他のもの減ずるにも非ず。ただこれのみ拡張専心にして他のものに妨障されぬなり。右は円で示す故、不得多少大小損増損等の名をも用るは止を得ぬが、実は益々専らになるならぬの話しで、此妙想はいかに取るも汲むも悉[つ]きぬなり。

今の哲学者の如く「カント」はどういふたとか、「ヘーゲル」は何といふ定論とか、そんなこと皆誦したりとて哲学史に精しといふのみ。実は法相も真如も見様、聞き様でいかやうともなる。

一といふは二を二で割たものと思ふといふが、通常又一を一で乗じたといふも、二分一に二分一を合したといふも通常なり。然しながら妙想を楽むといふことは、之を色々に見なすことにあるなり。たとえば百に百を乗じ万となり、それより一を九千九百九十九回減じても一となる。又一に一を千回加え千一として、それより万の十分一、即ち千を減ずるも一なり。見様聞き様は決して悉きぬなり。

されば其人の賢愚智不肖に応じ、なるべく此精神上の楽を多くして、卑下猥雑の飲食、婬事の楽等を何となく忘却せしむるに至らしめんこと、尤も願はしきことと小生は思ふ。已に物質より成れる子など多く生むときは、土地生産等と関係緊密なるもの故、一人もむだなものの出来るときは自他の迷惑となること必定なり。むやみに育児院等の挙あるは、此自他の迷惑をして益々無責任に発生せしむるものと不得不言。

予は尋常人に対する徳化、乃ち各々他人に迷惑かくること少きやう少きやうするが僧侶が常人に対する本務にして、そは子を多く挙てやるよりも、むやみに子など生ず、生ば必ず他人を煩はさぬやうの心がまえあらしむるにありと信ず。

○序にいふ。此事毎々言んとして忘る。哲学といふこと吾邦人など仙人の学、貧乏なもののすることと思へるが多し。哲学の本家たる希臘の盛世を見るに、哲学せし人はみな富豪の人のみなり。（御承知の雅典[アテネ]などは、一市の奴隷が一市の士人をただ養ふ制にて、その士人がたとひ石工するとても[ソクラチス如く]、食ふにこまりしやうのことはなかりしなり。その富豪が閑苦よりしてわざと貧を楽む堺に入りし人はあり。

（前日申せし最美の妓女にほれられ乍に手もつけず、而して市中稠人中に手淫せしギヲゲネスなどは大富人なりしが、有所の産を以て一切銀行者にあづけ、吾子もし愚なれば此金を与へよ、賢ならんには与へるなといひて乞食如き生活せしなり）仏経又言毎に財宝七珍を称す。故に学を修め道を興すに富が一番必要なること、仏徒に於て尤も異論なき筈なり。それをなすには自立自営が第一なり。

（1）本書翰は縦二三・五×横三四・五cmの罫紙一枚に墨書されている。原書翰には「明治三十七年」と明記されているが、これは、〔高山寺33〕と同様、「三十六年」の誤記と考えられる。九月十日の熊楠の日記（『熊楠日記2』三七六頁）に「土宜師へ状一出す。ピン買ふことたのむ也」とあるのが本書翰である。

（2）〔高山寺33〕を指す。

35　明治三十六年九月十八日(1)

明治三十六年九月十八日　和歌山県東牟婁郡那智村市
野々　大坂屋(2)内

南方熊楠

土宜法龍様

拝啓　ピンの儀御骨折被下誠に恐縮。乃ち郵便為替にて金二円八十五銭封入候間、御受取被下度候。此仕払の内訳は

二円八十五銭　内　一円十六銭　九月十二日附
島津方へ御立替被下候
ピン代
九銭　貴方よりの右ピン郵送賃
外に　一円六十銭

これは誠に恐れ入り候へども前状申上候次第、今日荷物片付け差迫り居り候付き、今一度人を右島津方へ遣はし、島津製作所標本部、明治三十四年分目録百七ページに出候昆虫貯蔵用コルク板一枚四十銭のもの四枚買求め、同所にて荷作りさせ、郵便にて（然るべく同所にて御聞合せの上）小生迄差立て被下度候。もし右と同一の品無之候はば、なるべく近きものを右の代価にて間に合ふだけ御買求め被下度候。郵税は分らず候間、貴方にて御支弁し置き被下度、小生より直ちに御返し申上べく候。

此状は和歌山弟方より出させ申候へども、品物は熊野小生方へ御送り被下候様頼上候。

早々再拝

御依頼の短冊(3)封入候。乃ち前日申上候人(4)に代筆させ申候。大江朝綱(5)の文を道風(6)が代筆したのを村上帝は双絶と申せしとか。これも近代の双絶かも知れず。小生かかることで少しも名を出すを好まぬから本名はかかず候。又出板の上、冊子なども入らず候。然しながら仁者の御頼みなればこそ、一生に一度の短冊はかき、又代筆もさせたのだから、其旨先方へ御話し被下度候。外にも頼みおきしが、杏は中々の難題にて、恐らく小生のほどよめるものは一人も無らうと

存候。これも狂体と申す迄にて、決して本歌にはならず候。杏といふものが本歌に例なきことなればなりと存申候。以上。

右小生姓名を出板の冊子へ出すこと堅く断り申上る一事は、宜しく前方へ御伝へ被下度候。前方へは一寸彼医者の仙人が杏を樹て人を救ひ(7)しことを詠じたものぢやと御伝え被下度候。何の事やら分らぬにては大につまらぬに候。

（1）本書翰は縦二三・五×横三二・五cmの罫紙に墨書されている。熊楠の九月十二日の日記（『熊楠日記2』三七七頁）には「土宜師状一、ピン送来る」とある（この土宜書翰は未発見）。本書翰はこれに対する礼状で、九月十八日の日記（同）には「常楠へ状一、土宜師への状封入、ピン代等送りもらふ也。又多屋氏代筆予の杏の短冊一枚も入る」とある。

（2）大阪屋。熊楠が那智で滞在した旅館。［中瀬二〇〇五］参照。

（3）この短冊は法龍の依頼により、［法龍来簡1982］によれば松浦という人物のために書かれた。今その行方は分からない。そこに書かれた歌も、それが杏林を詠んだものであること（本書翰注（7）参照）を除いて不明のままである。

（4）多屋たか（一八八四―一九五六）と見てまず間違いない。たかは田辺の素封家多屋寿平次の次女。熊楠は多屋家の人々とは極めて親しい関係にあり、次男鉄次郎、四男勝四郎とは飲み友だち、そしてたかは一時は熊楠の恋人とまで噂された。熊楠はたかの美しい手跡がたいそう気に入っており、それを法龍にまで吹聴している〔八坂本46〕二九三頁）。九月十六日の日記（『熊楠日記2』三七七頁）には「多屋氏（秀太郎）より短冊（杏）一おくらる。予の歌の代筆」とあり、短冊は多屋家の長男秀太郎から送られたことが分かる。ところが翌年三月の〔八坂本51〕三八五頁では多屋寿平次を指して「前夏申し上げ候小生の歌代筆せし女の父」と述べている。この女がたかであることは疑いを入れない。この場合の「前夏」、あるいは本書翰中の「前日」に「申上候」とは、七月十八日付〔八坂本46〕のたかに触れた一節（二九三―二九五頁）を指すものと思われる。熊楠は秀太郎を介してたかに代筆を依頼したのかもしれない。代筆者がたかでなかったならば、熊楠も「これも近代の双絶かも知れず」などと悦に入ることはなかったであろう。熊楠とたかの関係についてはさらに『知る事典』二八七―二九二頁を参照せよ。

（5）大江朝綱（八八六―九五七）。平安時代中期の漢詩人、書家。

（6）小野道風（八九四―九六六）。平安時代中期の書家。三蹟の一人。

（7）三国時代に呉の董奉（生没年不詳）が廬山の麓で病人を無料で治療し、病の癒えた者に一株ずつ杏を植えさせたところ、数年してそれが林となった。杏林（医者の美称）の由来となった故事である。

36 明治三十六年十一月二日[1]

〈封筒表〉
京都市八条大通寺
土宜法龍様
和歌山県東牟婁郡那智村市野々
大阪屋　南方熊楠
〈消印〉紀伊勝浦　三十六年十一月二日

明治三十六年十一月二日　和歌山県東牟婁郡那智村大字市野々　大阪屋
南方熊楠

拝啓　小生不眠症だけは直り候付[2]、なほ那智にて一ヶ月計り菌茸を集るつもりなり。それより先日来りし名歌の令嬢[3]方に之き、それから貴地へ趣く。扨左の件甚面倒ながら頼上候。

オクスフヲールド大学図書館入用にて、左の書籍頼み来る[4]。因て貴地の三四の書肆に就き代価聞合せの上御答え被下度候。

(1)『万葉集古義』[5]　オクスフヲルドには二十八冊計りのものあり。別に凡そ百冊計りのもの有之候由。その方入用なるに候。なほ貴方中学林教授に聞合せ被下度候。
(2)　博文館出板　日本歌学全書の内『万葉集』四冊計りと存候。
(3)　飯田武郷氏『日本書紀通釈[6]』
(4)『続日本紀』
(5)　本居宣長『古事記伝』四十四冊
(6)『謡曲通解[7]』　大和田建樹とか久米幹文とかの作

右は島津屋如き六かしきことにも無之[8]、値段聞合せの一事のみなれば、可然人に頼み被下度候。此代りに小生へは色々彼方より寄送品あり。それは所謂坊主丸もうけで東寺の学校へ寄托するから、何分宜しく頼上候。

それから一事序にいひおくは、育児院といふこと弊害多くたとひ行基、不可棄如き[9]もの出るとするも、出納始終つくのはざる上、之を棄して私犯密通等多くなることは前書に申述たり。然るに此病院にて当地辺第一の豪族、小生の少々縁ある人にあひ話すに、今夏其宅へ十三四の小女まことに美麗なるもの、編笠かぶりかなりの風して寄鉢す。可愛らしさのあまり宅に入れ色々談ぜしに、手の指二三堕ち血瀝たり居り。癩病なり。西国のものにて富家の女なるが、聞え悪き故父母之を厭ひ巡礼に出候。病癒たなら帰宅せよ、癒ずんば帰宅せずに途中で死ねと云はれしとて血の涙を落して泣く。呼入れしものも今は迷惑にて、追ひ出すことも宿めることも不成。少々の金やり出せしといふ。例は之に止らず、小生当那智山近傍に止り、毎々かかるものを見ること多し。其人必しも兇悪なるに非ず。中には事理を分りし者も多し。これらは私通して子を生し他に委して逃去る如き横着者とかはり、事情実に気の毒なる所謂天刑にして、其刑の理由分らぬものといはざるを得ず。（貴下も知る如く癩人より法偈を授りし仁海僧都[10]、又俳人の許六[11]其他癩人にして偉人なりしものは、秀吉のとき名将として関ヶ原に盲目ながら勇死したる大谷吉隆[12]有名なる真田左衛門佐、平岩親吉何れも此人の聟たりし[13]又高野に遺跡ある平家の為に義戦せし湯浅権守宗広、此他例多し）此癩病といふもの遺伝[14]又伝染にして、全村之が為に、注意を怠るときは絶滅する等のこと多きは論を俟たず。今日全国に癩人にして又は其一族にして、飲食を売るもの等多きは、予の親く視る所たり。

顧て欧米を見るに、（多々の例外はあるも）古へ巴里市中に六千の癩人は不絶して、今は一人も見たきも見るを得ぬほどに絶えたり。倫敦亦然り。（中古の欧州の尊者の功徳を頌せし像に、尊者自ら癩人を恤むの図多し。）これは厳正なる隔離法を行しものに主因す。予は育児院如き不埒なるものよりは、四国又紀州、九州等此病多き地方に何とかして古の悲田院如きものを設け、癩人を隔離して多少の自活法（其者等自耕自織して衣食し又好むなら相婚する等）を施し、其上に一種の消毒法及び秘密通信法を設けて、右の可憐小娘如きものに、せめては一族と自分との間に時々の通信位ゐはなし得るやうにしてやりたきものと思ふなり。（第一、十三四の小娘に独り旅せしむるなどは、罪業消滅所ろか車夫駕人などに強姪とかなんとか色々の悪念を生ぜしめし例多し。）（又癩人は社会に忌るるより所謂死物狂ひにて色々の乱行をなし、姪乱、殺人、放火等のこと多きは今年栃木県にて一人にて無関係のもの迄合して六人殺し放火せしものあり。又明治八九年の頃名高かりし女騙賊高橋お伝[15]の事など貴下の知る所なり。

之に比して癩人を出せし一族中の犯罪亦多し。近日香川県（？）にて叔父の癩病にして自分の女子の婚期にさしつかえるを慮り、叔父を毒並に絞殺して本人及之を輔し医者が刑せられしことあり）今の日本僧侶は、西洋の糞ねぶりにして育児院とか養老院とか埒もなき無用のことをのみ依様し、かかるつまらぬもの多きを国華とか天皇陛下への忠義立てとか心得るもの多し。これらは名は少々美かも知れず、実は吾邦数千年養成の父子親子の衷情を乖離薄弱ならしむるものといふの外なし。乃ちそれらに対する世評の制裁を弱からしむるものなり。癩族のことは之に異なり、乃ち十三四の小娘を逐出すも、老叔父を縊殺するも、一は家族一体の名を重んじ祖先を尊ぶの念に出ることなれば、其情は愍むに余りあり。古へ光明后又行基菩薩等癩病人の垢をすりしことなどを思へば、決して今日僧侶に非分のことといふべきに非ず。予は何とかして貴下等も随分癩病多き県下に生れたる人にして、予などは現に癩人多き村に宿し居ることとなれば、何卒同情を催して、政府に此事に手付けぬとて遠慮するに及ばぬから、何とかしてせめては富人の子女の癩疾あるものを怡然従容死に就しむるの方法位は施してやりたきことと思ふなり。予の一族には幸ひに癩人を出さず。又そんな伝説もなし。然れどもこれただ僥倖といふべきのみ。

孟嘗君（もうしょうくん）五月五日に生る。人謂く、五月五日に生るる子は父を殺す、その証はかかる子の身長は戸より高しと。父因て孟嘗君を殺んとす。孟嘗君父に語る、子の身長戸より長きことをおそるるならば宜く戸をして漸次高くして子の身長にまけぬやうにすべしと[16]。たとひ癩族の名ある家に生るるとも癩にかからぬ養生すればその名のみか実に遠るを得べきなり。況んや予は現に此地に在て二十代三十代の世家有名の人にして、近時癩にかかりしものを見ること一二に止らず。其人々を察するに、多くは従来癩に罹らざりしといふ名に慣れて淫肆放縦、妾を蓄へ妄に人の子女を犯しなどするものにかかる。されば隔離法を行ふときは、かかるものに道徳上の大なる戒慎の種ともなりて宜しからんと思はる。凡そ吾邦人の所為を見るに、一にも二にも政府政府と無効無能の政府に依憑し、為に血肉を搾りし租税も過半は埒もなき官吏の博奕の資となる等のこと多く、費は多く労は極りて事は挙らぬなり。福沢翁在時、常々反抗の気質云々のことをいひ、死後に『時事新報』に出せし故西郷の乱のときに筆せしものにも此事をいへり。古へ中朝藤氏専政のときに当り、叡山、南都の緇徒乱暴をなし、所謂朝命を拒むこと多く、例の白河法皇の鴨川の水、双六の賽云々の語あるに至る。僧徒の行ひとしては穏当ならぬこと知るべし。然れども一方よりいへば、当時の事情として白河法皇如き無法暴戻の君主すら仏家に屈するほど僧家が強くして俗民を庇護したればこそ、日本は幸ひに南洋諸島如き多頭の小邦に分れざりしなれ。現に其頃日本の半を私有すと称せられし奥羽の藤原基衡、秀衡などいふものは王命に対捍すること烈く、一度都へ入朝すべしと院宣ありしとき、往復道路の片道を賜らば入洛すべしと返事せりといふ。かかるものすら幸ひに大乱反逆等を起さざりしは、僧家の調和上手にして仏法を恐れしによる。（高野、熊野等にはるばると此輩が献納の経巻写本等中に謹慎せるにて知るべし）況んや今予がいふ所は政府に反抗せよといふに非ずして、別途に其事業を翼賛せよといふほどの事なるをや。小生これより帰村す。因てここに擱筆するが、此癩病院のことは今の政府に中々起りそうもないことにして、民間には衛生上、倫理上尤も必須の事だから一寸申上ること如件。不宣。

（1）本書翰は「南海療病院用箋」四葉（縦二四・〇×横一六・〇cm）に墨書されており、封筒にはカブトビール（KABUTO BEER）の専用封筒が用いられている。十一月二日前後の熊楠の日記（『熊楠日記2』三八一頁）から、本書翰は南海療病院で書かれたと考えられる。

（2）この直前に熊楠は、彼が日記において天満病院と呼ぶ南海療病院に、二度にわたって十日前後滞在している。不眠症のための入院と見られる。この病院は明治三十一年に勝浦に開設され、三十五年に那智村天満に移転新築された近代的な総合病院。熊楠は院長の清水虎之助とはそれ以前から多少の付き合いがあったらしい。この時期の熊楠の精神状態については［安田二〇〇八、二〇〇九］、この病院と熊楠の天満での定宿だった千代田屋については［中瀬二〇〇五］参照。

（3）多屋たか（［高山寺35］注（4）参照）を指しているが、「先日来りし」は意味が取りにくい。「来りし」は「奉りし」の書き損じかもしれない。

（4）この依頼はフレデリック・ディキンズ（Frederic Victor Dickins　一八三九—一九一五）からなされたものらしく、書籍はディキンズに送られている（［高山寺38］参照）。ディキンズはイギリスの先駆的な日本研究者で、幕末に海軍軍医として、また明治初頭に弁護士として日本に滞在し、帰国後、ロンドン大学の事務総長などを務めた。熊楠とは一八九六年にロンドンで知り合い、主に日本文学研究を通して親しく交流した。『方丈記』の英訳 *A Japanese Thoreau of the Twelfth Century*, Glasgow : Gowans & Glay, 1905 は二人の共著で、熊楠はそのための翻訳と注記をこの年（明治三十六年）の六―七月に成し終えたばかりであった。二人の交際については、［小泉 二〇〇五］、［秋山 二〇〇八］、『知る事典』二五七―二六二頁参照。

(5) 鹿持雅澄による『万葉集』の注釈書。鹿持（一七九一―一八五八）は江戸時代後期の国学者。

(6) 飯田武郷による『日本書紀』の注釈書。飯田（一八二七―一九〇〇）は幕末・明治の国学者。

(7) 大和田建樹の謡曲注解。大和田（一八五七―一九一〇）は歌人、国文学者。「鉄道唱歌」などの唱歌の作詞によっても知られる。

(8) 先日依頼した島津製作所からピンなどを購入することを指す。

(9) 俊芿（一一六六―一二二七）。不可棄はその号。京都に泉涌寺を開いた鎌倉時代初期の律僧。

(10) 仁海（九五一―一〇四六）。平安時代中期の真言僧。「癩人より法偈を授」ったとは、一農夫より秘法を授かったという「愛染明王田夫法」の由来を指すものと思われる。

(11) 森川許六（一六五六―一七一五）。江戸時代中期の俳諧師。芭蕉の高弟の一人。

(12) 大谷吉継（一五五九―一六〇〇）。吉隆は別名。安土桃山時代の武将。

(13) 湯浅権守宗重（生没年不詳）と思われる。紀伊国在田郡湯浅荘を拠点とする湯浅氏の棟梁で、平清盛の有力家人だった。その義戦とは、壇ノ浦の戦いの後、平重盛の子忠房を擁して湯浅城に籠城したことを指す。ただし彼の「高野の遺跡」については不明。

(14) ハンセン病はらい菌による感染症で、現在では遺伝性は否定されており、薬剤投与で容易に軽快する。

(15) 高橋お伝（一八五一―一八七九）。古着商殺害の罪で処刑され、当時の新聞によって稀代の毒婦と喧伝された。

(16) 『史記』孟嘗君列伝。

37　明治三十六年十二月四日(1)

〈葉書表〉

京都市八条大通寺(2)

　土宜法龍様

　　紀州東牟婁郡那智村市野々

　　　大坂屋　　南方熊楠

〈消印〉紀伊勝浦　三十六年十一月四日

　　明治三十六年十二月四日

　過月二十七日金十四円六十銭弟常楠より送申上、同時に小生の状封入候筈なり。右は何卒宜しく御取計らひ被下度、此事宜しく奉願上候(3)。

　次に南宋の楊万里(4)といふ人の詩あり。此人は何帝又は何年号の頃生存せし人に候や、何卒御知らせ被下度候。当地例年より寒く動くこと不成、こまり居り候。

以上

（1）郵便葉書（縦一四・〇×横九・〇cm）。

（2）真言宗の寺院。当時は東寺の別当寺であったらしい。明治三十六年に書かれた熊楠の法龍宛て書翰には大通寺宛のものが他にも数通あり、この頃、東寺の法務所に詰めていた法龍がこの寺に起居していたことが窺われる。なおこの寺は、明治四十四年（一九一一）に境内が旧国鉄の用地になったため、大宮九条下るに移転して現在に至っている。

（3）熊楠は〔高山寺36〕でオックスフォード大学図書館入用の書籍として『万葉集古義』以下六点の代価を法龍に問い合わせている。法龍は京都の書肆でこれを調べて、おそらくは十一月十七日着の書翰（未発見、『熊楠日記2』三八四頁参照）で、『日本書紀通釈』、『続日本紀』、『謡曲通解』の三点についてのみ、その代価が合計十四円六十銭であることを知らせた。これを受けて熊楠は、常楠に連絡し、十一月二十七日に法龍へこの金額を自分の書翰（未発見）と一緒に送らせて、三点の購入を依頼したのである。『熊楠日記2』三八五頁参照。

（4）楊万里（一一二七―一二〇六）。南宋の詩人、学者。

38 日付なし(1)（断簡）

朱書大字で　Mr. F. V. Dickins, C. B.,
　ここらえ　Seend Lodge, Seend,
　　英国行き　Wilts., England.

此方の名は右の封の裏面え、大日本紀州和歌山市南方熊楠出として出し被下度候。郵便税受書被下度候。然る上郵便税小生より御返弁可申上候。郵便税は分らぬもの故、一寸立かえ被下度候。右宜しく頼上候也。

右宛名洋字一々間違なくかき被下度候。又封じは少々金［タダしてくれることに碌な事なく候間、雑費は応分に出し堅固に前方え届く様奉頼上候。］入り候ともかまはず封じ賃として御申し越し被下度候。書肆に外国行として固封させ、一覧の上出し被下度候。前年故寺田福寿著書を中井及予え送り来しに、封よからず全失されしことの侯[ママ](2)。

（1）これは四分の一ほどに切られた罫紙（縦二三・五×横一二・〇cm）に墨書されたメモである。その内容は、ディキンズ宛に書籍を送る際の注意書きである。熊楠は、先に代金を送って法龍に購入させた書籍三点（〔高山寺37〕注（3）参照）をディキンズに直接郵送してもらうことにしたのである。これは十二月十日に出された法龍宛書翰（未発見）に添えられていた可能性が高い。というのも同日の日記（『熊楠日記2』三八九頁）に「土宜師よりヂッキンスに送るべきは」として、この三点とその代価が記されているからである。なおこの前後の日記から、〔高山寺36〕にオックスフォード大学図書館入用の書籍として挙げられた残りの三点のうち『古事記伝』と歌学全書中の『万葉集』については、法龍に対すると同様の依頼を中川恒次郎という人物にしたことが分かる。

（2）このことは〔高山寺19〕二〇二頁でも触れられている。

39　明治三十七年四月十七日[1]

〈葉書表〉

京都市八条大通寺

土宜法龍様

和歌山県

東牟婁郡那智村市野々

大阪屋方　南方熊楠

四月十七日

前日尋し『エンサイクロペヂア・ブリタンニカ』増篇、学林に購入のつもりか否返事被下度候。然るときは予は其に宛たる費用を一昨年スエン・ヘヂン氏が楼蘭、高昌、于闐、亀滋、大月氏、等の大乗興りし蹟を掘出せし旅行記録[2]を購ふに用ひ、学校へ寄附し得る也。

次に又面倒乍ら英国より聞に来り、何とも当山中にて詮方なき故、学林の教師にでも聞き知せ被下度は、(1)契仲[沖][3]は万葉を究めるとき何様の原本（無論写本と存候）を用しか。(2)『万葉古義』の著者カモチ（加持？）マサクニ（鴨地正国歟）[4]の伝記如何。右又菌尊者[5]の例で小事不足知と云はるるか知れぬが、国文学の教師する人はなにか之を知り出す手蔓位いは有りそうなことと存候。折角の聞合せ故、可相成聞せ被下度候。尤もそのしらべくれし人の名を記して、決して小生又ヂキンス男の自説とせず出板するに候。

菌尊者の伝は　△My distinguished friend; Atcharya Hôryû Toki, the illustrious Mantranist Bishop of Togano-o（△予の特別の友栂尾の曼陀羅儀範師なる土宜法龍僧正より聞く、と）より教示の由附記して本日出し候。[6]

（1）郵便葉書（縦一四・〇×横九・〇cm）。

（2）スウェン・ヘディン（Sven Hedin　一八六五—一九五二）はスウェーデンの地理学者、探検家。その旅行記録とは、この年から刊行が始まった第二回中央アジア探検の調査報告書 *Scientific Results of a Journey in Central Asia 1889—1902*, 8 Vols., Stockholm, 1904—1907 を指す。

（3）契沖（一六四〇—一七〇一）。江戸時代前期の真言僧、国学者、歌人。『万葉代匠記』などを著し国学の基礎を築いた。

（4）鹿持雅澄。〔高山寺36〕注（5）参照。

（5）付法伝統の第十六（または十五）祖とされる羅睺羅多尊者を指している。〔八坂本51〕三八六頁の「某尊者」も同じ。この尊者は長者梵摩浄徳の子で、園樹に生えた耳（木菌）を父親と自分だけが食べることができた因縁を迦那提婆尊者から教えられて出家入道したと伝えられている。熊楠は彼の伝に興味を持ち、その所在を法龍に尋ねたようで、法龍はこの年の三月二十一日付〔法龍来簡2987〕の中で『仏祖通載』（大正No.二〇三六）にそれがあることを教え、さらに熊楠の強い要望（〔八坂本51〕三八六、四〇六頁）を受けて、仏典から関連箇所を抜き書きして熊楠に送っている（〔補遺6〕）。四月八日の熊楠の日記（『熊楠日記2』四二三頁）に「朝士宜師木耳尊者（羅睺羅多尊者）伝贈来る」とあるのがそれである。

（6）この日の日記（『熊楠日記2』四二七頁）には「ネーチュール、ノーツ・キリスえ状各一」とあり、「菌尊者の伝」はこのいずれかに投じられたものと見られる。しかしいずれにもこれに該当する彼の投稿論文は載っておらず、謝絶されたものと考えられる。

40　明治三十七年五月十七日(1)

〈葉書表〉
京都八条大通寺
土宜法龍様
和歌山県東牟婁郡那智村
市野々　大阪屋方
南方熊楠

明治三十七年五月十七日

拝啓　前日筆御恵贈被下難有御礼申上候(2)。約束の論文(3)差上べき処、小生二回重ねて負傷。昨今立退ぎわにて(4)、虫類標本へ梅雨になればかび入る故に和歌山より手代一人呼よせ、破損なきやう手にて持たせ上すなり。色々六かしきことも有之。然しかきかかつたもの故初文のみは今十日計り内に（随分長文）差上べく、他は田辺より差上べく候。

○小生は契仲[沖]の伝や其書籍の代価など問しに非ず（英国の方には万葉に関する書一切あり）『万葉古義』の著者鴨持とかいふ人の伝、又何時頃の人、今は死したりや否を問しに候(5)。此事分らば御知せ被下度候。

○次に代価聞合の書は『本草図譜』に候。博文館再板六冊は所持、四十冊ほどの全本ほしきに候。

○『東洋学芸雑誌』へ投書するに入用に付き、釈智蔵(ちぞう)は高麗の人、持統天皇のとき僧正となる。年七十三(6)。村上(7)の『和漢仏教年契』には白鳳二年任僧正とあり。然らば白鳳二年に七十三なりしにや。外のことは一切入らず。此一事急ぎ御しらべの上、何に出たるといふたしかなる書、（『元亨[享]釈書』等）何年板何巻何枚め、及び小生躬ら見ぬこと故、師友土宜法龍師の文通による旨明記して出してさし支えなきや、（「吾国の梅花の詩の始め」といふ題なり(8)。故に差し支えなきことと存ず）一寸右二条はがきにて小生出立迄、早く間に合ふやう御返事を乞ふ。

（1）郵便葉書（縦一四・〇×横九・〇cm）。本書翰は法龍の五月七日付［法龍来簡2933］を受けて書かれた。
（2）四月十八日の熊楠の日記（『熊楠日記2』四二八頁）に「此夕土宜師より筆（六本）着」とある。もっとも熊楠は四月二十日朝、法龍に葉書を出しているから（同、四二九頁）、筆の礼はすでに一度済ませていたはずである。

（3）不詳。あるいは法龍は熊楠に『六大新報』（明治三十六年七月に『伝灯』を改題）への投稿でも依頼していたか。

（4）この頃熊楠は、那智の大阪屋を引き払って田辺へ転居しようとしていた。五月二十三日付の小畔四郎宛書翰には「小生は弥よ六月一日頃出立、田辺へゆく。それより又龍神山中へ之く。六月以後の状は和歌山県西牟婁郡田辺中屋敷町多屋寿平次方小生宛のこと」（『熊楠・小畔往復1』四九頁）とある。しかし実際には、熊楠は七月になって漸く市野々から天満村に転宿して、時には南海療病院に滞在し、田辺に行き着いたのは十月十日のことであった。

（5）〔高山寺39〕参照。

（6）〔高山寺41〕から、これが『懐風藻』所収の釈智蔵伝による記述であることが分かるが、この伝には智蔵について「俗姓禾田氏、淡海帝の世に、唐国に遣学す」とあり、高麗人との記述はない。

（7）村上専精（一八五一―一九二九）。大谷派出身の仏教史学者。

（8）この投書は「梅について」という題で『東洋学芸雑誌』二十一巻二七四号（明治三十七年七月）に掲載された（『熊楠全集3』三二一―三二三頁）。そこには、予告通り「師友土宜法龍僧正の教示」を受けたことが明記されている。この文章は松村任三（一八五六―一九二八、東京帝国大学教授、当時の植物分類学の権威）の「梅は天平九年ごろに伝来せしものならん」という説への批判を意図したものである。その末尾には松村からの「答」が付されているが、それは熊楠の指摘を間接的な表現で渋々認めるといった体のものである。熊楠が松村に宛てて長文の書翰二通を認め、神社合祀反対運動への理解と協力を訴えるのは七年あまり後の明治四十四年（一九一一）八月のことである。この二通は、松村に渡る前に、柳田国男の手で『南方二書』として印刷、頒布されたが、松村自身がこの件で特に力になってくれることはなかったらしい［飯倉二〇〇六：二三〇］。なお『南方二書』は、原書翰の全文翻刻が出版されている。すなわち、南方熊楠顕彰会学術部編『原本翻刻「南方二書」――松村任三宛南方熊楠原書簡』南方熊楠顕彰会、二〇〇六年。

41　明治三十七年五月二十九日(1)

〈葉書表〉
京都市八条大通寺
土宜法龍様
和歌山県東牟婁郡那智村市野々　大坂屋
南方熊楠

明治三十七年五月二十九日
はがき(2)正に受。小生は雨天つづき未だ出発せず候(3)。状は何の書に出しことに候や。引用書引ぬときは一向証拠にならず。持統帝のとき僧正となる、年七十三は『懐風藻』に見えたり。聖武の時一切経謄写の功を嘉し白鳳二年三月任僧正と貴書に見えるが、白鳳は天武のときの年号にして、聖武即位のときよりは五十一年前也。持統は天武の后にして天武の次に立しなれば、(天武即位より十四年後れて即位)あまり遠き間に非ず。小生はこは一人にして二人に非ずと見るなり。但し『釈書』等には別人とたしかに書ずとも別条に列記しあることに候や(4)。大学の教授松村氏(5)の演舌に、梅花は『続日本紀』に天平十年始て観梅の宴ありし故天平九年頃の将来といへり。然しながら智蔵の翫花鶯五言詩『懐風藻』にあり。もし持統の末年に僧正となりしとき七十三とすれば、天平九には百十四才となる。又白鳳二に任僧正でそのとき七十三とすれば、百三十七才となる。どうも常情〔カ〕より推すに此人の鶯詩は(たとひ百余迄生しとするも)天平九年よりはずつとさきに詠ぜしものと見るなり。

(1) 郵便葉書(縦一四・〇×横九・〇cm)。これはこの日に着いた法龍からの葉書(未発見)への返書である。法龍の来簡は〔高山寺40〕の智蔵に関する照会への回答であった。
(2) この葉書は未発見。
(3) この出発については〔高山寺40〕注(4)参照。
(4) これを受けて法龍は、六月一日付の〔法龍来簡 2988〕に鷲尾順敬著『日本仏家人名辞書』を引用して二人の智蔵について説明している。
(5) 松村任三。〔高山寺40〕注(8)参照。

42　大正十年二月十八日午後二時(1)

〈葉書表〉
伊都郡高野山金剛峰寺管長(2)

土宜法龍様

西牟婁郡田辺町
中屋敷町三六
南方熊楠　再拝
大正十年二月十八日午後二時

〈消印〉10・2・18

拝啓　御揮毫は今に未着。当節柄或ひは途中で例の紛失に非ずやと存居候。

昨年中小生えの郵便物紛失凡て六件。(多くは貴重のもの)中にひどいのは振替貯金の紛失あり。(他にも知人に同様のことあり)又英国よりの貴重なる書籍二冊、封のまま当町の通路に棄てあるを無関係の通行人が拾ひ持来りくれ候。何卒右様の品は今後書留便にて御差出し奉願上候。尤も今四五日まち見候上、着否又々可申上候也。謹言。

(1) 郵便葉書(縦一四・〇×横九・〇cm)。
(2) 法龍が真言宗高野派(現・高野山真言宗)の管長に当選したのは大正九年五月のことである。熊楠はこの年の八月下旬に植物調査のため高野山に登り、法龍と再会していた。

43　大正十一年十月十日早朝(1)

〈葉書表〉
伊都郡高野山
金剛峯寺座主
　土宜法龍様
西牟婁郡田辺町中屋敷町三六　　南方熊楠
　大正十一年十月十日早朝　　謹白

〈消印〉11・10・10

拝呈　前年御尋問之茶の十徳の出処は、青森県人中道等(2)と申す人より十徳の名目をなにかの雑誌より抜書して贈られたるを其節申上候(3)。然るに右の雑誌の名分らず。中道氏も多年前のこと故失念との事。因て丹誠を摧［ママ、催カ］して色々自蔵の書典渉猟致候処ろ、頃日漸く見当り申候付申上候。

　乃ち足利氏の世応永年中、酉誉の跋ある『禅林小歌』に、「雖然茶有一徳。一諸仏加護。二五臓調和。三煩悩自在。四寿命長遠。五睡眠自在。六孝養父母。七息災延命。八天魔怖畏。九諸天加護。十臨終不乱」と有之。此小歌は続群書類従五百六十一巻に収め有之候(4)。

謹言

（1）郵便葉書（縦一四・五×横九・〇cm）。法龍はこの葉書が書かれた三ヵ月後の大正十二年一月十日に高野山金剛峯寺で遷化する。これは二人の間で取り交わされた現存最後の書翰である。
（2）中道等（一八九六―一九六八）。青森県の郷土研究家、民俗学者、菅江真澄研究の先駆者の一人。著書に『津軽旧事談』などがある。
（3）大正十年十二月二十二日付の〔八坂本55〕四一六―四一七頁参照。
（4）法龍が熊楠に「茶の十徳」の典拠を尋ねたのは、大正五年九月二十日付の［法龍来簡3003］においてであった。その六年後に熊楠は、この問に完全に答えることができたのである。

解説

奥山直司

はじめに

「猊下ほどよく手紙を書かれた人は稀であらふ。それが一面識のないものであらうが、眼の廻るほど多忙の時であらうが、早速返書を認めて差出される。そして決裁を仰ぎにいつて説明をして居るときでも、それを聞きながら矢張り手紙を書いて御座る。しかも決裁すべき事件の要点をきゝ取つて言下に判断しられると云ふ風で、聖徳太子の一時二訴を聴かれたと云ふ鋭敏さを持たれて居た」[高橋 一九二三:二〇]

これは側近の目に映じた最晩年の法龍の一面である。この頃の彼は真言宗高野派（現・高野山真言宗）の管長、古義真言宗各派聯合総裁などの要職を兼務し、多忙を極めていた[1]。この文章自体は彼が没した直後に、その人柄と業績を讃えるために書かれたものであるが、彼がとても筆まめで、手紙をもらったら直ちに返事を書くという結構な習慣の持ち主であったことは事実と考えられる。というのも彼は、それから三十年近く前、滞在中のパリでロンドンの熊楠から雨あられと送られてくる書翰に接した時にも、これと全く同じ反応を示しているからである。

熊楠は名うての「手紙書き」である。だが往復書翰という協同作業が、この場合のように一種の創造の域にまで達するためには、同じ位勤勉な手紙の書き手がもう一人必要であった。ロンドン・パリ間では当時でも手紙は丸一日か、遅くとも二日あれば届いた。長い時間をかけて書いた手紙を出すと、ほとんど休む間もなく返書が来る。しかもその中には往々にして挑発的言辞が含まれている。このことが熊楠の頭脳を活性化させ、彼を次の手紙へと向かわせる。同じことは法龍にも言えたはずであり、この手紙による対論を通じて、「自分の学問」が「灼然と上進」する（『熊楠全集8』五二一頁）手ごたえを感じたのは、熊楠だけではなかった。この意味において二人の出会いは、双方にとって幸福なものであったと言うことができる。

さて、二〇〇四年の高山寺資料の発見は、熊楠に興味を持つすべての人間にとって等しく「重大事件」であった。熊楠研究において、書翰（彼が書いたものはむろんのこと、彼宛に書かれたものも）は重要な位置を占めている。というのも、熊楠は書翰を自己の思想の「貯蓄所（あずけどころ）」として使うことを、彼の尊敬するライプニッツらに倣って意識的に行なっていた節があるからである。[2] なかでも熊楠が法龍に宛てて書いた手紙は、その思想性の高さから、柳田国男宛書翰、岩田準一宛書翰と共に、第一級の価値を与えられてきた。それがこの発見によって、一挙に二・五倍以上に増えたのである。

新出書翰の中には、現存する法龍宛熊楠書翰のうちで最も古い日付（明治二十六年（一八九三）十一月三日）を持つ〔高山寺1〕と最も新しい日付（大正十一年（一九二二）十月十日）を持つ〔高山寺43〕との両方が含まれていた。のみならずそこには、那智隠栖期（後述）に書かれた多数の書翰が、いわゆる「南方マンダラ（曼陀羅）」が出現する明治三十六年（一九〇三）七、八月の書翰、〔八坂本46〕〔八坂本47〕の前後を固めるようにして存在している。

かつて長谷川興蔵氏は、那智隠栖期の法龍宛熊楠書翰がさらに数通発見されることへの期待感を、「いつの日か、奇跡のように（姿を見せることを期待して止まない）」［長谷川　一九九三：一九七、括弧内引用者］と表現した。まさにそのような奇跡的出来事が、長谷川氏が想い描いたよりも何倍かの規模で現実のものとなったのである。これをもって熊楠の思想研究は新たな段階に入ったと言っても過言ではない。

以下では、この高山寺資料について、（1）熊楠・法龍書翰の現存・刊行状況、（2）書翰の往復状況、（3）時期別の新出書翰の三点から説明した後、熊楠の書翰が高山寺に残った理由について考えたい。

熊楠・法龍書翰の現存・刊行状況

高山寺資料は、封書三十九通、葉書六通の合計四十五通からなる。注目すべきは、長さ一メートル前後の和紙の巻紙や何枚もの罫紙に細字でびっしりと記された長文の書状が多いことである。その最大のものは罫紙十二枚を用いた〔高山寺5〕で、その長さは三万字に達する。そしてそのうちの二通（後述の（3））を除いた四十三通が新出書翰であった。ただし〔高山寺38〕は、それだけでは書翰の体裁をなさないメモで、他の書翰に同封されていた可能性が高いけれども、本書では固有の番号を与えて一通と数えている。

このうち既に〔高山寺1〕は［神田二〇〇五a］によって、〔高山寺24〕から〔高山寺27〕までは［雲藤二〇〇五］によって、それぞれに翻刻文が公表されている。本書では、これら五通についても、凡例に示した基準に従って翻刻・校訂し直している。

法龍宛熊楠書翰の刊行は、一九五一年に刊行された乾元社版『南方熊楠全集』第九巻〔書簡Ⅱ〕に十一通が収録されたのを皮切りとする。それが一九七一年刊の平凡社版『熊楠全集7』で二十一通に、一九九〇年刊の〔八坂本〕では二十四通に増えている。〔八坂本〕は、これに法龍書翰三十一通を加えて、できる限り往復書翰の形に編んだ画期的な出版であった。これによって熊楠と法龍との書翰を通じた議論の過程が実地に追えるようになった。だがこの段階では、いまだ多くの書翰が欠けているために、実際には往復書翰の態をなしていない部分が多い。

その後もいくつかの発見があり、二〇〇四年に高山寺資料が出現する以前にその存在が知られていた法龍宛熊楠書翰は二十九通（すべて封書）を数える。それらを所蔵先などによって分けると次のようになる。

（1）南方熊楠顕彰館（和歌山県田辺市）蔵　二十二通
（2）南方熊楠記念館（和歌山県白浜町）蔵　二通
（3）高山寺（京都市）蔵　二通
（4）和歌山市立博物館蔵　一通
（5）『伝灯』第六十四号所収　一通
（6）種智院大学長谷文庫蔵　一通

このうち（1）（2）は田辺市の熊楠旧邸に保管されていたものである。法龍宛に送られた手紙が熊楠の手元に戻っていた理由については後述する。

（1）は『資料目録』の［書簡1750］から［書簡1783］までに筆写原稿その他と共に登録されている。そのうちの十九通は『熊楠全集7』と〔八坂本〕に収録され、残りの三通は〔東京翻字1〜3〕として翻刻された[3]。ただし〔八坂本52〕については、『資料目録』にその筆写原稿［書簡1780］のみが登録されており、原本に関する記載はない。

（2）は『資料目録』に附載された『南方熊楠記念館蔵品目録資料・蔵書編』抜粋に［記A1-077］と［記A1-078］として登録された二通で、『熊楠全集7』と〔八坂本〕に収録されており、〔八坂本6〕〔八坂本7〕の原本に当たる。

（3）は高山寺資料に含まれる二通で、〔八坂本54〕〔八坂本55〕の原本である。高山寺にはそれらの筆写原稿も蔵されている[4]。

（4）は〔補遺5〕として翻刻された。

（5）は『伝灯』第六十四号（明治二十七年〔一八九四〕二月二十八日刊）に掲載された法龍のパリからの寄稿「海

外漫草」の中に紹介されている断簡である。法龍の遺文集となった『木母堂』六二六―六三一頁に再録され、これを底本として〔八坂本1〕が作られた。[5] その原本の所在は不明である。

（6）は法龍の弟子、長谷宝秀[6]が筆写したもので、これも原本は所在不明のままである。

以上のように、既存の二十九通はすべて刊行されており、そのうち原書翰の現存が確認されるものは二十六通である。本書の刊行によって、これに四十三通が新たに加えられた。法龍宛熊楠書翰全体に占める高山寺新出書翰の比重の大きさが知られる。

ただし、〔高山寺33〕は、（1）の［書簡1778］（〔東京翻字3〕の原本）と合わせて一通となるものであり、また〔高山寺8〕も（1）の［書簡1755］（〔八坂本10〕の原本）の続きである可能性がある。[7]

なおもう一通、二〇〇九年十月から十一月にかけて和歌山市立博物館で開催された「南方熊楠　エコロジーの先駆者」展において一般公開された新出の法龍宛熊楠書翰（個人蔵）がある。同展の図録［和歌山市立博物館編二〇〇九：第I部120］によれば、この書翰は罫紙八枚からなり、明治三十七年四月十七日に書き始め、一旦休み、六月十五日に再開したものであるという。その本文はまだ公表されていない。

続いて熊楠宛法龍書翰の現存・刊行状況を見てみたい。

（7）南方熊楠顕彰館蔵　　七十六通
（8）和歌山市立博物館蔵　　三通

（7）は［法龍来簡2932］から［法龍来簡3014］までのうち毛利清雅宛の［法龍来簡3010］を除いたもので、『資料目録』によれば八十二通である。しかし、〔高山寺15〕注（1）で指摘したように、〔八坂本26〕〔八坂本27〕〔八坂本28〕〔八坂本22〕は実は一つながりの同一書翰であるから、その原本である［法龍来簡2963］［法龍来簡2964］［法龍来簡2965］［法龍来簡2960］は合わせて一通と数えなければならない。また［法龍来簡2951］

と〔法龍来簡2953〕はそれぞれ〔法龍来簡2950〕（〔八坂本13〕の原本）、〔法龍来簡2952〕（〔八坂本14〕の原本）の続きであることが判明している。同様に〔法龍来簡2944〕も〔法龍来簡2943〕（〔八坂本8〕の原本）の続きと思われる。これらを統合すると、顕彰館所蔵の熊楠宛法龍書翰の総数は七十六通となる。ただし今後の研究の進展によっては、この数字も変わるかもしれない。

ともあれ、このうちの三十一通（右に述べたように実際は二十八通）は〔八坂本〕に収録された。(8) また〔法龍来簡2940〕〔法龍来簡2967〕〔法龍来簡2968〕は〔補遺1〜3〕として、〔法龍来簡2992〕は〔飯倉二〇〇二〕の中でそれぞれ翻字されている。

（8）は〔補遺4、6、7〕として翻刻された。

以上をまとめると、今のところ法龍宛熊楠書翰は約七十通、熊楠宛法龍書翰は約八十通の存在が確認される。熊楠書翰が、本書の出版によって、和歌山市立博物館の熊楠展で紹介された新出の一通を除いてすべて刊行されたのに対して、法龍書翰はその半数にも満たない三十五通しか刊行されていない。

それでは、いまだ発見されていない書翰はいったいどのくらいあるのだろうか。あくまでも試算ではあるが、現存書翰、『熊楠日記』、『法龍日記』の記述などから、その数は二人合わせて百通を上回るものと推定される。熊楠と法龍との書翰による交流は、明治二十六年（一八九三）十一月に始まり、大正十二年（一九二三）一月に法龍が遷化する直前まで、およそ二十九年間続いた。後述のように、両者の手紙の遣り取りには時期によって粗密があり、手紙を取り交わした形跡のない空白期もかなりあるが、大雑把に言えば、二十九年間に二五〇通以上の書翰が二人の間を行き交ったことになる。

書翰の往復状況

前述のように未発見の書翰はなおも多いと見られる。しかし、高山寺からの書翰の新出によって、これまでは櫛の歯が欠けたようになっていた往復書翰の欠落個所をかなりの程度埋めることができるようになったことは確かである。それと共に既存の書翰を本来の文脈に即して読み直す必要も生じている。本書の出版によって、熊楠と法龍の書翰による交流をトータルに把握するための基礎的条件がようやく整ったと言うことができる。

三四八―三五三頁に掲げた南方熊楠・土宜法龍往復書翰表は、二人の間の書翰の往復状況を一覧したものである。この表では、先に見た現存する法龍宛熊楠書翰と熊楠宛法龍書翰とを日付順に並べ、熊楠の経歴に即して、（a）ロンドン時代、（b）和歌山市滞在期、（c）那智隠栖期、（d）田辺時代に分けてある。ただし、

①日付がない書翰は、その内容、『熊楠日記1〜4』、『法龍日記』などに基づき、他の書翰との前後関係を考慮して、妥当と思われる場所に配置した。発信日や受信日が特定できる場合にはその旨書き込んだ。

②〔八坂本33〕は今のところいつ頃のものか分からないのでこの表には載せていない。また熊楠宛法龍書翰のうち未刊行のもの（〔法龍来簡〕と表示）については、日付、消印などからいつ書かれたかが明らかなもののみを記し、そうでないものは掲載を見送った。

③未発見の書翰に関する情報は本表には取り入れていない。

各時期の新出書翰

新出四十三通の時期別の分布は次のようである。(9)

（a）ロンドン時代　〔高山寺1〕〜〔高山寺22〕　二十二通
（b）和歌山市滞在期　〔高山寺23〕　一通
（c）那智隠栖期　〔高山寺24〕〜〔高山寺41〕　十八通
（d）田辺時代　〔高山寺42〕〔高山寺43〕　二通

（a）熊楠のロンドン滞在は明治二十五年（一八九二）九月から明治三十三年（一九〇〇）八月までの約八年間に及ぶ。この中で熊楠が法龍と文通した期間は明治二十六年（一八九三）十一月初めから明治二十八年（一八九五）三月頃までのおよそ一年五ヵ月である。さらにそのうち、法龍がパリに滞在していた明治二十七年（一八九四）三月末までの最初の五ヵ月間は、二人が（a）〜（d）を通じて最も頻繁に手紙を遣り取りした期間であった。ここに高山寺資料二十二通が加わることによって、しばしば「丁々発止」と形容される両者の議論の展開過程がかなり忠実に再現できるようになった。

例えば、〔高山寺14〕と〔高山寺15〕が加わることによって、この二通と〔八坂本19〕〔八坂本20〕〔八坂本22〕〔八坂本26〕〔八坂本27〕〔八坂本28〕は次の順序で一連の往復書翰となることが判明した。

法龍の〔八坂本19〕↓熊楠の〔高山寺14〕↓法龍の〔八坂本20〕↓熊楠の〔高山寺15〕↓法龍の〔八坂本26〕＋〔八坂本27〕＋〔八坂本28〕＋〔八坂本22〕(10)

これによって、主に仏教に関するさまざまなトピックについて二人がどのように論じ合い、どのような遣り取りを経て法龍が「你の傲慢なる筆鋒、満面の乳臭面白し」で始まる強い調子の書翰、〔八坂本26〕＋〔八坂本27〕＋〔八坂本28〕＋〔八坂本22〕を書くに至ったかが手に取るように分かる。

この時期の熊楠の手紙は、二十代後半の彼の人生観と学問観、仏教を中心とする宗教論や科学論、教養の幅、読書を中心とする学習状況などを知るのに役立つが、同時に、そこには大英博物館図書館をまだ利用できないこの時期の彼の知識の限界を示す記述も見られる。[11] 例えば、〔高山寺13〕〔高山寺18〕〔高山寺19〕において熊楠が法龍に伝えた南アジア、中央アジアの地理に関する情報は、主として『和漢三才図会』に基づいたと思われる不正確なものに過ぎない。[12]

また〔高山寺19〕には、熊楠が翌明治二十八年四月に大英博物館図書館に通い始めてから本格化すると見られる彼の東西説話の比較研究の先駆的な記述があり、[13] 彼のこの分野での発想の原点を考える上で興味深い。

（b）明治三十三年（一九〇〇）十月十五日に神戸港に帰着した熊楠は、それから一年余りを和歌山市とその近郊で過ごす。二人の文通がおよそ五年ぶりに再開されたのは帰国の翌月と思われる。しかし、この時期の二人の手紙の遣り取りは、未発見の書翰の存在を考慮に入れても、さほど活発なものではなく、新出書翰も〔高山寺23〕一通に止まっている。

（c）那智隠栖期とは、一般に、熊楠が和歌山市から勝浦港に着いた明治三十四年（一九〇一）十月三十一日から明治三十七年（一九〇四）十月六日に那智を去って田辺に向かうまでの約三年間を指している。[14] この時期は、熊楠が那智山などをフィールドにして動植物の採集・調査を行ないながら、自己の思想を深化させていった期間ととらえられている。[15] 実際、この時期の彼はロンドン時代に次ぐ勢いで法龍に手紙を書き送っており、その中にはいわゆる「南方マンダラ（曼陀羅）」二種が描かれた〔八坂本46〕と〔八坂本47〕も含まれている。

ただし、その間の明治三十五年（一九〇二）三月から五月にかけて、彼は歯の治療のために和歌山市に滞在し、その後も田辺、白浜の湯崎温泉、古座、勝浦などを転々として、同年十二月末まで那智の大阪屋には戻っていない。新出書翰十八通のうちの最初の九通、すなわち〔高山寺24〕から〔高山寺32〕までが、まさにこの和歌山市滞在中に書かれていることは注意を必要とする。というのも、これらの書翰は、〔八坂本43〕〔東京翻字1〕と合わせて、熊楠が独自の霊魂論（霊魂不死論）を展開したものとして一まとめにすることができるからである。[16]

霊魂論は熊楠の思想的柱の一つであり、その重要性はつとに［松居 二〇〇五：一五三―一五六］によって指摘されている通りである。それが、〔高山寺24〕～〔高山寺28〕の翻刻文が本書に先駆けて［雲藤 二〇〇五］として公開された理由でもあった。彼の霊魂論は、［法龍来簡2976］の「霊魂の死不死に関する。金粟王如来の安心承り度」との問いかけに触発されて展開されたものであり、[17]『続一年有半　一名無神無霊魂』において中江兆民が霊魂の不滅を否定したことへの反論が意図されている。[18] これが熊楠の那智の原生林に分け入った体験[19]と実際にどのように結び合っているのかは、今後さらに検討されなければならない。

新出書翰の残りの九通、すなわち〔高山寺33〕から〔高山寺41〕までは、明治三十六年（一九〇三）九月から三十七年五月にかけてのものである。これらは、「南方マンダラ」を説く〔八坂本46〕〔八坂本47〕の後に続く書翰群であり、既存の〔八坂本48〕〔八坂本49〕〔東京翻字3〕〔東京翻字2〕〔八坂本51〕と共に「マンダラ後」の熊楠の思想展開を探る上で重要と考えられる。

例えば、〔高山寺33〕には、熊楠が〔八坂本47〕に説いた彼のマンダラを昆虫標品によって説明しようという意図を持っていたことを窺わせる興味深い記述が見られる。[20]

（d）明治三十七年十月に熊楠が田辺に移住してから最初の五年ほどは、二人が手紙の遣り取りをした形跡はない。（a）と（b）の間に次ぐ二度目の長い空白期である。その後明治四十二年（一九〇九）十一月頃から文通は再開されているが、表に見るように、それ以後の熊楠の書翰は新出書翰二通を含めても五通しか発見されていない。熊楠の日記[21]の記載と法龍書翰の残存状況から見て、これは書かなかったのではなく、書いたものがあまり見つかっていないのである。

だがそれにしても、田辺時代の二人の手紙の遣り取りは、もはや那智隠栖期のような活発なものではなく、通信も葉書によるものが増えている。また現存書翰を見る限り、那智隠栖期のようなトーンの高さは感じられない。熊楠が孫文との交際に関して述べた言葉、「人の交りにも季節あり[22]」は、この場合にも当てはまるように思われる。新出書翰が（a）と（c）に集中しているのは、この時期の二人がそれだけ活発に手紙を遣り取りしていたからに他ならないが、そこに何らかの取捨選択が働いていた可能性も否定することはできない。それは高山寺資料が高山寺に遺された経緯そのものに関連している。

なぜ高山寺に書翰があるのか

手紙は本来それをもらった人のものであるから、「なぜ高山寺に書翰があるのか」というこの問い自体奇異に聞こえるかもしれない。高山寺は法龍が長年住持した寺であり、後に見るように、彼が仁和寺門跡になった後も、熊楠からの手紙は高山寺に置いてあった。彼の墓もこの寺にある。高山寺資料の中には、彼が大正九年（一九二〇）に真言宗高野派管長に就任して以降に熊楠から受け取った〔八坂本54〕〔高山寺42〕〔八坂本55〕〔高山寺43〕が含まれていることから、彼が大正十二年（一九二三）一月十日に高野山金剛峯寺で遷化した後、その遺品は同寺に送り返されたと考えられる。[23]熊楠の手紙が高山寺にあって何の不思議もないのである。[24]

ところが既に見たように、法龍宛熊楠書翰は、高山寺、南方熊楠顕彰館、南方熊楠記念館などに分蔵されている。後述のように、法龍は大正五年(一九一六)に熊楠に彼の書翰をまとめて返却した。少なくとも顕彰館と記念館に蔵されているものは、このようにして熊楠の手元に戻った分と考えられる。当時の熊楠は、彼の終の棲家となる田辺の中屋敷町三十六番地の家に転居したばかりであった。ならばなぜ、高山寺にかくも大量の熊楠書翰が保管されているのか。その経緯を見てゆこう。

熊楠は、大正五年五月八日付の〔八坂本52〕四〇八―四〇九頁の中で法龍に自分が送った書翰の返付を依頼している。熊楠によれば、それは、神社合祀反対運動を共に闘った柴庵毛利清雅(一八七一―一九三八)[25]の勧めによるものであった。すなわち、毛利は熊楠に、彼が法龍に送った手紙を取り寄せ、毛利の主宰する『牟婁新報』に掲載するか、または熊楠自身で刊行、発売することを勧めたという。[26]毛利は、法龍の没後に熊楠が送った書翰が散逸し、「むやみに世に示され」て他人に迷惑を掛けたりする怖れを説いて、熊楠をその気にさせたようである。だから「特別の御用」がない限りは、自分が送った書翰は一切返付してもらいたい。その暁には、「世に伝えて苦しからぬことにて、後進の参考ともなり自分立言の証拠ともなるべきことども」を自らの手で「抜抄して小生の遺稿とも申すべきものの末に付け加え子供に遺しやれば、子供不肖で何とも活計に苦しむとき少々の印税ぐらいにはなり申すべし」というのが熊楠の言い分であった。[27]

これを読んだ法龍は、五月十二日付の〔法龍来簡3002〕の中で熊楠の申し出を快諾した。

「前年御遣し相渡候御書面等一往返度之旨御申越し委曲了承致候。近日栂尾山房え帰致して取調べ之上、貴命に応ずべく候」

法龍は、明治三十九年(一九〇六)以来、仁和寺門跡兼御室派管長の地位にあったが、熊楠から来た書翰は自坊である栂尾山房、つまり高山寺に保管していたことが分かる。法龍は、明治三十六年(一九〇三)八月四日付の〔法龍来簡2985〕の中で熊楠の書翰二通を指して、「頗ぶる至上の宝物」と呼んでおり、[28]彼の書翰を大切にしていたことが知られる。[29] しかし彼の事情を忖度して、その返還に同意したのである。法龍が熊楠との約束を実行したのは、それから二週間余り後の五月三十日のことである。ところが同日付の〔法龍来簡 2935〕には次のように書いてある。

「予て御命じ之書類本日御送申上候。此他に幾個有之候得共、右は自分手許に愛護致度候」

つまり法龍は、熊楠の意向に沿って主な書翰は彼に返送した。[30] しかし「幾個」かは「手許に愛護」するために残したというのである。手許で愛護したい。これが法龍にとっての「特別の用」であった。これが高山寺に熊楠の書翰が残った主な理由であると考えられる。

もっとも、高山寺資料のすべてが法龍によって意識的に止め置かれたものとは考えにくい。「幾個」（いくつか）と呼ぶには書翰の数が多すぎるし、先に指摘したように、その中には南方熊楠顕彰館と泣き別れになっている断簡やメモ程度のものも含まれているからである。そうしたものは法龍が返し損ねた分と見るべきであろう。

またこれ以降に熊楠から受け取った書翰は、返却の対象にはならなかったと思われる。[31] 法龍が高野山で受け取った現存の四通は、前述のように、彼の遷化後に他の遺品と共に高山寺に返されたと見てよい。大正五年の書翰返還以後に書かれた法龍宛熊楠書翰はこの他にも多数存したと考えられるが、それらが今どこにあるかは分かっていない。

ともあれ、こうして高山寺に遺された熊楠の書翰は、彼の予測[32]よりいくらか早く、法龍没後八十年にして世に現われたのである。

（1）法龍の経歴全般については、〔奥山 二〇〇八〕参照。

（2）〔松居 一九九一：六二〕、〔中沢・長谷川 二〇〇一：一七七―一七八〕、〔雲藤 二〇〇五：一〇四〕、〔高山寺 5〕注（120）参照。

（3）〔東京翻字1〜3〕の原本である［書簡1768］［書簡1776］［書簡1778］の三通が〔八坂本〉に収録されなかったのは、それらが〔八坂本〕の出版後、熊楠旧邸の調査が進む中で大量に発見された熊楠宛法龍書翰（邸内新資料とも呼ばれている）の一通に同封されていたからである。［東京・南方熊楠翻字の会編二〇〇五：一六五］参照。

（4）この筆写原稿は長谷川興蔵氏によるものである。この二通に外部からアクセスした最初の人物は長谷川氏と考えられる。氏が高山寺資料の他の書翰に言及せず、かえって先に引用したような言葉を漏らしたのは、その時にはまだ高山寺もそれらの存在を把握していなかったためと思われる。

（5）『熊楠全集7』の月報（四―六頁）にも『木母堂』が資料として転載されている。

（6）長谷については〔高山寺〕注（5）参照。

（7）〔高山寺33〕注（1）、〔高山寺8〕注（1）参照。

（8）〔八坂本〕編集の段階では、南方熊楠顕彰館現蔵の他の法龍書翰はまだ発見されていなかった。注（3）参照。

（9）ただし本書では（a）を「ロンドン時代」、（b）〜（e）を「和歌山・那智時代」として、新出書翰を二部に分けている。

（10）前述のように〔八坂本26〕以下の四つは合わせて一通の書翰である。本書翰は〔高山寺15〕を受けて書かれたものであり、この時点では、法龍はまだ〔八坂本21〕は読んでいない。

（11）熊楠が大英博物館図書館の入館証を取得したのは明治二十八年四月のことである。『英文論考［ネイチャー］誌篇』一四二頁、［飯倉二〇〇六：一一八―一一九］参照。

（12）〔高山寺13〕注（9）、〔高山寺18〕注（51）、〔高山寺19〕注（18）、（26）〜（29）参照。

（13）〔高山寺19〕注（17）参照。

（14）［鶴見二〇〇一：五二］、［安田二〇〇九：一九九］参照。

（15）その一方で、この時期の熊楠がかなり不安定な精神状態にあったことも指摘されている。［安田二〇〇八、二〇〇九］参照。

（16）厳密に言えば、霊魂論が現われるのは〔高山寺25〕からである。

（17）〔高山寺25〕注（1）、〔高山寺26〕注（4）参照。

（18）〔高山寺26〕注（18）参照。

（19）［千田二〇〇五］、［松居二〇〇五：一五五］参照。

(20)〔高山寺33〕注(6)、〔高山寺24〕注(13)参照。

(21)『熊楠日記4』は大正二年で終わっている。それ以降では大正八年の日記が〔田辺・南方熊楠翻字の会 二〇〇四―二〇〇六〕として刊行されている。

(22)上松蓊宛書翰、『熊楠全集別1』一一七頁。

(23)高野山に残された法龍の遺品は、遺弟の長谷宝秀、口入田(土宜)覚了、白井覚範らによって整理されたが、「書簡だけでも一山を築く程沢山に」あったという。『高野山時報』第二八八号、二九頁、第二九〇号、一一頁参照。

(24)この意味からすれば、高山寺資料が二〇〇四年まで眠っていたことの方がむしろ不思議である。それは、熊楠研究者一般の法龍その人に対する関心の低さと、手紙は法龍から熊楠にすべて返却された、あるいは高山寺所蔵書翰は長谷川氏の発掘した二通(注(4)参照)に尽きている、との思い込みに起因するものと思われる。高山寺資料の出現はまさに縁としか言いようのない出来事であった。〔神田 二〇〇五b:一六一―一六二〕参照。

(25)熊楠と毛利の関係については、〔中瀬 一九八八:二―九〕、『知る事典』三二五―三二六頁参照。

(26)毛利が熊楠の手紙を出版しようとしたのはこれが初めてではない。明治四十三年七月、毛利は法龍に手紙を書き、法龍宛熊楠書翰を『牟婁新報』に掲載したい旨の申し入れを行なった。そこで法龍は、これについて熊楠本人に確認するために、同月三十日付で〔法龍来簡 2990〕を書き送った。これに対して熊楠は「不承諾」と答えて、この一件を差し止めたらしい。彼は翌明治四十四年六月二十五日付の柳田国男宛書翰(『熊楠全集8』五二頁)、大正五年五月八日付の〔八坂本52〕四〇八頁、同年九月中旬頃の毛利宛書翰〔中瀬 一九八八:五九〕の中で毛利のこの行為を非難している。また大正十四年一月三十一日付の矢吹義夫宛書翰(通称「履歴書」)では、これが法龍に書翰の返付を求めた直接の理由であるかのような説明をしている(『熊楠全集7』三四頁)。

(27)この後も「自分の書翰を他人にいろいろ利用されんよりは、子供万一の糊口の資にものこしておきやりたく」とか、「貴下百年後必ず誰かがこれを引きずり出しなどすることと存じ申し候」などの言葉が綿々と続いている。

(28)「今回贈付の二度の御長文は予に於ては頗ぶる至上の宝物なり予は是れによりて知識を得て大ひに法楽を受くるに至り且つ又他に向て分受することあるべしと思う」とある。この「二度の御長文」の一つは、同年七月十八日付の〔八坂本46〕と見て間違いない。他の一通は、熊楠の日記の同年七月二十一日の条に「土宜師へ状一出す。総十二枚半紙」(『熊楠日記2』三六三頁)とあるのがそれと思われる。〔八坂本46〕に匹敵する重要書翰と見られるが、残念ながらまだ発見されていない。

（29）熊楠の明治四十四年六月二十五日付柳田国男宛書翰には「小生より（法龍に）贈りし書翰は一切箱に入れ、栂尾護国寺に蔵しある由に候」（『熊楠全集8』五二頁、括弧内引用者）とある。この護国寺とは高山寺のことであろう〔神田 二〇〇五a：一三四〕。また大正十四年一月三十一日付の矢吹義夫宛書翰には、「年来この法主（法龍）と問答せし、おびただしき小生の往復文書は、一まとめにして栂尾高山寺に什宝のごとくとりおかれし」（『熊楠全集7』三四頁、括弧内引用者）とある。

（30）しかし毛利との間で話がこじれたのか、結局、熊楠が生きているうちにこれらの書翰が出版されることはなかった。それは、彼が没してから十年後の乾元社版『南方熊楠全集』第九巻〔書簡Ⅱ〕を待たなければならない。

（31）実際、高山寺資料以外の法龍宛熊楠書翰は、すべて〔八坂本52〕の日付である大正五年五月八日以前のものである。

（32）注（27）参照。

南方熊楠・土宜法龍往復書翰表

(a) ロンドン時代

熊楠から法龍へ	法龍から熊楠へ	書翰番号，所在等
明治26年（1893）		
11月3日午後4時		〔高山寺1〕
	日付なし　11月3日発	〔法龍来簡2937〕
日付なし　11月28日受か		〔八坂本1〕
	日付なし　11月29日発か	〔八坂本2〕
日付なし　12月4日発		〔高山寺2〕
12月5日午前11時		〔高山寺3〕
12月6日午後3時出		〔高山寺4〕
日付なし		〔八坂本3〕
	日付なし	〔八坂本4〕
12月11日夜以降		〔高山寺5〕
12月15日付		〔高山寺6〕
12月16日夜		〔高山寺7〕
	12月19日付	〔八坂本5〕
12月19日夜8時		〔八坂本6〕
12月24日午後3時		〔八坂本7〕
	12月26日付	〔八坂本8〕＋〔法龍来簡2944〕
	12月26日夜	〔八坂本9〕
日付なし　12月31日頃発か		〔八坂本10〕
日付なし　12月31日頃発か		〔高山寺8〕[1)]
明治27年（1894）		
	1月2日付	〔八坂本11〕
	日付なし	〔補遺1〕[2)]
1月10日付		〔高山寺9〕
	1月14日夜	〔八坂本12〕
1月19日午後12時書始め		〔高山寺10〕
	日付なし　1月22日発	〔八坂本13〕＋〔法龍来簡2951〕
	日付なし　1月26日発	〔八坂本14〕＋〔法龍来簡2953〕
1月27日夜10時前		〔高山寺11〕
	日付なし　1月31日受	〔八坂本15〕

熊楠から法龍へ	法龍から熊楠へ	書翰番号，所在等
	2月3日付	〔八坂本16〕
2月5日付		〔八坂本17〕
2月5日夜1時		〔高山寺12〕
	日付なし　2月7日発	〔八坂本25〕[3)]
	2月7日夜8時	〔八坂本18〕
2月9日付		〔高山寺13〕
	日付なし　2月11日発	〔八坂本32〕[4)]
	2月25日付	〔八坂本19〕
2月27日午後5時出		〔高山寺14〕
	2月28日付	〔八坂本20〕
3月1日午後4時付		〔高山寺15〕
日付なし		〔高山寺16〕[5)]
3月2日夜9時出		〔八坂本21〕
	3月3日付	〔八坂本26〕＋〔八坂本27〕＋〔八坂本28〕＋〔八坂本22〕[6)]
3月4日夜12時追書		〔八坂本23〕
	日付なし	〔八坂本24〕
3月19日夕出		〔八坂本29〕
3月19日記		〔八坂本30〕
	日付なし　3月24日受か	〔八坂本31〕
	5月13日	[法龍来簡2947]
5月14日付		〔高山寺17〕
6月26日午後5時記		〔高山寺18〕
7月16日付		〔高山寺19〕
7月29日付		種智院大学長谷文庫，[上山 1999]
	8月6日付	〔補遺2〕
9月2日付		〔高山寺20〕
9月5日付		〔高山寺21〕
10月18日午前11時		〔高山寺22〕
明治28年（1895）		
	1月26日付	〔補遺3〕

(b) 和歌山市滞在期

熊楠から法龍へ	法龍から熊楠へ	書翰番号，所在等
	明治33年（1900）	
	12月1日付	〔八坂本34〕
	12月21日付	〔八坂本35〕
	12月24日付	〔八坂本36〕
	明治34年（1901）	
	1月5日付	〔八坂本37〕
8月16日付		〔八坂本38〕
	10月10日夜	〔八坂本39〕
10月12日夜書始め		〔高山寺23〕
	10月25日付	〔八坂本40〕
10月30日朝		〔八坂本41〕

(c) 那智隠栖期

熊楠から法龍へ	法龍から熊楠へ	書翰番号，所在等
	明治35年（1902）	
	3月8日付	〔八坂本42〕
3月17日午後2時		〔高山寺24〕
	3月20日付	[法龍来簡2976]
3月22日午後2時半		〔八坂本43〕
3月23日朝3時前		〔高山寺25〕
	3月24日付	[法龍来簡2977]
3月25日付		〔高山寺26〕
3月25日付		〔高山寺27〕
日付なし　3月26日発か		〔高山寺28〕
3月31日付		〔高山寺29〕
	4月1日朝	[法龍来簡2978]
4月2日付		〔東京翻字1〕
4月4日朝		〔高山寺30〕
4月18日付		〔高山寺31〕
	4月27日夜	〔補遺4〕
5月3日付		〔高山寺32〕

南方熊楠・土宜法龍往復書翰表

熊楠から法龍へ	法龍から熊楠へ	書翰番号，所在等
明治36年（1903）		
6月7日認		〔八坂本44〕
	6月28日付	[法龍来簡2983]
6月30日夜		〔八坂本45〕
	7月11日夜	[法龍来簡2984]
7月18日付		〔八坂本46〕
	8月4日前8時半	[法龍来簡2985]
8月8日付		〔八坂本47〕
日付なし　8月11日発か		〔補遺5〕
	8月16日付	[法龍来簡2980]
8月10日夜より認め，11日より中止。20日再び認めつづけ出す		〔八坂本48〕
8月20日付		〔八坂本49〕
	8月23日付	[法龍来簡2981]
9月6日付		〔高山寺33〕＋〔東京翻字3〕
9月10日付		〔高山寺34〕
9月18日付		〔高山寺35〕
11月2日付		〔高山寺36〕
	11月18日付	[法龍来簡2982]
12月4日付		〔高山寺37〕
日付なし　12月10日か		〔高山寺38〕
	日付なし　12月19日消印か	[法龍来簡2979]
	12月31日夜	[法龍来簡2986]
明治37年（1904）		
1月4日夜		〔八坂本50〕
1月22日夜認		〔東京翻字2〕
	3月21日付	[法龍来簡2987]
3月24日書き始む		〔八坂本51〕
	4月5日付	〔補遺6〕
4月17日付		〔高山寺39〕
	5月7日付	[法龍来簡2933]
5月17日付		〔高山寺40〕
5月29日付		〔高山寺41〕

熊楠から法龍へ	法龍から熊楠へ	書翰番号，所在等
	6月1日付	[法龍来簡2988]
4月17日書き始め，6月15日再開		[和歌山市立博物館2009：第 I 部120]

(d) 田辺時代

熊楠から法龍へ	法龍から熊楠へ	書翰番号，所在等
明治42年（1909）		
	11月24日付	[法龍来簡2989]
明治43年（1910）		
	7月30日付	[法龍来簡2990]
	8月25日付	〔補遺7〕
明治44年（1911）		
	7月2日消印	[法龍来簡2270]
	7月29日付	[法龍来簡2991]
	10月5日消印	[法龍来簡2992]，[飯倉2002]
	12月21日付	[法龍来簡2993]
明治45年（1912）		
	2月12日付	[法龍来簡2994]
	2月19日付	[法龍来簡2995]
	3月21日消印	[法龍来簡2996]
	3月26日消印	[法龍来簡2997]
	5月8日消印	[法龍来簡2998]
大正2年（1913）		
	2月23日消印	[法龍来簡2999]
	2月28日付	[法龍来簡3000]
大正4年（1915）		
	11月10日付	[法龍来簡3001]
大正5年（1916）		
5月8日午後2時半		〔八坂本52〕
	5月12日付	[法龍来簡3002]
	5月30日付	[法龍来翰2935]
	9月20日付	[法龍来翰3003]

南方熊楠・土宜法龍往復書翰表

熊楠から法龍へ	法龍から熊楠へ	書翰番号，所在等
	大正6年（1917）	
	10月27日付	［法龍来翰3004］
	11月11日消印	［法龍来翰3005］
	大正7年（1918）	
	3月11日付	［法龍来翰3006］
	3月27日付	［法龍来翰3007］
	5月19日消印	〔八坂本53〕
	大正9年（1920）	
	4月8日付	［法龍来翰3009］
	8月12日付	［法龍来翰3010］
	大正10年（1921）	
	2月10日付	［法龍来翰3011］
2月15日夜9時30分		〔八坂本54〕
2月18日午後2時		〔高山寺42〕
	3月1日付	［法龍来翰3012］
	10月13日消印	［法龍来簡3013］
12月22日夜10時		〔八坂本55〕
	12月25日付	［法龍来簡3014］
	大正11年（1922）	
10月10日早朝		〔高山寺43〕

注

1）〔八坂本10〕の一部である可能性がある。〔高山寺8〕注（1）参照。
2）いつ書かれたかはっきりしないが，［長谷川 1993：197］の想定に従う。
3）〔高山寺12〕注（1）参照。
4）〔高山寺13〕注（1）参照。
5）〔高山寺16〕注（1）参照。
6）〔高山寺15〕注（1）参照。

主要参考文献

秋山勇造 二〇〇八『日本学者フレデリック・V・ディキンズ』神奈川大学評論ブックレット、御茶の水書房。

安藤礼二 二〇〇八『光の曼陀羅 日本文学論』講談社。

飯倉照平 一九九七「『酉陽雑俎』の世界――南方熊楠と中国説話」『文学』第八巻第一号、五〇―六三頁。

―― 一九九九「南方熊楠と大蔵経――一・「田辺抜書」以前」『熊楠研究』第一号、一〇九―一二四頁。

――（翻字）二〇〇二「《資料紹介》小島烏水等来簡二通――『南方二書』関係書簡・補遺」『熊楠研究』第四号、一五五頁。

―― 二〇〇六『南方熊楠――梟のごとく黙坐しおる』ミネルヴァ日本評伝選、ミネルヴァ書房。

上山春平 一九九九「土宜法竜宛南方熊楠書簡の新資料」『熊楠研究』第一号、二一―四二頁。

雲藤等 二〇〇二「南方熊楠の記憶力をめぐる問題」『熊楠研究』第四号、五二―七四頁。

――（翻刻）二〇〇五「【新資料紹介】土宜法龍宛南方熊楠書簡」『熊楠の森』一七〇―一九九頁。

―― 二〇〇五「南方熊楠の手紙」『國文學――解釈と教材の研究』平成十七年八月号、九九―一〇五頁。

―― 二〇〇八「南方熊楠研究序説――南方熊楠の日記と書簡を中心にして」『早稲田大学大学院社会科学研究科 社学研論集』第十二号、四四―五八頁。

榎本文雄 一九九三「罽賓――インド仏教の一中心地の所在」『塚本啓祥教授還暦記念論文集 知の邂逅――仏教と科学』佼成出版社、横組二五九―二六九頁。

岡倉天心 一九八一「近畿宝物調査手録（明治二十一年）」『岡倉天心全集』第八巻、平凡社、四七―七七頁。

奥山直司 二〇〇五「土宜法龍と南方熊楠」『熊楠の森』一一四―一三一頁。

―― 二〇〇八「近代日本仏教史の中の土宜法龍」『環』Vol.35、二〇四―二一一頁。

小野則秋 一九四二『日本文庫史』教育図書株式会社。

川島昭夫 二〇〇五「熊楠と洋書――蔵書目録の作成を通じて」『國文學――解釈と教材の研究』平成十七年八月号、三二―三八頁。

神田英昭 二〇〇五a「〈新出資料〉土宜法龍往復書簡――第一書簡の紹介」『國文學――解釈と教材の研究』平成十七年八月号、一三〇―一三四頁。

―― 二〇〇五b「土宜法龍宛新書簡の発見と翻刻の解説」『熊楠の森』一六〇―一六九頁。

―― 二〇〇九「南方熊楠によるマンダラの思想の受容について」『高野山大学大学院紀要』第十一号、一七―二六頁。

熊本日日新聞社編　一九七一『百年史の証言　福田令寿氏と語る』日本YMCA同盟出版部。
桑原武夫　一九七四「南方熊楠の学風」、飯倉照平編『南方熊楠　人と思想』平凡社、五―二〇頁。
小泉博一　二〇〇五「翻訳・ディキンズ・『方丈記』」『國文學――解釈と教材の研究』平成十七年八月号、四〇―四六頁。
甲田宥吽　一九八六「曼荼羅部解説」『続真言宗全書』第二四、会報。
黄宇和　二〇〇七「一八九七年ロンドンにおける孫文と南方熊楠の交友」久保純太郎訳、日本孫文研究会編『孫文と南方熊楠』孫中山記念会研究叢書V、汲古書院、二四―五四頁。
小峯和明　一九九七「南方熊楠の今昔物語集――説話学の階梯・明治篇」『文学』第八巻第一号、三七―四九頁。
――　一九九九「南方熊楠の今昔物語集――明治篇・補遺」『熊楠研究』第一号、一二五頁。
――　二〇〇七『中世日本の予言書――〈未来記〉を読む』岩波新書、岩波書店。
白川歩　二〇〇〇「密教と現代生活――南方熊楠・土宜法龍往復書簡を中心にして」『密教文化』第二〇四号、七三―一〇七頁。
白土秀次　一九六三『野村洋三伝』私家版。
白鳥庫吉　一九七〇（一九一七）「罽賓国考」『白鳥庫吉全集』第六巻、岩波書店、二九五―三五九頁。
関栄覚編　一九四二『高野山千百年史』金剛峯寺。
千田智子　二〇〇五「熊野と熊楠」『熊楠の森』一六―二四頁。
巽孝之　二〇〇八「シャーロック・ホームズの街で――小泉信三、南方熊楠、巽孝之丞」『三田文学』No.九四、六二―九四頁。
橋爪博幸　二〇〇五『南方熊楠と「事の学」』鳥影社。
長谷川興蔵　一九九三「南方熊楠・土宜法竜往復書簡補遺(七篇)」『新文芸読本　南方熊楠』河出書房新社、一八六―一九七頁。
原田健一　二〇〇三『南方熊楠　進化論・政治・性』平凡社。
久野啓介　二〇〇一『紙の鏡　地方文化記者ノート』葦書房。
高橋慈本　一九二三「故土宜大僧正のことども」『高野山時報』第二八八号、一九―二一頁。
武内善信　一九九五「若き熊楠再考」『熊楠珍事評論』二三七―二七八頁。
――　二〇〇九「南方熊楠における珍種発見と夢の予告――安藤礼二『野生のエクリチュール』によせて」『和歌山市立博物館研究紀要』23、一―二一頁。
武上真理子　二〇〇六「孫文と南方熊楠――文明の衝突と越境、そして対話」『熊楠研究』第八号、三六―五九頁。
――　二〇〇七「孫文と南方熊楠の科学哲学」、日本孫文研究会編、前掲書、五五―七六頁。
田辺・南方熊楠翻字の会編　二〇〇四―二〇〇六「南方熊楠日記――一九一九（大正八）年一月〜四月」『熊楠研究』第六号、一二八―一七一頁、「同――一九一九（大正八）年五月〜八月」『熊楠研究』第七号、九二―一三九頁、「同――一九一九

（大正八）年九月〜一二月」『熊楠研究』第八号、一五一―一八六頁。

田村義也 二〇〇五「南方熊楠と自然科学」『國文學――解釈と教材の研究』平成十七年八月号、一〇六―一一三頁。

―― 二〇〇七「革命家と『野の遺賢』の邂逅」、日本孫文研究会編、前掲書、一四四―一六六頁。

千本英史 二〇〇四「南方熊楠の大英博物館への蔵書寄贈について」『南方熊楠に学ぶ　奈良女子大学人間文化研究科「南方熊楠の学際的研究」プロジェクト報告書』七一―七七頁。

―― 二〇〇五「等身大の熊楠へ」『國文學――解釈と教材の研究』平成十七年八月号、六―一三頁。

鶴見和子 一九八一『南方熊楠』講談社学術文庫、講談社。

―― 二〇〇一『南方熊楠・萃点の思想――未来のパラダイム転換に向けて』藤原書店。

東京・南方熊楠翻字の会編 二〇〇五「土宜法龍宛南方熊楠書簡――南方邸所蔵未発表分」『熊楠研究』第七号、一六五―一七六頁。

――編 二〇〇六「『南方熊楠辞』――『和漢三才図会』へのアナーバー時代書き入れ」『熊楠研究』第八号、一四二―一四五頁。

中沢新一 一九九〇「書簡による南方学の創生」、（八坂本）解説、四二七―四四五頁。

―― 一九九二『森のバロック』講談社、二〇〇六年、講談社学術文庫。

中沢新一・長谷川興蔵 二〇〇一（一九九三）「《対談》南方学の基礎と展開――テクスト、マンダラ、民俗学」、南方熊楠資料研究会編『長谷川興蔵集　南方熊楠が撃つもの』一六五―一九三頁。

中瀬喜陽編 一九八八『南方熊楠書簡――盟友毛利清雅へ』日本エディタースクール出版部。

中瀬喜陽 二〇〇五「南方熊楠ゆかりの地」『熊楠の森』四〇―七一頁。

中西須美 二〇〇七「南方熊楠と高橋謹一――ウォラム・グリーンでの下宿生活をめぐる交遊」『歴史文化社会論講座紀要』第四号、一―一五頁。

仁科悟朗 一九九四『南方熊楠の生涯』新人物往来社。

長谷川興蔵編・解説 一九九三「南方熊楠・土宜法竜往復書簡補遺（七編）」『新文芸読本　南方熊楠』一八六―一九七頁。

樋口輝雄 二〇〇五「明治中期のお歯黒習俗について――和歌山県の歯科医中村好正述『（明治二十五―二十六年）来患者中涅歯者ノ統計報告』より」『第三十三会日本歯科医史学会学術大会事前抄録　日本歯科医史学会々誌』二十六（二）、一一三頁。

藤本勝次 一九七六『シナ・インド物語』関西大学東西学術研究所訳注シリーズ1、関西大学出版広報部。

プロフェット、エリザベス・クレア著、下野博訳 一九九八『イエスの失われた十七年』立風書房。

松居竜五 一九九七「南方熊楠の食人論」『文学』第八巻第一号、二二―三六頁。

――「南方熊楠とフォークロアの伝播説――『さまよえるユダヤ人』解題」『熊楠研究』第三号、一六一―一七五頁。

――二〇〇五「南方マンダラの形成」『熊楠の森』一三二―一五八頁。

――二〇〇九「ジャクソンヴィルにおける南方熊楠」『龍谷大学 国際社会文化研究所紀要』第十一号、二一〇―二二八頁。

松居竜五・小山騰・牧田健史 一九九六『達人たちの大英博物館』講談社。

松居竜五・橋爪博幸・田村義也編 二〇〇四「南方熊楠未公刊英文論文草稿――タブー・システム及び『ネイチャー』関連」『熊楠研究』第七号、横組み六四―七八頁。

南方熊楠 二〇〇一「さまよえるユダヤ人」(松居竜五訳編)、『熊楠研究』第三号、一七六―一八八頁。

安田忠典 二〇〇八「熊楠の臨界点」『ユリイカ』一月号、第四十巻第一号、一六九―一七六頁。

――二〇〇九「南方熊楠那智隠栖期について――『南方熊楠・小畔四郎往復書簡(一)』を中心に」『龍谷大学 国際社会文化研究所紀要』第十一号、一九九―二〇九頁。

山口瑞鳳 一九八七『チベット』上、東京大学出版会。

山本達郎 一九七五「榜葛剌と沼納樸児と底里」『東洋史論叢』山川出版社、四八一―四九七頁。

横山茂雄 二〇〇一「怪談の位相」、水野葉舟著、横山編『遠野物語の周辺』国書刊行会、二六七―三三一頁。

吉永武弘 二〇〇五「徳川頼倫と南方熊楠の出会い――ロンドンにおける紀州出身の集いとその日付問題」『関西英学史研究』創刊号、九―一六頁。

和歌山市立博物館編 二〇〇九『エコロジーの先駆者 南方熊楠の世界』和歌山市教育委員会。

Beal, Samuel 1884 *Si-Yu-Ki: Buddhist Records of the Western World, translated from the Chinese of Huen Tsiang (A.D.629)*, London: Trubner.

Matsui Ryugo 2007. "Mandala as a Synthetic Theory of Modern Sciences—On MINAKATA Kumagusu's Philosophy in His Letters to Dogi Horyu,"『国際文化研究』第十一号、二九―四一頁。

Monier-Williams, Monier 1889 *Buddhism. In its Connexion with Brāhmanism and Hinduism, and in its Contrast with Christianity,* London : J. Murray.

Tamura Yoshiya 2008. "A Modernist Intellectual's Approach to Mahāyāna Buddhism: MINAKATA Kumagusu's Rediscovery of Tantric Buddhism in the West." In *Esoteric Buddhist Studies: Identity in Diversity, Proceedings of the International Conference on Esoteric Buddhist Studies, Koyasan University, 5 Sept.—8 Sept.2006,* Koyasan University, 2008, pp.409-413.

南方熊楠・土宜法龍　略年譜

（年齢は数え年）

年	歳	南方熊楠関連事項	歳	土宜法龍関連事項
一八五四（安政元）			1	8月、名古屋に生まれる。
一八五八（安政5）			5	尼僧の伯母に伴われて伊勢国に転じ、同国稲生村の福楽寺（土宜）深盛の徒弟となり、得度して法龍と称する。
一八六七（慶応3）	1	4月15日、和歌山城下橋丁の金物商南方弥兵衛の次男として生まれる。		
一八六九（明治2）			16	高野山に上り、伝法灌頂を受ける。
一八七三（明治6）	7	3月、雄小学入学。		
一八七五（明治8）			22	上京し、熊谷真言宗中教院に駐在。
一八七六（明治9）			23	慶應義塾の別科に入り、福沢諭吉のもとで洋学を学ぶ。
一八七九（明治12）	13	3月、和歌山中学入学。	26	高野山学林長に補せられる。
一八八一（明治14）			28	真言宗法務所課長に選ばれる。釈雲照らと共に後七日御修法の復興を請願し、翌年許可される。
一八八三（明治16）	17	3月、和歌山中学卒業、上京して共立学校で学ぶ。	30	香川県三谷寺の住職に就任。
一八八四（明治17）	18	9月、東京大学予備門入学。		

一八八六（明治19）	20	2月、東京大学予備門退学、帰郷。12月22日、横浜より渡米の途につく。		
一八八七（明治20）	21	1月7日、サンフランシスコ到着、パシフィック・ビジネス・カレッジ入学。8月、ミシガン州ランシングの州立農学校入学。		
一八八八（明治21）	22	11月、農学校を退学、アナーバーに行く。		
一八九〇（明治23）			37	真言宗の雑誌『伝灯』の創刊に携わる。
一八九一（明治24）	25	5月、フロリダ州ジャクソンヴィルに行く。9月、キューバ島に渡る。		
一八九二（明治25）	26	1月、ジャクソンヴィルに帰る。9月26日、ロンドンに到着。		
一八九三（明治26）	27	9月、大英博物館英国・中世古美術及び民族学部長フランクスらを紹介され、同館で東洋関係資料の整理を助け、勉学の便を得る。10月『ネイチャー』に最初の論文「東洋の星座」掲載。10月30日、土宜法龍に出会い親交を深める。	40	8月4日、シカゴ万国宗教会議出席のため横浜を出港。9月11日、万国宗教会議開幕。ボストン、ニューヨークを経て、10月18日、ロンドン到着。10月30日、南方熊楠に出会う。11月4日、パリへと移る。11月13日、ギメ博物館で御法楽の儀を執行。
一八九四（明治27）			41	3月末、パリを発ち、翌月、セイロンに到着する。その後、カルカッタを経て、5月20日、ブッダガヤーに参詣。6月29日、神戸港に帰着。7月、京都栂尾山高山寺住職を兼務する。
一八九六（明治29）			43	真言宗高等中学林の創立委員長となる。
一八九七（明治30）	31	3月、孫文と出会う。6月末の孫の離英まで、頻繁に往来して親交を結ぶ。		

年	歳	南方熊楠関連事項	歳	土宜法龍関連事項
一八九八(明治31)	32	12月、大英博物館で他の閲覧者と騒動を起こし、同館から追放される。		
一八九九(明治32)			46	「真言宗分否問題」が起り、以後数年、画一派の領袖として古義派の協調体制確立に尽力。
一九〇〇(明治33)	34	9月1日、リバプールを出港して帰国の途につく。10月15日、神戸着。以後、和歌山の実家などに滞在する。		
一九〇一(明治34)	35	10月30日、勝浦に向かう。熊野での植物調査を始める。		
一九〇二(明治35)	36	1月、那智山麓の大阪屋に移る。3–5月、歯の治療のため和歌山に滞在。12月、串本を経て那智に戻る。		
一九〇三(明治36)	37	3月、「燕石考」完成。7–8月、法龍との文通で、「南方マンダラ」を示す。	50	祖風宣揚会が結成され、副会長に就任。
一九〇四(明治37)	38	10月、那智を発ち、中辺路を経て田辺に行く。		
一九〇六(明治39)	40	7月、闘雞神社社司田村宗造の四女松枝と結婚する。	53	仁和寺門跡・御室派管長に公選され、真言宗聯合京都大学の総理に推薦される。
一九〇七(明治40)	41	6月、長男熊弥誕生。	54	仁和寺宸殿等の再建を計画し、翌年より工事を起す。
一九〇八(明治41)			55	古義真言宗各派聯合総裁に公選される。
一九〇九(明治42)	43	9月、『牟婁新報』に神社合祀反対の意見を発表しはじめる。		

一九一〇（明治43）	44	8月、県主催の夏期講習会に乱入し、18日間勾留される。		
一九一一（明治44）	45	柳田国男との文通が始まる。9月、柳田が『南方二書』（松村任三宛書翰2通）を刊行し、識者に配布する。		
一九一二（大正元）			59	内務省主催の三教会同に列席する。
一九一三（大正2）			60	聯合長者に当選する。
一九一七（大正6）	51	8月、自宅の柿の木から新種の粘菌を発見する。		
一九二〇（大正9）	54	8月、小畔四郎らと高野山へ行き、菌類を採集する。27年ぶりに土宜法龍と再会する。	67	高野派管長に当選。聯合総裁を兼ねる。
一九二一（大正10）	55	11月、楠本秀男を伴って高野山に行き、菌類の採集をし、土宜法龍とも面談する。		
一九二二（大正11）			69	3–5月、社会事業の奨励指導のため全国各地を巡錫。
一九二三（大正12）			70	1月10日、高野山金剛峯寺において遷化。
一九二九（昭和4）	63	6月、天皇を田辺湾神島に迎え、長門艦内にて進講し、粘菌標本110点等を進献する。		
一九三五（昭和10）	69	12月、神島が史蹟名勝天然紀念物に指定される。		
一九四一（昭和16）	75	12月29日、午前6時30分熊楠死去。31日、自宅で告別式の後、田辺郊外稲成村真言宗高山寺に埋葬される。		

［和歌山市立博物館　二〇〇九］、『木母堂』に基づいて作成。

あとがき

本書における三人の編者の作業分担は次のようである。

翻刻、校訂、凡例　　　　　　雲藤等、神田英昭

注記、はしがき、解説、全体調整　　奥山直司

このうち翻刻は、科学研究費補助金基盤研究A「南方熊楠草稿資料の公刊および関連資料の総合研究」（代表・松居竜五）の一環としてなされた作業を引き継いだものである。また注記と解説に引用する未刊行の熊楠宛法龍書翰（南方熊楠顕彰館所蔵）は雲藤による粗翻刻に拠るものであり、『法龍日記』（高山寺所蔵）と法龍旧蔵本（種智院大学図書館所蔵）に見られる熊楠の書き込みに関する情報は神田の調査と研究に基づいている。

本書を編集する過程で、多くの方々よりご指導、ご助言を頂いた。

まず栂尾山高山寺からは本書出版についてご快諾を賜った。前記の科学研究費補助金による研究プロジェクトや熊楠関西に集う学友たちからは、心温まる励ましの言葉と共に数多くの貴重な助言を受けた。また田辺市の南方熊楠顕彰会と南方熊楠顕彰館が長年にわたって進めてきた関係資料の組織的な整理と公開、及び熊楠の顕彰事業からも多大の恩恵を被った。他にもさまざまな形で私たちを助けて下さった個人または団体の数は多い。次にそのお名前を記し、衷心より謝意を表する（順不同、敬称略）。

栂尾山高山寺、小川知恵、田村裕行、飯倉照平、松居竜五、田村義也、岸本昌也、小峯和明、千本英史、川島昭

夫、横山茂雄、武内善信、岩崎仁、安田忠典、土永浩史、土永知子、武上真理子、橋爪博幸、志村真幸、溝口佳代、佐藤晶子、本多真、坂口太郎、島善高、本島進、齋藤洋子、星原大輔、白春岩、南方熊楠顕彰会、南方熊楠顕彰館、中瀬喜陽、濱岸宏一、前川光弘、西尾浩樹、橋本邦子、高山寺（田辺市）、曽我部大剛、南方熊楠記念館、東京・南方熊楠翻字の会、田辺・南方熊楠翻字の会、種智院大学、頼富本宏、北尾隆心、村形明子、出村彰、熊野那智大社、出羽三山神社、一乗院（高野山）、親王院（高野山）、遍照光院（高野山）、延命院（和歌山市）、福楽寺（鈴鹿市）、大安楽寺（東京都）、国分寺（丸亀市）、三谷寺（丸亀市）、正徳寺（長岡市）、木山寺（真庭市）、照寂院（倉敷市）、足利学校遺蹟図書館、藤本慶光、手島勲矢、大川真、菊谷竜太、愛育会福田病院（熊本市）、久野啓介、樋口輝雄、中谷智樹、福島正、小原克博、中尾良信、高田信良、田中雅一、船山徹、稲葉穣、長良川画廊（岐阜市）、高野山大学図書館、南昌弘、藤吉圭二、山脇雅夫。

最後になりましたが、この面倒な出版を快くお引き受けいただいた藤原書店の藤原良雄氏と綿密な仕事で私たちを支えて下さった編集担当の刈屋琢氏に厚く御礼申し上げます。

二〇〇九年十一月

奥山直司
雲藤　等
神田英昭

［付記］

本書翰集は、はしがきにもある通り、高山寺での新発見の手紙を翻刻したものである。新書翰発見の意義を簡単にいうなら、これまで以上に詳細に熊楠の若き日の思想が理解できる、という点にある。熊楠の思想といえば、南方マンダラが有名である。新書翰はその研究を発展させるために重要であることは論を俟たない。しかし、それだけではなく、従来あまり論じられていなかった熊楠の教育論・史跡保存論・科学論・霊魂論など多岐にわたる熊楠の思想を窺うことができ、この点においても貴重なものといえる。新書翰と柳田国男宛書翰など彼の四十代以降の書翰とを比較検討することで、彼の若き日の思想が後年の活動と密接に結びついていることを理解できるはずである。

この新書翰は、科学研究費にて熊楠の資料類の翻刻を始めたばかりのときに、その発見が伝えられ、急遽翻刻の対象としてリストアップされたものである。当初は、雲藤単独で翻刻していたが、雲藤が並行して平沼大三郎宛熊楠書翰（南方熊楠顕彰会編『南方熊楠平沼大三郎往復書簡』として刊行されている）の翻刻作業を進めていたことと、熊楠資料の読解者養成の意図もあって、若手大学院生を中心としたワーキング・グループを結成し作業を行うこととなった。この間月一度の研究会および合宿を関西で開催し、各書翰の整理・検討にあたった。作業は困難を極め、三年後の科研最終年度となってやっと大幅に不明箇所を残したものの粗翻刻原稿ができあがった。

科研終了とともに、ワーキング・グループは解散となり、その後は、雲藤・神田により粗翻刻の見直し、および精緻化作業をすすめることとなった。相変わらず作業は難航し、一文字を読み解くのに数ヶ月間を費やし、結局不明のままに終わったものもある。東京と高野山の間を往復しながら両名で検討を重ね、何とかまともな翻刻原稿を作成することができた。さらに奥山による注記作業も進み、その過程で明らかになった誤読箇所の訂正も進んだ。この間多くの方々から有益なるご教示をいただいた。心より感謝の意を表する次第である。（雲藤　等）

ま　行

な　行

は　行

た行

さ行

人名索引

書翰本文から人名を拾い，姓→名の五〇音順で配列した。漢字人名は原則として音読みに従った。

著者紹介

南方熊楠（みなかた・くまぐす）

1867年和歌山に生まれる。和歌山中学卒業後，84年東京大学予備門に入学するが，中途退学。86年に渡米し，ミシガン州立農学校に入学するもまもなく退学，以後，米国・キューバを巡歴する。92年渡英。主にロンドンの大英博物館に通い，抜書を作成，また学術誌『ネイチャー』『ノーツ・アンド・クエリーズ』に英文論文を寄稿する（帰国後も継続）。93年，世界旅行中の土宜法龍と出会い，書翰の交換を開始。1900年帰国，和歌山の実家に戻る。02～04年，主として那智に隠栖し，粘菌を始めとする動植物を採集・調査。この頃の法龍宛書翰に「南方曼陀羅」を示す。09年より神社合祀反対運動に参画。29年には神島で昭和天皇に進講。生涯を在野の研究者として生き，1941年死去。

著作に『南方熊楠全集』全12巻（平凡社）の他，『南方熊楠文集』（平凡社），『南方熊楠日記』全4巻（八坂書房），『柳田國男 南方熊楠 往復書簡集』（平凡社），『南方熊楠 土宜法竜 往復書簡』（八坂書房）など多数。

編者紹介

奥山直司（おくやま・なおじ）

1956年山形県生。東北大学大学院文学研究科博士課程修了。現在，高野山大学教授。専攻，仏教文化史。主著に『評伝　河口慧海』（中央公論新社）『ムスタン——曼荼羅の旅』（写真・松井亮，中央公論新社）『チベット［マンダラの国］』（写真・松本栄一，小学館）『釈尊絵伝』（共著，学習研究社），編著に『河口慧海日記——ヒマラヤ・チベットの旅』（講談社），訳書にスネルグローヴ他『チベット文化史』（春秋社）他。

雲藤 等（うんどう・ひとし）

1960年北海道生。早稲田大学大学院文学研究科博士前期課程修了。放送大学大学院文化学研究科修士課程（教育開発プログラム）修了。現在，早稲田大学大学院社会科学研究科博士後期課程在籍中。専攻，日本近代史。主要論文に「南方熊楠の和文論文の役割」（『熊楠研究』6号，2004年）「南方熊楠の社会運動とその方法」（『社学研論集』11号，2008年）「田辺・湊・西ノ谷三町村合併問題と南方熊楠」（『社学研論集』13号，2009年）他。

神田英昭（かんだ・ひであき）

1976年東京都生。高野山大学大学院文学研究科博士課程在籍中，日本学術振興会特別研究員。専攻，密教学。主要論文に「南方熊楠によるマンダラの思想の受容について」（『高野山大学大学院紀要』第11号，2009年）「土宜法龍宛新書簡の発見と翻刻の解説」松居竜五・岩崎仁編『南方熊楠の森』（方丈堂出版，2005年）他。

高山寺蔵（こうさんじぞう） 南方熊楠書翰（みなかたくまぐすしょかん）—— 土宜法龍宛（どぎほうりゅうあて） 1893–1922

2010年3月30日　初版第1刷発行 ©

著　者　南方熊楠

編　者　奥山直司
雲藤　等
神田英昭

発行者　藤原良雄

発行所　株式会社 藤原書店

〒162–0041　東京都新宿区早稲田鶴巻町523
電　話　03（5272）0301
FAX　03（5272）0450
振　替　00160‐4‐17013
info@fujiwara-shoten.co.jp

印刷・製本　図書印刷

落丁本・乱丁本はお取替えいたします
定価はカバーに表示してあります

Printed in Japan
ISBN978-4-89434-735-9

最新かつ最高の南方熊楠論

南方熊楠・萃点の思想

（未来のパラダイム転換に向けて）

鶴見和子　編集協力＝松居竜五

「内発性」と「脱中心性」との両立を追究する著者が、「南方曼陀羅」と自らの「内発的発展論」とを格闘させるために、熊楠思想の深奥から汲み出したエッセンスを凝縮。気鋭の研究者・松居竜五との対談を収録。

Ａ５上製　一九二頁　**二八〇〇円**
（二〇〇一年五月刊）
◇978-4-89434-231-6

強者の論理を超える

曼荼羅の思想

頼富本宏・鶴見和子

体系なき混沌とされてきた南方熊楠の思想を「曼荼羅」として読み解いた社会学者・鶴見和子と、密教学の第一人者・頼富本宏が、数の論理、力の論理が支配する現代社会の中で、異なるものが異なるままに共に生きる「曼荼羅の思想」の可能性に向け徹底討論。

カラー口絵四頁
Ｂ６変上製　二〇〇頁　**二二〇〇円**
（二〇〇五年七月刊）
◇978-4-89434-463-

フランスの日本学最高権威の集大成

日本仏教曼荼羅

Ｂ・フランク
仏蘭久淳子訳

コレージュ・ド・フランス初代日本学講座教授であった著者が、独自に収集した数多の図像から、民衆仏教がもつ表現の柔軟性と教義的正統性の融合という斬新な特色を活写した、世界最高水準の積年の労作。

図版多数
四六上製　四二四頁　**四八〇〇円**
（二〇〇二年五月刊）
◇978-4-89434-283-5

AMOUR, COLÈRE, COULEUR　Bernard FRANK

〃思想家・高群逸枝〃を再定位

高群逸枝の夢

丹野さきら

「我々は瞬間である」と謳った、高群の真髄とは何か？　「女性史家」というレッテルを留保し、従来看過されてきた「アナーキズム」と「恋愛論」を大胆に再読。Ｈ・アーレントらを参照しつつ、フェミニズム・歴史学の問題意識の最深部に位置する、「個」の生誕への讃歌を聞きとる。

第３回「河上肇賞」奨励賞
四六上製　二九六頁　**三六〇〇円**
（二〇〇九年一月刊）
◇978-4-89434-668-1

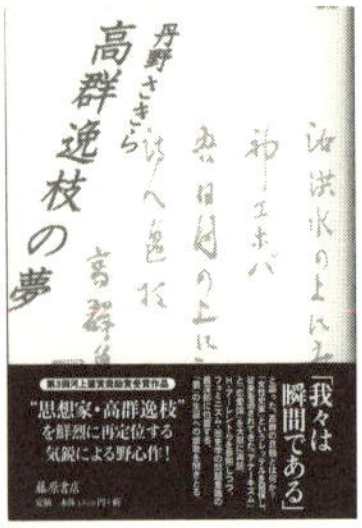